秦岭四库全书 · 水库

山水清音

《秦岭四库全书》编写组 编著

西安出版社

西安曲江出版传媒股份有限公司

图书在版编目（ＣＩＰ）数据

秦岭四库全书. 水库：山水清音 / 宗静婷主编. --
西安：西安出版社，2015.8（2017.2重印）
　　ISBN 978-7-5541-1200-7

　　Ⅰ．①秦… Ⅱ．①宗… Ⅲ．①秦岭－概况②秦岭－水
资源－概况 Ⅳ．①K928.3②TV213

中国版本图书馆CIP数据核字(2015)第201350号

秦岭四库全书·水库

山水清音

编　　著：《秦岭四库全书》编写组
主　　编：宗静婷
书籍设计：单　鹏
出　　版：西安出版社
社　　址：西安市长安北路56号
电　　话：（029）85253740
邮政编码：710061
网　　址：www.xacbs.com
发　　行：西安曲江出版传媒股份有限公司
　　　　　（西安曲江新区雁南五路 1868 号影视演艺大厦 14 层
　　　　　11401、11402室）
印　　刷：重庆新金雅迪艺术印刷有限公司
开　　本：889mm×1194mm　　1/16
印　　张：23.5
字　　数：443千
版　　次：2015年9月第1版
　　　　　2017年2月第2次印刷
书　　号：ISBN 978-7-5541-1200-7
定　　价：86.00元

《秦岭四库全书》编委会

主　编：肖云儒　徐可为

副主编：李　元　陈吉利　耿占军

委　员：张运良　屈炳耀　史鹏钊

《水库·山水清音》

主　编：宗静婷

编写组成员（以章节次序）：

宗静婷　杨斌谊　赵德芳　董文旭

于风军　刘世栋　井　涌

统　稿：宗静婷　张蓉珍　蔡　平

001   总序

001   绪言

001   第一章 秦岭水体的形成与发育

     003   第一节 秦岭水体的形成条件

         一、秦岭——中国的脊梁

         二、秦岭——地质博物馆

         三、秦岭季风的形成与水汽的来源

         四、秦岭山地对水汽的抬升和屏障作用

         五、植被和土壤对降水的拦蓄作用

     011   第二节 水体对秦岭地貌的塑造

         一、冰川的侵蚀沉积

         二、冰缘的冻融剥蚀

         三、流水的冲刷切割

         四、流水的溶蚀

         五、流水的沉积

     018   第三节 秦岭北坡山水与峪口风光

         一、西岳华山与华山峪

         二、秦岭第一汤与东汤峪

         三、翠华山－太乙峪－南五台

         四、嘉午台与白道峪

         五、沣河与沣峪

六、瀑布与高冠峪

七、终南第一山与紫阁峪

八、北方九寨沟与太平峪

九、黑河与芒峪

十、太白山与西汤峪

030　第二章　秦岭水体水文特征

033　第一节　秦岭河流水系

一、秦岭水系结构

二、秦岭河流河道和水系特征

三、四大流域水系分布

076　第二节　秦岭河流的水文特征

一、秦岭河流的气候特征

二、秦岭河流的水文特征

三、秦岭四大流域的水文特征

108　第三章　水资源及其开发利用

111　第一节　水资源状况

一、水资源分区

二、降水资源

三、地表水资源

四、地下水资源

五、水力资源

六、水资源总量及可利用总量

135　第二节 水资源开发与利用

　　一、历史上水资源开发利用情况

　　二、水资源开发利用现状

164　第四章 秦岭水体——华夏文明的摇篮

167　第一节 河流流域与古人类文明

　　一、灞河与蓝田猿人

　　二、浐河与半坡文化遗址

　　三、渭河中游与福临堡遗址

　　四、沣河与客省庄遗址、丰镐遗址

　　五、洛河与花石浪遗址

　　六、丹江与紫荆遗址

　　七、泾洋河与何家湾遗址

174　第二节 秦岭的古代农田水利

　　一、"南山"渠堰

　　二、引渭诸渠

　　三、汉中渠堰

　　四、陂塘

182　第三节 秦岭的古代水运

　　一、渭河干流交通

　　二、人工漕渠

　　三、昆明池与昆明渠

　　四、滴水渠道和"漕河"

　　五、汉江干支流交通

　　六、穿越秦岭的水陆交通

199　第四节　秦岭的古代聚落

一、"八水"与古都长安

二、清姜入渭育陈仓

三、汉水古镇

四、丹江古镇

五、其他古镇

228　第五节　秦岭水体与地域民俗

一、生产民俗

二、秦岭饮食民俗

三、秦岭信仰民俗

四、龙舟竞赛

242　第五章　秦岭水工程与现代社会发展

245　第一节　秦岭"水库"水资源配置地位

一、陕西现代化的大水利格局

二、秦岭"水库"及重点水源配置工程

三、秦岭"水库"重点水源配置工程的战略地位

262　第二节　重点水源配置工程

一、黑河引水工程

二、引乾济石工程

三、石头河水库工程

四、引红济石工程

五、李家河水库工程

六、引汉济渭工程

七、"八水润西安"

278   第三节 水利风景区

　　一、国家级水利风景区

　　二、省级水利风景区

296   第六章 秦岭水安全与区域发展

299   第一节 秦岭"水库"生态功能的重要地位

　　一、秦岭在人类生存与发展中的重要地位

　　二、中国中部地区水生态环境的重要基石

303   第二节 秦岭水安全问题

　　一、秦岭水灾概述

　　二、秦岭水灾治理形势

　　三、秦岭水土流失概述

317   第三节 秦岭水安全综合治理与区域发展

　　一、人水和谐——秦岭治水观念的转变

　　二、秦岭水安全——区域发展的生命线

　　三、秦岭南北坡水系治理重点工程概述

　　四、秦岭水安全综合修复相关对策与建议

340   第四节 秦岭人水和谐与生态文明建设

　　一、人水和谐的发展理念

　　二、水生态文明建设

　　三、人水和谐的秦岭水生态文明建设

　　四、秦岭水安全与区域发展展望

346   参考书目

总序

打开大秦岭 阅读大中华

肖云儒

一

两三年前，大约是2010到2012年期间，由于想汇集自己对于中国古典绿色文明相关联的种种思考，秦岭一度成为我的一个心结，一个兴奋点。记得我先后给央视《大秦岭》摄制组、《陕西日报》、《华商报》等多家媒体，也在一些有关秦岭、渭河等有关研讨会上，提出了"秦岭是中国的'四库全书'，是中国的水库、绿库、智库、文库"的观点，从不同角度作了阐发。此论一出，响应者众，一时多有传播。后来又将这些思考融入了两万余字的长篇学术论文《中国古典绿色文明》之中，发表在《西安交通大学学报（人文社科版）》的头条。

其间，西安文理学院校长徐可为教授约我给学校的科研项目出出点子，记得我谈了三点，其中两点与秦岭有关。我建议学校利用文理兼具的综合优势，集中学校文、史、哲、经、生物、地理方面的专家学者，全力以赴，尽快编写《秦岭四库全书》，全面展示秦岭的水文地质、动植物谱系，以及中国古都、中国思想（易、儒、道、释）和中国诗文书画与秦岭的关系。图与文并茂、资料与论述辉映，力争成为我国第一部多学科研究秦岭的大部头著作。只要抓得紧，大约两三年内可以完成。这是我们研究秦岭的第一阶段成果，可称为典籍性成果。

第二阶段的成果，是以典籍为基础，从书本中走出来，在秦岭北麓择地进行绿色生态生存圈的科学试验，在新理念、新方法指导下，探讨并实践人与自然和谐相处的路径，追求发展社会与涵养自然并行，实现科学循环的新的人类生活类型。这可称为试验性成果。

这部大书和这个"中国山水生态生存试验圈"，与以往任何研究、试验都不同，它不是纯自然或纯社会的科学试验，它是在崭新的人类生存观念的统摄、指导下，融天、地、人为一体，融自然与社会为一体的未来社会生存方式的模型试验，有那么一点"生态生存乌托邦"性质。它似乎类似于美国"生物圈Ⅱ"的实验，却又有中国特色——它力图将生态科学和社会建构（即文科、理科、工科）组成一个大系统，将秦岭的原生态和中国生存的古典形态转化为现代生态生存，并探索未来人类的生存方式和生命状态。为什么选择秦岭山地来做这个试验？那是因为秦岭横贯中国腹地，山如龙脉，是形态上的脉象，也是精神上的脉络、生命上的脉动，是国家和民族雕塑化了的生命形象。在这里做一次关乎未来人类生存的试验性探索，是一件意义重大的事情。

这个课题比较宏大，涉及地质、地理、水文、动物、植物、社会和经济管理学、生产经营学以及文化心理学、艺术文学等多个学科，也许要动员组织文理学院各院系参与进来。我们的师生将可能轮流进到试验区中去，一边实践这种新的生存，一边研究这种新的生存，最后结晶为系列研究成果。这个研究成果，由科学试验报告、生存体验实录、生态生存圈图录，以及在此基础上产生的单科论文和理论专著组成。因此学校要有通盘的、长远的考虑，将此项科研与全校的教学、科研工作有机结合起来。由于项目涉及西安国际大都市的建设，涉及秦岭保护的总体规划，涉及方方面面的法规政策，也涉及投资，应争取市委、市政府的支持，并与当地相关的行政、企事业单位妥善协调、团结合作、逐步推进。

在这一年的省政协会上，我就这个想法写出了提案，受到省级有关部门的重视。尤其要说的是，西安曲江新区获悉此事后，予以高度关注，和西安文理学院、西安市秦岭办等单位率先成立了秦岭研究的专门机构，大型研究丛书《秦岭四库全书》的编撰工作就此正式启动。

不过真想不到这么快，不到两年时间，180余万字的四部煌煌大著就摆到了案头。我不由得敬佩参与写作的专家和老师们，也不由得给西安文理学院的科研写作能力和曲江新区的组织协调与费用支持一连点了好几个赞。

二

　　秦岭是座读不尽的山，世人常常只能窥其一孔，不同的人便因此读出了不同的秦岭。地质学家看到的是它的地壳运动，生物学家看到的是它物种的多样性，文化学者更关注的则是它的历史遗存和文化积淀，以及它对地域文化风格和文化人格形成的影响。

　　《秦岭四库全书》给我最突出、最直观的印象，是它的编撰者们以科学系统论和综合文化学的思维，在我们面前呈现了一个全维的秦岭，一个由物态、生态、文态、神态构成的完整而鲜活的生命系统。编撰者们将秦岭作为中国的中央公园来开掘、解读，从各方面表现了秦岭不仅是中央水库、中央绿肺，还是中央智库（生发核心价值观之地）、中央神殿（聚集宗教祖庭之地）和中央文脉（诗词文赋音画荟萃之地）。全书从山进入去展示历史，由空间进入去打开时间，揭示出了一座山与一个民族、与一部历史、与一脉文明的深度关系。

　　这部大型研究丛书也改变了人们印象中的陕西文化底色。陕西原有的文化色调，主要由黄土地和黄河的形象决定，是黄色。这部书则强力而全景式地推出了陕西的另一种文化底色——绿色，推出了青山绿水的陕西形象。绿色陕西让世人乃至整个世界眼前一亮。其实，绿和黄从来就是三秦大地的两种底色，但绿色陕西长期被黄土地掩映着，这次终于揭去了遮蔽，涤除了混浊，还了世人一个原生之绿。秦山秦水大绿了一回天下，好不来劲！

　　打开大秦岭，阅读大中华。这座山，成为解读中国、解读中国文化和中华文明的一把钥匙。非常有幸，这把钥匙在秦地，系在三秦的腰际，那钥匙孔也许就是长安。非常有幸，地处长安的西安文理学院得近水楼台之便，抢先拿到了这把钥匙，开风气之先地启动了探寻秦岭的文化、科学之旅。

三

　　秦岭对中华文明发生、发展、流变的影响是独一无二的。我将这种影响概括为"六源"：

　　一、水之源。秦岭是汉江、渭河、嘉陵江乃至淮河的一级水源（源头），是黄河的二级水源（源头之外最大支流渭河），是长江的三级水源（最长支流汉江以及嘉陵江，位处金沙江、岷江、沱江等二级水源下游）。江、河、淮、汉所以成为中华文明的重要发源地，秦岭是幕后重要的推手。

二、物之源。秦岭有丰富的生态资源（空气和水）、生物资源（动物和植物）和矿物资源（钼、锌、黄金等各类有色金属）。

三、力之源。秦岭是军事屏障，秦岭以及四关的屏障护佑着关中平原。除了具体的战略战术意义，更是民族精神力量的象征。柳宗元说得好："南山（指秦岭终南山）居天之中，在都之南，国都在名山之下，名山随国威远播。"秦岭是长安的屏风，更是秦人的心理支撑。

四、心之源。秦岭、关中是铸造中华文化核心价值观的地方，是"萌易、生道、立儒、融佛"之圣地。萌易，周易、周礼在西秦萌发而流布天下。生道，老子在函谷关写《道德经》，来楼观台讲经而扬播天下；楼观、华山、汉中，即秦岭南北，是道文化和道教的中心，可以说这里是道文化的发生和弘扬之地。立儒，儒的创始者虽是东鲁的孔子，但孔子反复声明"郁郁乎文哉，吾从周"，他信奉的是周礼，梦见的是周公。后来是汉代的董仲舒在长安建议"罢黜百家，独尊儒术"，儒才提升为中华文化尤其是汉文化的核心价值观。融佛，魏晋以来，印度佛教在我国广为传播、发展。一种宗教离开本土发源地，竟能在异国土地上生根开花、不断创新，不但将异地作为自己最大的基地，而且发展成为异国最大的宗教，这在世界宗教史上极为罕见。正是道、儒、释这样一个三足鼎立的坐标，构成了中华民族的核心价值观，构成了千百年来中国人相对稳固的精神世界。

这里特别要说几句道文化的重要意义。历史常常青睐秦皇、汉武、唐宗、宋祖，青睐强盛者、成功者和盛世，却很少关注造就强者和盛世的时代环境、历史积累和幕后力量。在古代，其实每个盛世之前流行的常常是道家精神，比如汉武帝之前，实行"文景之治"的文帝、景帝都奉行黄老之学。秦末战乱遍地、民不聊生，文、景二帝用几十年时间收缩调整，铸剑为犁，轻徭薄赋，兴修水利，这才给汉武盛世打下了基础、积蓄了力量。历史常常在儒的进击和道的沉着中，以四分之二拍前进。儒道互补，缺一不可。所以今天我们不能盲目搞GDP主义，不能一味追求政绩和速度，而要践行科学发展观，坚持可持续发展，实现新常态上的平衡、和谐，历史早给了启示。一种好的文化，一个好的理念，对社会和历史的影响会十分深远。我曾经说："为政仅治一方，为文却涵养天下；为政只有两任，为文却脉及万代。"谈道家思想对中国发展的启示，秦岭是功不可没的。

五、智之源。秦岭还给人们提供了许多生存智慧和文化启悟，比如区隔和衔接的辩证思维，仁山智水的人生哲理，道法自然的人文理念，感恩敬畏的彼岸坐标等等。秦岭既把中国的南方、北方区隔开来，又将它们衔接起来。隔离和交流一样，是事物发展的一种状态，也是一种机制、一种潜力。有了秦岭的区隔机制，才有南北经济在相异中的互通，才有江河文化在对比中的互补。秦岭又用嘉陵江和渭河（所谓一山两水）将长江流域和黄河流域拉起手来、衔接起来。远古的地球，南、北两大漂移板块相撞击，挤压出青藏高原，挤压出昆仑、秦岭，中国才形成了今天的版图。从某种意义上说，是秦岭、昆仑焊接了中国大陆，为统一的多民族大国提供了地质地貌条件。既区隔又融汇，秦岭给了我们以辩证思维的启示。

六、美之源。在中国，古往今来的文学艺术都崇尚自然山川之美，这一点在世界各国可以说位列前茅。而众山之中，中国诗、文、书、画、乐表现得最多、涉及得最多的一座山岳就是我们的秦岭。

中国山水文化的本质特点源于它的"天人合一"观念。中国的山水文化从来都是把自然之美、人文之美和艺术之美熔冶于一炉，秦岭在这点上做到了第一流。

从审美角度看秦岭，我们感受到的是什么呢？

是刚与柔的相济。秦岭是山之刚与水之柔的组合。秦岭的品牌形象之一是华山，华山是一座由花岗岩浑然天成的巨山，但是它又有一个非常柔性的比喻，古代"华""花"通用，《水经注》说它状若莲花，故名华山。一个非常刚硬的形体却被赋予了一个非常柔性的比喻。华山是一座父性的山，却流传着一个非常母性化的故事——沉香"劈山救母"，拯救自己被压在山中的慈爱的母亲。终南山在秦岭之北，属于分水岭的北方，是秦岭的阴面，"终南阴岭秀"，灵山秀水，也有柔性的一面。

是点与脉的相映。秦岭好似天宇的翔龙，在这道龙脉上，有许多亮点。太白山是自然景观的亮点，终南山是宗教景观的亮点，楼观台是道教景观的亮点，华山则集自然景观、宗教景观、文化景观的亮点于一体，可以称作秦岭的画龙点睛之处。华山、终南山堪称中国山岳的华表，中国文化的华表。秦岭之脉和这些脉点，组成了一种美学关系。

是景与文的相惠。秦岭的风景和文化互惠互济。如果说秦岭的"一山两水"是中国的"四库全书"，这部书的目录就在华山和终南山。秦岭是中国文化主流之一的河洛文化的上游，洛河就发源于秦岭深处。道文化实质是水文化，用绕指之柔的灵水去战胜百炼之钢的智山。道文化提升了秦岭景观，秦岭景观又为道文化做了最好的印证，秦岭的道文化跟秦岭的灵山秀水合二而一。

是形与寓的相生。秦岭千姿百态的自然形质和龙之寓象、道之寓象、释之寓象、易之寓象、父亲之寓象、奉献之寓象等千象百寓互为表里，相与辉映。许多画家画秦岭、画华山，都喜欢将其拟态化、寓态化，或拟人，或拟龙，或拟八卦。石鲁有一幅画，用枯墨勾勒出一座孤立的华山，好似一个伟岸的中国男子汉、中国父亲遗世而独立，原因恐在此了。

四

高不可攀的喜马拉雅山、昆仑山，是那种可望而不可即的"神圣之山"和"神话之山"，所以孕育了最为理想主义和彼岸主义的藏传佛教和昆仑神话系列。秦岭不同，他被誉为"父亲山"，他与"母亲河"黄河、渭水是我们生命和精神的父本和母本。他是那样的人性化、人间化，永远用双臂温暖地搂定自己的孩子，无微不至地关爱着我们。地球上没有一座山、一道水像秦岭、渭水那样，养育了一个世上最庞大民族的整整13个王朝。人类的生存需要什么，他就赐给我们什么，从好空气、好水，食物、衣着材料和居住材料，到文化理性、理想境界和艺术审美各个方面，是那样无私无悔毫无保留，完全是竭尽自身生命抚育儿女的亲爹亲娘的形象。

因而谈秦岭不能不谈渭河。正是这永远共同着时间和空间的秦岭与渭河，正是这一脉山一脉水，世世代代给了这块土地以人性的、伦理的温度。中华水网犹如一片绿叶的叶脉，渭河是中华绿叶万千叶脉中的一道主干脉络。她在中华文明的发祥地千秋万代地流淌，使得我们的民族年复一年地回黄转绿。她的枯荣与整个民族的兴衰息息相连。从炎黄到夏商周，再到秦汉唐，甚至延伸到现代的西安事变，现代的西部开发和古往今来的丝绸之路，整个历史都在渭河这部水幕电影里流淌。

"可怜天下父母心"，实际上，秦岭和渭河为养育他们一代又一代的儿孙，早已经不堪重负。干旱在汉、唐已经初露端倪，极大地影响了关中的农业生产和粮食产量，以致有几个皇帝不得不去洛阳就食，被谑称为"逐食天子"。这种对生身父母的"逃离趋势"，最终导致了都城的东迁。这让人不由得想起延安。延安对中国革命的贡献、秦岭对中国历史的贡献，是陕西矗立在中华大地和民族精神中的两座丰碑。但他们都曾因生态失衡而边缘化。

明代以降，"西安"这个新名称渐渐将汉唐长安边缘化，生态的退化导致关中失去了天府的美名，国家的中心渐渐远离了秦岭，长安从此不安。喝秦岭渭河水的时代曾是中国历史上最强盛的时代，由于生态破坏，秦岭用自己悲壮的命运给中国乃至世界提供了一个深刻的教训：没有山水、没有自然生态的发展终将失败，繁华和兴盛终将远去。

渭河对于中华民族有着最大的承担，有着最大的功劳，但是也承受着最大的耗损。她曾经那样丰腴、美丽，而现在却苍老、干瘪。她养育了一个又一个王朝，国家强盛了，自己却衰竭了。我的过度劳累、忍辱负重的好母亲、老母亲！

想到这一切，我心头就会泛起一种苍凉。渭水给关中土地以甘露，我们怎能还她以污浊？渭水给三秦城市以美丽，我们怎能还她以丑陋？渭水给陕西人心灵以温润，我们怎能还她以枯竭？苍凉背后，是久久的深深的自责。

"水旺则国运昌，水竭则国运衰。"当下，我们实在应该刻不容缓地在全民族中树立起"水是生命第一元素、社会发展第一元素"的观念，改变"水资源最廉价"的习见和谬误。

这就要抓住"涵、清、济、节"四个字——

"涵"，涵养。从秦岭、六盘山两个渭河源头开始全面、持久地涵养水源。渭河水源较为丰裕的支流在南边，而泥沙比较多的支流大都在北边，尤其要重视六盘山到关中北部这个黄土塬层面的绿化，为渭河涵养净水清流。

"清"，防污。渭河干流和支流，沿途一定要积极、有效地防止中途污染。专供西安饮用水的黑河水库，为了防污，专门成立了水警支队，保卫流水沿途的生态和社会安全。坚持护水清流，保证生活、生产用水的生态标准。

"济"，接济。用外地丰裕的水源补渭河之不足，如"引嘉（嘉陵江）济渭""引洮（洮河）济渭"等工程。但这种"济"必须适度，要在保证自身正常流量的前提下接济渭水。

"节"，节水。培养全民的节水意识和绿色生存、低碳生存意识，要将这种意识转化为切实的社会行为和日常的生活风习。这是一种"水德"，应将用水道德作为国民道德教育的重要内容广泛宣传，并遵循可持续发展的原理，绝不透支后代赖以生存的不可再生资源。

以上四方面的治理若能渐见成效，渭河有望在中国北方成为科学化、现代化、系统化、生态化流域治理的典范。这个典范又有望与渭河流域"五个长廊"的建设融为一体。这"五个长廊"指的是：渭河文化展示长廊、渭河生态景观长廊、渭河旅游景点长廊、渭河高新科技长廊、渭河高新农业长廊。

五

1200多年以前，唐宋八大家之柳宗元说过"国都在名山之下，名山借国都以扬威"的名言，点出了秦岭山与长安城内在的感应和共赢。到了现代，科学发展观使我们从理论和实践的结合上逐步明确了，在这座山与这座城的酬对中，一定少不了水网，少不了乡镇。山是人类的乳房，水是大山挤出的乳汁，是沁入生命来营养我们的汁液。城市是乡镇的凝聚和提升，乡镇又是城市的疏散，城市的现代元素融入村镇，每家每户便得以共享。

基于这样的理解，我们不妨来描绘一番秦岭—渭河人性化、民生化的"新生存体系蓝图"，这便是：在秦岭北麓到渭河平原水网区这样一个大山、大水涵盖的硕大坡面上，全面共建自然生态和社会生态相交织的现代科学生存网状体系。这个网状体系应该将造化赐给我们"八水绕长安"的自然优势，尽快涵养、修复、提升为现代化的"八水润西安"工程体系和功能体系，形成水源充沛洁净、注泄有度的科学水网。而在大都市西安—咸阳和整个关中城市群，在星罗棋布的乡镇网络的广袤土地上，则要科学布设、构建起一批又一批现代田园城镇。

这些田园城镇是城、镇、村三合一的，它内里的质地能满足现代人生产、生活的各种需求，而它的风貌则保留了、也更新了绿色田园的种种情趣。通过城镇化发挥乡村、集镇的调蓄功能，让树林和草地绿起来，让清水流过来，更让人高高兴兴留下来。不要一味涌入大城市，而是贴着大地行走，走一条与城市现代化并行的乡镇现代化的路子。在这个过程中，要有科学技术的介入，要有现代生活方式的融入，更要有整体文明程度的提升。因为城镇化进行到更深层面，面临的将是新城镇文明和新生活方式的深度创新和构建。

清晨起来推开自家的门窗，你看到的也许不再是传统的村居村道，也不再是精心修饰的西式花园，而是溢满了生机的绿色农田和林子，是油菜开花、小麦扬花、棉秆挂花，是一派现代农耕文明的田园景象。

现代大都会是聚汇社会和聚居人口的"大水库"，现代田园城镇则是社会生态化、现代化的"蓄水池"。城镇化发挥了乡村、集镇的调蓄功能，就可以逐步实现村里有"水塘"、镇上有"水坝"、省市有"水库"的层次分明的格局。"蓄水池"当然不单指水资源的涵蓄、管控，更是针对整个地域经济、文化和社会发展而言的。现代社会各方面的管理，都需要发挥多层"蓄水池"的作用。在这个意义上，乡村的现代化改造是中国社会发展在源头上最为稳定、祥和的根基。

大西安正在奋力建设国际大都市，西安、咸阳两座古城牵手之处不在别处，就在秦岭、渭河之间这个硕大坡面上，这是何等的意味深长。

例如曲江新区的临潼国家旅游度假区、楼观道文化展示区，就正在写一本新书，一本大书，一本现代的线装书。书页的南沿以秦岭的绿色为屏障，北边泛漫着渭水的波光。沣河、涝河、潏河、滈河和泾河，是书于其上的文字。田园城镇有如其间的标点和分段，从周、秦、汉、唐直书下来，直至现代，直至当下，絮絮叨叨数说着这块土地上那些说不尽的故事。为什么曲江新区要致力于秦岭四库的研究呢？所谓"智者所图者远，所谋者深"，秦岭山水和古人留下来的丰厚资源，给曲江建设者们在新骊山、新楼观生态保护中多少启示、多少灵感啊！曲江新区这些年来以打造"城市生态建设与文化复兴的典范、历史遗迹与现代文明共生的模本"的理念和"兴文、强旅、筑绿、富民"的切实行动，再次践行了"文化立区、旅游兴区、生态建区、产业强区"的发展战略，坚持统筹发展、科学发展，突出抓好生态、历史、文化、旅游四大优势，积极推进城市化进程，坚持走生态建设与经济发展并举、环境保护与产业开拓并重的路子，使生态区建设与经济发展形成良性互动，生态区品位得到完善和提升，取得了显著的生态效益、社会效益和经济效益，初步建立了适应新区经济可持续发展的良性生态系统。也就是说，他们从那山、那水、那人的角度出发，让城市融入大自然，让居民望得见山、看得见水、记得住乡愁。

六

人类最早是从树上、从山里，沿着水迹拉出来的沟谷走向平川的。山是我们的故居，走出大山的人类永远在回眸大山，眷念大山。山水田园是我们的心结，是我们心头挥之不去的乡愁。正如一首歌，"关山重重，云水漫漫，山山水水缠绵着我的思念"。

秦岭南北集聚了陕西三分之二的人口，毫无疑问，秦岭，还有渭河，还有山和河孕育的那方热土，是我们秦人心中的乡愁。从空间意义上，秦岭是陕西人的乡愁记忆；从精神意义上，他也是中国人的乡愁记忆。

乡愁又何止是一种愁绪，其实更是一种审美。乡愁不一定都是美好的，但一定都是向上的。它是生命里感情里最深刻的记忆，它构成了每一个人生命的底色。

在《史记》中，司马迁最早将关中即渭河流域称为"天府"，几十年后，这个荣誉才给了汉中和蜀中。关中之所以能够最早成为"天府"，这"军功章"当然有秦岭、渭河的一半。对秦岭、渭河的奉献，我们应该时存感觉、时存感念、时存感恩、时图回报。最好的回报，就是要处理好人与自然的关系，用循环经济和大文化理念引领这座伟岸的山和这座伟大的城在当下的可持续发展。

这也就要从万古永存的人与自然关系的这个元问题出发，以万古长青的中国古典绿色的文化观念、万古延续的中国古典绿色的生存实践、万代浸润的中国古典绿色的艺术精神，从方方面面去理清自然生态、社会生态、精神生态三个层面的诸多问题，构建它们之间的新型关系；更要不断地探索、实践，处理好现代背景下人与天地、人与社会、人与心灵的关系。

否则我们将会家无记忆，族无记忆，史无记忆，国无记忆。我们将悔之无及。

城市在现代的发展中，开始是楼群之城，现在是园区之城，今后还要建成田园之城，城市与山水真正融为一体。这正是在接续"中央水库"秦岭的历史荣耀。一座亘古永存的山脉、一座现代古老而新兴的城市，肩并肩立于八百里秦川之上，执手言欢，谈笑风生，同样的生气勃勃，若绿般鲜活，若水般灵动，你说，那是怎样的风景！

2015年1月12日　西安不散居北窗

水是秦岭生命之源、灵秀之泉，是秦岭灵魂的根基。用文化的视角解读专业研究成果，将宽泛意义上秦岭水资源的过去、现在和未来，文化、形象、真切、亲和地呈现在读者的眼前，将专业学术性、典籍性、可读性、趣味性、科普性与时代感融为一体，成为人们阅读后自觉自愿去认识秦岭、了解秦岭、亲近和融入秦岭、爱护秦岭的好媒介，是《山水清音》所有编撰者激情澎湃的愿望、高度自觉的使命和强烈执着的追求目标。

　　秦岭水资源的概念在这里是宽泛的，其内涵不仅仅包含了秦岭地区以水库、水电站、塘坝、渠系、引提水等水利工程构成的实体工程网络，对淡水资源的人工调蓄调度、输送利用，以及防洪抗洪的河道整治、山水水利旅游休闲风景区等除水害兴水利的水利工程体系，更包含了从大气降水到产流汇流过程中，涵养、储存、承纳淡水资源的山体、森林植被、河道河床、湖泊及河口湿地等庞大的自然实体巨系统。秦岭水资源的外延指它是我国重要的南北气候分区、水文河流水系分区的地理坐标，是保育生物多样性的摇篮和仓库，是东亚地区基因"岛链"中的关键一环。这样定义秦岭水资源，便于在编撰的过程中尽可能宽视角、大角度、高纵深、立体、全面地描述和记录秦岭水资源的全貌，及其对生物生命和社会文化的深刻内涵和重要意义，力争把秦岭水资源在陕西、在中国乃至东亚地区，在气候、水文水系南北分界区划，保育生物物种，涵养水源，南北方自然地理、农事活动、饮食生活习性差异的划分，以及中华文明和历史演进等方面的作用和地位展示出来，力争给人们以震撼、清新的感受。

广义的秦岭是指横贯于中国中部的东西走向的大山脉。它西起甘肃临潭县北部的白石山，以迭山与昆仑山脉分界，向东经天水南部的麦积山进入陕西。在陕西与河南交界处分为三支，北支为邙山，中支为熊耳山，南支为伏牛山。山脉南部一小部分由陕西延伸至湖北郧县。全长1600千米，南北宽数十千米至二三百千米。秦岭是黄河水系与长江水系的分水岭。秦岭—淮河一线是中国地理上最重要的南北分界线。

陕西境内的秦岭呈蜂腰状分布，东、西两翼各分出数支山脉，西翼的三支为大散岭（海拔2819米）、凤岭（海拔2000米）和紫柏山（海拔2538米），东翼分支自北向南依次为华山（海拔2154.9米）、蟒岭山、流岭和新开岭。秦岭中段主体为太白山（海拔3767米）、首阳山（海拔2720米）、终南山（海拔2604米）。

雄伟耸立，居中和拥有庞大地域分布体量的秦岭，将我国的自然地理、气候和社会文化一分为二，主体位于陕西境内的秦岭段是秦岭"水库"阐述研究记录的范围。跨渭河以南、汉江以北，总面积5.79万平方千米，占陕西省国土总面积的28%，区域涵盖6个设区市、38个县（市、区）、452个乡镇，人口约497万人。

《山水清音》分为六章。

第一章介绍了秦岭水体的形成与发育过程。距今4亿多年形成秦岭水体的巨大承载体——秦岭山体，季风气候带给秦岭水汽，秦岭水体侵蚀、冻融剥蚀、溶蚀冲刷切割秦岭巨大的山体，进而形成和发育了秦岭水体的承纳体——河道与河床。秦岭北坡独特的"水""峪"风光俗称有72峪，成为现代人们休闲揽胜的好去处，本章还特意选择记述了10处峪口山水风光。

第二章阐述秦岭河流水系水体的水文特征。论述了秦岭南坡和北坡河道及河流水系不同的特征，并按渭河、洛河、汉江和嘉陵江四大流域，分别分析归纳总结了其干流和主要支流的降水、径流、泥沙及暴雨洪水等水文学特征。

第三章综合评价了秦岭丰富的淡水资源和水力发电资源蕴藏量及其开发利用状况。本章按"四大流域五个分区"分析评价了秦岭降水、地表水、地下水、水资源总量及可利用总量的赋存量，分别论述了其年内、年际之间，不同区域空间分布的禀赋特性。还记叙了古代秦岭水资源开发利用的简况，统计评述了其现状、开发利用和供需平衡状况及存在的主要问题。

水育万物，逐水而居，人类文明皆因水而起，临河而兴。第四章用丰富的史料记叙了秦岭水资源与华夏文明相生相伴的演进历程。本章穿越时空，从历史的纵深走来，把秦岭河流与古代聚落、古人类文明、古代农田水利、水运，以及当代北麦南稻的农耕民俗、南米北面的饮食民俗、南北差异的水崇拜信仰民俗的诞生与演进史，真实而灵动地呈现在读者面前，使读者充分感悟和深思浑厚而深重的秦文化的历史渊源，及其对华夏文明起源和演进持续不断的影响。

第五章旨在阐明秦岭水资源与现代社会可持续发展的战略关系。本章将秦岭水资源放在陕西全省现代化水利"五大体系，十大工程"建设的大格局和"南水北调中线工程"中，详尽剖析了秦岭水源是解决陕西乃至我国华北京津地区水资源短缺，促进陕西水资源优化配置的金钥匙。本章还结合规划重点水源配置工程及水利风景、山水旅游名胜区建设的介绍，揭示了秦岭"水库"美好的未来。

水资源是战略性的自然资源。水灾等自然因素和水土流失、水环境被破坏等人类发展需求与资源开发之间的矛盾，对秦岭地区的水安全产生了现实和潜在的压力及胁迫，《山水清音》的第六章专题论述秦岭水安全与区域可持续发展问题，最后提出水生态文明建设是秦岭水资源的未来发展方向。

《山水清音》是秦岭文化研究课题《秦岭四库全书》系列中的一册。总课题强调用文化的视角审视专业成果，编撰者们尝试不用纯专业学术研究的思维模式，把专业研究成果与文化结合起来，跳出专业研究的思维定势，尝试用可靠、真实的数据支撑记录秦岭水资源最壮丽、辉煌的一面以及最受伤、最脆弱的片段，力争全面立体地记录秦岭水资源的全貌，展示秦岭水资源最具魅力的华章。

《山水清音》项目在宗静婷具体负责主持下，得到陕西省水文水资源局井涌、陕西省水利厅规划处、陕西水利水电勘测设计院、西安水务局、凤县水利局、丹凤水利局、华县旅游局、汉阴旅游局、眉县红河谷森林公园管理处、黄柏塬水利风景区、牛背梁风景区、周至黑河水利风景管委会、宝鸡石头河水库管理处、中铁七局宁西二线项目部等的大力支持，多名人员参与编写完成。编著者的具体分工如下：绪言井涌、宗静婷；第一章宗静婷、杨斌谊；第二章赵德芳；第三章董文旭；第四章于凤军；第五章宗静婷；第六章刘世栋、井涌；汇总、修改、定稿：宗静婷、张蓉珍、蔡平。编撰者们水平有限，错谬及不妥之处敬请热心读者赐教、指正。

第一节　秦岭水体的形成条件　　003

一、秦岭——中国的脊梁
二、秦岭——地质博物馆
三、秦岭季风的形成与水汽的来源
四、秦岭山地对水汽的抬升和屏障作用
五、植被和土壤对降水的拦蓄作用

第二节　水体对秦岭地貌的塑造　　011

一、冰川的侵蚀沉积
二、冰缘的冻融剥蚀
三、流水的冲刷切割
四、流水的溶蚀
五、流水的沉积

第三节　秦岭北坡山水与峪口风光　　018

一、西岳华山与华山峪
二、秦岭第一汤与东汤峪
三、翠华山～太乙峪～南五台
四、嘉午台与白道峪
五、沣河与沣峪
六、瀑布与高冠峪
七、终南第一山与紫阁峪
八、北方九寨沟与太平峪
九、黑河与芒峪
十、太白山与西汤峪

第一章

秦岭水体的形成与发育

山水清音

秦岭水资源，在陕西、京津乃至全国经济发展中，具有举足轻重的地位和作用。作为水资源赋存状态的秦岭水体，其形成和发育离不开亚洲季风携带的水汽。当携带大量水汽的东亚季风翻越秦岭时，受到高大山脉的阻挡和被动抬升，在秦岭地区形成降雨，降雨被植被和土壤拦截，在北仰南俯的山体地形作用下，沿分水岭向两边流动，北侧的河流逐渐汇入渭河，最后流入黄河；南侧的河流，则随汉江、嘉陵江注入长江。

　　《管氏地理指蒙》指出"水随山而行，山界水而止"，水与山紧密相依，不可分割。诞生于秦岭中的水体，不断对山体进行着风化侵蚀，形成不同的侵蚀地貌和沉积地貌。秦岭随处可见的"V"字形峡谷、深切曲流等是流水侵蚀地貌；分布在不同河流河床上的河漫滩、谷坡上的沉积阶地等是流水沉积地貌；地质历史的第四纪冰期，秦岭地区形成和发育山岳冰川，在太白山留下冰斗、石海、石河、冰川湖等冰川地貌；水流经过石灰岩地区，石灰岩溶解于水的侵蚀作用，形成山阳县棋盘迷宫一样的溶沟、石芽等地表岩溶地貌；岩溶水的化学沉积作用，成就柞水县、蓝田县叹为观止的溶洞中的石笋、石柱、石帷幕等地下岩溶地貌；洪水携山石泥沙，冲出沟口，在山麓堆积形成冲积扇、洪积扇、冲积平原等流水沉积地貌。

　　山因水而灵秀，水因山而多姿。秦岭由南向北构造运动形成的巨大推覆体，多期次的构造运动，间歇抬升最终形成的山前断层，使秦岭北坡高高翘起，以坚硬花岗岩为主要岩石成分的秦岭北坡山体，峡谷深涧、瀑布溪流、湖泊水库，组成了秦岭北坡独特的山水峪口风光。如西岳华山峭壁险峻、北麓汤峪温泉水滑莹润、翠华山崩堰塞湖碧波荡漾、太白积雪等，优美的自然风光令人流连忘返。

第一节　秦岭水体的形成条件

　　水以各种形态赋存于自然界中，我们将秦岭中
不同形态的水统称为水体。秦岭水体的孕育、产生
和形成，经历了复杂的过程。秦岭山脉的演化和存
在是水体赋存的基础条件；东亚季风带来的水汽是
水体来源的根本条件；植被土壤的拦截作用导致降
雨的蓄积，山行山势使降雨汇聚于溪流河湖，最终
形成秦岭巨大的水体——"绿色水库"。

一、秦岭——中国的脊梁

秦岭，被誉为"九州之名阻，天下之险峻"。横亘在中国中部，西起甘肃省临潭县北部的白石山，以迭山与昆仑山脉分界，向东经天水南部的麦积山进入陕西，在陕西与河南交界处分为三支：北支为崤山，余脉沿黄河南岸向东延伸，通称邙山；中支为熊耳山；南支为伏牛山。山脉南部一小部分由陕西延伸至湖北郧县。秦岭山脉全长1600余千米，南北宽数十千米至二三百千米，秦岭主脊平均海拔2000～2800米，主峰太白山海拔3767米[①]。

秦岭构造带将中国中东部地区一分为二，北边为华北板块，南边为扬子板块，两板块之间为秦岭－大别构造带，该构造带犹如中国大陆的脊梁，通连南北。华北板块和扬子板块分别形成固结于距今18亿年前的吕梁运动和8亿年前的晋宁运动中，在显生宙的地质演化过程中，它们基本上保持了稳定的板块性质；秦岭造山带是由华北板块及其南缘、秦岭微板块和扬子板块北缘三大陆壳构造单元组成，分别被商丹缝合带和勉略－巴山缝合带分割。秦岭造山带的形成演化经历了三个时期：前寒武古老基底形成阶段、古生代－中生代中三叠纪的褶皱造山阶段、中新生代的陆内强烈造山作用阶段[②]。

（一）前寒武古老基底形成阶段

早寒武世时，秦岭地区薄弱的地壳和频繁的岩浆活动，使地幔中的物质容易沿地壳裂隙上行喷溢，岩浆结晶后形成了一套最古老的杂岩基底；中元古时，在

图1-1 陕西省遥感全图

① 陕西省地理国（省）情监测工作领导小组办公室.陕西基本地理省情白皮书(2012) [M].
② 张国伟，孟庆任，于在平等.秦岭造山带的造山过程及其动力学特征[J]. 中国科学：口辑，1996（3）：193-200.

古老的结晶基底上，接受了类似盖层的沉积，形成了以火山－沉积岩为主体的过渡性基底。这两套基底岩石在经历漫长的地质历史时期中多次的岩浆活动和构造运动后，以中深变质的麻粒岩、高角闪岩相、强烈塑性流变、混合岩化和浅变质的火山－沉积岩残块分散包裹于秦岭造山带内。

图1-2 中国大地构造分区示意图

（二）古生代－中生代三叠纪中期的褶皱造山阶段

秦岭造山带的褶皱造山作用主要发生在古生代－中生代三叠纪时期，表现为华北板块、扬子板块和秦岭微板块沿商丹和勉略两个缝合带经历复杂而长期的俯冲碰撞，褶皱隆起形成山脉。

秦岭前寒武纪基底形成后，在中元古代末期，开始了陆壳扩张裂谷的发育，在该区形成多个小型洋盆，早期海水自西南和东南方向入侵小型洋盆；晚元古代末，伴随裂谷扩张和深部地幔动力的影响，秦岭地区沿商丹带拉开，形成秦岭古海洋和北侧的华北板块。

早古生代加里东运动时期：第一幕，震旦纪－中奥陶纪时，秦岭洋盆以扩张为主，洋盆最宽扩张量为2000～3000千米。中奥陶纪时，秦岭洋盆两侧形成不同性质的板块边缘，北秦岭出现活动型大陆边缘，南秦岭出现被动型大陆边缘。第二幕，奥陶纪晚期－早志留纪时，扬子板块向华北板块俯冲，沿商丹带缝合，伴随超基性、基性岩浆侵入，形成了北秦岭加里东褶皱带，开启了秦岭褶皱造山序幕；南秦岭的影响情况较为复杂，东段安康、紫阳一带与北秦岭的挤压带形成鲜明对照，仍为前期断裂的拉张和继续沉降；西段阳平关－洋县断裂则开始产生裂陷。当时秦岭区"北陆南海"的地理态势非常分明，但沉积区已开始由南北向中心收缩，海水亦逐渐自东向西迁移。第三幕，志留纪末期，伴随扬子板块向北俯冲，海水由北东向南西退出，南秦岭形成摩天岭加里东褶皱带和北大巴山加里东褶皱带。伴随着南、北秦岭加里东褶皱带和中秦岭区中央隆起带的出现，中秦岭大型山间坳陷盆地也随之相伴产生，盆地中的沉积以滨海相泥质碳酸盐岩和浅海相碳酸盐岩为主，沉积厚度由东往西增厚，最厚处可逾万米。

晚古生代华力西运动时期，泥盆纪时，随着区域东古特提斯洋的打开，勉略洋盆打开成为古特提斯洋北侧分支洋，秦岭微板块游离出来。泥盆纪晚期，沿商丹缝合带俯冲减慢，秦岭洋盆海水还未完全退出，但已经转化为陆壳性质的残余洋盆。石炭纪—二叠纪时期，秦岭南缘扩张拉开，北缘收敛汇聚，控制着这一时期的造山过程。秦岭南缘伴随古特提斯洋的扩张，勉略断裂带扩张到最大，出现勉略有限洋盆。勉略洋盆的扩张加速了商丹缝合带的收敛汇聚，商丹缝合带北侧的弧后海盆和小洋盆封闭。秦岭在这一时期并未表现出剧烈的构造变动[1]。

中生代印支运动时期，是秦岭全面碰撞、变形变质和隆升成山的时期。广泛发育于秦岭中印支期的碰撞型花岗岩，说明印支运动中，秦岭3个板块依次沿着勉略缝合带和商丹缝合带向北俯冲碰撞，最终形成秦岭褶皱造山带。

（三）中新生代的陆内强烈造山作用阶段

中生代后期发生的燕山运动，使秦岭进入既有南北分异，又有东西分异，构造运动以整体上升和断陷为特征的地质发育阶段；同时使秦岭褶皱隆起带内东西向区域性断裂活动性加强，而且每期活动时拉张、挤压作用交替变化，还被北北东向隐蔽构造横跨。

新生代的喜马拉雅造山运动，是秦岭构造格局奠定的重要转折期。

第三纪时，秦岭地区在当时中国东部裂陷解体和青藏高原形成而产生的联合区域应力作用下，形成了汉中—安康和东部北北东向斜列的洛南、商丹、山阳、漫川关等断陷盆地带。

第四纪时，秦岭北部在山地与渭河地堑之间形成了巨大东西向断裂，产生巨大的高差，相比之下南部汉中、安康一带受新构造运动影响较小，其活动性远比北部要弱。南部盆地的第四系以河湖相棕黄、棕红色沙质黏土沉积为主，底部偶含石膏，反映该区在当时存在有干旱炎热和温暖湿润气候的交替现象。与南部相比，北部秦岭山地则处在寒冷气候和温暖气候相间的环境。秦岭山地有第四纪冰川槽谷，形成有郭家岭、公王岭、嘴头、首阳和太白5个冰期及其相应的间冰期。

现在，秦岭山脉横亘在中国版图中央，成为分割中国南、北自然地理要素的天然界线。

---

① 张国伟等.秦岭造山带的形成及其演化[M].西安：西北大学出版社，1988.

二、秦岭——地质博物馆

秦岭为一座古老的褶皱断裂山脉，山体内部构造变形复杂，岩石变质作用强，岩浆活动期次多，地形地势高低相差悬殊，形成了许多形态各异的地质景观，故有"地质博物馆"的美誉。

秦岭在褶皱隆升的过程中，岩体发生强烈的构造变形，并伴随强烈的岩浆活动，岩石发生普遍变形和变质作用。秦岭山地的岩石分布很有规律，根据研究，自北向南大致成带状排列：北带由前寒武纪的花岗岩、云母绿泥片岩及少数大理岩和石英岩所组成（太白山和华山为花岗岩所组成，著名的"华山天险"即因花岗岩垂直裂隙发育形成）；中带分布在秦岭的南部边缘，为震旦纪的厚层石英岩和黏土板岩所组成，在秦岭西部草凉驿及凤县一带还有千枚岩和大理岩出现；南带为各时代的沉积岩和花岗岩，包括志留纪的黑色页岩、千枚岩夹结晶石灰岩，泥盆纪的厚层板岩，石炭二叠纪的页岩、板岩、灰岩和石灰岩等，其中以泥盆石炭纪的岩层为最厚（1000～1500米），反映了秦岭南部边缘在古生代还是处在强烈拉张构造阶段。石灰岩地区因后期溶蚀作用，亦形成典型的温带岩溶地貌。

秦岭山地的轮廓由西向东降低，由北向南倾斜。自上而下可以观察到几种地形的变换：顶部是严寒的高山地形，最高的主峰太白山海拔3767米；其次为强烈切割的中山地形，占据秦岭褶皱带的大部分，平均海拔1100～2000米，相对高差约500～1000米；最后山地南北麓则转折为低平的盆地（汉中盆地）和平原(渭河平原)。

三、秦岭季风的形成与水汽的来源

秦岭是北亚热带湿润气候带与暖温带半湿润季风气候带的天然分界。秦岭南坡属北亚热带，降雨较多，冬温夏热；秦岭北坡属暖温带，雨热同季，冬春干旱，冬冷夏热。秦岭的降雨主要集中在每年的5～10月，携带暖湿气流的东南季风和西南季风是秦岭地区降雨的主要水汽来源。

（一）季风形成

我国是典型的季风气候区，季风对秦岭的降雨至关重要，来自遥远海洋的暖湿气流在亚洲季风作用下，将水汽输送到秦岭地区，为秦岭地区带来降雨。

亚洲的季风气候是伴随青藏高原的隆起而形成的，新生代的喜马拉雅构造运动是青藏高原形成的主要动力，表现为印度板块向欧亚板块挤压缝合，使中国和印度之间的古地中海消失，欧亚大陆和印度次大陆在副热带位置缝合成一块超级大陆（亚欧板块），古特提斯洋面积缩小，海陆对比起了根本变化。晚第三纪时，中国的大陆轮廓已接近于现在，青藏地区从海拔较低的平原、盆地和丘陵，上升为高原，海拔1000m左右，最高的喜马拉雅山海拔约2000~3000米。当时高原海拔很低，不能打破行星风系对近地层的控制，也未导致纬向地带性的改变，但海洋和陆地之间的热力差，仍在亚洲大陆东南部出现了准季风现象。

喜马拉雅构造运动的持续发展，使青藏高原海拔不断升高，到更新世时，海拔升到3000米左右。该构造运动也使得亚洲东部与太平洋发生张裂，中国格局由东高西低变为西高东低。在构造运动中形成的亚欧板块超级大陆，与海洋之间形成鲜明的海陆热力差，导致大气经向运动，东亚季风环流系统得以建立。现今青藏高原平均海拔高度约4500~5000米，不但成为真正维持现代东亚季风形势的重要因素，也使南亚季风得到进一步加强。

（二）季风带来的水汽

秦岭降雨水汽的主要来源是东亚季风，在夏季亚欧大陆低压与海洋高压的海陆热力差作用下，东亚季风携带较多的水分形成暖湿气流，暖湿气流处于对流层的中上层[1]，自海洋入侵大陆，在6~7月以经向向北的输送加强为主，7月达最强，8~9月季风减弱直至结束。造成这种输送特点的动力主要来自于西太平洋副热带高压在北纬20°~30°之间的移动。每年的6月中下旬，副高脊线跳过北纬20°北移，7月上旬徘徊于北纬25°~30°之间，8月初北上至北纬30°，9月又退回北纬25°以南。这种先由南至北，后又由北而南的移动，在秦岭山脊线两侧南、北坡均创造了水汽输送的动力条件。秦岭的降雨因水汽输送的原因，6~9月的降雨量占全年的60%。

陕西中南部（包括秦岭），秋季连阴雨也是一种典型的天气过程。秦岭的秋季连阴雨具有持续时间长、雨量大、暴雨站次多的特点。形成这种天气过程的原因，经前人研究，主要是西太平洋副热带高压主体偏西偏北偏强，乌拉尔山长波脊偏强，西藏高原指数偏弱，高原低槽活动较多，有利于偏南暖湿气流向陕西地区（包括秦岭）输送[2]，配合亚洲经向环流指数偏强，有利于冷空气南下，降雨的过程次数、平均持续时间和降水量都较多，形成秋季连阴雨，乃至秋淋或秋季雨涝。

四、秦岭山地对水汽的抬升和屏障作用

秦岭山脉对季风有明显的抬升作用，当季风翻越山地时，会在迎风坡形成降雨。同时，山地也对

① 周晓霞，丁一汇，王盘兴.夏季亚洲季风区的水汽输送及其对中国降水的影响[J].气象学报，2008.
② 王丹，高红燕，盛立芳等.1960年以来陕西秋季连阴雨天气的变化特征[J].自然灾害学报，2014（01）.

东亚季风有明显的屏障作用，夏季湿润的海洋气流不易深入西北，使北方气候干燥；冬季阻滞寒潮南侵，使汉中盆地、四川盆地少受冷空气侵袭，造成其南北降水量显著不同。

（一）秦岭山地对水汽的抬升及屏障作用

一般认为山地地形的迎风坡具有动力及屏障作用，可以使气流绕地形流动和被迫爬升，并且暖湿气流容易在中尺度地形迎风坡造成气旋性辐合，故在迎风坡多发生暴雨。当天气系统为高空槽和地面气旋时，气流越过山脉后，易在背风坡形成背风槽(或气旋得到发展)，从而在背风坡形成降水；而当高空脊和地面反气旋移近大山脉时，则容易在山后减弱。同样，由于背风坡可以致气流辐合上升，因而容易产生降水天气。

当携带大量水汽的季风到达秦岭地区时，首先低层东南风沿秦岭南坡汉江河谷喇叭口地形爬升，与冷锋过山产生的垂直扰动的叠加激发了垂直上升运动的强烈发展，导致了陕南强降水的发生。同时，秦岭地形阻挡冷锋使秦岭南坡形成中尺度辐合中心，低层东南暖湿气流在秦岭南坡堆积，使大巴山、汉江河谷和秦岭东南坡中低层气压热状态发生变化，从而增加了那里的对流不稳定性，有利于降水的增加，冷空气从中层侵入陕南地区，触发了对流不稳定发展。在上述双层不稳定层结作用下，垂直上升运动得到持续发展，强烈的上升运动必然伴随低层辐合的加强，水汽辐合增加，由地形激发产生双圈垂直次级环流，使陕南强降水得以维持和发展。[①]

（二）秦岭地区降雨的差异

秦岭水汽来源和山地地形的作用，南坡年均降雨量达800～1200毫米，局部区域雨季多突发性大暴雨；北坡年均降雨量约600～800毫米。西安与安康之间水平距离不过170千米，年降水量也相差约170毫米。

秦岭山地降水地域差异明显，西部大于东部，南坡多于北坡，南北坡平均降水相差200～400毫米，东西段平均降水相差300毫米。在秦岭西部甘肃境内和甘陕毗邻地区，降水量最少，如武都仅478.3毫米，凤县644.7毫米。向东，秦岭主脊南侧山坡上部年降水量较多，如留坝为910.3毫米，佛坪为938.5毫米。再向东的丹江流域，年降水量明显减少，约750毫米，商州为754毫米。

秦岭山地南北坡降水量随海拔高度的变化也具有一定的规律。海拔1000米以下，南坡比北坡可多100～200毫米；海拔1000～2000米，可多50～100毫米；海拔2000米以上，也仍是秦岭山地的南坡

① 齐瑛，傅抱璞.秦岭山脉对冷空气屏障的理论研究[J].气象科学，1995，53（2）：186-193.

比北坡降水多。[1]

五、植被和土壤对降水的拦蓄作用

植被既是有机资源，又是环境因素。森林植被对区域降水量无显著影响，但对降水的再分配却有着举足轻重的作用，可对降雨进行截留、吸收、贮存，将地表水转化为地下水。植被的地上部分，尤其是高大乔木的树冠，具有截留降雨的作用，地表的枯落物层也有吸持水分作用，土壤具有涵蓄地表径流的作用。

秦岭山地由于人为因素的影响，林区绝大部分为次生林，原始林主要分布在太白、周至、佛坪、宁陕等县人烟稀少、交通不便的高山区。现有林地247.5万公顷，占陕西省有林地总面积的54.01%，占秦巴山区有林地面积的75.44%。森林覆盖率为48.5%，有林地蓄积量1.53亿立方米，占陕西省有林地蓄积量的66.13%，占秦巴山地有林地蓄积量的82.20%[2]。

据测定，1千克林内的枯枝落叶可吸收2.5千克的降水，林地平均初渗量为荒草坡的2～4倍，为农田的3～5倍。前人对秦岭林区水文效应的系统研究表明，其林冠截持能力为林外降水的11.9%～15.5%，凋落物的截持能力为4.2～5.8毫米，土壤的有效含蓄能力为58～68.8毫米[3]。秦岭林区森林每公顷年涵养的水量为800～1000立方米，据此粗略估计，秦岭林区年涵养的水资源总量相当于一座库容约30亿立方米的大型水库[4]。

秦岭山地随海拔的升高，土壤呈现垂直分异的特点。秦岭北坡自渭河谷地至太白山顶依此为：娄土－淋溶褐土－棕壤－暗棕壤－亚高山草甸土－原始土壤；南坡自汉江谷地至太白山顶土壤垂直分布为淤土－水稻土－黄褐土－黄棕壤－棕壤－暗棕壤－亚高山草甸土－原始土壤。据研究，土壤的饱和含水量在砂质土壤中可达到25%～60%，在有机土如泥炭土或是腐泥土中可达100%。秦岭地表土壤层有机质丰富，颗粒结构好，总孔隙度高，土壤的含水量可达到更高值，易于水分下渗。

总之，青藏高原隆升导致东亚季风形成，东亚季风带来的水汽在秦岭山脉地形抬升及屏障作用下形成降雨；降雨被高大的树冠拦截，一部分渗入枯枝落叶和土壤中，最后慢慢下渗变为地下水。地表水与地下水在秦岭或成涓涓清泉，或成潺潺溪流，千百个溪流、清泉又汇集成小水大河，孕育出遍布秦岭的大小河流。

① 刘引鸽，葛永刚，周旗.秦岭以南地区降水量变化及其灾害效应研究[J].干旱区地理，2008,31（1）：50-55.
② 郑生民，井涌.秦岭山地水文生态功能的战略地位[J].中国水利，2006（15）：56-58.
③ 高甲荣.秦岭林区锐齿栎林水文效应的研究[J].北京林业大学学报，1998,20（6）：31-35.
④ 郑生民，井涌.秦岭山地水文生态功能的战略地位[J].中国水利，2006（15）：56-58.

第二节　水体对秦岭地貌的塑造

　　秦岭流水受气候和地形的影响，除第四纪冰期时以冰川方式
运动形成古冰川地貌外，现代多以河流、洪流和泥石流等方式运
动，流水穿行在雄伟壮观、峰峦连绵、崖峭涧深的山间，对山体
进行强烈的侵蚀切割，形成不同的流水沟谷地貌；当汇聚大量水
体的河流出谷口后，则以沉积地貌为主；在流经石灰岩及白云岩
地区时，则表现为岩溶地貌。

一、冰川的侵蚀沉积

第四纪冰期时，雪线下降到海拔3500米，地球上大量的降水以固态的形式储存在陆地上，在高山高纬地区形成山岳冰川和大陆冰川。秦岭太白山主峰拔仙台发生过两次冰川作用，发育过冰斗冰川、小型冰帽冰川和鞍状冰川，冰川舌停在2900米高度，留下许多至今保存完整、形态清晰的冰川遗迹。

太白山冰川侵蚀在现在的太白山留下了大爷海、二爷海、佛爷池、三官殿和红水河等5条明显的冰川"U"形槽谷。与冰川槽谷相对应的冰斗地形在大爷海、二爷海和佛爷池也保存得很完整。其中二爷海槽谷中的冰斗地形最为典型，共保留三层遗迹，分布在海拔3650米、3570米和3485米的不同高度。大爷海、二爷海、佛爷池冰斗形态特征较为典型，被冰坎阻塞因而底部积水形成的冰斗湖，当地称之为"海"。佛爷池冰斗因冰坎较低不足以积水成湖而形成高山沼泽，玉皇池则是槽谷中的岩盆积水而成的最大的一个高山湖泊。

冰川沉积作用的冰碛物主要分布在南坡二爷海槽谷和佛爷池槽谷之中，在二爷海槽谷中可明显见到三道侧碛垄，高出河床15米以上[1]。

图1-3 太白山大爷海（太白山国家森林公园提供）

① 马秋华，何元庆.太白山第四纪冰碛物特征与冰期[J].冰川冻土，1988，10（1）：66-75.

二、冰缘的冻融剥蚀

第四纪冰川消退后，气候转暖，但海拔3000米以上的太白山顶部仍处于冰缘气候环境条件下，冬季长达9～10个月，夏季最热月平均气温仅5℃～6℃。冬季寒冷，降雪期长，在强烈的冻融作用以及旺盛的雪蚀和重力作用下，雪蚀洼地遍布；花岗岩组成的山体不断崩解，形成满山遍野大小不一的棱角状石块，石块长径1～2米，最大可达4米；有的平卧，有的竖立，排列方向不定，密密麻麻地占有拔仙台、跑马梁的广大空间，展布如海，奔流如河，形成石海、石河、石流坡、石裙、倒石堆等地貌。目前，强烈的冻融作用还在不断地改变着古冰川遗留下来的各种冰川地貌。

图1-4 太白山石海（太白山国家森林公园提供）

三、流水的冲刷切割

秦岭流水侵蚀剥蚀的山地分布范围广，由于组成山体的山势差异巨大且岩性、构造复杂多变，形成不同侵蚀切割地貌。

（一）秦岭北坡"V"字形深切峡谷

高山区，由于山高坡陡、溪水奔流，下切迅猛异常，形成了许多壁立千仞的峡谷。如太白山的三岔峡、东峡、西峡、白云峡、五里峡等，都是两岸山崖壁立，悬崖耸峙，"低头一带水，抬头一线天"，形势非常险峻。谷间岭脊成梳状排列，有的呈刃状，有的呈鱼脊状，有的呈锯齿状，石峰林立，千姿百态，与深邃的峡谷组成典型的高山峡谷地貌。

中山区，流水虽没有高山区的比降大，但侵蚀切割依然可以形成峡谷。如北坡的黑水等，穿过大断层崖，形成1000～2000千米深的峡谷；板房子至东河一段峡谷，谷深达1000千米，但谷底宽度只有5～10千米。许多处还表现为蝉谷形态，两岸峭壁直立，古人将两岸以木桥联络，称为"栈道"。如向南流入汉水的河流（如褒河等），在中上游一带，穿过背斜层和向斜层也形成类似的峡谷，谷底很狭窄。

低山区，秦岭北坡纵比降大，多急流、瀑布，山体被强烈分割，致使支脉与河谷南北延伸，相间

图1-5 长安小峪中部槽谷流水潺潺

图1-6 秦岭南坡的宽谷——柞水

排列。如宝鸡清姜河至石头河间，地势南高北低，发育向北奔流平行排列的河流，其山脊起伏较大，河沟深切，多呈"V"字形峡谷，谷底狭窄，谷坡陡峻。南坡东部的商洛地区，南洛河、丹江及其支流穿流其间，形如手掌，由于断块抬升幅度不同，山势由西北向东南倾斜，山脊多呈长垣状、浑圆状，局部为锯齿状或缓梁与尖峰并存。河流常形成深切曲流，谷地两岸山嘴犬牙交错，山峰对峙，相对切割深度300～800米。

（二）秦岭北坡的独特峪道

从秦岭主脊到北麓，水平距离不足40千米，在流水的强烈切割下，形成了许多深切河谷，称为"峪道"。这些谷地，一般具有套谷结构，即上部有宽缓的谷肩，中部为"U"形或槽谷，下部为深切峡谷，呈"V"形，两坡陡峻，多在35°以上，有的峭壁千仞。峪道间的岭脊呈梳状排列，山脊尖峭；有的挺拔巍峨，高耸入云；有的怪石嶙峋，形态奇特；形成许多风景名山。秦岭素有"七十二道峪"之称，由东向西横跨潼关、华阴、华县、渭南市区、临潼、蓝田、长安、户县、周至、眉县、宝鸡市区等地，峪中水流是陕西水资源的重要来源。（本章最后一节选择了自然和人文景观均独特的10个峪，展示秦岭北麓的山水风光）

（三）秦岭南坡峡谷与宽谷、坝子交替出现

秦岭南坡大部山体从海相岩层发育而来，以变质岩系和灰岩系为主，构造上经强烈的带状褶皱、抬升和断裂运动，成为东西向褶皱带和起伏较大的岩质山地。山地之间，河谷密度较大，大的江河间分布有少数较大盆地、坝子，分散在断块间的沟谷中还有许多串珠式小盆地、宽谷、坝子，这些均成为河流侵蚀沉积的重要场所。

　　由于构造复杂，岩性松软，南坡流水切割强烈，地面破碎，山势脉络走向不太明显，如汉江上源代家坝、大安驿、铜钱坝一带和汉江北源沮水河下游的低山，多由云母片岩、石英片岩、板岩、千枚岩等变质岩组成，海拔1200米左右，侵蚀地形多宽谷、坝子。安康盆地广义上为一串珠式盆地，宽3～8千米，断续长亦有近100千米，包括石泉、马池、汉阴、恒口、安康5个小盆地。汉中地区的关口坝、元坝、阜川坝、红寺坝、牟家坝、西乡盆地等，安康地区的毛坝、平利盆地等，坝中水流充足，河流相沉积物丰富，土地肥沃，成为重要的产粮区和经济作物产地。

四、流水的溶蚀

　　河流流经碳酸盐岩地区时，会对流经之处的岩石进行化学的溶蚀和机械的剥蚀，在该区形成独特的岩溶地貌。秦岭岩溶地貌集中成带状分布于东秦岭中南部褶皱断块山区、北秦岭褶皱断块山区。上述地区既有地表岩溶形态，又有地下岩溶形态；既有古岩溶，又有近代岩溶，类型多样，结构复杂，有些发育的相当典型。

　　如镇安与旬阳之间的南羊山（主峰海拔2358.4米），由古生代石灰岩、白云质灰岩等组成，发育有许多石芽、峰丛、溶洞、溶沟，山顶有岩溶洼地和峰丘、溶斗、落水洞、盲谷等，组成面积约十多平方千米的起伏和缓的山顶岩溶景观。山阳新开岭山地、柞水城南乾佑河两侧山地、蓝田辋川流域都发育有岩溶地貌。蓝田辋川溶洞可分为三层，最高层溶洞以黄龙洞为代表，高出河面240米，海拔约1000米；新洞代表第二层，海拔860～880米，相对高度100～120米；锡水洞代表低层溶洞，海拔810～825米，相对高度50～60米。柞水溶洞群层次清楚，洞穴沉积类型丰富多彩，石笋、石幔、石

图1-7 柞水溶洞的钟乳石帷幔

图1-8 柞水溶洞的钟乳石瀑布

帷、石瀑布美不胜收；石禽、石兽、石猴、石佛惟妙惟肖；晶莹透亮的石花、石果、石蘑菇、石葡萄令人垂涎欲滴。

五、流水的沉积

河流出山谷口后，由于地形变化，流速骤然降低，搬运能力下降，大量的沉积物在谷口外形成洪积扇、冲积扇和冲积平原。

（一）洪积扇与冲积扇

洪积扇与冲积扇主要分布在秦岭北侧山前地带、秦岭南坡的山间盆地（如太白、汉中、西乡、月河、山阳、商丹、商南、洛南等盆地）周围。

秦岭北坡山溪河流众多，流水从山上奔流而下时，携带的泥沙碎屑在谷口外水面展宽、流速减慢时会发生沉积，在谷口外呈扇状堆积，形成冲积扇。当暴雨季节来临，洪水携带大量碎屑冲出谷口，往往堆积形成洪积扇。秦岭山前洪积扇受构造间歇性上升运动影响，流水侵蚀、切割，后期较新的洪积扇内叠或上叠在较老的洪积扇之上，扇顶、扇缘高差可达数十米，扇面成阶梯状，新老扇往往以陡坎相接，组成物质除新洪积扇为砾石、卵石夹沙、亚砂土、亚黏土外，全新世以前较老洪积扇上部多为风成黄土与亚砂土、亚黏土覆盖，厚度达300～500米。它们东西相连，呈带状展布于山前，成为冲积、洪积平原，是关中平原的重要组成部分。

（二）冲积平原与黄土台塬

渭河流域的冲积平原，又叫渭河平原，位于秦岭与北山之间，西起宝鸡峡口，东至黄河，西窄东宽，平面形态呈喇叭状，因在函谷关和大散关之间（一说在函谷关、大散关、武关和萧关之间），古代称"关中"。春秋战国时为秦国故地，号称"八百里秦川"。渭河平原东西长300千米，南北宽度西部为2.5～15千米，中部和东部宽达25～35千米，最宽处可达45千米，是在断陷沉降环境下，由渭河及其较大支流清姜河、石头河、黑河、涝河、沣河、灞河、浐河、洛河、石川河、泾河和千河等长期移荡泛滥冲淤而形成的。

黄土台塬，在古代渭河冲积阶地的基础上，经后期垂直断裂运动与河流切割后形成的阶梯状或台状地貌，广义上仍属于渭河平原。西安境内主要的台塬有：位于灞河、浐河之间的白鹿塬；位于潏河、浐河之间的少陵塬；位于潏河、滈河之间的神禾塬；位于库峪河与汤峪河之间的八里塬；位于灞桥区洪庆以东，临潼县斜口以南的铜人塬；位于临潼县新丰－零口以南，北以陡坎与渭河三级阶地相接，南靠骊东南丘陵，西起代王镇，东至临潼区边境与渭南阳郭原相连的代王－马额塬；位于周至县西骆峪河口以西秦岭山麓地带的竹峪－翠峰塬；位于西安南郊曲江池以北铁炉庙附近的乐游原等。这些台塬面积共645平方千米，占西安市总面积的6.46%，塬面受渭河南北支流切割而破碎。[①]

（三）河流阶地

渭河平原形成后，因地壳间歇性变动和河流下切，将渭河及其支流携带的大量松散泥沙淤积物侵蚀切开，形成高度不等的阶地，一般有三级阶地。渭河三级阶地形成较早，受晚期河流切割侵蚀或洪积物覆盖，保存已很不完整。

渭河一级阶地，一般高出河床3～10米，以斜坡或陡坎与河床相接。阶地平坦，表层组成物质为以中细砂、中粗砂为主的冲积层，土层深厚肥沃，地下水丰富，是重要的农业区。

渭河二级阶地，高出渭河河床20～30米，与一级阶地以陡坎相接，坎高2～15米。阶地内地势平坦，后部的某些地段因受河流切割侵蚀，形成台状地形，如长安区的细柳原、高陵县的奉政原等。二级阶地也是重要的农业区。

渭河三级阶地，多以条块状断续残存于二级阶地后侧。三级阶地前缘以斜坡与二级阶地相接，高差数米至十余米，后缘被洪积物掩覆。如西安北郊的龙首原，就是残存于二级阶地上的三级阶地。

---

① 西安市地方志编纂委员会.陕西地方志丛书西安市志第一卷：总类[M].西安：西安出版社，1996.

第三节　秦岭北坡山水与峪口风光

　　秦岭，从关中平原南望，巍峨耸立在渭河地堑上，雄伟壮观。从潼关一路西行，层峦叠嶂、绵延起伏的地貌景观，奇峰屹立、怪石嶙峋的地质奇观，深切岭脊迂回曲折的峡谷风光，天高云淡、山青水绿的自然风情，令人目不暇接，惊叹于自然的神奇与伟大。走进秦岭，蓝天白云的飘逸、老树小草的静默、隐士大贤的淡泊、道观庙宇的沉静、湖泊水库的碧深，犹如仙境一般，让人忘却尘世的喧嚣，回归久违的宁静。

一、西岳华山与华山峪

华山为"五岳"之一,自古以来就有"华山天下险""奇险天下第一山"的说法。《水经注》称华山"远而望之若花状",李白诗:"白帝金精运元气,石作莲花云作台。"从远处眺望,白云缭绕的华山就像一朵盛开的莲花——中间三峰似莲心,周围群峰如莲瓣。

华山的主体岩石为侵入型花岗岩,岩体在形成过程和后期的造山运动中,形成多组原生的大小断裂,岩石破碎。破碎岩体在长期风化作用下,不稳定的块体沿节理面滑脱坠落,稳定岩体犹自兀立形成山峰。秦岭北麓东西向高角度的山前断裂,使华山高高矗立于渭河平原南侧,山峰峭壁间分布着幽深峡谷,流水淙淙,林草繁盛。

华山峪,也叫华峪,是华山风景区的中心峪谷。峪道多曲,宽窄变化大,两侧峻峰林立,主峰矗立其南,涧水穿行其中。从华山峪三盘九回、穿林越溪,过"千尺幢""百尺峡""苍龙岭""韩愈投书处""五云峰""金锁关",取道"南天门",登临绝顶,沿途景观数量和险峻是所有峪中之冠,也是华山峪最负盛名的原因。

图1-9 华山的云海

华山太险，唐代以前很少有人登临。历代君王祭西岳，都是在山下西岳庙中举行大典。《尚书》载，华山为"轩辕皇帝会群仙之所"；《史记》载，黄帝、虞舜都曾到华山巡狩；秦昭王时命工匠施钩搭梯攀上华山。直到唐朝，随着道教兴盛，道徒开始居山建观，逐渐在华山北坡沿溪谷而上开凿了一条险道，形成了"自古华山一条路"，沿华山峪蜿蜒攀升。

华山地貌的形成演化史可分为三个时期：华山期、宽谷期和峡谷期。华山峪主要形成于峡谷期。峡谷期相当于河流发育的幼年期，河谷具有三个特点：一个是下切和溯源侵蚀异常强烈，远大于向两旁的侵蚀作用，河谷一般很狭窄。宽谷和峡谷之裂点，常出现在海拔1000米上下。其二，峡谷期所形成河流的河源都在宽谷高程以下，河源都未能发育延伸到秦岭的主脊梁。由于华山峪的河源未能伸延到秦岭主脊，使得长度方面极为有限——从山下玉泉院到尽头青柯坪全程仅7千米左右，使通往华山的"自古一条路"在到了青柯坪之后，很快由"峡谷行"变成"坡上爬"，百尺峡和苍龙岭皆由此而出。垂直断层崖发育的沟谷也形成于第四纪时期。流水强烈地急剧下切，"V"字形河谷把断层崖切成许多锯齿状的断层三角面。

二、秦岭第一汤与东汤峪

西安东南约45千米处的蓝田县汤峪镇，是陕西省著名的温泉疗养胜地。温泉水温高达61℃，pH值8.57，含硫酸盐、铁、钼、碘等多种微量元素，可以治疗多种疾病，水疗有效率达91.6%。因和眉县的汤峪温泉东西相对，被称为东汤峪。

东汤峪温泉始于唐初，早在627年，当地群众就挖塘修泉进行沐浴，名曰"玉女疗养胜地——东汤峪温泉"。唐玄宗时大兴土木，建成玉女、融雪、濑玉、濯缨等池，并赐名"大兴汤院"，以后历代修建。

汤峪河，是浐河流域中部的一条支流，源于汤峪镇蓝月亮石东北1.5千米处。由南向北流至斗井沟口，先后汇水层沟水、

图1-10 蓝田汤峪-大兴汤院遗址公园

图1-11汤峪中的人工湖——汤峪水库

铁冠沟水、黄毛沟水、齐家沟诸水至汤峪口。北流10千米，至蓝田县界处，于长安区白庙村与岱峪水相会，长33千米，流域面积超过100平方千米，流域平均高程1297米。流域内石山区占80%，植被良好，多年平均输沙量2.3万吨。

建于汤峪河的东汤峪水库风景区，背靠秦岭，面向川地，苍松翠柳拥抱着20公顷水面，还有石门关、棋盘山、刘秀避难洞等自然与人文景观，形成有湖泊、有石洞、可荡舟、可攀登、可探幽的自然风景区。

三、翠华山－太乙峪－南五台

太乙峪是西安八大峪之一，南起终南山主脊北侧，北至太乙宫镇街区，东以佛手山北沿一线与小峪为界，西以南五台一线与石砭峪相隔。太乙峪长13千米，东西均宽450米，峪顶海拔2100米，峪口海拔670米。正岔源出终南山主峰北坡，上游为高寒山区，东有主要支沟东岔，即翠华山水湫池；西岔即南五台主峰南侧流水。太乙峪东部是翠华山国家地质公园，西部是南五台风景区，翠华山、南五台在2009年6月成为终南山世界地质公园的主景区。

翠华山，距西安市区23千米，以山崩地貌被称为"中国地质地貌博物馆"，也是整个秦岭最为狭窄的地段，从山前峪口到达山脊的平面距离约为10千米，最窄处只有5千米。构造运动在这段表现最为强烈，在由南向北的强大地质构造力的作用下，坚硬的岩石普遍发育了斜向的共轭节理，岩石发生了很深的变质作用花岗岩化，甚至连碳酸盐岩夹层也经受深变质作用后结晶成了颗粒粗大的白云石质大理岩。这些岩体在漫长的地质历史时期，遭受长期风化剥蚀，并在地震等外力作用下，轰然崩塌，形成形态多样的山崩地貌。

山崩地貌，由残峰断崖、堰崖湖、石海三大部分组成。山体崩塌的临空面，峭壁凌空，气势磅礴，形成残峰断崖系。崩塌体堆积堵塞太乙峪，形成三处堰崖湖：一处位于甘湫峰下的干涸之湖甘湫池，面积0.2平方千米；另一处湖为大坪，现已被洪水冲积物填平；最有名的一处水湫池，又称天

图1-12 山崩奇观——太乙真人

图1-13 翠华山崩形成的堰塞湖——水湫池

池，系山体崩塌石块堵塞太乙河形成的水面，水域面积0.14平方千米。石海集中分布在翠华山、甘湫峰和大坪，石堆中巨石相互叠置、堆砌，宛如石头的海洋。奇景殊境有风洞、冰洞，在炎炎夏日也会感觉冰凉舒爽。

南五台，海拔1688米，距西安市区约30千米，《关中通志》载："今南山神秀之区，惟长安南五台为最。"山上有清凉、文殊、舍身、灵应、观音五峰，山下仰望，五峰一览无余，似乎近在咫尺，但山重水复，峰回路转，从竹谷进山至大台竟有12.5千米之遥。涓流如帛的流水石瀑布，孤峰独秀的送灯台，屈腿静卧的犀牛石，峻拔凌霄的观音台，势若天柱的灵应台，如虎长啸的老虎岩等等，真可谓"构造地貌博物馆"。

南五台，自古为佛教名山与皇家避暑之地，隋文帝、文帝之母，唐太宗、太宗之母每年都来这儿消夏拜佛。到了近代，慈禧太后、蒋介石、宋美龄、胡宗南等也都先后游过此地。山上寺庙原有数百座，历经战乱，大都荒废，现有观音寺、五佛殿、圆光寺、西林寺、圣寿寺塔、五百罗汉堂等60余处名胜古迹。

四、嘉午台与白道峪

嘉午台，人称"小华山"，由五座花岗岩的山峰组成，主峰岱顶，壁立千仞，海拔约1870米，是一处风光秀美的佛教名山，从古至今就是隐士的"天堂"。登嘉午台，自白道峪入山，过台沟口，沿途有新庵寺、一天门、太白庙、二天门、冷水泉、分水岭、山神庙、舍利塔等30余处景点，直至岱顶。嘉午台，远在唐贞观元年(627年)前就名闻全国，长期居住修炼的有印光、虚云、妙阔、定慧等40多位著名高僧，西藏的活佛达赖和班禅来京师长安考试时，就曾住在喇嘛洞中。清光绪年间在嘉午台狮子岩结庐静修的虚云法师，道行高深，是远近僧侣、百姓请教的对象，现修建于白道峪中狮子岩处的虚云法师舍利塔，是许多佛教信仰者心目中的"圣地"。

　　白道峪，因有终南"小华山"之称的嘉午台而闻名，西临小峪，东近大峪。白道峪得名于唐，唐时在白道峪内梁上修建兴庆殿、南熏殿和金花落等建筑，作为皇族避暑之地，初建成时，因1000级台阶远望恰似一条白道而得名。白道峪长3～4千米，峪中常年云雾缭绕；峪道两坡树木茂盛，漫山遍野杂草灌木、无名小花，松柏核桃傲立其间；峪底溪水潺潺，水声哗哗蜿蜒向下；山体怪石嶙峋，面目狰狞；狭窄处溪水和山道合而为一。

图1-14 嘉午台

五、沣河与沣峪

　　沣峪是秦岭北麓的一条山沟，因沣河从这里流出而得名，西康高速没有建成通车以前，210国道从这里驶过，翻越黄河、长江的分水岭，通往陕南、四川。

　　沣峪为沣河的主源流。峪口以上右岸，有石峡沟、红草河（流域面积36平方千米）等水流入。左岸有太平沟、四岔沟、左龙沟等沟水流入。河谷为"V"形。河槽基本为矩形砾石河床，峪口前河道宽约30米，有大量砾石堆积。峪口上溯5～6千米有深切曲流峡谷段，河槽宽约20～30米，两岸为草木植被，山脊有零星柏树。再上河谷渐宽，至黎园坪河谷开敞，两岸阶地发育。继续往上河谷渐窄，峡谷跌降较多。鸡窝子以上，河谷又见开阔。峪中森林茂密，为沣河林场主要作业区。沣峪河源头至峪口，长26千米，流域面积166平方千米，现为西安饮用水水源地保护区。

图1-15 沣峪210国道

图1-16 沣峪——饮用水水源保护区

　　沣河，在西周时就是京畿附近一条有名的河流，《尚书·禹贡》记载："漆沮既从，沣水攸同。"《诗经·大雅·文王有声》中也说："丰水东注，维禹之绩。"西周都城丰京和镐京就分布在沣河两岸。由于历史悠久，沣河两岸分布着众多的古代文化遗址和文物古迹，如龙山文化、文王台、灵沼等。现在，沣峪口也是西安市近郊一处传统的消夏避暑景区，大量的农家乐分布在沣峪内，游客可以爬山、观水；绿树掩映的终南山观音禅院，是静心修禅的好地方。

六、瀑布与高冠峪

　　高冠瀑布位于峪口圭峰山北坡的高冠峪断裂带上，断层东西延伸，北部下陷，南部上升，形成南高北低坡度较大的裸露石山。经河流长期冲刷，在坚硬的花岗岩石上冲出一条长约20米、宽约2米的石槽，河水沿北石槽直扑高冠嘴，在峪口形成落差约20米的急流飞瀑，这就是远近闻名的"高冠瀑布"，瀑布是峪中最有名的景观。高冠峪之所以叫高冠峪，是因为高冠峪西侧有一高耸的秀峰，形似巨人，头戴高帽，因此得名。高冠峪为户县秦岭北麓最东的一条峪，与长安区以峪沟中线为界，主流发源于秦岭山脉，经黄羊坝、邢家岭、大寺、苍头岔，一路前行，穿过峡谷，在峪口附近，峡谷突然变窄，河水沿石槽急流射入高冠潭，如白龙入水，声如狮吼，颇为壮观。水流顺河

图1-17 高冠瀑布

图1-18 高冠峪

道而下，进长安境，入太平河后，顺太平河注入沣河，流向渭河。

七、终南第一山与紫阁峪

紫阁山位于西安市户县，距西安市区约30千米，古时为终南名山之首，被称为"终南第一山"。紫阁山山势峻秀，景色绝美，最高山峰紫阁峰挺拔壁立、紫气氤氲、苍翠夺目，西面自峰顶向下约1000多米的90°悬崖绝壁，如紫色的楼阁，唐代诗人李白赋诗"紫阁连终南，青冥天倪色"，将此山峰比作"紫阁"，后人遂称作"紫阁峰"。唐贞观年间由唐太宗下旨兴建的敬德塔，虽历时1300多年，依然屹立在紫阁山中。

紫阁山因为距离唐代长安城较近，吸引了许多佛道修行人士和文人仕宦前往清修、隐居、题词作赋。汉代名人张良在张良洞隐居；北周时的法藏在此修行；唐代高僧如道宣、楚金、飞锡、

图1-19 紫阁峪的敬德塔

慧昭均曾在此修行；唐代的李白、杜甫、岑参、白居易，宋朝的李骃、程颢、章敦，明代的王九思、康海、王九皋、韩期维、薛昌朝，清代的王心敬、长松居士、兰谷等均题诗描写紫阁。其中明代的王九思、清代的傅龙标为紫阁山及紫阁院留下相当多的诗作，这些诗作使紫阁山成为人们心目中的名山。

紫阁峪至今仍保持着原始植被树木，沿紫阁峪登山，青藤夹道，危崖高悬。紫阁峪大园寺上约500米处的无底潭瀑布，流水拢成一束，从30米的断崖垂直跌落，银珠卷帘，银河迸泻。瀑布飞下形成两个潭，上叫无底潭，下谷底潭也叫筛子潭，是谷中胜景。

图1-20 青藤夹道的紫阁峪

八、北方九寨沟与太平峪

太平峪是户县第二条大峪，曾为隋唐皇室官宦观花避暑的山水乐园，由于隋朝皇帝在此峪中建有太平宫，故称太平峪。距西安市区约40千米，东与高冠峪相邻，上游与户县第一大峪涝峪相接。

太平峪峪口西侧就是户县有名的圭峰山，山势雄伟，山峰突兀。太平峪从北到南水平距离仅7千米，垂直落差1700米，断崖10多处，由沙岭子到碾子湾水平距离2千米之内，相对高差约600米，分布有著名的八瀑十三潭（彩虹、烟霞、龙口、仙鹤桥瀑布等），形成丰富奇妙的山水景观。峪内峭壁林立，沟谷连绵，多瀑布、急流和险滩，共发现大小瀑布12处，瀑布最大落差百余米，瀑布下均有深潭，是我国北方独一无二的瀑布群自然景观。最具特色的有：彩虹瀑布、玉带飞瀑、仙鹤桥瀑布、龙口飞瀑等，被誉为"北方九寨沟"。现建有太平国家森林公园，为西安及附近百姓消闲避暑的绝佳去处。

峪中河流称太平河，发源于秦岭第二高峰——静峪垴，流经山区28千米。太平峪最宽处约100米，最窄处约10米，两翼有25支谷。主流河谷过煤场、八亩场、管坪、家佛堂、太平口出山，流经户县草堂镇，然后在长安东大镇太平河村北入沣河。

图1-21 太平国家森林公园

图1-22 太平河

九、黑河与芒峪

　　芒峪位于陕西省周至县境内、108省道旁的秦岭山中，黑河自芒峪中穿流而过。因芒峪两侧及河床以蓝绿色火山岩为主，河水在岩石的映衬下呈现深褐色，兼之峪内陡峭的"V"字形河谷，森林茂密，遮天蔽日，倒映到水底而成深蓝色，用当地老百姓的话说，就是水"清得发绿，绿得发黑"，故称黑河。

　　芒峪内流淌的黑河水，含沙量低，水质良好，是西安的主要水源。黑河的大流量、大落差和砾石河床的特征，造就了其逢弯必潭、逢崖必瀑的特点。黑河国家森林公园位于黑河上游河道两侧，公园面积

图1-23 黑河芒峪

7462公顷，森林覆盖率94％，有四大景区、100多个景点。园区内森林茂密，奇峰若雕，怪石嶙峋，山水如画。公园里大熊猫、金丝猴、羚牛等野生珍稀动物穿梭其间，历史人文足迹频见。

十、太白山与西汤峪

太白山是秦岭山脉的主峰，是中国中东部的第一高峰，以高、寒、险、奇和神秘的特点闻名华夏，李白《古风·太白何苍苍》"太白何苍苍，星辰上森列。去天三百里，邈尔与世绝"写出了太白巍巍于群山之巅的雄姿。

太白山，自然景观与人文景观浑然一体。太白高山区至今还保留着完整的、千姿百态的第四纪冰川遗迹。山顶的"大爷海"被称为"高山明珠"；拔仙台、跑马梁一带的石河、石海浩然奔腾；拔仙台四周角峰、槽谷、冰斗、冰坎、冰阶等犹如第四纪冰川地貌博物馆；森林公园，"太白积雪""斗

图1-24 太白山冰川遗迹——石河（太白山国家森林公园提供）

图1-25 太白积雪（太白山国家森林公园提供）　　　　　　　　图1-26 太白山西汤峪（太白山国家森林公园提供）

母奇峰""平安云海""放羊古寺""茫茫林海""茵茵绿草"令人陶醉与神往。太白山也是著名的佛道丛林，太白庙、文公庙、南天门、药王殿、老君庙、拔仙台、玉皇庙、三官殿、菩萨大殿等"十里一寺，五里一庙"。历代文人墨客的足迹遍布太白山的岭脊之间，留下大量赞美太白山景色的绝妙诗篇。太白山下的汤峪，因地处龙凤、凤凰两山环抱之中，又名凤凰泉。自隋唐以来便是关中著名的疗养旅游胜地，先后建有凤泉宫、凤泉汤、唐子城等行宫。眉县汤峪温泉现有大泉三口，日涌水量约400吨。水温常保持在60℃左右，水中含有钾、钠、镁、铁、钙、碘等多种元素，因硫酸钠含量较多，故定名为"低矿化弱碱性硫酸钠型高温泉"。

西汤峪的峪道，更是大多数人选择的攀登太白山之处，因汤峪属于宽谷，源头发育已抵主脊附近（上板寺3000米），路途较为平坦，与从华山峪登顶华山刚好相反，此路程十分遥远。从汤峪到太白山顶，夏季，山下温度近40℃，地热更在70℃，山顶冰洞却还在0℃左右徘徊；冬季，山顶温度降到−30℃，汤峪温泉地热仍达到40℃，上下温度差值在70℃。这真是太白山下，阳光和煦、汤峪泉暖；太白山顶，冰川遗迹、千年冰窟，一日阅尽四季。

第一节　秦岭河流水系 033

一、秦岭水系结构

二、秦岭河流河道和水系特征

三、四大流域水系分布

第二节　秦岭河流的水文特征 076

一、秦岭河流的气候特征

二、秦岭河流的水文特征

三、秦岭四大流域的水文特征

第二章

秦岭水体水文特征

秦岭是我国南北两大水系——长江和黄河的分水岭，也是长江、黄河两大水系重要的水源地。长江四大支流的两大支流——嘉陵江和汉江均发源于秦岭南麓，黄河第一大支流——渭河的主产水区位于其北麓。秦岭山地流域面积在100平方千米以上的河流约195条，其中南坡132条流入汉江(含丹江)、嘉陵江后，注入长江最终流入东海；北坡63条汇入渭河、洛河后，流入黄河，最终流入渤海。

　　河流是地球上水分循环的重要路径，是地球上重要的水体之一，对全球的物质、能量的传递与输送起着重要作用，同时也是塑造地表形态的重要动力，会形成不同的流水地貌，如冲沟、深切的峡谷、冲积扇、冲积平原及河口三角洲等。对气候和植被等也都有着重要的影响。自古以来，河流与人类的关系极其密切。河流是重要的自然资源，河流暴露在地表，河水取用很方便，是人类可以依赖的最主要的淡水资源，也是可更新的能源，所以在灌溉、航运、发电、水产养殖和城市供水等方面发挥着巨大的作用。但河流也会给人类带来洪涝灾害。因此，要对河流进行开发利用，变水害为水利，就必须深入研究河流，认识河流的水系特征和水文特征。本章在第一章的基础上，主要介绍秦岭水系的结构、分布、格局，秦岭河流和四大流域的水文特征。

第一节　秦岭河流水系

　　河流水系特征是指河流的发源地、流向、河流长度、支流及其分布、水系形态（如扇状、羽状、树枝状等）、流域概况、河道曲直与宽窄、河网密度（流域内河流的发育程度）等。水系的形成和地形密切相关，正如有句古话所说："水往低处流"，在这个总的基本原则下，只要有水加之地形就可形成河流水系，并且水多了，水系就发达。

　　秦岭是我国南北两大水系——长江和黄河的分水岭，在地形上成为我国南北之间的天然屏障。秦岭水系，分属黄河和长江两大流域，秦岭地区流域面积大于10平方千米的河流4296条，其中100平方千米以上的561条，500平方千米以上的123条，1000平方千米以上的64条，10 000平方千米以上的8条。秦岭以北为黄河流域水系，有河流2524条，流域面积占陕西省总面积的64.8%；秦岭以南为长江流域水系，有河流1772条，流域面积占陕西省总面积的35.2%。

一、秦岭水系结构

（一）秦岭水系的脉络

据资料统计，秦岭地区长度在40千米以上的河流共86条，流域面积在100平方千米以上的河流共561条，这些河流的分布受秦岭分水脊的控制。

秦岭的分水脊特别清晰，由东向西有4处：牧护关（灞河与丹江的分水岭，海拔约1200米）；秦岭梁（西安南面的大峪河与乾佑河的分水岭，海拔约2300米）；高耸入云的太白山主峰——拔仙台（石头河与褒河的分水岭，海拔约3767.2米）；煎茶坪（清姜河与东河的分水岭，海拔约1430米）。上述分水岭的地点如果相连，就构成一条东西向的分水脊线，即陕西秦岭的总分水岭脊线。

秦岭总分水岭的格局对于河流的分布有着重要的影响，主要表现在河流的流向方面。以秦岭总分水岭为界，大部分河流呈南北向奔流，分别属于长江和黄河两大流域的汉江、嘉陵江和渭河、洛河四个水系。在这四个水系中，除了嘉陵江向南流入四川盆地，以及洛河因受断陷盆地影响由西向东流进入豫西山地以外，其余各河分别流入汉江和渭河。汉江上游穿越于山间峡谷，奔腾流急，渭河中下游蜿蜒曲折，水流平缓，汉江、渭河呈玉带状沿秦岭地区的南、北边缘蜿蜒向东流，分别注入长江和黄河，最后分别归于东海和渤海。

表2-1　秦岭地区水系概况（陕西省境内）[1]

流域	水系	流域面积（km²）	占总面积的百分比（%）	长度在40km以上的河流（条）	流域面积在100km²以上的河流（条）
长江	汉江（左岸支流）	33 491	61.2	53	117
	嘉陵江	4908	8.7	9	15
黄河	渭河（右岸支流）	13 096	23.9	19	48
	洛河	2947	5.8	5	15
	总计	54 442	100	86	195

① 刘胤汉.秦岭水文地理[M].西安：陕西人民出版社，1983.

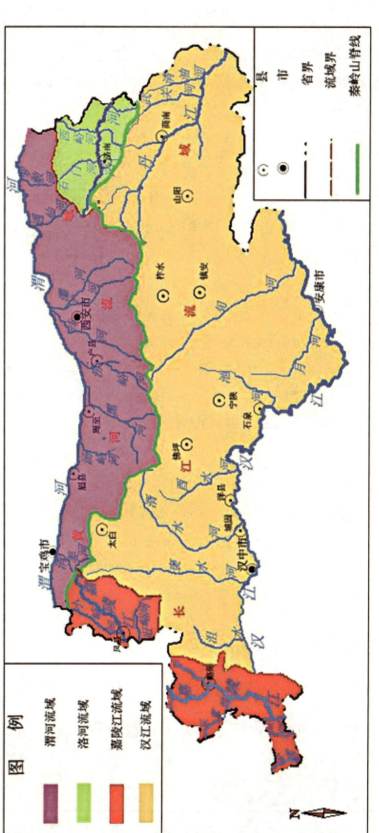

图2-1　秦岭水系图

图　例

渭河流域
洛河流域
嘉陵江流域
汉江流域

县
市
省界
流域界
秦岭山脊线

从表2-1可以看出，秦岭有超过70%的面积属于长江流域，有近30%的面积属于黄河流域。其中以汉江水系的范围最广，占秦岭总面积的60%多；渭河水系的范围次之，占秦岭总面积的近24%；嘉陵江和洛河两个水系的范围很小，合计仅占秦岭总面积的14%多。从河流数量上看，也是汉江最多，渭河次之，嘉陵江和洛河最少。

（二）秦岭水系呈明显的不对称结构

山地水系网络的形态、组成和河谷特征，直接受区域地质基础和地貌形态的影响。因秦岭山体呈现北仰南俯，南北坡极不对称，因而发育其上的水系亦呈明显的不对称。

北坡：

从秦岭主脊到渭河平原，最宽处不足40千米。山势陡峻，峭壁林立。河流以短、直为主要特征，多瀑布、急流和险滩。流程多在50千米以内，比降10‰以上，水流湍急。沟谷形态为"V""U"形复式重叠，上部则较为宽敞，中间常呈"U"形，下部多为"V"形。沿流程宽谷与曲流交替，峪口一般狭窄。谷深坡陡，两岸崩塌、滑坡严重。峪道中大小石块充斥，峪口山麓多形成洪积、冲积扇群，如渭南市华县和华阴的石堤河、方山峪、仙峪等峪道就颇为典型。

南坡：

表现较为曲长，从分水岭到汉江谷地长约100～150千米，发育其上的河道长度多在100千米以上，最长可达200千米。河流比降一般小于10‰。支流众多，河网结构复杂，格状水系、树枝状水系、不对称水系等形态均有分布。河流常深切于基岩之中，谷窄坡陡，曲流发育。岩体风化强烈，崩塌、滑坡较为频繁和剧烈[①]。

二、秦岭河流河道和水系特征

（一）秦岭南坡河道和水系特征

秦岭南坡包括汉江上游左岸的一级支流，嘉陵江和洛河上游干、支流。河道发育和水系结构具有以下四个特征：

---

① 刘兴昌.秦岭水文特征及其对泥石流影响的初步分析[J].西北大学学报：自然科学版，1997，27（5）：438-442.

1.河流纵坡稍缓、流程较长

发育在秦岭南坡的河流，除了次一级支流和来自坡底的一些短小河流外，主要河流的流程都在100千米左右，最长的可达200千米，比秦岭北坡河流的流程要长几倍；而且比降也较小，主要河流的比降都在10‰以下，最小的是旬河，比降只有2.96‰，其次是丹江，比降为3.67‰。虽然秦岭南坡河流的比降比秦岭北坡河流的比降小，但从实质上看仍然是较大的，总体表现出了河流源头和上游的纵剖面特征。

秦岭南坡的主要河流流程较长，是由于这些河流在其发育过程中，切割了山体大断块分裂所成的许多小的北仰南俯的断块，河流切割的速度超过了这些断块翘起的速度，河流堆积的速度也超过了这些断块俯倾沉降的速度，因而在上升地带或下降地带都能维持它们的流程，在上升地带形成深切的曲流，而在下降地带形成冲积平原，从而成为秦岭南坡源远流长的河流。

2.河网结构复杂、形态多样

秦岭南坡河网的平面形态结构是比较复杂的，概括的讲有格状、树枝状和不对称等几种水系形态。

（1）格状水系主要表现在嘉陵江上游

格状水系是指主流和支流成直角相交成格子状的水系。它的形成主要是地质构造控制的缘故。秦岭的地层走向一般也是北西西向，而顺地层走向发育的次成河谷也近东西向，在较小的断块南侧又会形成一些较小的顺向河，北侧形成一些顺断崖流下的反向河。这些较小的顺向河及反向河又有一些更小的次成河，与其相交近于直角。因而，形成由顺向河、先成河、次成河和反向河等纵向谷与横向谷相交错的典型的格状水系，这在嘉陵江上游等处表现较明显。

（2）秦岭南坡东段的不对称水系

在秦岭南坡的东段是岭谷相间的地区。由于这些山岭的南、北坡是不对称的，一般南坡较长而倾斜缓和，北坡较短而倾斜陡急，因此，介于山岭之间的河流，多发育成不对称水系。以洛河、丹江及其支流（银花河）等最为典型，大致都是左岸（北岸）的支流源远流长，有的甚至切过了分水岭，而右岸（南岸）的支流则较为短小，而且比降大、流量小。

（3）中段和西段的树枝状水系

秦岭南坡的中段和西段河流还发育着树枝状水系，以湑水河、褒河和旬河表现最突出。褒河两岸支流均作对称分布，流域范围呈上宽下窄的条带状；湑水河的流域面积为2307.3平方千米，其中左岸为1100.30平方千米，右岸为1207平方千米，其5千米以上的支流共45条，在左、右两岸基本呈对称分布；旬河大致呈条带状，沿河两岸流入的支流、干沟较多，虽然长而大的支流比较少，但也呈对称状延伸着。

河流水网的结构对河流的水文特征和水情有着重要的影响，在同样的气候条件下，不同河网结构的水系可以产生完全不同的水情，尤其是对暴雨和洪水的反应更为突出。例如扇状水系，由于支流几乎同时汇入干流，当整个水系普降大雨时，就易造成干流的特大洪水；而羽状水系因支流洪水是先后汇入干流的，各支流汇入的水量分先后排出，所以不易形成水灾。

3.峡谷多、峡谷与宽谷（坝）相间出现

（1）峡谷多

秦岭南坡河流的横断面以多而深邃的峡谷为特点。典型的峡谷河段有：褒河在江口至褒城（今勉县城东）段、嘉陵江在十里墩至白水江段、沮水河在张家坝至河源段、洛河在保安至河源和庙湾至灵口段、乾佑河在鱼洞峡至小河口段、金钱河在户家垣以上、湑水河在皂角湾至高庄子段、丹江在程家坡至河源和日月滩至竹林关段等。秦岭南坡由此形成的著名峡谷有：丹江的流岭峡、乾佑河的鱼洞峡和青铜峡、嘉陵江的老鸦峡和白崖峡等。在峡谷段还会出现较多的险滩，如丹江在丹凤至竹林关一段，横切流岭，形成流岭峡谷，峡谷中重滩迭濑，险峻多石，有大小险滩共计32处，其中以蛤蟆口滩最险，两岸岩石壁立如门。

（2）峡谷与宽谷（坝子）交替出现

峡谷与宽谷（俗称坝子）交替出现也是秦岭南坡河流横断面的特征。如丹江在商县二龙山以上的河源段是峡谷，在二龙山至丹凤的日月滩一段是商丹盆地，在日月滩至丹凤的竹林关一段是峡谷，在竹林关至商南县湘河街一段是宽谷；洛河在保安以上为峡谷，在保安至庙湾段是洛南川塬宽谷，在庙湾以下是峡谷；嘉陵江在白水江以上至河源段，金钱河从河源至漫川关，乾佑河从河源至鱼洞峡，湑水河从都督门至大箭沟口等，都是峡谷与宽谷（坝子）交替出现的典型河段。

峡谷是河流横切构造线或流经坚硬岩石区形成的；宽谷（坝子）是河流流经断陷盆地或松软岩石区形成的。峡谷多，是筑坝修库最理想的地方，比如褒河石门水库就是一个河道型水库，大坝就修建在褒河峡谷出口以上2千米处；险滩多而水流急，为水力发电提供了有利的条件；宽谷(坝子)一般水土资源丰富，土层深厚而肥沃，引水灌溉条件优越，水利工程发达，成为山区最为重要的工、农业生产基地。

4.曲流多、弯曲系数较大

秦岭南坡河流是多曲流河段，因此河流的弯曲系数都比较大。河流的弯曲系数是指某河流河段的实际长度与该河段直线距离之比值。河流的弯曲系数越大，河段越弯曲，对航运和排洪就越不利。秦岭南坡主要河流的弯曲系数是相当大的，一般为1.2～2.5，最大的是武关河，弯曲系数高达2.46，其次是沮水河，弯曲系数为2.0。

河流不仅弯曲系数大，而且还出现了明显的河流曲流段。发育典型的曲流段有：旬河流入汉江处，金钱河在山阳县境的簿岭子，乾佑河在镇安县的龙脖子、回龙和鸡上架一带，丹江在丹凤县的马鞍岭，嘉陵江在略阳县的宝山岭和金捎弯一带，子午河的关口镇至汤平河和八庙至两河口段，褒河在褒姒铺、八里关、江口和碾子坝等处。

由于河流曲流发育，河流自然裁弯取直所形成的离堆山和废弃河道也较多。例如湑水河上游的盘龙、柳林坝，褒河上的道铁金和酉水河上的罗曲院等，都是建立在古河床之上的村庄；洛河从县河口以下不到60千米，就出现了四处离堆山和废弃河道，即峰陵山、天平、黄坪和庙湾，黄坪的主要耕地就是在南洛河的废弃河床上开拓出来的。因此，河流曲流段的存在，为人工裁弯取直、变河滩为良田提供了很好的自然条件。

（二）秦岭北坡河道和水系特征

秦岭北坡的河流都是属于渭河中、下游右岸的一、二级支流。其中在峪口以上，控制流域面积在20平方千米以上的河流共有74条。其河道发育具有以下三个特征：

1.河流纵坡陡峭、流程短小

秦岭北坡河流的流程在山区基本上在50千米以内，大部分为30～40千米，如测站设在平原的沣河、灞河和零河，而测站以上还包括了部分平原河段，流程也只有40～60千米，只有黑河和沪河超过了50千米，因此基本显示出河流流程短小的特征。

这些短小的山涧溪流，自南向北奔流。由于受到长期的侵蚀作用，在秦岭北坡切成许多大小的溪谷，俗称"峪"。这种山涧溪谷为数众多，因此有"秦岭七十二峪"之说，其实远不止这个数目。峪与平原相遇之处为峪口，重要而著名的峪有：田峪口、大峪口、小峪口、子午口、沣峪口、涝峪口、黑峪口、斜峪口等，尤以子午口、沣峪口与斜峪口最为著名，是向南越过秦岭的重要通道。

由于秦岭北坡的坡幅短，同时又有大断层的存在，影响河流的纵坡比降都相当大，基本上都达到10‰以上，最大的是汤峪河、罗敷河和潼河，比降为45‰～52‰，最小的是零河和浐河，比降稍低于10‰。这些谷短坡陡的急流流出峪口以后，骤然进入坦荡的平原，河流纵坡比降大大减小，水流平缓，河床迂回曲折。因此，秦岭北坡河流的上游和下游的坡降表现是截然不同的，即上游陡、下游缓，峪口就是这种明显差异的转折点。

2.峡谷和曲流较多，宽谷与曲流交替出现

秦岭北坡河流的峡谷和曲流虽然不及南坡多，但是河道横断面和平面形态上的主要表现特点仍然是峡谷和曲流，表现为宽谷和曲流交替出现。

峪口和稍宽的直谷、深切曲流交替出现，为封沟打坝、建库蓄水提供了有利条件。如修建的石砭峪、石头河、西骆峪等水库，以及渭南、华县、华阴、潼关四县境内南山四条支流上，从西向东分别修建的箭峪、桥峪、蒲峪和太峪四座水库等，都是利用这种峪的地形修建的。但是，由于河道比降大，一般库坝相应地都要修建得高些，加之河床上覆盖的砾石、沙卵石层较厚，容易渗水而造成潜流，在一定程度上增大了建坝修库的工程量和投资。

由于秦岭北坡新构造运动强烈，因此，河谷的横断面结构比较复杂，从谷底向上显示出三种谷形重叠的特色。即上边是宽谷，中间是"U"形谷，下边是狭窄的"V"形谷，它们所处的高度在不同的地段也不一样。河谷横断面结构呈三种谷形重叠的现象，充分说明秦岭各个断块是在经常地、分阶段地作不平衡的上升运动。

3.河网结构为多钓钩型水系

所谓钓钩型水系，就是河流的流路转折得很像一个钓钩。秦岭北坡的一些河流，往往发源于北仰南俯的次一级断块南侧的老剥蚀面上，先由北向南流，当遇到南面断块阻挡时，便转为顺着断层谷

向东或向西流，最后切穿断块翘起的山梁，向北蜿蜒出山流入渭河。典型的钓钩状水系的河流有：黑河、石头河及其上游的桃川河，以及敷峪和坝河等。

例如黑河，它的上游红水河是发源于太白山主峰——拔仙台的东边，开始大致顺着向东南缓缓倾斜的太白末次冰期剥蚀面流入大蟒河，大蟒河又顺着太白山南坡的一个断层谷向东流，经过厚珍子（即黑河）后渐向东北转折，穿过太白山东支脉——老君岭与终南山之间的深峡，最后转折向北流，出山口以后流入了渭河。

三、四大流域水系分布

（一）渭河流域

渭河，古称渭水，是黄河最大的一级支流，发源于今甘肃省定西市渭源县鸟鼠山，流经今甘肃天水及陕西的宝鸡、咸阳、西安、渭南等地，至渭南市潼关县汇入黄河。渭河两岸北有六盘山屏障，南有东西走向的秦岭横亘。主要流域分东西两部分，西为黄土丘陵沟壑区，东为关中平原区。

渭河干流，横跨甘肃东部和陕西中部，全长818千米，流域总面积134 766平方千米。

渭河干流在陕西境内全长502.4千米，流域面积67 108平方千米，占陕境黄河流域总面积的50%。渭河干流从天水出甘肃省东流至宝鸡，经宝鸡市的陈仓、渭滨、金台、岐山、眉县、扶风，咸阳市的杨陵、武功、兴平、秦都、渭城，西安市的周至、户县、长安、未央、灞桥、高陵、临潼，渭南市的临渭、大荔、华县、华阴等22个县（市、区），至潼关县汇入黄河。

1.流域自然地理概况

（1）南北两侧差异性地貌特征

渭河流域的地形特点是西高东低，自西向东地势逐渐变缓，河谷也逐渐变宽，入海口海拔与最高处海拔相差3000米。流域北部为黄土高原，南部为秦岭山区，主要山脉北有六盘山、陇山、子午岭、黄龙山；南有秦岭，其最高峰太白山海拔3767米。形成的地貌主要有黄土丘陵区、黄土原区、土石山区、黄土阶地区、河谷冲积平原区等。

渭河上游主要是黄土丘陵区，面积占该区面积的70%以上；河谷川地区面积约占10%，海拔

900～1700米。渭河中下游北部为陕北黄土高原，海拔在900～2000米；中部为关中盆地——经黄土沉积和渭河干支流冲积而成的河谷冲积平原区；南部为秦岭土石山区，多为海拔2000米以上的高山。其间北岸加入泾河和洛河两大支流，泾河北部为黄土丘陵沟壑区，中部为黄土高原沟壑区，东部子午岭为泾河、洛河的分水岭，有茂密的次生天然林，西部和西南部为六盘山、关山地区，植被良好；洛河上游为黄土丘陵沟壑区，中游两侧分水岭为子午岭林区和黄龙山林区，中部为黄土塬区，下游进入关中地区，为黄土阶地与冲积平原区。

（2）大陆性季风气候

流域处于干旱地区和湿润地区的过渡地带，多年平均年降水量572毫米。降水量总的变化趋势是南多北少，山区多盆地河谷少。秦岭山区年降水量达到800毫米以上，西部太白山、东部华山山区达到900毫米以上，而渭北地区平均541毫米，局部地区不足400毫米。流域内多年平均陆地蒸发量500毫米左右，高山区小于平原区，秦岭山区一般小于400毫米，而关中平原大于500毫米。

渭河流域属大陆性季风气候，冬季受蒙古高压控制，气候干燥寒冷，降水稀少；夏季受西太平洋副热带高压影响，高热多雨。渭河流域多年平均气温10℃～13℃，最冷月平均气温一般在-1℃～-3℃，最热月平均气温一般在23℃～26℃，气温差一般介于26℃～28℃之间。

渭河流域多年平均降水量311.63亿立方米，占全省总降水量的22.4%。多年平均降雨深为683.6毫米，北岸为400~700毫米，南岸800～900毫米，局部可达1000毫米。[①]

2.陕西的母亲河

渭河俗称"陕西的母亲河""二秦儿女的生命河"，集中了陕西省61%的人口、56%的耕地、72%的灌溉面积、68%的粮食产量和80%以上的国内生产总值，在陕西乃至西部社会经济发展中都具有十分重要的战略地位。

关中的渭河形成于早更新世，距今约200万年，流域内人类活动踪迹达80万～100万年以上，有80万年前的蓝田猿人遗址、六七千年前的母系氏族群落半坡遗址，以及大量的仰韶文化、龙山文化遗址等。关中又是中华民族实现国家大统一的奠基地，人文初祖炎黄二帝在此统领先民，征战耕织；周秦汉唐等13个朝代凭借渭、泾、浐、灞、沣、滈、涝、潏八水之利，在此建都达千年之久，世界八大奇迹之一的兵马俑、

① 张艳玲.陕西省渭河流域水文特性分析[J].西北水资源与水工程，2002,13（2）：62-64.

"五岳"以险著称的西岳华山、中华第一陵——黄帝陵、全国迄今保存最完整的古城墙、世界四大古都之一的西安等都坐落在渭河两岸，丝绸之路从这里走向西方，使中国名列世界四大文明古国之一。

渭河南岸处于南北分界的秦岭北麓，是全国交通大枢纽之一，由于其处在西部大开发的桥头堡，承东连西，接北续南，是通往西北和西南的咽喉要道。陕西省防汛的重点"一江两河一库区"，渭河流域就占到一半，2007年结束的F1世界摩托艇锦标赛就是在渭河岸边的浐灞生态区水面上举行的。

渭河流域在中华文明史上也是一个文化悠远的重要区域，是中华民族古代政治中心的京畿之地，传说中的舜、尧、大禹、华胥氏、伏羲氏、炎帝神农氏和黄帝，乃至战国时期的秦国，无不在渭河流域留下印记。

渭河流域的特殊地位和作用，已引起国家的高度重视和全社会的广泛关注。2005年12月，在各方的共同努力下，备受各界关注的《渭河流域重点治理规划》经国务院批准，投资229亿元人民币，计划用10年时间完成渭河流域综合治理的全部项目。到那时，渭河将旧貌换新颜，昔日"渭水银河清，横天流不息""一河清波、两岸绿色、鱼翔浅底、鸟语花香""泾渭分明""八水绕长安"的美景将重现世人眼前。

3.不对称水系结构

渭河水系主要分布在秦岭以北、北山以南之间的关中盆地之中，由南北两侧向渭河汇集。以宝鸡峡东口为界，以西属于山地深切的曲流河段，两岸支流除通关河外，大部分源短流急，在干流两侧形成比较典型的对称型羽状水系；而在宝鸡峡口以东，渭河进入平坦开阔的渭河盆地，主河道河床加宽，比降骤减，形成典型的平原型曲流河段。由于两岸支流来自不同的地貌单元，河相特征表现出很大的差异；南岸支流源于陡峻的秦岭北坡，流程短，比降大，多急流险滩，带有强烈的土石山地的河流特征；北岸支流来自深厚的黄土台塬区，比降小，含沙量大，大部分源远流长，具有明显的黄土高原河流特征。

组成渭河水系的支流流域面积在100平方千米以上的有45条，10平方千米以上的有300多条，2平方千米以上的支毛细沟多达5300余条。渭河流域右岸支流较多，从西到东有清姜河、清水河、伐鱼河、石头河、西汤峪、黑河、涝峪河、新河、沣河、浥河、灞河、零河、酒河、赤水河、遇仙河、罗纹河、罗敷河等，这些支流大部分都水清、源短、流急，较长的是黑河125千米、灞河104千米，其余皆在100千米以下。右岸支流均发源于秦岭山区，源短流急，谷狭坡陡，径流较丰，含沙量小。由于两岸支流的不对称结构特点，使渭河河槽有着向右岸偏靠的趋势。

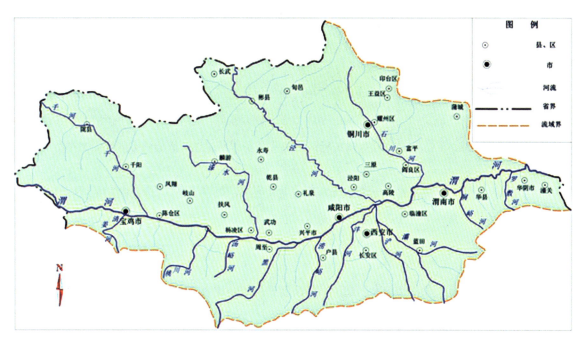

图2-2 渭河流域水系图

4.主要支流

（1）石头河

石头河是渭河的一条较小支流，也是宝鸡峡引渭的渠首（魏家堡）工程区间较大的支流之一，约占区间径流总量的37%。

石头河发源于太白山以西的鳌山北麓，源头称为五里峡，由南向北流，在杜家庄接纳由北向南流、源出青峰山南麓的大箭沟，始称桃川河，成为石头河的上游，呈东西向，由于桃川河的切割，形成太白山主峰以北的山间盆地；杨家峰至鹦鸽嘴之间，先后接纳来自太白山主峰以北的白峡和山岔峡的支流，并由杨家峰起流向变为南北向，流量增大，始称石头河，沿斜峪而下，在鹦鸽嘴至斜峪之间，右岸接纳吉利沟，左岸接纳杨家河，于斜峪关流出山区，依五丈原崖下向西北流，于岐山县新庄附近注入渭河。石头河全长69千米[1]，高差2561.2米，比降为36.6‰，流域面积为715平方千米[2]，多年平均径流量为4.81亿立方米。

---

[1] 数据来源：陕西省水文水资源勘查局.
[2] 数据来源：陕西省水文水资源勘查局.

表2-2 石头河支流[1]

河流	高差（m）	长度（km）	比降（‰）	流域面积（km²）	多年平均径流量（亿m³）
白云峡	2828.6	17.0	93.7	113.8	0.70
山岔峡	1583	26.3	107.0	133.8	0.83

　　石头河在峪口以上高差2369米；河长57.1千米，占全长81.7‰，比降为41.5‰；流域面积为740.7平方千米，占总流域面积的95.5%；多年平均径流量为4.45亿立方米，占全河径流量的92.5%；含沙量很小，平均为每立方米0.434千克。由于以往无蓄水工程，仅能利用约2%的径流量。流域平均宽度为13千米，形如扇状。鹦鸽嘴以上流域面积为502平方千米，占总面积的73.2%，是洪水的主要来源区域，鹦鸽嘴至峪口（斜峪关）15千米，该段河道较为弯曲，河床呈"U"形，主河槽及河滩全系砂、卵石组成，粒径一般为0.2~0.4米；主流不稳定，除个别河段以外，近几十年来横向有所变动。峪口以下流入渭河平原，高差192.2米，河长12.8千米，河谷稍宽，沿河两岸有一级堆积阶地，河床比降为15‰，水流迂回曲折，堆积作用旺盛，河床淤浅，两岸有人工堤束水。

（2）黑河

　　黑河是渭河的一条较大支流，黑河上源的北支——红水河，发源于太白山主峰——拔仙台东南侧，向南流形成二爷海、三清池等，再向南穿过一个较陡的斜坡，流入大蟒河，流向折为东西，成为黑河上游的北支。黑河上游的南支——花耳坪河，发源于光头山（秦岭主脊、海拔2838米），向北流接纳西来诸源的流水，顺一断层谷向东流到厚珍子，先后接纳清水河、太平河等，继续向东流，于两河口南北两源相会合，始称黑河。折向东流经沙梁子，渐向东北转折，穿过老君岭与终南山之间的深峡，最后转向北，先后接纳板房子河、虎豹河、王家河、陈家河、柳叶河等支流，于周至县马召镇东南的武家庄流出山区进入渭河平原，再接纳沙河、芦河、黑墩峪河、田峪河等较大支流，水量倍增，流向东北，于周至县终南乡梁家滩以北注入渭河。黑河全长126千米[2]，流域面积为2282.6平方千米，多年平均径流量为9.14亿立方米。

---

① 刘胤汉.秦岭水文地理[M].西安：陕西人民出版社，1983.
② 数据来源：陕西省水文水资源勘查局.

表2-3 黑河支流①

河流	支流分级	高差（m）	长度（km）	比降（‰）	流域面积（km²）	多年平均径流量（亿m³）
大蟒河	一	2518	24.5	102.7	177.6	0.73
板房子河	一	1068.9	24.6	43.4	167.1	0.68
虎豹河	一	1359.2	27.3	49.7	123.0	0.50
王家河	一	1439.9	32.3	44.5	285.5	1.06
东河	二	1158.6	21.8	53.1	141.9	0.60
沙河	一	1473.7	44.1	42.9	105.2	0.43
就峪河	一	1790	41.7	42.9	105.2	0.43
田峪河	一	2152.6	54.3	39.6	267.6	1.06

（3）沣河

沣河，渭河右岸支流，位于关中中部西安市西南，正源沣峪河源出长安区西南秦岭北坡南研子沟，于咸阳市秦都区鱼王村汇入渭河。沿途右岸有东富尔沟、拐扒沟、大坝沟、小坝沟、南石槽、红草河、石峡沟等沟水流入，左岸有左龙沟、西富尔沟、蒿沟、西湾沟、四岔沟、太平沟等沟水流入，河谷为"V"形，河槽基本为矩形砾石河床。出峪口后流向西北，左岸有石老沟、牛犊沟、直肠沟、马家沟、高冠、太平等沟河汇入，于户县秦渡镇南距峪口11.8千米处纳入滮河。河长79千米②，平均比降8.2‰，流域面积1524平方千米③；源头至峪口段长26千米，流域面积165.8平方千米。

沣河是一条久负盛名的河道，相传古时洪水泛滥，经大禹疏凿乃成。周代丰、镐两京即紧靠沣河东西两岸建立，秦阿房宫、汉唐时期的长安城离沣河亦不远，昆明池遗址在沣河东岸。

沣河支流众多，大小支流共30多条，主要集中在秦渡镇以上。沣河干流高差1796.3米，比降为21.9‰，在沣峪口外有宽阔的山麓洪积扇，堆积着深厚的卵石、砂砾层，河水下渗厉害。

① 刘胤汉.秦岭水文地理[M].西安：陕西人民出版社，1983.
② 数据来源：陕西省水文水资源勘查局.
③ 数据来源：陕西省水文水资源勘查局.

表2-4 沣河支流

河流	支流分级	高差（m）	长度（km）	比降（‰）	流域面积（km²）	多年平均径流量（亿m³）
高冠河	—	534.3	34.3	44.7	167.2	0.61
太平河	—	2038.2	46.8	43.5	223.0	0.88
潏河	—	741.0	67.2	25.9	704.8	2.12
石砭峪河	二	1834	53.0	53	281.1	1.19

（4）涝河

涝河是渭河在秦岭北坡的一条支流，上源有二：西河和东河。西河发源于海拔2822米的秦岭梁北侧，有两个源头，于东岳庙至黑沟滩之间汇合，称为西河；东河发源于海拔3015米的静峪垴南麓，在汤坪附近转向西北流，在杨家庄以后称为东河。西河和东河汇合后，始称涝河，呈南—北流向，经纸房于涝峪口流出山区，经户县城关、涝店镇，在驮王镇以北保安西滩流入渭河。涝河全长80千米[①]，高差2092米，比降为24.3‰，流域面积为749平方千米，多年平均径流量为2.24亿立方米。

涝河是一条不对称水系，主要支流分布在左岸，流域面积在右岸的范围极小，除来自右岸的上游纸房等两条溪沟外，中、下游在右岸没有一条支流汇入，流域面积的绝大部分在左岸的甘峪河流域。

（5）灞河

灞河古称滋水，流经灞桥区、未央区，在高陵区（原高陵县）汇入渭河，春秋时秦穆公不断向外扩张，称霸西戎后改名霸水。后来在"霸"字旁加上三点水，称为灞水。

灞河是渭河在秦岭北坡最大的一条支流，发源于蓝田县灞源乡麻家村以上的秦岭北坡，在灞源镇接纳由海拔2449米的箭峪岭南侧流来的水，始称倒沟峪，在九间房至玉山镇之间，先后又接纳从海拔2190米的将军帽山北侧流来的清峪河，由海拔1965米的秦岭主脊——凤凰山流来的流峪河和峒峪河，然后称为灞河。灞河全长92.6千米，从源头到河口，高差1142米，比降为12.3‰，其中，许家寺以上高差1084米，河长66.4千米，比降为16.3‰；许家寺至沪河口，高差29米，河长12.3千米，比降为2.35‰；沪河口以下，高差29米，河长13.9千米，比降为2.08‰。

---

① 数据来源：陕西省水文水资源勘查局.

灞河是一条典型的不对称水系，它的左岸支流少而长，大部分集中在蓝田县城以南的上游，主要有辋峪河和清河，大致作东北—西南流向；它的右岸支流众多而短小，均集中在蓝田县城以北的下游，源出骊山的西南侧，流向呈东北—西南向。灞河干流因受地质构造的控制，在华山断块向南倾斜的古老剥蚀面上，流到灞源，遇到南边的断块，向南转折，再转向西北，以先成河穿过华山断块西端的峡谷，后流到蓝田盆地，在这里接纳了由骊山断块向南流的几个支流，形成复式钓钩状水系，最后切开白鹿原，沿着塬边流入渭河。

表2-5 灞河支流

河流	支流分级	高差（m）	长度（km）	比降（‰）	流域面积（km²）	多年平均径流量（亿m³）
道沟峪河	一	826.1	35.9	23.0	215.9	0.70
清河	一	1238.1	44.6	27.0	225.9	0.90
辋峪河	一	1104.9	58.0	19.1	534.0	2.23
东采峪河	二	787	27.5	28.6	201.5	0.84
西采峪河	二	782	26.2	29.8	160.9	0.67
浐河	一	1258	63.5	19.8	766.6	1.88
岱峪河	二	1128	29.8	37.8	138.9	0.34
汤峪河	二	1243	32.3	38.5	101.0	0.25
库峪河	二	1396	40.2	34.8	174.7	0.43
友家河	二	242.3	29.7	8.16	124.3	0.30

（二）洛河流域

洛河，古称雒水，黄河右岸的重要支流。因河南境内的伊河为其重要支流，所以称为伊洛河，即上古时期河洛地区的洛水。南洛河为洛河在水文上的名称。洛河源出陕西蓝田县东北与渭南市华县交界的箭峪岭侧木岔沟（秦岭海拔2028.4米的龙凤山东南侧），即洛南县洛源镇的龙潭泉，流经陕西省东北部及河南省西北部，在河南省巩县注入黄河。河道全长447千米，陕西境内河长129.8千米，河南境内河长366千米。流域总面积18881平方千米。

洛河东南流入洛南县，横穿其中南部，经洛源、眉底、尖角（县城正北）、柏峪寺、灵口及庙湾等乡镇，在沙河口附近流入河南省卢氏县境，经洛宁县、洛阳、偃师等县（市），由巩县东北注入黄河。

在陕西洛南县境内，流经张坪、保安、眉底、白洛、祖师、尖角、官桥河、柏峪寺、黄坪、灵口、庙湾等12个乡，于王岭乡兰草河口进入河南卢氏县后在河南巩县北流入黄河。洛南县境内流程129千米，流域面积2681.7平方千米，占洛南县河流流域总面积的96.1%，成为洛南县境内主要的河流，比降为7.04‰，多年平均径流量为8.19亿立方米。

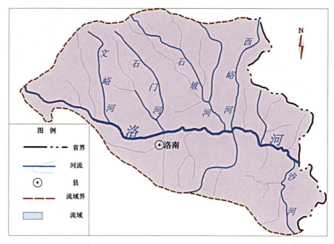

图2-3 洛河流域水系图

1.流域自然地理概况

（1）地势西北高、东南低

洛河地处两个褶皱系的交界带，即商渭台缘褶皱带与秦祁地槽的东秦岭褶皱系，多灰岩、页岩地层，河道以砾石质结构为主。地势为北缘秦岭（草连岭海拔2646米）、华山（海拔2165米），南顺蟒岭（最高处1744米），中间为洛河河谷，总趋势西北高、东南低，大致形成了三个小区：一是干流以北的广大山地区，山高坡陡、沟深流急，仅有一些较大支流沿岸有少量的川地；二是干流两岸及永丰、景村、古城、三要等乡镇一带的浅山川原区，有较完整的三级阶地构成的大片川原，拥有"四十里梁原"和古城川，土层深厚肥沃，为洛南县的主要产粮区，20世纪50年代至70年代修建的南洛惠渠以及星罗棋布的库塘，为川原耕地提供了很好的灌溉条件，有"小关中"之称；三是面积较小的南部蟒岭花岗岩流沙丘陵区，为水土流失严重的地带。干流文峪河口以上为山溪性河流，比降达12.5‰，全河平均比降为3.7‰，官桥河以下曲流发育，形成许多"驼胫""驼背"河道。

（2）暖温带山地季风气候

洛河流域属暖温带山地季风气候。由于洛河地处我国南北雨区的分界线上，春季干旱多风，夏季炎热多雨，秋季阴雨连绵，冬季寒冷少雪。年平均气温由北向南、由西向东递增。多年平均气温14℃，最高气温42℃，最低气温-20℃。山地气候表现在：河谷和丘陵区年平均气温为12℃～15℃，西部高山区则只有4℃左右。平均年降水量由东北部的500毫米增至西南部的1100毫米，且年内分配不匀，有60%的降水集中在7～10月的汛期，且多以暴雨形式降落，往往出现较大洪水；而在3～6月只有30%的降水，常有干旱发生。

2.河洛文化发祥地

洛河流域，是华夏文明的发源地之一，黄河、洛河交汇处的广大地区，被称为河洛地区，而孕育、发展、繁荣、传承于河洛地区的地域文化被称为河洛文化。这一地区是"中国"名称的来源。

伏羲是上古时代的首领、中华民族人文始祖，长期在河洛一带活动，受"河图"启发画出了八卦，就是后来《周易》一书的来源。

河洛地区长期是奴隶制国家、封建制国家的都城所在地，中国古代的国家制度和都城制度基本都是在河洛地区发轫和完成的。

河洛地区是中国古代文学艺术发展的发祥地，汉代词赋、建安文学、汉魏文学、唐诗宋词，都成就了河洛文学的辉煌。河洛地区在中国古代史官文化及史学的建立中起到了平台和载体的作用，如西汉司马迁在洛阳受命写《史记》，东汉班氏兄妹在洛阳著《汉书》，三国西晋时史学家陈寿在洛阳撰《三国志》，北宋司马光在洛阳完成《资治通鉴》。同时河洛地区的科学技术发明荟萃，教育也很发达。因此河洛地区诞生了众多对社会历史有影响的名人。

另外，河洛民俗文化、河洛姓氏文化、河洛园林文化、洛阳牡丹文化等都是河洛文化的重要组成部分。

3.水系呈南北不对称叶脉状结构

陕西省境内直接入洛支流为24条，其中100平方千米以上的支流有10条，主要有文峪河、石门河、石坡河、县河、东沙河等，河系呈南北不对称叶脉状。

北岸河流系指洛河以北的秦岭地区河流，其主要支流有蒿坪河、文峪河、麻坪河、石门河、石坡河、周湾河、桑坪河、西峪河、龙河等。该区内山高坡陡，水深流急。除支流沿岸有少量平地外，多数河沟滩地少。但各河流比降、流量都较大，利于小型水利工程的发展。

南岸支流系指洛河以南，源于蟒岭的河流，其主要支流有县河、西沙河、中沙河、东沙河、姬家河、兰草河等。

4.主要支流

洛河的支流较多，流域面积在100平方千米以上的一级支流和二级支流共有15条，其中比较重要的：北岸有蒿坪河、文峪河、石门河、石坡河、西峪河、灵河等6条，这些支流都发源于秦岭的主脊——太华山的南坡，河床比降都大，泥沙较少，水量丰富，有灌溉、发电等条件；南岸有县河、景村沙河（西沙河）、古城沙河（中沙河）、李垣沙河（东沙河）、兰草河等5条，这些支流大都发源于蟒岭一带，水量一般都小，由于发源地——蟒岭主要是花岗岩山地，易于风化，因此，这些河流都含沙量大，河床淤积的沙石较多，危害沿河两岸的农田，也给筑坝建库蓄水带来了一定的困难。

表2-6 洛河支流

河流	支流分级	高差（m）	长度（km）	比降（‰）	流域面积（km²）	多年平均径流量（亿m³）
蒿坪河	一	866.0	29.0	29.9	127.2	0.36
文峪河	一	798.1	32.0	24.9	118.3	0.34
石门河	一	707.0	43.9	16.7	353.5	0.85
麻坪河	二	797.1	38.2	20.9	184.1	0.51
县河	一	307.8	31.4	9.8	154.8	0.43
西沙河	一	325.2	26.5	12.2	123.4	0.34
中沙河	一	488.9	35.5	13.8	157.9	0.44
东沙河	一	519.9	41.2	12.6	353.4	0.9
姬家河		548.4	26.5	20.7	133.8	0.37
石坡河	一	1145.0	56.2	20.4	661.0	1.59
周湾河	二	798.6	38.6	20.7	117.0	0.28
桑坪河	二	668.1	35.1	19.0	181.7	0.44
西峪河	一	1090.0	40.8	26.7	159.2	0.45
龙河	一	513.0	25.8	19.9	135.4	0.38
兰草河	一	784.2	31.9	24.6	128.1	0.36

（1）石坡河

洛河最大的支流，发源于太华山（海拔2338.9米）南侧；源流从西北向东南，经过驾鹿到巡检，接纳由北向南流的巡检河，始称大河，流向呈西北—东南；到石坡附近河流进入第三纪红岩盆地，河谷渐开阔，两岸有比较宽坦的河漫滩阶地；在石坡以下先后接纳两条主要支流，即桑坪河和周湾河，水量增大；在钻天岭通过一段峡谷，河道弯曲；于刘家垣以下河谷又稍宽，沿岸有小片的冲积地。周湾河以上高差1023.6米，河长36.7千米，比降为27.9‰；周湾河至洛河高差121.4米，河长19.5千米，比降为6.23‰。

（2）蒿坪河

源于华县，自武家院进入洛南境内后，流经乱石坪、蒿坪至保安街西汇入洛河。在洛南县境内长29千米，流域面积127.2平方千米，平均比降为29.9‰，河流落差753米，上游山高、谷狭水急，下切力强，下游谷川相间。

（3）文峪河

源于华县水仙台，流经金堆城，自石嘴入洛南县境后，穿瓦子坪至眉底注入洛河。在洛南县境内长32千米，流域面积118.3平方千米，平均比降为24.9‰，河流落差567米，水势湍急。山高川平，落差较大。

（4）麻坪河

源于华阴市肉架子沟，自栗峪乡斜岭村北部燕石沟进入洛南境后流经栗峪、麻坪、孤山至石门峪口注入石门河。河长38.2千米，流域面积184.1平方千米，平均比降为20.9‰，上游山高、谷狭水急，下游宽谷与狭川交替。

（5）石门河

源于黄龙山道沟，流经陈塬、石门，于石门峪口汇入麻坪河，至尖角注入洛河。河长43.9千米，流域面积353.3平方千米，比降为16.7‰。上游山高河狭，中游川宽地阔，下游谷窄，水势急湍。

（6）周湾河（西抚河）

源于驾鹿五道沟，流经驾鹿、窄口河至石坡，汇入石坡河，全长38.6千米，流域面积117.0平方千米，比降为20.7‰。

（7）桑坪河

上游名寺耳河，下游名桑坪河，源于秦岭八套山麓，流经寺耳、桑坪至李河口汇入石坡河。流程35.1千米，流域面积181.7平方千米，平均比降为19.0‰。

（8）西峪河

源于陈耳大王西峪，上游称陈耳河，中游称田门河，下游称西峪河，于河口注入洛河。河长40.8千米，流域面积159.2平方千米，平均比降为26.7‰。

（9）龙河

源于庙台寺沟，上游在庙台境内称补珠河，南流至浮庄口纳浮庄河，至大庄口又汇合大庄河，南流至后碥汇入洛河。下游统称为龙河。长25.8千米，流域面积135.4平方千米，平均比降为19.9‰。

（10）县河

系洛河二级支流。旧志记载中有三个名称，即"武里水""清池川""里清川"。自隋大业十一年（615），因县治由武谷川（古城）移此而得名。源于马河乡境内的埝浪，上游名叫洗马河（即大渠川），又汇秦王川（即黄柏川）再汇小渠水，沿西南转向东北流向，经马河、谢湾、城关，于城关陶川村碾子沟口注入洛河。干流长31.4千米，流域面积154.8平方千米，河流落差307.8米。

（11）西沙河（景村沙河）

亦称庙坪河，源自油泉分水岭，经景村至下塬双桥汇鹿池川河，流经茶臼山西纳鳌峪河，于薛楼入洛河。干流长26.5千米，流域面积123.4平方千米，河流落差325.2米。因上游花岗岩和红色沙砾层风化剥蚀严重，故下游河道细沙淤积。

（12）中沙河（古城沙河）

源于蟒岭北侧老君峪流岭槽，北流经沙坪纳小秦峪河、高河、蒋河至页山再纳韩西沟河，于沙河

第
二
章

秦岭水体水文特征

口入洛河。干流长35.5千米，流域面积157.9平方千米，河流落差488.9米。其特点是季节性河流多，久旱即涸。洪水暴发时，黄沙淤积，冲压沿岸村庄良田。建国后，创办国社合作及集体林场，植树造林，封沟打坝，治理小流域，兴修基本农田，支流建有朱沟、贾沟水库，在古城境开凿红惠渠，引水灌溉，使沿岸成为主要产粮区。

（13）东沙河（李恒沙河）

位于洛南县境东南。其上游为姬家河，自寺坡何村以东称东沙河，沿东流经寺坡、三要折向东北，于土家嘴注入洛河。河长41.2千米，流域面积353.4平方千米，河流落差519.9米。其特点是流沙淤积，泥沙混流，泄流滑坡现象严重。

（14）姬家河

发源于古城马连滩卧牛石沟，沿东北流至寺坡何村，下游称沙河。长26.5千米，流域面积133.8平方千米，河流落差548.4米。

（15）兰草河

位于洛南县境东南，源自河南省兰草薛沟，为过境客水。向北流经王岭至兰草河口入洛河。在洛南县境内长17千米，流域面积48平方千米，河流落差96米。其特点是：上游为石灰岩地貌，山高谷深，流水湍急；下游弯道中有成片农田。

（三）汉江流域

汉江，又称汉水、汉江河，为长江最大的支流。现代水文研究认为汉江有三个源头：北源沮水、中源漾水、南源玉带河，都在秦岭南麓陕西的宁强县境内，流经沔县（现勉县）称沔水，东流至汉中始称汉水；自安康至丹江口段古称沧浪水，襄阳以下别名襄江、襄水。

汉江在历史上占有重要地位，常与长江、淮河、黄河并列，合称

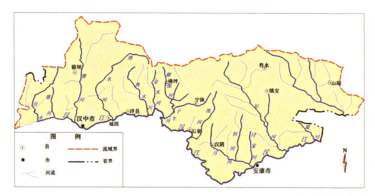

图2-4 汉江上游水系图

"江淮河汉"。

汉江流经陕西、湖北两省，在武汉市汉口龙王庙汇入长江。河长1577千米，流域面积1959年前为17.43万平方千米，位居长江水系各流域之首；1959年后，减少至15.9万平方千米。干流上游：湖北省丹江口以上为上游，河谷狭窄，长约925千米；中游：丹江口至钟祥，河谷较宽，沙滩多，长约270千米；下游：钟祥至汉口，长约382千米，流经江汉平原，河道蜿蜒曲折，逐步缩小。

1.流域自然地理概况

（1）地势西北高、东南低，山地面积大

汉江流经地区绝大部分是山地，山地面积约占全流域面积的70%，丘陵面积约占13%，平原面积约占16%，湖泊面积仅约占1%。山地的分布是在老河口以上，主要平原则分布在钟祥以下，之间是丘陵地区。当然，在上游山地区内亦有局部平坝与丘陵地貌，在下游平原上亦有个别丘陵。

本流域虽然山地面积大，但海拔都不高，地面海拔在1000米以下的面积占70%多，2000米以上的面积仅占4%。本流域有四处较大的平原，即汉中平原、襄阳—宜城平原、唐白河平原、下游平原。四处平原中的汉中平原、襄阳—宜城平原与下游平原三处，都是泛滥平原，地势平坦；只有唐白河平原大部分为古冲积平原，俗称岗地，现在已略受到分割，泛滥平原则占地面积较小。

本流域湖泊较多，较大的200多个，其中大部分为洼地积水，旱年与丰年湖泊面积的变化较大。但各类湖泊不论成因如何，都在逐渐分裂、消失。

（2）北亚热带季风气候

汉江流域北有秦岭、外方山与黄河流域为界，东北以伏牛山、桐柏山与淮河流域毗邻，西南以大巴山与嘉陵江流域相邻，东南为江汉平原。整个地形西北高东南低，形成东南向敞开的喇叭形，使东南季风可长驱直入本流域，加之北界的秦岭山脉，一般海拔在2500～3000米之间，它不仅有抬升气流的作用，而且阻滞北方冷空气侵入，因而这里就成为我国南北气候交界地带，流域内气候较温和、湿润。

本流域风向受冬夏季风影响，冬季多东北风与西北风，夏季多东南风与西南风，春秋两季为过渡时期，风向变化较多，但仍以偏北方向为多。就地域而论，大致自白河以上在夏季仍以偏北风为主，

南风或东南风不占重要地位；白河以下汉江河谷内春夏多东南风与南风，冬季多北风与西北风。

2.南北文化的结合与交融

汉江流域地处我国中部，介于黄河、长江两大水系之间，是我国自然地理南北差异的过渡带，秦岭耸立于北，巴山绵亘于南，汉江横贯其中，形成两山夹一川的壮美地形。汉江既是我国南北两大文化板块的结合部，又是南北文化交融、转换的轴心，汉水河谷自古以来就是沟通中国东西的走廊；流域内的汉中盆地、南阳盆地和襄樊盆地，又是我国西部和中部地区南北交往的通道，在它们的周围是我国古代最著名的几个政治、经济和文化中心：西北以长安为中心的关中平原，东北以洛阳为中心的伊洛平原，东南以武汉为中心的江汉平原，西南以成都为中心的成都平原。历史上南北对立时期，南北双方的征伐攻守主要在黄河、长江之间的汉水、淮河流域进行，争夺的焦点是汉中、襄樊、寿春、徐州。这四个城市分别位于古代中国北方与南方相互联系的四条主要交通干线上，是所谓"天关""地机""九州咽喉"。

汉江是一部壮丽的史诗，记录着中华民族的先哲在此奋斗跋涉的足迹。这里有屈原的魂牵梦绕、李白的"蜀道之难"、陆游的"铁马秋风"、米芾（北宋书法家、画家）的"米家山水"、张之洞的"中体西用"，这里更是两汉、三国文化的发祥地。

汉水流域特殊的战略地位，使其成为中国历史分裂时期活动最为频繁的政治舞台。从春秋战国、三国时期到南北朝、宋金对峙时期，各路英雄、仁人志士在此施展其政治、军事和外交才能，特别是三国时期对汉水流域的争夺最为精彩。汉水流域在中国由分裂走向统一的历史进程中，有着特别重要的战略地位，对中国历史上的大统一和中华民族大融合做出了独特贡献。

汉水流域内既有北方旱作农业，又有南方稻作农业，具有承东启西的区位优势，使古代农业文明自西北向东南推移，同时，在近代资本主义工业文明由东南向西北的推进过程中，汉水流域发挥了极为重要的作用。

汉水流域从源头的宁强县到入江口的特大城市武汉，大中小城市俱全，历史名城与新兴城市并存，同时又是重要的贸易集散地，如南郑、洋县、城固、安康、商州龙驹寨、襄阳等，都分布在汉江两岸，形成了沟通全流域的重要商路。在中国现代两大铁路——京汉和陇海修通之前，汉江及其支流一直是西北地区与东南沿海、华北与长江中下游地区经济往来的交通干道。武汉是中国内陆最大的货物集散地和贸易中心。

3.干流概况

汉江，全长1577千米，其中陕西境内干流长657千米，湖北境内长920千米，总落差1964米。

（1）河源段

汉江干流发源于秦岭南麓，有北、中、南三源：沮水为北源、漾水为中源、玉带河为南源。

北源：沮水，发源于黄花坪，位于陕西省宁强县留坝与凤县交界处的紫柏山（海拔2610米）南麓，向西南流入勉县张家河，纳入庙河和冷峪河后入略阳县两河口，继续南流至黑河坝流入白河。白河汇入后转东南再次入勉县境，至沮水新铺坝始称汉水。沮水全长130千米，沮水流域面积1747平方千米，年径流量5.37亿立方米。沮水在漾水北，历史上称其汉水古北源。

中源：漾水，源出陕西省宁强县北嶓冢山，亦曰东汉水。东经勉县为沔水，经褒城纳褒水始为汉水。

南源：玉带河，发源于宁强县阳平关镇曹家坝村，于勉县铜钱坝江入汉江，流经宁强县城。远眺河流如玉带蜿绕，故名玉带河。新中国成立前后一度把宁强县城所在地称为玉带镇。玉带河处在大巴山腹地，干流长101.1千米，流域面积831平方千米，多年平均径流量4.8亿立方米，河道平均比降为8.17‰。

（2）干流走向

在陕西省境内，基本上自西向东流，汉江干流发源于陕西宁强县的嶓冢山，自西向东流经勉县、汉中市区、城固县、洋县、石泉县、汉阴县、紫阳县、安康市汉滨区、旬阳县、白河县。

在湖北省境内，汉江干流经白河县后，自郧西县进入湖北。丹江口以下，干流折向东南，沿途经老河口市、襄阳市、宜城市、钟祥市、天门市、潜江市、仙桃市、汉川市，最后由武汉市汉口龙王庙汇入长江。

干流丹江口以上为上游，河谷狭窄，长约925千米；丹江口至钟祥为中游，河谷较宽，沙滩多，长约270千米；钟祥至汉口为下游，长约382千米，流经江汉平原，两岸修筑有堤防，河道蜿蜒曲折且逐步缩小，泄洪能力越来越小。

4.羽毛状水系结构

陕西省境内的汉江为汉江上游段，由于位于秦岭南麓，所以山地河流发育，支流众多，长度在50千米以上的河流有68条，在100千米以上的有18条。水系分布左、右岸很不对称，左岸支流发源于秦岭南坡，主要支流有沮水、褒河、湑水河、酉水河、金水河、子午河、月河、旬河、蜀河及金钱河等，左岸支流源高流长，河网密度较大，为1.69千米/平方千米；右岸支流源于大巴山北坡，主要支流有玉带河、漾家河、冷水河、南沙河、牧马河、任河、岚河及坝河，右岸支流源低流短，河网密度较小，只有1.52千米/平方千米。

各支流分布大都呈羽毛状或近似羽毛状，个别为平行状和扇状。各支流流域面积在50～100平方千米之间的河流有130余条；100～500平方千米的河流有126条；500～100平方千米的有21条，1000～5000平方千米的有14条；大于5000平方千米的有2条；50平方千米以下的小河和支毛沟达数千条，河网纵横，水系发达。

5.主要支流

（1）沮水河

沮水河是汉江在秦岭南坡一条较小的支流。沮水河一般是指从略阳县黑河坝至河口，长度仅18千米的河段。

由黑河坝分出一条支流，称为白河。白河（上游称张家坝河）发源于略阳县张家坝乡海拔2425米的浑人坪西侧，向南流在两河口接纳来自浑人坪东侧的娘娘坝河及其支流——肖家河。沮水河的中、上游称为黑河。黑河发源于凤县、留坝县交界处海拔2538米的紫柏山南侧，向南流称为正河，再转向西南流，先后接纳罗家河、八庙河、冷雨河等，从观音寺以下转为南北向，在和白河汇合以前，接纳小砭河。沮水河全长130千米，高差1414米，比降为10.9‰。流域面积为1573.7平方千米，多年平均径流量为8.3亿立方米。

沮水河的流向由北偏东向南流，经凤县营盘、勉县张家河、略阳县观音寺，又到勉县茶店子，在新铺以东4千米处流入汉江。沮水河的中、上游属于山溪性河流，流域内山高、坡陡，其中高山、陡坡占80.5%，低山、缓坡占13%，河谷、川坝占6.5%。河道狭窄呈"V"字形，林木茂密，水土流失轻微。已发展的水稻田，主要分布在略阳县白河沿岸的黑河坝、两河口以及勉县小河砭一带。

沮水河支流众多，较大的支流有8条。

表2-7 沮水河支流

河流	支流分级	高差（m）	长度（km）	比降（‰）	流域面积（km²）	多年平均径流量（亿m³）
大铁坝河	—	139	21.0	—	225	—
白河	—	1281	68.5	18.7	531.2	2.8
张家坝河	二	1941	64.2	30.3	450	1.33
娘娘坝河	二	1428	46.0	31.0	213.4	1.15
黑水河	—	—	110.0	12.5	887.9	4.63
正河	二	1052	61.0	17.3	513.8	2.71
小砭河	二	1390	34.0	40.9	149.4	0.78
冷雨河	二	952	15.9	28.0	60.0	0.32
八庙河	二	881	43.0	20.5	127.7	0.68

（2）褒河

褒河也称乌龙江，是汉江在秦岭南坡的一条主要支流。褒河全长195千米[1]，高差1787米，比降为9.03‰，流域面积为3955平方千米，多年平均径流量为15.8亿立方米。

上源有二：西源——西河，发源于凤县西北的秦岭主脊——药材湾梁（海拔2470米）东北侧，源头叫秦岭沟，与嘉陵江之源头——东峪河之间以代王山（海拔2598米）相隔。西河向南流经岩湾后，始称中曲河，在朱家坪以南，接纳来自秦岭主脊——玉皇山（海拔2758米）南侧和冻山西南侧的黄牛河、杨家河等，在中坝以南接纳汪家沟，继续南流，于江西营以上与东源相汇合。

东源——红岩河，发源于太白县以北的秦岭主脊——青峰山（海拔2402米）西南侧，向南流到塘口街折向西流，经太白县城后，在两河口接纳来自冻山（海拔2584米）南侧的盘岔河，南流始称红岩河，于江口接纳来自太白山西延部分——鳌山（海拔3476米）西南侧的太白河，水量大增，再继续向西南流，于江口营附近与西源相会合。

东、西两源汇合以后，始称下南河，继续向南流，先后于南河（河口）接纳上南河，于姜窝子接

---

[1] 数据来源：陕西省水文水资源勘查局.

纳留坝河（北栈河），于武关河接纳大红岩沟，由此向南流始称为褒河。先后经过铁佛殿、马道，于河东店进入汉中盆地，在孤山附近流入汉江。

褒河支流众多而且密集，在两岸支流呈对称分布。由于受周围分水脊的影响，上游支流源远流长，呈扇形展开，流域范围广阔；中游支流短小，流域范围受到很大限制，呈一狭长带状。主要支流有12条。

表2-8 褒河支流

河流	支流分级	高差（m）	长度（km）	比降（‰）	流域面积（km²）	多年平均径流量（亿m³）
黄牛河	一	970	23.0	42.1	135.5	0.54
杨家河	一	1020	24.7	41.1	115.4	0.46
秦岭沟	一	1090	35.6	30.6	230.4	0.92
汪家沟	一	890	34.0	26.2	236.3	0.94
太白河	二	1192	62.3	19.1	1348.8	5.40
桑园坝河	二	592	19.0	31.1	120.9	0.48
红岩河	一	1070	89.4	12.0	708.3	2.85
烟囱沟	三	437	21.0	20.8	105	0.42
上南河	一	140.2	25.5	55.0	125.8	0.50
留坝河	一	935	36.3	25.7	156.3	0.62
尚溪河	一	1035	34.0	30.4	262.6	1.06
沙子河	一	1646	45.0	36.6	177.3	0.71

（3）湑水河

湑水河是汉江在秦岭南坡的一条主要支流，发源于太白山以南的秦岭主脊——光秃山（海拔2838米）北侧，大致呈东西流向，到太白县黄柏源以后折向南流。总的流向呈南北向，并作大弧形向西弯曲，横切华阳岩基的边缘与变质岩构成的褶皱山地，于升仙村进入汉中盆地，向南流到城固县汉王城以东入汉江。湑水河全长168千米[①]，高差1840米，比降为11.1‰，流域面积为2324平方千米，多年平

① 数据来源：陕西省水文水资源勘查局.

均径流量为125.5亿立方米。

滑水河从偏桥子入周至县境后，沿途纳东太白河（黄柏塬乡之太白河）、海棠河、红水河、大涧沟、观音峡、牛尾河诸水。主流经黄柏塬乡、二郎坝乡，于皂角湾黑峡子之铁厂处入洋县境。沿流吞溪会涧，南流经石槽河、盘龙、砖溪、桃源、小河口、双溪、水砲、桔园、许家庙、原公、吕家村、宝山、五郎庙14个乡（镇）和城关镇汇入汉江。在洋县境内集流面积882.8平方千米，出境距源头60.6千米，洋县境内流程45.6千米，入境高程海拔1510米，出境高程海拔902米，平均坡降13.7‰，平均流量14.9立方米/秒，多年平均径流量5.435亿立方米。

滑水河支流众多，长度在5千米以上的支流共有45条。这些支流几乎全部集中在范围辽阔的中、上游山区，并作对称式分布。其中，主要支流有5条。此外，还有牛尾河和北溪河，长度在20千米以上，流域面积在70平方千米以上。

岩层走向在很大程度上控制着滑水河及其支流的流向。滑水河上游基本上受岩层层面的影响，流向接近东西向；许多支流也是沿着岩层层面发育的，并作东西流向（受岩层层面的控制），尤其是滑水河中游的支流表现得最为明显，如主要支流——南沟河以及高登河、水磴河等。

表2-9 滑水河支流

河流	支流分级	高差（m）	长度（km）	比降（‰）	流域面积（km²）	多年平均径流量（亿m³）
太白河	—	1384	18.3	75.0	132.9	0.72
红水河	—	1850.6	20.1	92.4	115.8	0.63
大箭沟	—	1309	23.3	56.5	115.3	0.63
平堵河	—	743	19.2	38.7	126.2	0.68
板凳河	—	1167	33.0	35.3	115.2	0.63

（4）酉水河

酉水河是汉江在秦岭南坡的一条较小支流，发源于秦岭主脊——兴隆岭（海拔3071米）南侧，到华阳以西才称为酉水河。流向大致呈南北向，流经茅坪、酉水，于酉水街以南流入汉江。酉水河全长

114.0千米，高差2071米，比降为18.1‰，流域面积971平方千米[①]，多年平均径流量为5.59亿立方米。

酉水河在茅坪和董家滩，先后接纳石关河和八里关河等，水量大增。在董家滩以上为上游，河道狭窄而平直，河床比降大，流水湍急；董家滩以下为下游，河道稍宽而弯曲，河床比降略小，水流速度减缓。

（5）金水河

金水河是汉江在秦岭南坡的一条较小支流，发源于秦岭主脊——光头山（海拔2838米）南侧，源头叫大茨沟，向南流经岳坝、栗子坝，在栗子坝接纳西河，流量增大，继续南流，经秧田、金水后流入汉江。金水河河长75千米，流域面积为732平方千米，多年平均径流量为2.7亿立方米。

金水河的主要支流——西河，发源于周至与佛坪交界的秦岭主脊——光头山的南侧，有东、西两个源头，会合以后呈南北流向，经西河、康家坪、龙王庙、扇子排、铜钱坝、晋家，然后折向东，呈东西流向，在栗子坝流入金水河。西河全长46.8千米，高差1725米，比降为36.9‰，流域面积为282.1平方千米，多年平均径流量为1.08亿立方米。

（6）子午河

子午河是汉江在秦岭南坡一条主要的支流，发源地有三：西源——椒溪河，发源于佛坪县龙草坪乡北庙子以上的秦岭主脊南侧，向南流径佛坪县城。中源——蒲河，发源于宁陕县金竹园以上的文公庙（秦岭主脊南坡），向南流入佛坪和宁陕交界的三河口与东西两源相汇合。东源——汶水河，发源于宁陕县新场乡陈家坪以上的秦岭主脊南侧，称西河，向南流至鹿子坪以南接纳金鸡河以后，才称汶水河，向西南流在梅子河乡与中源相汇合。汶水河在西河口以上河段，高差1490米，河长61.5千米，比降为24.2‰；西河口至椒溪河口高差237.3米，河长44.6千米，比降为5.31‰。三源汇合后始称子午河，河道曲折南流，到石泉县境内的两河接纳堰坪河，再向西南流，于西乡县子午乡王家坝以西流入汉江。

子午河全长160千米[②]，流域面积为3013平方千米，多年平均径流量为141.5亿立方米。从河源到河口高差1853.5米，比降为11.5‰，其中，下游汶水河口至汉江，高差84.9米，长度为31.6千米，比降为2.69‰。

---

① 数据来源：陕西省水文水资源勘查局.
② 数据来源：陕西省水文水资源勘查局.

子午河的主要支流为4支一级支流、3支二级支流。堰坪河是子午河下游接纳的一条支流，发源于平河梁南侧火地塘，上游称长安河，由东北向西南流，在宁陕县城（关口）接纳东河，水量增大，向西流至两河口流入子午河。在关口以上河段高差1336米，河长37.1千米，比降为36‰；关口至两河口高差258.1米，河长37.1千米，比降为6.96‰。

表2-10 子午河支流

河流	支流分级	高差（m）	长度（km）	比降（‰）	流域面积（km²）	多年平均径流量（亿m³）
汶水河	一	1776.1	129.2	13.7	2394.0	10.11
冬峪河	二	992.5	28.5	34.8	131.0	0.59
西河	二	164.3	54.1	29.8	364.4	1.64
蒲河	一	1539.9	57.8	26.6	496.3	2.23
椒溪河	一	1307.3	74.5	17.5	585.2	2.64
堰坪河	一	1594.1	74.2	21.5	561.0	2.52
四道河	二	1143.7	31.0	36.9	135.0	0.60

（7）池河

池河是汉江在秦岭南坡一条较小的支流，发源于宁陕县平河梁的南侧古山磴和龙潭子山，向南流经新矿，于长坪以下接纳东河，再继续向西南流，经过龙王、铁炉，于季才沟流入石泉县，再经过迎丰、青石、大坝、前池等地，于马岭关南流入汉江。池河全长112千米[1]，干流的纵坡比降较大，河源到河口高差1914.4米，比降为16.8‰。流域面积为1032平方千米，多年平均径流量为4.12亿立方米。

池河重要的支流有四条，即东河、纸厂河、云川河和酒店河，其中有三条都在迎丰区以上，各支流的流域面积均在50平方千米以上，纵剖面很陡，就东河来看，高差993.9米，比降为42.1‰。

池河的主要支流——东河，发源于镇安县鹰嘴石（海拔2601.5米）东侧，向南流经镇安县的栗扎、宁陕县的新建，于长坪以南流入池河。东河河长23.6千米，流域面积为143.4平方千米，多年平均径流量为0.57亿立方米。

① 数据来源：陕西省水文水资源勘查局.

第二章 秦岭水体水文特征

063

（8）月河

月河是汉江在秦岭南坡的一条主要支流，发源于凤凰山（海拔2128米）北侧，由南向北流，从高梁铺折向东流，经汉阴县城后，干流呈西北—东南向，于安康县长岭乡下许家台子以南流入汉江。月河全长114千米[1]，河源至河口高差1301.8米，比降为13.7‰，流域面积为2829平方千米[2]，多年平均径流量为9.97亿立方米。

月河流域略呈一个不对称的盆地形状。由于向南倾斜的秦岭南坡缓而较长，向北倾斜的凤凰山北麓陡而极短，因此，月河成为一条典型的不对称水系。它的左岸（北岸）支流多而源远流长，流域面积广而水量丰沛；右岸（南岸）支流少而流程短，流域面积小而水量少。月河川道是月河—安康盆地的组成部分。川道以铁岭关为界，在铁岭关以上比较狭窄，一般宽约1～5千米；在铁岭关以下比较开阔，一般宽约5～10千米，有的超过10千米。川道两边是第三纪的红土丘陵地，绵延起伏，沟壑纵横，水土流失比较强烈，丘陵地宽约4～10千米，海拔在500米以上。

月河的支流众多，较大的支流共有9条。

表2-11 月河支流

河流	支流分级	高差（m）	长度（km）	比降（‰）	流域面积（km²）	多年平均径流量（亿m³）
娘娘庙河	一	1177.8	17.2	68.4	148.7	0.53
青泥河	一	1295.4	58.6	22.1	433.1	1.56
中河	二	1120.2	41.7	26.9	128.4	0.45
沈家坝河	二	1299.9	35.7	36.4	118.2	0.42
恒河	一	1384.0	113.1	12.2	974.6	3.66
黑水河	二	839.0	23.6	35.5	102.5	0.38
紫荆河	二	885.0	19.8	44.7	105.0	0.39
小河	二	955.1	24.4	39.1	122.2	0.46
付家河	一	1207.4	75.4	16.0	457.0	1.65

[1] 数据来源：陕西省水文水资源勘查局.
[2] 数据来源：陕西省水文水资源勘查局.

恒河是月河最大的支流，发源于秦岭南延支脉——狮子包（海拔2135.3米）东侧，源头叫红椿沟。蜿蜒南流，经过桥亭、复兴、中原、回龙、沙坝、大河等地，于大王庙(恒惠渠渠首）出山，到恒口镇流入月河。

恒河的上、下游有着显明的差别，就平均比降来看，紫口以上的48.4千米，河道比降为24.7‰；紫荆河口至大河的24.4千米，河道比降为4.6‰；大河以下的36.2千米，河道比降为4‰。峪口以上的山区，河谷一般宽约50～150米；仅大河、汉王坪、华州馆等处比较开阔，在300～500米；峪口以下属于月河川地，河谷宽展，流水非常平缓，沿岸平地海拔在300米以下。

（9）旬河

旬河是汉江上游长度仅次于任河的一条大支流，发源于宁陕县和西安市长安区交界的秦岭垭南侧，流经宁陕县江口、小川沟等地进入镇安县境，属西北—东南流向，后经崇家沟、柴坪、蚂蚁沟于镇安县碾子坪入旬阳县仁河口乡，至小河乡两河关接纳最大支流乾佑河，继续南流，经塘兴、赵湾、红岩、大岭、甘溪、白柳、菜湾等乡和城关镇，在旬阳县城东南角汇入汉江。全长228千米[1]，流域面积6322平方千米。旬阳县境内干流长约115千米，流域面积1166.5平方千米。

整个流域地势北高南低，西高东低。流向由西北向东南，上游陡急，下游平缓，多形成河谷地带，地处旬河下游的沙坪、竹山、小川、黄金是江口区的水稻产区。河流全程高差2125米，河道总长64.1千米，平均比降2.9‰。

旬河在镇安县境长74.4千米，属中游河段。流域内山高坡陡，河谷耕地零散，素有"八百里旬河不浇田"之说。河流下切作用明显，干流或支流都形成典型的"V"形峡谷，最宽处190米，窄处60米。境内较大支流有东川河、月河、晓仁河。河底多沙金，经探明仅霸王滩至紫荆城8.6千米的河床底就有沙金1999.44千克。主要支流有18条。

（10）金钱河上游

金钱河是汉江在秦岭南坡的一条主要支流，发源于海拔2320.5米的秦岭主脊南侧，源头在北河街以西，一般把金钱河的河源段也称为金井河。总的流向是西北—东南向，流经柞水县马家台、杏

---

① 数据来源：陕西省水文水资源勘查局.

表2-12 旬河支流

河流	支流分级	高差（m）	长度（km）	比降（‰）	流域面积（km²）	多年平均径流量（亿m³）
江河	一	一	31.0	一	221.0	0.81
东川河	一	一	44.2	一	391.0	1.43
西川河	二	一	29.2	一	167.0	0.61
沙沟河	一	1385.0	31.5	43.9	104.6	0.38
月河	一	1416.1	59.8	23.7	426.0	1.48
甘岔河	二	1206.1	33.3	36.2	130.8	0.46
晓仁河	一	1344.8	48.0	28.0	196.7	0.63
达仁河	一	1329.8	65.5	20.3	399.4	1.39
东沟河	一	735.8	18.5	39.7	103.5	0.36
乾佑河	一	1776.4	148.3	11.9	2504.8	8.49
王家坪河	二	1124.0	26.0	43.3	153.8	0.54
老林河	二	858.2	21.3	40.3	128.2	0.44
镇安河	二	546.7	39.1	39.6	224.1	0.85
庙湾沟	三	708.9	24.7	28.7	139.4	0.48
红岩峡	二	742.8	42.6	17.5	329.0	1.18
麻坪河	一	837.2	50.5	16.6	190.6	0.67
冷水河	一	1165.1	31.0	37.6	147.2	0.51

坪、柴庄，山阳县户家垣、合河、宽坪等，于山阳县漫川关的沙沟口进入湖北省郧西县。金钱河在陕西秦岭的河段长199千米，流域面积为4682平方千米，多年平均径流量为14.5亿立方米。主要支流有16条。

表2-13 金钱河支流

河流	支流分级	高差（m）	长度（km）	比降（‰）	流域面积 （km²）	多年平均径流量 （亿m³）
小金钱河	一	1242.4	32.5	38.3	227.0	0.70
社川河	一	776.0	48.7	15.7	317.5	1.13
唐家河	一	617.7	56.4	11.0	629.0	1.92
岩屋河	二	544.4	30.0	18.1	184.7	0.57
大磨河	二	820.8	16.6	49.5	90.7	0.37
马滩河	一	1145.9	91.3	12.5	1439.0	4.44
县川河	二	918.8	53.2	17.3	767.5	2.39
西河	三	712	41.0	17.4	221.0	0.68
洞峪河	三	724.8	41.8	17.3	191.9	0.61
小河	二	838.8	40.4	20.7	400.8	1.23
大河	三	861.6	39.7	21.7	273.1	0.84
北沟河	二	862	19.6	43.9	122.0	0.37
箭河	一	846	39.8	21.2	192.0	0.59
靳家河	一	1145.6	50.6	22.6	417.9	1.26
板仓河	二	858.3	29.0	29.6	106.5	0.32
伞河	一	851.3	10.6	21.0	45.0	0.14

（11）丹江上游

① 概况

丹江又名州河，是汉江在秦岭南坡最大的一条支流。

丹江发源于秦岭主脊——凤凰山（海拔1964.7米）东南侧。上源有二个：东源从庙沟口向东南流入黑花峪，经铁炉子至黑龙口与西源汇合；西源来自牧护关以东的秦岭，向东南流经郭家店、秦岭铺等地，至黑龙口与东源汇合。由黑龙口向下，丹江流向大致呈西北—东南向，流经商州区、丹凤县和商南县，于商南县汪家店乡月亮湾流入河南省。丹江在陕西境内的河段长249.6千米，从河源至省界高差1184.8米，比降为4.75‰，流域面积为7510.8平方千米，约占全流域面积的40％，多年平均径流量为186亿立方米。主要支流有21条。

丹江支流众多，长度在25千米以上的支流有20条，10～25千米的干沟有79条，1～10千米的支沟有952条，1千米以下的毛沟多达34300条。其中，流域面积在200平方千米以上的支流共有11条，流域面积在20～100平方千米的支流共有12条，流域面积在20平方千米以下的小支流为数众多。

② 河谷形态特征

丹江上游从河型上来看，基本上属于由峡谷与川塬交替组成的藕节性河段。根据河道发育的特征可分为四个河段：

源峡峡谷段：在商州区二龙山以上，河长42千米，从海拔1500米降至730米，比降一般为10‰～5‰，铁炉子以上为典型的"V"形峡谷，河槽窄狭，谷坡陡峭；铁炉子以下，河谷稍微开阔，在曲流处分布着一些不对称的曲流阶地。板桥河口至程家坡河口，河谷又缩窄为峡谷。峡谷地形为建坝修库提供了有利条件，二龙山水库就是利用这段峡谷地形建坝蓄水的。河床为砂、砾石。两岸山高坡陡，河谷宽度一般在100～200米；麻街附近稍宽，约有300米左右；秦岭峡口、关隘仅宽6米左右。

商丹盆地段：在商州区程家坡与丹凤日月滩之间，河长68千米，沿河两岸谷地开阔，阶地发育得相当成熟，由河谷向两侧，依次是塬、丘陵和低山，河谷地势平坦，河道迂回曲折，形成开阔的弯道谷地，其间有两个峡口，即东龙山和马鞍岭。河床由海拔730米降至540米，比降为3.33‰，河床宽约150～250米，大都为细沙。河谷宽度1000～3000米，两岸有大片的河滩地，河床缩窄以后，还可开拓近2万亩耕地，俗称"百里州川"，农田连片，居民点密集。

由于川塬周围的土石丘陵和低山水土流失比较严重，支流含沙量比较大，特别是在洪水季节，携带大量的泥沙，流出丘陵或低山以后，随着沟床坡度的减小，流速变缓，把携带的泥沙和砾石等堆积在丹江两岸的低阶地上。沟床逐年淤积抬高，高悬在阶地面以上，每当夏、秋两季，经常洪水泛滥，既危害川地农业生产，也造成丹江两岸排水不良，形成大片的下湿积水地，尤以东龙山至沙河子一带最为突出。

表2-14 丹江主要支流

河流	支流分级	高差（m）	长度（km）	比降（‰）	流域面积（km²）	多年平均径流量（亿m³）
油磨河	一	905.8	29.3	30.9	129.1	0.32
板桥河	一	873	50.7	17.2	588.5	1.47
外湾河	二	454.7	22.3	20.4	117.7	0.29
砚川河	二	667.9	36.8	18.1	213.5	0.53
南秦河	一	865.6	53.3	16.2	581.7	1.45
汇峪河	一	624.1	32.7	19.1	218.9	0.55
老君河	一	718.5	41.9	17.1	261.3	0.65
七家河	二	896.5	35.6	25.2	123.0	0.31
资峪河	一	935.8	31.3	29.9	162.3	0.40
银花河	一	1142.1	89.0	12.8	1031.2	2.83
洛峪	二	849.33	36.0	23.6	125.6	0.35
武关河	一	1215.5	121.8	9.98	896.7	2.48
峡河	二	888.3	28.2	31.5	161.6	0.45
清油河	一	1414.3	28.2	20.9	364.4	1.00
县河	一	414.6	50.4	18.2	276.5	0.76
耀岭河	一	777.8	40.3	19.3	112.8	0.31
湘河	一	960	57.0	16.8	223.5	0.61
冷水河	二	—	46.0	—	235.0	—
滔河	一	715.6	54.0	13.2	355.1	0.90
淇河	一	—	—	—	141.9	0.36
黑漆河	二	694	29.0	23.9	85.7	0.21

流岭峡谷段：在丹凤日月滩至竹林关之间，河长48千米。河床由海拔640米降至400米，比降为3.33‰～2‰，河床多细沙、藤石，两岸巉岩夹峙，山地多由变质岩和砂岩组成，河谷窄狭、陡峭，谷坡多在30°～70°，水流湍急，是修建水库的好地方。计划修建的竹林关水库就选择在这里，这是实现丹江梯级开发的重要河段之一。流岭峡谷地段一般没有耕地，仅在日月滩和竹林关以上5千米多的孤山坪等处，由于深切曲流造成的古河床较为开阔，有农田分布。

川塬、峡谷段：在竹林关至商南县月亮湾之间，属于典型的宽谷与峡谷相间的串珠状河段。河长53千米，湾、滩都比较多，如梁家湾、华家湾、柳树湾，在河流曲流的凸岸多有塬地，如焦家塬、张垣等。这一段河床由海拔400米降至220米，比降20‰，河床为砂、砾石。河谷比较开阔，多曲流，水流较平缓，如黄州全、龙脖子、湘河街、梳洗楼等都是著名的弯道，湘河、竹林关、柳树湾、过凤楼等地河谷宽达200～600米。由过凤楼到湘河，有一段长达10千米多的峡谷，通称湘河峡谷，两岸山高坡陡，坡度大都在30°～60°，谷型呈"V"字形，水流湍急。

③ 主要支流

银花河：丹江上游最大的一条支流。源地有二：南源是东西沟，发源于鹃岭余脉——板板山（海拔1468.4米）东侧；北源是北河，发源于流岭南麓坡脚，两源于高坝相汇合，流向呈东—西方向，先后接纳南家垤河、大庙沟、洛峪河、商路河、古路河和石槽沟等主要支流，于竹林关流入丹江。银花河长85千米[1]，流域面积为1032平方千米。

银花河是一条典型的不对称水系，它的干流靠近鹃岭。鹃岭北坡短而陡，因而从鹃岭北坡注入银花河的多系短小溪流；流岭南坡长而倾斜缓和，因而从流岭南坡注入银花河的多是源远流长的较大支流。上述6条主要支流，除石槽沟是来自鹃岭北坡以外，其余5条都来自流岭南侧。

银花河的河道弯曲，河谷呈峡谷与宽谷盆地相间的形式。高坝、中村、竹林关等都是著名的宽谷盆地，也是秦岭山区农业生产的重要基地之一；唯黄土凸至洛峪、湘子店至马步滩等是主要的峡谷地带。

武关河：是丹江上游较大的一条支流，发源于蟒岭主脊（海拔1744米）南侧，向东南流到庾家河，上游称庾家河，到石门后始称武关河，到峦庄转折为南—北流向，经武关、毛坪，于武关河口流入丹江。武关河长113千米[1]，流域面积为897平方千米。

---

① 数据来源：陕西省水文水资源勘查局.

武关河支流众多，较大的有峡河、桃坪河、赵川河和白阳关河等，两侧大小支流作对称状分布，流域平均宽度为7.7千米，是一条比较明显的树枝状水系。

（四）嘉陵江流域

嘉陵江是长江上游——川江段最大的一条支流。它在陕西秦岭的河段属于河流上游段，长210千米，约占总河长的30%左右，在陕西省内的流域面积为4908平方千米，多年平均径流量为4.1亿立方米。

嘉陵江上源有二：一是西汉水，源于甘肃省天水以南；一是东峪河，源于陕西省凤县。东峪河发源于秦岭主脊——海拔2598米的代王山南侧大凤沟，上源称大南沟，由东南向西北流，与发源于秦岭主脊以北的清姜河上源平行，到煎茶坪以后，东峪河与清姜河分别转折成近南和近北向，相背而流。根据凤县县志记载，嘉陵江在陕西省内的河段称为"古道河"，流入四川盆地才称为嘉陵江。现在所称的嘉陵江，是泛指凤县东河桥以下的所有河段。

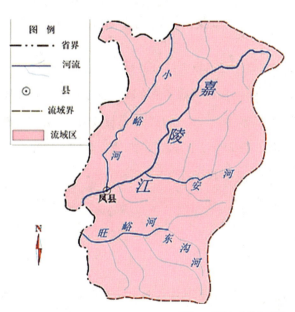

图2-5 嘉陵江上游水系图

1.流域自然地理概况

流域东北面以秦岭、大巴山与汉水为界，东南面以华蓥山与长江相隔，西北面有龙门山与岷江接壤，西及西南为一低矮的分水岭与沱江毗连，介于东经102°30′～109°，北纬29°40′～34°30′之间，大致在四川盆地东北部，河流的绝大部分流经四川盆地。

（1）上中下游地形各异

上游：昭化以上，河流曲折，穿行于秦岭、米仓山、摩天岭等山谷之间，河谷切割很深，属于山区河流，河谷狭窄，水流湍急，支流众多，水量丰富，自然比降达3.8‰，水能开发量大，但水流急，多滩险礁石，不便航行。

---

① 数据来源：陕西省水文水资源勘查局.

中游：昭化至合川，河道逐渐开阔，宽度在70～400米之间，地形从盆地北部深丘逐渐过渡到浅丘区，曲流、阶地和冲沟发育充分。比降变缓，自然比降为0.28‰，与涪江、渠江的中下游构成川中盆地，高程仅200～400米，为中游盆地区，有航运之利。

下游：合川至重庆段，河道经过盆东平行岭谷区，形成峡谷河段，地势又上升为山区地形，谷宽约400～600米，水面宽150～400米，其间著名的嘉陵江小三峡为河流横切华蓥山南延支脉九峰山、缙云山、中梁山后，形成的风光奇丽的沥鼻、温塘、观音三峡谷。三峡谷山高崖陡，峭拔幽深，形势险要，宛如长江三峡之缩影，故称之为嘉陵江小三峡。沥鼻峡居于北部，长而宽，在石灰岩构成的岩壁上，有多级溶洞发育，形如鼻孔，有暗河水从洞孔中流出，长年不断；温塘峡又名温泉峡，位于中部，因峡中有三股温泉而得名，峡长2.5千米，峡谷深邃，江水平静，风光妩媚多姿；观音峡坐落在南部，因古有观音庙而得名。

（2）亚热带湿润季风气候

嘉陵江流域大部分属亚热带湿润性季风气候，在中下游段的盆地区，冬季温暖多雾，霜雪少见。上游段山区则冬季寒冷，霜雪较多，又多风暴，往往一雨成灾。年降水量大多在1000毫米以上，50%集中在7～9月。自然植被保存较好，森林覆盖率达51.3%。植被垂直地带性变化明显，一般500～1100米以下为常绿阔叶林，1100～1900米为落叶阔叶和常绿阔叶混交林，1900～2400米是以冷杉为主、云杉次之的山地暗针叶林，2400～3300米是以冷杉为主的暗针叶林，3300米以上为亚高山草甸植被。

2.嘉陵江文化

嘉陵江流域是江、河文明的交流区，是秦、蜀、巴、楚和西南夷文化的交汇点，是南、北两条丝路的交换站，是四川盆地与关中地区的交通通道。这里既受三秦文化、中原文化、羌氏文化的影响，又深藏巴蜀文化、荆楚文化的基因，经过数千年融合、积淀，逐渐形成了璀璨的嘉陵江文化。而在华夏民族的演化进程中，这一独特的流域文化，汇入了中华文明的滔滔洪流中，成为中华文明的一支源脉。与嘉陵江有关的伏羲、女娲、神农、黄帝、嫘祖和舜等，都是中华民族的祖先，也都是汉民族的祖先。从一定意义上说，正是嘉陵江孕育了汉民族、发祥了汉文化。在这特定的历史区位里，风气兼南北，言语杂秦蜀，成为嘉陵江文化最基本的特征，其大一统的文化特质构成了凝聚力的核心，形成了自己的风格。

3.干流及河源

嘉陵江干流发源于秦岭，起凤县，经陕西省、甘肃省、四川省、重庆市，注入长江。干流全长1120千米，干流流域面积3.92万平方千米。四川省广元市昭化区以上为上游，昭化至重庆市合川区为中游，合川至重庆河口为下游。

传统意义上，嘉陵江有两源：发源于陕西省凤县代王山的东峪河和发源于甘肃省天水市秦州区齐寿乡齐寿山的西汉水。还有专家认为发源于甘南碌曲县郎木寺镇若尔盖草原的白龙江，2011年10月长江水利委员会确认东源陕西省凤县秦岭代王山为正源。

东峪河发源于陕西省凤县秦岭主脊——海拔2598米的代王山南侧大凤沟，上源称大南沟，由东南向西北流，与发源于秦岭主脊以北的渭河支流清姜河上源平行，到煎茶坪以后，东峪河与清姜河分别转成西南和东北流向，相背而流。

4.不对称水系结构

在陕西省境内，嘉陵江主要支流有21条，其中一级支流共有13条。较大的支流有旺峪河、八渡河等。左岸支流长而多，右岸多短小干沟，塘坝河、麻峪河、瓦房坝河、南星河和河口河等主要支流，皆来自左岸即紫柏山的北坡。紫柏山向北延伸的近西北—东南向的平行支脉，分别构成了它们的次一级支流的分水岭，因而其支流流向也为西北—东南向。

5.主要支流

嘉陵江支流众多，主要支流有21条，其中一级支流共有13条。

（1）凤县境

凤县境内嘉陵江长72千米，古称故道河、东河，又称县河，源出秦岭北麓的代王山，沿东峪沟由东南流向西北，至东河桥老街附近转向西南。流经黄牛铺、龙口、凤州、双石铺等乡镇的23个村，入甘肃省两当县境。有一级支流52条，二级支流69条，三级支流19条。河道属山区峡谷型束放式河流，呈宽谷峡谷相间的串珠状。河床比降为6.6‰，沉积物分选性差。由于新构造运动的影响，谷坡陡峻，曲流深切，河床与谷顶相对高度在200～400米之间。沿河无连续性阶地，宽谷内有草凉驿、龙口、凤州、双石铺等面积较大的曲流阶地，为沿江重要的经济区。

（2）略阳县境

嘉陵江由甘肃省徽县鱼关石土地庙进入略阳县境，河床宽60余米，由北而南，过白水江、徐家坪、略阳县城、乐素河等区镇。汇入甘溪沟、小河、青泥河、麻柳塘沟、乔井沟、水银沟、周家山沟、史家庄沟、西汉水、石沟、秦家坝河、金家河、石庄沟、八渡河、东渡河等。城区段河床宽度约150米，岸宽约200米。其下又汇入夹门子沟、一里沟、青白石河、贤草沟、乐素河、中坝子河、石瓮子河等主要河道。下游岸宽200余米，于石瓮子乡登蹬垭出境。在略阳县境内流程86.75千米，集水面积2014.6平方千米，占全县总面积的71%。干流平均比降为1.35‰。

嘉陵江在略阳县境内共有大小一级支流32条。其中，流域面积在30平方千米以上的较大支流有10条。

嘉陵江水系在略阳县境内流域面积小于30平方千米的二级支流有窑坪河、九股树河、中川河、金池院河、任安沟河、白石沟河、安林沟河。

（3）宁强县境

嘉陵江自略阳何家坡流入宁强县，由北向南，至丁家坝以下出境。宁强县西部及南部各支流皆属嘉陵江水系，宁强县内流长65千米，流域面积为445平方千米，占全县总面积的68.25%，主要分布在巴山、阳平关、广坪、代家坝等区。嘉陵江水系在宁强县的主要支流有西流河、广坪河、安乐河、三道河、黑水河、韩家河、清河、燕子河、金溪河等。此外，还有寄刀沟、木槽沟、南三道河、茅坪沟等小河，直接或间接注入嘉陵江。

表2-15 嘉陵江支流

河流	支流分级	高差（m）	长度（km）	比降（‰）	流域面积（km²）	多年平均径流量（亿m³）
宽滩沟	一	440	16.0	27.5	118.9	0.41
安河	一	734	36.0	20.4	409.7	1.42
小峪河	一	1143	54.0	21.2	434.5	1.51
庙峪河	二	1121	26.0	43.1	110.8	0.39
黑河	一	77	4.0	19.2	13.6	0.05
红崖河	一	40	6.0	6.6	25.1	0.09
旺峪河	一	—	52.5	12.5	677.3	2.36
南星河	二	923	30.0	30.7	147.3	0.51
洛河	二	144	6.0	24.0	11.9	0.04
青泥河	二	55	24.0	2.29	66.4	0.23
西汉水	一	69	34.0	2.03	233.4	0.82
岳坪河	二	209	23.0	9.0	88.7	0.31
金家河	一	620	30.0	20.6	143.8	0.50
八渡河	一	1152	50.0	23.0	576.7	2.01
中川河	二	1057	31.0	34.0	168.8	0.55
金池院河	二	1057	32.5	32.5	133.8	0.47
东渡河	二	572	27.0	21.1	126.5	0.48
乐素河	一	541	53.0	10.2	278.3	1.04
巩家河	一	833	51.0	16.3	318.4	1.10
三道河	一	248	44.0	5.64	172.6	0.69
下青河	一	350	39.0	8.97	158.4	0.43

第二节　秦岭河流的水文特征

　　河流的水文特征主要包括流量、水位、含沙量、流速等。影响河流水文特征的最重要因素是河流的补给即水源补给。而水源补给，对本区域内大多数河流来说主要是雨水补给。因此河流的水文和河流流经地的气候关系密切。分析河流的水文特征及其变化规律，对于工农业的发展、自然条件的改造都有着非常重要的意义。

一、秦岭河流的气候特征

河流是气候的产物，气候条件特别是降水的变化，深刻地影响着河流水文特征的变化。秦岭地处我国大陆内部偏东的中纬度地带，受东亚季风环流和高空西风带的影响，同时，由于秦岭山势高峻，且宽广又复杂，所以秦岭气候是属于北亚热带和暖温带湿润—半湿润大陆性季风气候，具有季节变化明显和地区性差异大的特点。

（一）南北气温不同、积温差别较大

就气温来看，由于秦岭对南北气流的屏障作用，南麓和北麓的气温截然不同，尤以冬季为甚，1月南北温度相差达1.5～2℃。不仅南、北麓不同，山上、山下更有差别。根据研究[①]，秦岭气温垂直递减率较为明显，南坡年平均为每100米0.48℃，北坡年平均为每100米0.58℃。

秦岭2000米以上的高山，年均气温在6℃以下，2000米以下的中山在6℃以上，1000米以下的低山和丘陵在11℃以上，秦岭南坡的下部高达13℃以上。秦岭山地1月平均气温大都在0℃以下，1700～2100米的中山在-5～-7℃；2100米以上的高山温度更低，仅在南坡的下部和山间盆地、河谷的

表2-16 秦岭气候垂直递减率（℃/100m）

坡向	春季	夏季	秋季	冬季	年平均
南坡	0.49	0.62	0.44	0.38	0.48
北坡	0.56	0.63	0.56	0.57	0.58

表2-17 秦岭地区气温年较差和气候的大陆度

站名	纬度	年较差（℃）	大陆度
汉中	33°04′	23.9	54.1
凤县	33°57′	24.1	53.0
商州	33°52′	25.2	56.4
华山	34°29′	24.7	53.7
西安	34°18′	28.0	64.1

① 陈明荣.秦岭的气候与农业 [M].西安：陕西人民出版社，1983.

温度超过0℃。因此，北坡和山地的中、上部都有积雪，这里的河流也就有结冰现象。秦岭山地7月平均气温，除1800米以上的中山和高山低于20℃以外，其余都在20℃以上，1000米以下的低山和丘陵温度更高于22℃。从气温的年较差和气候的大陆度可以看出，5处代表南北坡站点的气温年较差均超过了22℃，气候的大陆度都在50以上，证明由于冬、夏两季温度变化大，秦岭气候的大陆性也就很明显。

从积温来看，和气温分布的趋势基本上一致。南坡和北坡、山上和山下积温差别较大，垂直梯度为（表2-18）：大部分地区的积温都在2600℃以上，只有1750米以上的中山和高山低于2600℃，1000米以下的低山和丘陵为3600～4400℃，南坡的商南和略阳较高，达4500℃左右。

表2-18 秦岭积温垂直梯度

垂直梯度（天/100m）	界限温度始现和终止期				≥10℃积温垂直梯度（10℃/100m）
	0℃		10℃		
	初始	终止	初始	终止	
南坡	2.9	1.9	2.6	2.7	152
北坡	4.3	4.0	3.2	3.1	178

（二）降水比较丰沛、年内分配不均

就降水来看，秦岭年降水量比较丰富，大部分地方在700～1000毫米[1]。丰富的降水量是形成丰沛的径流的重要条件。秦岭的降水量之所以比其以北的关中平原、以西的陇南山地和以东的豫西山地都多，是由于每当夏、秋之间，北方冷空气沿青藏高原东北南下时，侵入渭河流域，冷空气前锋受到秦岭阻挡，移动速度缓慢，由锋面作用造成的降水就在关中地区和秦岭持续；同时，夏半年南方气流盛行时，四川盆地空气温度较高，湿度较大，其厚度很高，能越过大巴山和秦岭，若其下部有冷空气侵入，就容易产生较多的降水。特别是北陡南缓的地势，更有利于东南季风的北进，送来了大量的水汽，阻挡了寒潮的南侵。

① 葛凤英等.陕西气象[M].

由于秦岭地形复杂，年降水量分布很不均匀，降水量因地而异。降水量的多少是河流径流量大小的决定因素。秦岭北坡、山间盆地和河谷，年降水量在600～800毫米，凤县和白水江最少，低于700毫米；南坡和山地的中、上部，年降水量都在800毫米以上，并随着高度增加而增多。如滑水河流域，山前的升仙村为740.9毫米，中游的小河口为937.4毫米，上游的二郎坝高达1000毫米以上，降水丰富。以太白山为主的高大山区，年降水量在1000毫米以上，是秦岭降水量最多的地区。

秦岭因受东亚季风环流的控制，降水在年内的分配很不均匀。

从表2-19可以看出，秦岭的降水主要集中在夏、秋两季，占年降水量的70%～80%；冬、春两季很少，仅占20%～30%。其中夏季最多，占35%～52%；秋季次之，占26%～32%；春季再次之，占20%～29%；冬季最少，只占0.5%～5%。因此，河流径流量在年内的分配就极不均匀，主要集中在7～10月的夏、秋汛期。由于秦岭夏、秋季多暴雨和秋淋，往往会引起河流突然涨水和连续涨水，甚至造成洪水灾害。

秦岭地区之所以秋雨增多，是因为这时北方冷气团正在酝酿，蒙古高气压已开始发展，每当高气压自蒙古、新疆一带向东南移动时，渭河流域正好处在高压脊的西南部边缘，此处常出现西南—东北

表2-19 秦岭降水的四季分配

单位：mm

季节 降水 站名	春季		夏季		秋季		冬季	
	量	占年降水量（%）	量	占年降水量（%）	量	占年降水量（%）	量	占年降水量（%）
华山	207.7	22.4	412.5	44.6	267.0	27.8	47.8	5.1
双庙	287.4	28.7	348.0	34.8	325.7	32.5	40.9	4.0
太白	174.1	23.0	321.0	42.5	248.5	32.8	13.1	1.7
商县	170.4	22.6	354.4	47.0	202.7	26.9	26.6	3.5
凤州	134.1	20.8	327.0	50.7	177.5	27.5	6.1	1.0
商南	207.8	24.7	362.8	43.1	236.0	28.1	34.6	4.1
镇安	190.3	22.6	389.5	46.2	239.0	28.3	24.2	2.9
宁陕	195.9	21.1	422.0	45.5	283.8	30.6	26.2	2.5
佛坪	202.1	21.6	464.5	49.4	247.9	26.4	24.0	2.6
略阳	172.5	20.0	445.7	51.8	226.6	26.3	16.0	1.9

向低压槽，槽内气流辐合上升，有利于水汽凝结造成降雨，因而，经常出现雨区。加之从河西走廊常有冷锋向东南移动，到渭河流域受到秦岭阻挡，通常使冷锋速度减小一半到1/3，锋面降水区域扩大而且持久。

由于秦岭呈东西走向，山体又高大，对于阻挡北方寒冷气流南下和南方湿热气流北上都有显著的作用。因此，在秦岭的南、北两侧，气候条件存在着明显的差异，也就导致在秦岭南、北两侧水文特征的极大不同，即南坡具有华中型的特色，北坡具有华北型的特色。

二、秦岭河流的水文特征

（一）秦岭河流的总体水文特征

1.径流量丰富、地区差异明显

地表径流是地球水循环的基本环节，由于它是自然地理环境中最活跃的因素，也是陆地上重要的水文现象，其变化规律就集中反映了所在区域的自然地理特征。地表径流的运动变化，直接影响着区域防洪、灌溉、航运、发电、城市供水等事业，以及人们生命财产的安全。因此，地表径流是河流水文分析的重要内容。

秦岭地区河流的径流量相当丰富。根据陕西省水电勘测设计院规划队所提供的资料，初步估算结果显示：秦岭地区是陕西境内年径流量最丰富的地区之一，年径流量是陕西省年径流总量的40%以上，总量约为226.2亿立方米。其中，汉江上游的左岸支流径流量为141.05亿立方米，是汉江上游白河站以上年径流总量的45.7%；渭河中游、下游右岸支流的径流量为35.32亿立方米，是渭河下游华县站以上年径流总量的42%；嘉陵江的上游年径流量为41亿立方米，洛河的上游年径流总量为8.8亿立方米。

年径流深是指多年平均年径流的地理分布特征。秦岭地区年径流深大约在240～740毫米之间，最大和最小相差了3倍多。因为自然条件的复杂多样，导致地表径流的分布也异常复杂，这使秦岭各地区的年径流深存在着极大的差异性。在太白山为主的高大山区，是一个高值区，年径流深在400～600毫米之上，特别是宝鸡市区至眉县一带秦岭的北坡，年径流深高达650～740毫米；长安至户县一带秦岭的北坡，是一个次高值区，年径流深介于400～500毫米之间；丹江和嘉陵江谷地为两个低值区，年径流深在250毫米之下；介于以上所述高值区与低值区之间的地方，年径流深介于300～400毫米之间，比全国年径流深的平均数高。

径流模数（单位面积上每秒若干公升径流量的多年平均值）是一个流域（区域）产流量大小的综合指标。秦岭地区径流模数介于7.5～23.5升／秒·平方千米之间，最大和最小相差约3倍。从径流模数总形势看（见表2-20），秦岭是陕西省径流较为丰富的地区之一。由于秦岭地区自然条件差异比较大，径流模数也表现出较大的地区分布差异性。其分布的规律性基本上和年径流深的分布是一致的，同时也符合各河流域的降水量和蒸发量分布的规律。嘉陵江和丹江流域是秦岭地区径流模数最低值区，径流模数都在8～9升／秒·平方千米之下；金钱河、南洛河、罗敷河、乾佑河和月河等流域，径

表2-20 秦岭地区主要河流年径流特征值

河流	站名	集水面积（km²）	平均流量（m³/s）	平均年径流量（亿m³）	平均年径流深（mm）	径流模数(L/s·km²)	观测年代
嘉陵江	东坡站	2722	25.2	7.95	292.1	9.26	59—70
	略阳站	19206	147.0	46.4	241.6	7.65	39—46 51—70
沮水河	茶店子	1683	18.7	5.9	350.6	11.1	66—70
褒河	河东店	3864	46.6	14.7	380.4	12.1	53—70
湑水河	升仙村	2143	38.3	12.1	564.6	17.9	50—70
酉水河	酉水街	911	15.7	4.95	543.4	17.2	58—70
子午河	两河口	2816	40.6	12.6	447.4	14.2	63—70
月河	长枪铺	2814	29.0	9.15	325.2	10.3	60—70
旬河	向家坪	6073	67.9	21.4	352.4	11.2	56—70
乾佑河	青泥湾	1377	15.0	4.73	343.5	10.9	59—70
金钱河	南宽坪	3936	40.2	12.7	322.7	10.2	59—70
丹江	程家坡	966	8.12	2.56	265.0	8.41	59—70
	丹凤	2766	21.4	6.75	244.0	7.14	57—70
南洛河	灵口	2476	25.5	8.06	325.5	10.3	64—70
石头河	斜峪关	686	14.2	4.48	653.1	20.7	50—70
黑河	黑峪口	1481	21.9	6.91	466.7	14.8	40—70
涝河	涝峪口	347	4.42	1.39	400.6	12.7	43—70
沣河	秦渡镇	566	9.20	2.90	512.4	16.3	43—70
灞河	罗李村	526	6.89	2.17	412.5	13.1	56—70

流模数出现次低值区，在10升／秒·平方千米之上；在太白山为主的高大山区，属于秦岭地区径流模数的最高值区，一般径流模数都在14～23.3升／秒·平方千米左右；余下其他各河流域的径流模数居中，大多数均介于11～14升／秒·平方千米之间。径流模数这种分布特征反映了秦岭各地植被、地形等自然条件的差异性。

4个流域中以汉江（左岸的支流）水系区径流形成条件最好，降水经蒸发后，形成的径流量最多，径流系数高达47，有近乎一半的降水变为径流，有多一半的降水以蒸发的形式又回到大气中；洛河水系区次于汉江水系区，径流系数为41.6；渭河（右岸支流）和嘉陵江水系区径流形成的条件最差，降水经蒸发后形成的径流量最少，径流系数仅40左右。

2.径流量变化

（1）径流量的年内变化很大

河流径流随时间而变化，同一条河流各年的径流量在年内分配不尽相同。河流径流量的年内分配是水量平衡各要素综合作用的结果。秦岭地区河流水源的补给主要是降水，因此降水的季节变化是径流季节分配和变化的决定因素。径流年内分配的变化与汛期降雨的多寡、迟早、强度大小等有着密切的关系，表现为汛期雨水的多少与河流流量的涨落关系十分协调。

由于秦岭地区的降水在年内分配极不均匀，河流的径流量在年内的变化也很大。夏半年多雨，河流的径流量丰沛；冬半年干燥，河流的径流量减少甚至枯竭。所以，从径流量的年内变化看，秦岭地区的河流都具有夏、秋季涨水的基本特征。

通过分析河流流量过程线（流量随时间而变化的曲线），秦岭地区从春季开始雨量有所增加，河流的径流量也相应增多，尤其是4～5月份，山区气温升高，冰雪融水增加，不少河流出现春汛。6月大多数地区进入到雨季，河流径流量继续增多；但由于温度增高过快，蒸发旺盛，尤其是初夏灌溉引水量增加，导致一些河流水位下降，流量减少，出现低水期或平水期，甚至出现最枯流量。自7月到秋季的前半期，正是秦岭降雨最多的时期，也是河流径流量最丰盈的时期，即在7～10月出现的夏秋汛期。相关计算结果表明，秦岭地区河流在汛期的流量，一般占到年径流总量的55%～60%，以濂水河最高，达一年径流总量的70%，罗敷河最低，占年径流总量的46%。自秋季后半期及以后，降水减少，河流径流量普遍都变小。河流径流量最枯竭的季节在冬季，又因为秦岭北麓和山地中、上部的河流大都封冻，许多河流最枯流量也就出现在1～2月，一般仅占年径流总量的0.1%～2.5%。

（2）径流量年际变化明显

不论哪一条河流，各年的径流总量都是不相同的，各年流量过程线的形状亦有差异，这就是径流的年际变化。对径流多年变化规律的分析，为决定水利工程的规模和效益提供了基本依据，在预报未来水文情况，尤其在各主要河流间进行跨流域调水等方面是必不可少的。年径流的多年变化幅度通常用年径流变差系数（Cv）来表示，它反映一个区域年径流相对变化的程度。Cv大表明年径流的年际变化剧烈，这对水利资源的充分利用是不利的；Cv小，表明年径流的年际变化缓和，水利资源可以得到充分的利用。

秦岭地区河流径流的多年变化与降水的多年变化具有相似性，即年际之间的变化大。

秦岭地区主要河流的Cv介于0.20～0.55之间，高值与低值相差比较大。降水是影响年径流变差系数的主要因素，因此，Cv的分布和降水的分布在地区上都有一定的差异，总的趋势呈现从北向南增大，由0.2增加到0.55。

秦岭北坡的黑河以西，Cv在0.30；黑河以及黑河以东的秦岭北坡诸河，Cv在0.40左右；辋川河Cv仅为0.20，为最低值。秦岭南坡诸河的Cv出现了较高值，Cv介于0.40～0.55之间，且有自西向东增大的趋势，自金钱河向东，Cv均在0.50～0.55之间。Cv的大小说明：秦岭北坡河流的流量在年内的变化比较大，但径流的年际变化却比较小；而秦岭南坡的Cv增大，尤其是东段诸河流量逐年平均径流量的绝对变化还是比较大的。

Cv大小主要依据降水变率的大小和降水量多少而变化。太白山为主的地区是秦岭地区降水变率最小的地区，北坡次之，南坡稍大，这和秦岭地区Cv的变化是相一致的。一般径流大的地区，Cv值小，表明是径流丰沛的地区，径流量多年离散的程度小；径流小的地区通常Cv值高，说明径流枯竭的地区，径流多年离散程度大。

秦岭地区河流Cv的变化除了受气候条件的影响之外，集水面积的大小也有一定的影响，即Cv随着河流流域面积的减小而增大。嘉陵江流域由于流域面积比较大，Cv为0.40；恒河和月河等流域，流域面积很小，但Cv高达0.55；金钱河、洛河和丹江等流域流域面积都比嘉陵江小，Cv却比嘉陵江流域高，都能达到0.55左右。

流域面积小比流域面积大的河流的Cv大，是由于流域面积大，干、支流流经不同的地区，各个支流处于不同的气候条件下，因而一年里各支流常不同步，水量汇聚于干流后，丰、枯水可以互相调节，使干流水量变化比较平缓。相反，由于得不到互相调节，水量变化比较剧烈，Cv增大。

3.洪水和枯水

洪水是指特大的径流，这种径流的水量多到河槽已经不能容纳，甚至溢出两岸，泛滥成灾；相反，枯水是指特小的径流，这种径流的水量少到河槽大部分外露，甚至断流。洪水与枯水的出现，反映了河流流量的极端变化情况。洪水是水利规划设计中要考虑的一个重要指标。

（1）流量比率地区差异大

流量比率表示河流流量极端变化的可能性，即最大流量与最小流量的比值，表示极端峰值的大小。秦岭地区主要河流的流量比率在373～71000之间。其中嘉陵江、濂水河、溢水河、金钱河、旬河等流量比率在850以下，石头河、酉水河、涝河、恒河、子午河、乾佑河等流量比率在140以下，黑河、褒河和蜀河等，流量比率为1800～3500之间，灞河、丹江以及沣河的流量比率最大，高达19000～71000之多，地区分布差异大。

流量比率的大小，影响着河流水充分利用的程度。比率大的河流，容易导致洪水灾害和灌溉需水时的供水不足；而比率小的河流，就不易导致洪水灾害和灌溉需水时的供水不足。由于秦岭地区河流的洪水特大、枯水特小与洪、枯水相差极为悬殊以及多变等的特点，对于农业生产用水和水力发电等都有一定的影响，为进一步开发利用河流水增添了一定的困难。

（2）最大洪峰流量

洪峰流量是指一次洪水流量过程中，水位最高的瞬时流量。如何摸清洪峰流量的特征和规律，对预测将来可能出现的洪水情况防患于未然，是当前水利建设中一项亟待解决的问题。

① 主要河流最大洪峰流量出现时间不规律

秦岭地区主要河流的不同重现期年最大洪峰流量是相当大而复杂的，大多数河流20年一遇的洪峰流量都超过实测最大洪峰流量的1/10左右，如沮水河超过实测最大洪峰流量的一倍多；也有20年一遇的洪峰流量比实测最大洪峰流量低的，如嘉陵江、清姜河、洛河、丹江上游河源段以及汤峪河；大多数河流50年一遇的洪峰流量都超过实测最大洪峰流量的1/10～1/3不等，如沮水河超过实测最大洪峰流量将近两倍，只有清姜河的实测最大洪峰流量高于50年一遇的洪峰流量；大多数河流100年一遇的洪峰流量都超过实测最大洪峰流量的1/3到1倍左右,只有涝河100年一遇的洪峰流量和实测最大洪峰流量相同;大多数河流200年一遇的洪峰流量都超过实测最大洪峰流量的1/2到1倍多,溢水河和沮水河超过实测最大洪峰流量的3~4倍,只有灞河和沣河200年一遇的洪峰流量比实测最大洪峰流量低。

② 实测最大洪峰流量波动幅度大

秦岭地区主要河流的实测最大洪峰流量大于均值的情况不尽相同,大多数河流的实测最大洪峰流量大于均值的1/3到1倍、2倍不等,沣河高于均值近5倍之多,灞河和涝河高于均值达4倍左右,丹江河和恒河河源段也高于均值达3倍多。

洪峰流量大,反映了河流的流量极端变化剧烈,它影响着河流水资源的利用和开发利用时的投资。因此,出于对水工建筑物安全的考虑,一般要研究出现机会比较少的洪峰流量、洪水总量及洪水过程。

4.河流的泥沙

秦岭地区有许多河流一直以清澈见底著称。因为秦岭地区多系石质山地,而植被覆盖又比较好,仅有的少量砂石和砾石,其中大部分都在山麓地带堆积,小部分沉积在下游平原区。

(1)河流的含沙量较小

平均含沙量是指河流在单位浑水水体所含泥沙干重的多年平均值,以千克/立方米计。秦岭地区河流的含沙量都比较小,平均含沙量在0.07~8.6千克/立方米之间。因为河流含沙量的地区分布受到人类经济活动和自然地理条件的影响,所以含沙量的大小在分布上既有变化复杂的特点,又有一定的规律性。各河流中,嘉陵江含沙量高达8.6千克/立方米,居第一;含沙量较大的灞河、金钱河、蜀河、丹江分别在5.86~3.02千克/立方米之间;含沙量稍多一点的是南洛河和旬河,在2.5~1.65千克/立方米之间;其他的河流含沙量都在1千克/立方米以下。

虽然秦岭地区河流的含沙量很小,但各河流含沙量的差异仍然比较大。含沙量的多少及其地区之间的差异,显然和岩石性质、土状堆积物的分布以及人类经济活动等有关系,尤其与由于人类经济活动所带来的植被保存情况有着极为密切的关系。

嘉陵江在略阳以上,主要流经有深厚的黄土堆积的凤徽构造盆地,这里人类耕垦历史悠久,天然植被保存得较少，又因暴雨影响，侵蚀相当严重，因此，嘉陵江成为秦岭地区含沙量最大的河流；秦岭东段的商洛地区是个土石山区，河谷两侧又分布有黄土和土状堆积物，灞河流经秦岭北麓的黄土塬区，人类经济活动影响比较大，因此，丹江、南洛河、灞河、金钱河等也是秦岭地区含沙量较多的河流；太白山为主的高大山区，基本上都属于石质山地，岩石性质比较坚硬而致密，天然植被茂密，是秦岭原始森林最多的地区，人类经济活动影响较为微弱，因此，分布在这里及其附近的河流，含沙量都比较小。

（2）河流的泥沙及其变化

① 输沙量较大

河流的输沙量是指河水在一定的时间内过水断面运走的沙量，它随着水量和含沙量的大小而变化。河流的输沙量和河流的流量、含沙量有关，但是河流的流量大，不一定输沙量就大；同理，河流的含沙量大，也不一定输沙量大。秦岭地区河流含沙量较小，但是水量较大，因此，秦岭地区河流的输沙量还是较大的。由于秦岭地区各河流的水量和含沙量不同，各河流的输沙量也不同，大致在0.617万～4340万吨之间，最大输沙量与最小输沙量相差悬殊。嘉陵江输沙量最多，平均年输沙量为4340万吨；旬河次之，平均年输沙量为531万吨；平均年输沙量在111万～484万吨之间的河流，依次是金钱河、丹江、月河、洛河、灞河、褒河和蜀河。

② 输沙量年际变化幅度大

秦岭地区河流输沙量的年际变化，主要受到年降水量和年径流量变化的影响，特别是径流量年际变化。在一般情况下，秦岭地区的河流含沙量变化幅度比径流量大，如丹江丹凤站历史径流量的丰枯比为5.80，但该站输沙量的最大年与最小年之比为7.50，其中输沙量的大小比大于径流的丰枯比。秦岭地区河流大都属于山区中小型河流，具有沙水同源的性质，也就是说，水大沙多，水小沙少。

③ 输沙主要集中在汛期

河流输沙量的年内变化，主要取决于降水的年内分配和降水强度。秦岭地区位于东亚季风气候区，受季风气候影响明显，降雨主要集中在汛期的几个月，多以大雨、暴雨出现。因此，输沙主要集中于汛期即夏秋汛期，水量大，河流含沙量大，输沙量大；到非汛期（冬春季节），河流径流量减小，含沙量急剧下降，输沙量降低。

秦岭地区汛期（6~9月），也就是夏秋季节，这段时间的输沙量占年输沙量的52%~95%，最小的是石头河，汛期输沙量占到年输沙量的52.7%；沣河、罗敷河的汛期输沙量也较小，能占到年输沙量的71%~75%；其余的河流汛期输沙量都比较大，能占到年输沙量的80%~90%；汛期输沙量最大的河流，汛期输沙量可以占到年输沙量的92%~95%，这些河流主要是汛期集中的涝河、沮水河、清水河。秦岭地区河流枯水季节输沙量极少，大都不到年输沙量的1%。

河流汛期输沙量大，但是河流汛期的前半段时间河流的输沙量更大。基于这个原因，秦岭地区河流的输沙量又以7月占绝对优势，也有一些年份例外，因为不是每年的第一次洪水一定都在7月。秦岭地区河流一般7月输沙量占年输沙量的30%~40%，7月输沙量占年输沙量最大的河流是涝河和罗敷河，比例高达77%以上；比例较小的是溽水河和嘉陵江河源段，约占25%。

枯水季节河流的输沙量最小，都占不到年输沙量的1%。因为冬、春两季(11~4月)随着降水量的减少，河流多靠地下水补给。

河流含沙量的多少，直接关系到农业灌溉和水力发电事业的发展。夏季是植物快速生长的阶段，由于秦岭地区伏旱较频繁，影响植物生长，水利灌溉就非常重要。但是，这一阶段河流又多洪水径流出现，河流含沙量较大，限制农业灌溉用水。以前，陕西省主要灌区都会在河流含沙量超过一定标准时停止供水，这就是超沙停水。超沙停水标准一般指含沙量为15%~20%，相当于河水含沙量165~228千克/立方米左右，没有条件引洪淤灌时，常常出现一种现象就是有水不能用。现在超沙停水的标准有所提高，但像嘉陵江（略阳站）5~10月、月河7月、旬河（向家坪站）7~9月、金钱河（南宽坪站）7~9月、丹江（丹凤站）7~8月的平均输沙量都在230千克/立方米以上，超过了以往超沙停水标准的上限，接近了现在提高后的超沙停水的标准。为了提高河流水的灌溉利用率，在重点灌区和改河造地的地方，要探索推广引洛灌区"引洪淤灌"和黑松林水库的"蓄清排浑引洪淤灌"的经验，水电部门和有关水利水电科学研究单位要积极开展超沙停水标准的研究工作，最大限度地利用河流水资源。

（3）各河流域的侵蚀量由山地到平原逐步递减

河流源源不断地从上游侵蚀、搬运来大量泥沙沉积于河床、河谷以及下游平原和河口，对于地貌来说，具有夷平作用。河流侵蚀量常以输沙模数来表示（即单位面积上河流水携带泥沙量的多少，单位：吨/平方千米），它反映了一个地区水土流失的程度。秦岭地区河流的输沙模数大致在50~2430吨/平方千米，各河流域的差异比较明显。有两个输沙模数高值区和两个输沙模数低值区，高值区是灞河、嘉陵江，低值区是太白山和秦岭主脊。灞河流域居秦岭地区各河流的首位，输沙模数为2430吨/平方千米；嘉陵江流域次之，输沙模数为2000吨/平方千米以上，其他河流输沙模数如表2-21所示。两个低值区是：以太白山为主的高大山区和秦岭主分水脊地区，输沙模数很小，大都在100吨/平方千米以下；输沙模数最小的是汤峪河流域，仅为50.6吨/平方千米。由山地到平原输沙模数有规律地逐步递减，渭河以南的关中平原和汉江以北的汉中盆地，输沙模数均大于100吨/平方千米，河流所带的泥沙沉积在山间盆地和河流下游的平原区。

表2-21 秦岭地区主要河流的输沙模数

分区	河流	输沙模数（t/km²）
高值区	灞河	2430
	嘉陵江	2000
	丹江和金钱河	1000～1500
中间区	旬河、恒河、南洛河、乾佑河、月河、石头河和清姜河	500～900
	褒河	300
	湑水河、涝河、酉水河、黑河、沣河、子午河	100～200
低值区	太白山为主的高大山区和秦岭主分水脊地区	＜100
	汤峪河	50.6

（二）秦岭南北坡水系的水文特征

1.降水

（1）降水南坡丰沛、北坡少

秦岭地处北亚热带和暖温带的过渡区，水汽输送动力主要来自西太平洋副热带高压，由于副高脊线先由南至北（自6月中下旬跳过北纬20°北移），后又由北而南（9月又退回北纬25°以南）移动，在秦岭山脊线两侧南北坡都创造了水气输送的动力条件，加上天气系统的影响和水汽来源，以及秦岭阻隔水汽输送的局地地形的综合影响，秦岭的南北坡形成各自特殊的气候特征。南坡气候温和，雨量丰沛；北坡气候干燥，降水总量相对少而蒸发能力大。秦岭地区多年平均年降水量850.3毫米，年平均降水总量492.4亿立方米。南坡多年平均年降水量为850.8毫米，北坡为848.7毫米，几乎相等，但降水总量相差悬殊，南坡年平均降水总量为390.3亿立方米，而北坡为102.1亿立方米，南坡是北坡的3.8倍；北坡75%的干旱年份降水总量仅有83.6亿立方米，占南坡75%的干旱年份降水总量（320.1亿立方米）的1/4多。

（2）降水量垂直分布明显

多年平均年降水量（深）空间分布的另一个显著特征是沿海拔垂直分布明显。全区降水量可以分为3个区：1500米以下区、1500～2600米区、2600米以上区。3区年降水量分别为830.0毫米、903.1毫米和967.4毫米。

南北坡年降水量（深）不是一成不变的，而是随高程变化的。海拔1500米以下地区和海拔2600米以上地区，由于秦岭的地形作用，南坡大于北坡；海拔1500米以下地区，南坡降水量为835.0毫米，北坡为805.2毫米；海拔2600米以上地区，南坡为1066.6毫米，北坡为961.7毫米；在海拔1500～2600米之间，南北坡降水量几乎相等，北坡为906.8毫米，南坡为901.6毫米，北坡比南坡稍大。

（3）季节分配不均、年际变化较大

秦岭地区年内降水量四季分配不均，6～9月平均降水量占年降水总量约60%左右，最大降水量多发生在7、8月份，最小降水量多发生在12、1月份，7、8月降水多以暴雨和连阴雨的形式出现，连阴雨中往往出现大暴雨。

秦岭地区降水量年际变化较大，变差系数Cv值在0.22～0.27之间变化，最大丰水年与最小枯水年降水量值的极值比介于2.4～3.7，大多数地区在3倍以上。

2.径流

采用30个水文站1956～1995年年径流量同步期系列资料，计算秦岭地区多年平均河川天然径流量为201亿立方米，折合径流深347.1毫米。其中南坡为158.983亿立方米，折合径流深为346.5毫米；北坡为41.986亿立方米，折合径流深为349.2毫米。南北坡不同水平年天然河川径流量详见表2-22。

（1）径流水平分布与降水一致、垂直分带显著

秦岭地区径流的主要补给源为大气降水、冰雪融水等，降水量的30%以上转化为河川径流。多年

平均径流深的高、低值地区分布与降水分布大体一致，同时也具有海拔高度垂直分带的显著特点。由于北坡各河河源近、流程短、比降大，又多是石质河床，产汇流迅猛，降雨损失小，因而海拔1500～2600米多年平均径流深北坡大于南坡，海拔1500米以下和2600米以上均是南坡大于北坡，详见表2-23径流随高程变化表。

表2-22 秦岭南北坡不同水平年天然河川径流量

分区	计算面积（km²）	多年平均径流量		不同频率径流量（亿m³）[①]			
		亿m³	mm	20%	50%	75%	95%
北坡	12 024.69	41.98	349.2	57.10	37.78	26.58	16.37
南坡	45 880.31	158.98	346.5	212.72	141.65	103.66	70.91
合计	57 905	200.96	347.1	269.82	179.43	130.24	87.28

表2-23 径流随高程变化表

分区名称	1500m以下			1500～2600m			2600m以上		
	面积（km²）	径流总量（亿m³）	径流深（mm）	面积（km²）	径流总量（亿m³）	径流深（mm）	面积（km²）	径流总量（亿m³）	径流深（mm）
北坡	7099.27	20.247	285.2	4515.50	19.667	435.5	409.92	2.072	505.5
南坡	35 056.19	112.969	322.3	10 800.40	45.892	424.9	23.72	0.122	514.3
合计	42 155.46	133.216	316.0	15 315.90	65.559	428	433.4	2.194	506.0

（2）年内、年际变化大

秦岭地区径流量年内变化较大，影响径流年内分配的主要因素包括降水、气温等气候因子，年内径流多集中在7～10月份，约占年径流量的60%，北坡最大值出现在7月份，南坡出现在9月份，最大月径流量占年径流量的11%～54%。

秦岭地区径流年际变化更大，比降水更为剧烈，地区变化差异更大，变差系数Cv多为0.3～0.4，

---

① 不同频率径流量：对一个流域，一般要选择3种典型年，即丰水年（频率 ρ=20%），平水年（频率 ρ=50%），和枯水年（频率 ρ=80%），并推求出相应频率的年内分配形式。在这里选择4种频率。

丹江较大，Cv值高达0.6。各河年径流量最大值与年径流量最小值的极值比为4～10。

3.蒸发量

秦岭地区北坡和南坡各河源区，多年平均年水面蒸发量为700～800毫米，南坡各河中下游地区大于800毫米。蒸发量的年内变化随各月的气温、湿度、风速而变化：1月或12月，温度较低，风速较小，蒸发量达到全年最小，平均为25毫米以下；7月由于温度较高，风速较大，蒸发量最大，平均为110毫米以上。秦岭地区多年平均年陆地蒸发量小于500毫米，南坡东部各河以及西部各河下游段年蒸发量大于500毫米。

4.泥沙量

秦岭地区各河泥沙含量北坡小于南坡，北坡一般为0.5千克/立方米；南坡中部较小，为0.5～1千克/立方米，东、西部较大，为2～5千克/立方米。

秦岭地区南北坡各河流天然水质良好。北坡的石头河、清姜河、黑河以及南坡的汉江、嘉陵江、丹江等河流，河水的矿化度为100～300毫克/升，总硬度为75～150毫克/升，属于软水和中等硬水，pH值为7.9～8.2，水化学类型为CCaI或CCaⅡ（重碳酸盐类、钙组、Ⅰ型或重碳酸盐类、钙组、Ⅱ型）。但峪口以下河段，多数河流受到不同程度的污染。

三、秦岭四大流域的水文特征

（一）渭河右岸水系

1.水文特征

（1）径流模数较高、径流深随海拔升高而增加

渭河流域多年平均径流量7.57×108亿立方米，陕西境内为5.38×108亿立方米。渭河右岸径流量比其他地区高，而且还表现为西部大于东部、中游比下游径流丰富的特点。秦岭北坡的径流模数较高，为18 ～30升/秒·平方千米，高于渭河干流的径流模数（5～7.4升/秒·平方千米），干流中魏家堡、咸阳站较高，是右岸支流加入造成的。

从径流深分布看，秦岭北坡的径流深随山地高度升高而增加，由低于100毫米到高于600毫米，最高中心位于太白山及南五台。

（2）径流年际变化小、季节变化明显

年径流的变差系数，秦岭北坡一般为0.30～0.40，其中石头河、清姜河等仅为0.30，黑河、涝河及沣河等为0.40，再往东的大峪河、石砭峪河等又减少到0.35。最大年与最小年的比值为3.0～4.0，在秦岭北坡的分布情况与变差系数的分布相适应。由此，渭河南岸秦岭径流呈现出山地年径流量丰富而年际变化小的特点。

渭河南岸径流的季节变化明显，南岸支流黑河及以西的河流夏季径流量大，秋季次之；黑河以东的河流则秋季最大，夏季次之，春季径流的比重较大，为21%～27.3%。

（3）含沙量很小、输沙模数小

渭河南岸是秦岭土石山区，植被较好，因而河流含沙量很小，一般均在1.0千克/立方米以下；年平均输沙模数，一般为每平方千米数百吨。灞河流经黄土区，其马渡王站含沙为5.6千克/立方米，年输沙模数为2110吨/平方千米。

（4）秦岭北麓降水对渭河洪水影响很大

渭河流域洪水具有暴涨暴落、洪峰高、含沙量大的特点。每年7～9月为暴雨季节，汛期水量约占年水量的60%。秦岭北麓支流成为渭河洪水主要来源之一。

从历史上看，宝鸡至临潼之间渭河南岸的产流区是影响陕西的渭河洪水产流区之一。在渭河中下游林家村至临潼之间，以秦岭北麓渭河支流降水产流为主形成了渭河洪水，如林家村站1980年7月2日流量202立方米/秒，林家村至临潼之间流域7月1～3日平均降雨100毫米左右，临潼站洪峰流量4490立方米/秒，华县水文站洪峰流量3770立方米/秒。由于秦岭北麓南山支流降雨，使渭河洪水从202立方米/秒猛涨到4490立方米/秒。另外，由于渭河流域全面降水，秦岭北麓支流、北岸韦水、漆水河、泾河洪水不断汇入，导致渭河洪水不断叠加形成大洪水，成为混合型洪水。

由于渭河洪水组成的不同，秦岭北麓降水的产流在渭河洪水中所占比例是有差别的。在以秦岭北麓降水为主的渭河洪水中，秦岭北麓降水产流占渭河总洪水量的80%，成为主要来源；在混合来水的

渭河洪水中，秦岭北麓降水径流在渭河洪水中所占的比例为30%～70%；在上游型洪水中，秦岭北麓降水径流在渭河洪水中所占的比例最小，在30%以下。

秦岭北麓的降水对于渭河洪水有很大的影响，秦岭北麓的降水量及强度决定了渭河中下游型洪水、混合型洪水的量级。近年来渭河流域多次发生较大洪水，都与秦岭北麓的降水有密切关系。如受副热带高压和高原西风槽的共同影响，2005年9月19日～10月2日，渭河流域出现大范围连续降雨，渭河干流和区间支流发生较大洪水(泾河无洪水加入)。临潼站以下洪水大漫滩，洪水演进速度缓慢，临潼至华县洪峰传播时间长达42.3小时，在同量级洪水中洪峰传播时间最长。10月4日9时30分，华县站洪峰流量为4820立方米/秒，为该站1981年以来最大洪水。

2.主要河流的水文特征

（1）径流的多年变化

表2-24 渭河干流和南岸支流径流的多年变化

分区	河流	测站	流域面积（km²）	年径流量变差系数	最大年与最小年径流量的比值
渭河干流	渭河	林家村	30 661	0.35	5.0
	渭河	咸阳	46 827	0.30	5.4
	渭河	华县	106 498	0.37	6.0
南岸支流	石头河	斜峪关	686	0.30	3.0
	黑河	黑峪口	1481	0.40	3.9
	沣河	秦渡镇	566	0.4	3.9
	灞河	马渡王	1601	0.35	3.3

（2）泥沙特征

表2-25 渭河干流和南岸支流泥沙特征

河流	测站	集水面积（km²）	多年平均含沙量（kg/m³）	多年平均输沙量（万t）	多年平均输沙模数（t/km²·a）	资料年限	备注
渭河	林家村	30 661	63.7	16 500	5380	1934～1937	渭河干流
渭河	魏家堡	37 006	43.9	16 600	4490	1934～1937	渭河干流
渭河	咸阳	46 827	31.1	16 800	3590	1934～1979	渭河干流
渭河	临潼	97 299	55.1	42 900	4410	1961～1979	渭河干流
渭河	华县	106 498	49.3	42 300	3970	1935～1979	渭河干流
清姜河	益门镇	219	0.66	9.47	432	1965～1979	南岸支流
石头河	斜峪关	686	0.63	28.4	414	1957～1970	南岸支流
黑河	黑峪口	1481	0.32	18.9	128	1956～1979	南岸支流
沣河	秦渡镇	566	0.38	9.47	167	1957～1979	南岸支流
灞河	马渡王	1601	5.81	312	1950	1955～1979	南岸支流
罗敷河	罗敷堡	122	0.49	1.83	155	1959～1969	南岸支流

（二）洛河流域

1.流域水文特征

（1）降水

据1957～2006年洛南县境内雨量站6处观测降水资料显示，洛河上游多年平均降水量在740.2～765毫米之间，降水主要集中在汛期6～10月，此时段内降水量占全年降水量的70.1%～73.3%；在非汛期降水稀少，11月至次年5月降水量仅占年降水量的26.7%～29.9%。降水量最大月一般出现在7月、8月、9月，3个月降水量之和占全年降水量的49.4%～51.9%；而降水量最小月多出现在12月、1月、2月，3月降水量仅占全年降水量的3.4%～4.1%，最大月与最小月降水量差异大。

洛河上游暴雨的量级一般不大，24小时暴雨均值为70.7毫米，Cv=0.40；6小时暴雨均值49.5毫米，Cv=0.50。实测巡检站2001年一日降水量最大值 163.4毫米，而且暴雨主要集中在夏季。

洛河流域内年平均降水量720.6毫米，年际变化比较明显。其中西北部变率较小，降水量最大年与最小年比率为2.2～3.3；东部和东南部略大，降水量最大年与最小年比率为2.4～4.4。全流域内降水量最大年与最小年比率为2.2～4.4。

（2）径流

洛河上游径流主要来源于降水补给，河川基流小，流域多年平均径流量为5.61亿立方米，而且洪峰水量集中，洪峰水量的大小也取决于降水。因此，河川径流的变化与降水存在着明显的对应关系，即降水的时空分布决定了径流的年内、年际及时段上的分配特征。

洛河上游地表径流量的年内分配与降水的年内分配极为相近，径流主要集中于夏秋雨季，7～9月的径流量约占全年的46.7%，与降水主要集中在汛期6～10月份基本对应。从年降雨量和年径流量的关系分析，洛河上游多年平均降雨量是740.1毫米，灵口站多年平均降雨量是674.8毫米，平均径流234.0毫米，多年径流系数为0.347。

洛河上游多年平均径流总量为5.61亿立方米，而偏丰年年径流总量为8.22亿立方米，平水年年径流总量为4.792亿立方米，偏丰年与平水年的年径流总量相差近4倍；偏枯年年径流总量为3.12亿立方米，枯水年年径流总量为1.71亿立方米，偏枯年与枯水年的年径流总量相差不到2倍。另据灵口站实测统计，多年平均实测径流量5.61亿立方米，而最大年份(1975年)为29.6亿立方米，最小年份(1995年)为1.562亿立方米，相差19倍。由此表明，洛河上游径流的年际变化差异还是较大的。

（3）产沙和输沙在短时段内高度集中

洛河上游各支流来沙量主要集中在7～9月，这期间产沙量最大的时期又集中在暴雨洪水期，输沙量在年内分配集中程度较降水、径流更突出。据统计，7～9月份内输沙量可占全年输沙量的51.5%，有些年份甚至一次洪水过程输沙量占全年输沙量的50%以上。因此，洛河流域输沙量年内分配的一个重要特征是产沙和输沙在短时段内高度集中。

一般情况下，洪水期含沙量大多为200～500千克/立方米，有时出现洪水期含沙量大于500千克/立方米，出现高含沙水流状态。沙峰与洪峰趋势较为一致，但60％～80％的沙峰值滞后于洪峰值约0.5～1.0小时，即洪峰在前、沙峰在后，沙峰往往出现在洪水的落水段。

（4）蒸发量小

受地形影响，洛河上游山区蒸发量小，洛河流域多年平均蒸发量在578.3～1115.4毫米之间，以灵口站45年实测值为例，多年平均蒸发量为810.9毫米。蒸发量的年内变化与气温关系密切，冬季气温低，蒸发量小；随着气温增高，风速加大，蒸发量显著增高。多年月蒸发量最大在6月份，为121.4毫米，最小在12月份，为20.2毫米。

2.主要河流水文特征

（1）北岸主要支流

北岸河流系指洛河以北的秦岭地区河流。该区内山高坡陡，水深流急。除支流沿岸有少量平地外，多数河沟滩地少。但各河流比降、流量都较大，利于小型水利事业的发展。

从表2-26中可以看出，北岸支流中石坡河多年平均径流量和常流量最大，其次为石门河，其他河流的多年平均径流量在0.4亿立方米左右，而常流量不到1.00立方米/秒；枯水流量也表现为石坡河最大，其次为石门河。

表2-26 北岸主要支流水文特征

河流	支流分级	流域面积（km²）	多年平均径流量（亿m³）	水力资源理论蕴藏量（kW）
蒿坪河	一	127.2	0.36	6579
文峪河	一	118.3	0.34	2024
石门河	一	353.5	0.85	3187
麻坪河	二	184.1	0.51	3529
石坡河	一	661.0	1.59	19 961
桑坪河	二	181.7	0.44	3183
西峪河	一	159.2	0.45	4389
龙河	一	135.4	0.38	1573

（2）南岸主要支流

南岸支流系指洛河以南，源于蟒岭的河流。

从表2-27中可以看出，南岸支流中东沙河多年平均径流量最大，为0.90亿立方米，但没超过1亿立方米；常流量最大的河流是县河，也只有0.71立方米/秒；其他河流的多年平均径流量也在0.4亿立方米左右，而常流量都不到1.00立方米/秒；枯水流量最大的是县河，其次为东沙河。总体来讲，南岸支流比北岸支流流量小。

表2-27 南岸主要支流水文特征

河流	支流分级	流域面积（km²）	多年平均径流量（亿m³）	水力资源理论蕴藏量（kW）
县河	一	154.8	0.43	373.4
西沙河	一	123.4	0.34	860.0
中沙河	一	157.9	0.44	1604.0
东沙河	一	353.4	0.90	3908.0
姬家河	二	133.8	0.37	1636.0
兰草河	一	128.1	0.36	351.0

（三）汉江流域

1.干流水文特征

（1）径流量最丰富的河流

陕西境内汉江流域面积只占陕西省的26.7%，多年平均径流量却有247亿立方米，占全省多年平均径流量（396.4亿立方米）的62.3%，因而汉江是陕西径流量最丰富的河流。汉江流域径流量的地区分布并不均匀，从径流深来看，总的趋势是汉江北岸（秦岭南坡）少于南岸（大巴山），汉江北岸（秦岭南坡）径流模数为9～16千克/秒·平方千米，这与降水的分布是一致的。另外，由于地形的影响，山地径流高于河谷盆地。如汉中、安康盆地，多年平均径流深低于400毫米，而两侧山地的径流随海拔增加而增加，但秦岭南坡径流随海拔增加的梯度而减小。

（2）径流年际与年内变化明显

年径流的变差系数反映径流的多年变化特点，汉江北岸支流径流的变差系数较大，为0.38～0.46，即秦岭南坡径流的变化大于大巴山北坡，这种变化与降水的变化相适应。通常在降水量少而地面径流相对小的地区，径流的年际变化相对较大。秦岭南坡的降水量及径流量小于大巴山北坡，所以秦岭南坡径流的年际变化大。

汉江年径流的变差系数，还具有从上游向下游，随着集水面积的增加、水量增大而减小的规律，如干流武侯镇水域年径流的变差系数为0.41，洋县为0.37，石泉为0.34，到白河减少到0.31。在支流上，其变差系数也有这种变化规律。

从最大年径流量与最小年径流量的比值来看，汉江北岸支流的比值，一般在4倍以上，其中月河最大，可达6.8倍；南岸支流的比值均在4倍以下。这也说明秦岭南坡径流的年际变化大于大巴山北坡。

汉江径流的年内分配不均，夏季、秋季干流的径流相近，各占37%～40%，春季径流占16.6%～17.5%，冬季径流只占5%～6.7%。支流一般以秋季径流最高，通常占年径流的34%～40%，最高可达47%；夏季径流略低于秋季；春季径流占20%左右；冬季径流量最小，只占5%～7.7%。最大月径流一般出现在9月，月径流量约占年径流量的20%，最高径流量占26.4%，最小径流量也有16.9%，即最大一个月的径流量，相当于春季3个月的径流总量。7月径流一般低于9月而大于8月，因此，汉江汛期径流具有双峰型的特点。最小月径流一般出现在2月，各河最小月径流量均低于年径流量的2%。

从汉江干支流的径流过程与黄河的径流过程相比较看，汉江流域春汛不明显，而干流除安康站6月径流略低于5月外，其余各站6月份均未发生低水。但各支流6月径流均较低，这与黄河夏季枯水相似。

（3）暴雨洪水主要与季风活动有关

汉江流域属亚热带季风气候区，5～6月份受西南季风的影响，可以形成洪水；7月西南季风盛行，加上秦岭山地的作用，汉江上游往往形成较大暴雨洪水；8月东南季风活动最盛，控制了汉江上游地区，可形成大洪水；9月北方强大的冷空气南下，也可形成大洪水，如1832年9月12日、1967年9月16日的大洪水以及1974年9月14日实测大洪水等。

（4）汛期含沙量最大且自上游向下游增加

汉江两岸的低山丘陵区植被较差，农事活动频繁，水土流失严重，特别是花岗岩区，地表风化壳深厚、剥蚀强烈，以及红粘土（黄泥巴）区，都极易被冲蚀，是汉江泥沙的主要来源地。根据多年资料分析，每年汛期（6～9月）含沙量最大，而平、枯水期很小，河水清澈见底，山清水秀。据统计，每年输送到下游(湖北省)的泥沙，平均为5970万吨（白河站），最大年输沙量14800万吨（1958年）；多年平均输沙模数为1010吨/平方千米·年，最大年输沙模数为2500吨/平方千米·年（1958年）。

河流泥沙自上游向下游增加，年输沙量武侯镇为286万吨，洋县为631万吨，安康为2680万吨，白河为5970万吨。河流流经汉中盆地时，由于河床比降减小，流速降低，泥沙大量沉积，所以含沙量、输沙模数均成比例减少，如武侯镇多年平均含沙量为2.09千克/立方米，而洋县只有0.94千克/立方米；武侯镇多年平均输沙模数为844吨/平方千米·年，而洋县只有423吨/平方千米·年。洋县以下，河流的含沙量、输沙量及输沙模数都是逐渐增加的。

2.丹江干、支流

（1）干流水文特征

①径流量

丹江是长江流域径流量最小的一个流域，丹江流域的年径流深在250毫米以下，不仅低于全国年平均径流深（273毫米），在陕西长江流域的大水系中，也是径流深最小的流域。丹江水系在陕西省境内多年平均径流量为18.9亿立方米，不仅小于汉江（216亿立方米）、嘉陵江（56.6亿立方米），也小于旬河（23.06亿立方米）、金钱河（19.92亿立方米），这和丹江的河流长度和流域面积是极不相称的。从丹江径流的多年变化特征看，年径流变差系数为0.60，最大年径流与最小年径流比值为9.2。

丹江地表径流的分布，受地形影响十分显著。丹江上游由荆紫关到程家坡，海拔高度增加312.5米，径流深由209毫米上升到267毫米，升高了58毫米，平均增长率为海拔每增高100米，径流深增加18.6毫米。

②径流年内变化很大

丹江水系径流的年内变化也很大,最大径流量与最小径流量的差值非常悬殊。据荆紫关站(省境外)观测,1960年9月6日实测最大流量为1390立方米/秒,同年6月18日出现的最小流量为3.95立方米/秒,相差达400倍。丹凤站径流量的年内分配情况是:1月占2.3%,2月占1.9%,3月占3.5%,4月占7.4%,5月占8.5%,6月占4.9%,7月占19.6%,8月占12.6%,9月占15.8%,10月占13.0%,11月占7.0%,12月占3.7%,汛期(7~10月)径流量占全年的61.0%。

③年际变化最大

丹江流域的变差系数(Cv)值很大,介于0.5~0.7之间,特别是丹凤以东、武关以西地区,变差系数值达0.7,因此径流年际变化大,是陕西长江流域变差系数最大的地区。

据丹凤站1954~1979年资料统计,年径流变差系数(Cv)值为0.60,该站最多水年年径流量为51.4立方米/秒(1964年),最少水年年径流量为5.58立方米/秒(1977年),最大与最小年径流比值为9.2。

④洪峰流量大、洪水频繁

丹江水系径流的年际、年内变化十分显著,因此洪水洪峰流量大而频繁。据丹凤站资料:实测最大年洪峰流量为1760立方米/秒,出现于1958年7月16日;实测最小年洪峰流量为117立方米/秒,出现于1973年10月7日;调查最大洪峰流量是1954年的2340立方米/秒;不同重现期年最大洪峰流量是:500年为5530立方米/秒,200年为3410立方米/秒,50年为2530立方米/秒,20年为1960立方米/秒。

1974年9月,发生了一次由连阴雨形成的洪峰不高而流量很大的洪水过程,由于历时长、洪量大,造成了很大危害。丹江河堤商州区段即被冲毁9349米,占新修河堤的22%;冲毁耕地70公顷,占新修耕地的36%。

1988年8月13日~14日,商州、蓝田、柞水、洛南等地突降高强度暴雨,暴雨中心位于秦岭山脊南侧的商州区东岳庙乡吴家沟,9小时内最大降雨量410毫米,其中最大3小时降水量281毫米、最大1小时降水量134毫米。由于暴雨强度大、历时短、笼罩面积小,致使局部山洪暴发,丹江支流河水猛涨,滑坡、泥石流突发,造成严重灾害。

⑤河流泥沙较多，输沙量变幅比径流量变幅大

丹江水系径流量变化显著，又位于土石山区，河谷两侧分布有土状堆积物，加之人类经济活动影响较大，因此丹江成为含沙量较多的河流。

丹江干流河段河床不断淤高，商州区附近河床沉积物厚达18～20米，这一特点也影响着水文情况的演变，使大量洪水成为河床潜水。1962年7月1日21时54分，在商州区程家坡水文站测得洪峰流量141立方米/秒。9小时后，在丹凤站测得的流量仅为76立方米/秒，相差达65立方米/秒，可见沿途河槽渗漏蓄积之大。

一般情况下，丹江输沙量变幅比流量变幅大。丹凤站输沙量最大年与最小年之比为7.5，而最大年流量与最小年流量之比为5.8。

丹江河流含沙量的年内变化，以汛期、特大枯水期较小，比径流的年内变化更集中，其输沙量年内分配也具有这一特点。

（2）主要支流

丹江支流众多，长度在25千米以上的支流有20条，10～25千米的干沟有79条，1～10千米的支沟有952条，1千米以下的毛沟多达34300条。其中，流域面积在200平方千米以上的支流共有11条，流域面积在20～100平方千米的支流共有12条，流域面积在20平方千米以下的小支流为数众多。

表2-28 丹江主要支流河道和水文特征

河流	支流分级	高差（m）	河长（km）	比降（‰）	流域面积（km²）	多年平均径流量（亿m³）
油磨河	一	905.8	29.3	30.9	129.1	0.32
板桥河	一	873.0	50.7	17.2	588.5	1.47
外湾河	二	454.7	22.3	20.4	117.7	0.29
砚川河	二	667.9	36.8	18.1	213.5	0.53
南秦河	一	865.6	53.3	16.2	581.7	1.45
汇峪河	一	624.1	32.7	19.1	218.9	0.55
老君河	一	718.5	41.9	17.1	261.3	0.65
七家河	二	896.5	35.6	25.2	123.0	0.31

资峪河	一	935.	31.3	29.9	162.3	0.40
银花河	一	1142.1	89.0	12.8	1031.2	2.83
洛峪	二	849.33	36.0	23.6	125.6	0.35
武关河		1215.5	121.8	9.98	896.7	2.48
峡河	二	888.3	28.2	31.5	161.6	0.45
清油河	一	1414.3	67.8	20.9	364.4	1.00
县河	一	414.6	50.4	18.2	276.5	0.76
耀岭河	一	777.8	40.3	19.3	112.8	0.31
湘河	一	960.0	57.0	16.8	223.5	0.61
冷水河	二	—	46.0	—	235.0	—
滔河	一	715.6	54.0	13.2	355.1	0.90
淇河	一	—	—	—	141.9	0.36
黑漆河	二	694.0	29.0	23.9	85.7	0.21

3.汉江其他支流水文特征

表2-29 其他支流水文特征

分区	河流	测站	流域面积（km²）	多年平均流量（m³/s）	年径流量（亿m³）	径流深度（mm）	径流模数（L/s·km²）	统计年限
汉江干流	汉江	武侯镇	3384	42.86	13.51	405.5	12.7	1936~1976
	汉江	泽县	14 524	207.1	65.34	444.9	14.3	1953~1976
	汉江	石泉	24 629	342.6	108.0	440.9	13.9	1954~1976
	汉江	白河	59 115	833.0	263.0	444.9	14.1	1935~1976
北岸支流	沮水	茶店子	1690	16.22	5.116	302.9	9.6	1966~1976
	褒河	河东店	3861	42.75	13.47	348.8	11.1	1954~1970
	湑水河	升仙村	2248	35	10.98	492.3	15.5	1950~1976
	酉水河	酉水街	913	13.77	4.342	475.7	15.1	1958~1976
	子午河	两河口	2818	38.5	12.14	434.2	13.7	1964~1976
	月河	长枪铺	2810	29.96	9.449	336	10.7	1960~1976
	旬河	向家坪	6448	69.25	21.84	338.7	10.7	1956~1976
	金钱河	南宽坪	4003	37.23	11.74	303.7	9.3	1959~1976

表2-30 汉江上游主要站径流年内分配统计表

河名	站名	多年平均径流量（m³·s⁻¹）	季径流量占年径流量的百分比/%				最大月径流量		最小月径流量	
			3~5月春	6~8月夏	9~11月秋	12~2月冬	占年径流量（%）	月份（月）	占年径流量（%）	月份（月）
汉江	武侯镇	42.86	17.2	39.7	38.1	5.1	21.29	9	1.49	1
汉江	洋县	207.1	16.9	38.6	37.7	6.7	19.74	9	1.80	2
汉江	石泉	342.6	17.5	38.4	37.7	6.4	18.33	9	1.67	2
汉江	安康	637.3	17.5	37.4	38.7	6.4	21.12	9	1.67	2
汉江	白河	833.0	16.6	37.8	39.1	6.5	20.90	9	1.67	2
湑水河	升仙村	35.0	21.7	35.0	37.6	5.7	20.90	9	1.45	2
子午河	两河口	38.5	23.0	31.8	40.2	5.0	23.70	9	1.24	2
月河	长枪铺	29.9	19.9	27.0	47.3	5.8	25.80	9	1.52	2
坝河	桂花园	19.8	26.9	27.9	39.7	5.5	21.30	9	1.52	1

表2-31 汉江上游径流的多年变化

分区	河流	站名	流域面积（km²）	年径流变差系数（Cv）	最大年径流量（亿m³）	最小年径流量（亿m³）
汉江干流	汉江	洋县	14 524	0.37	119	35.9
	汉江	石泉	24 629	0.34	313	5.21
	汉江	白河	59 115	0.31	494	127.3
北岸支流	褒河	河东店	3861	0.39	25.8	6.40
	湑水河	升仙村	2248	0.40	21.6	5.20
	月河	长枪铺	2810	0.46	19.2	4.75

表2-32 汉江上游代表站洪峰流量表

站名	控制面积/km²	系列年限/年	实测最大流量	统计参数		频率				
				Cv	Cs/Cv	0.5	1	2	5	10
石泉	23 805	45	1.45	0.53	2	2.62	2.38	2.12	1.78	1.51
安康	41 439	59	3.10	0.47	2	3.13	2.89	2.65	2.30	2.02
白河	59 115	59	3.10	0.42	2	3.21	2.98	2.72	2.38	2.08

（四）嘉陵江流域

1.流域水文特征

（1）降水时空分配不均

嘉陵江上游流域降水的一大显著特点是降水的时空分配和地域分配极为不均。降水是嘉陵江上游河川径流补给的主要来源。降雨量在地域上的分布表现为由南向北和由东向西递减，主要受气候和地理因素的影响，东部秦岭山地和南部秦岭山地降雨大，中部成徽盆地次之，西汉水镡家坝站以上流域及整个北部区域降雨偏少。嘉陵江上游流域多年平均年降水量为630毫米，秦岭山地降雨一般为650～800毫米，中部成徽盆地降雨为600~750毫米，流域最北部降雨在460毫米左右，西汉水镡家坝站以上流域降雨为460～650毫米。

年内降水主要集中在夏、秋汛期的5～10月，该时段降水量占年降水量的75%～85%；冬春季降水稀少，11月至次年4月降水量仅占年降水量的15%～20%。降水量最大月一般出现在7～9月，其降水量总和占年降水量的40%～50%；降水量最小月多出现在12月至次年1～2月，其降水量仅占年降水量的8%左右。

嘉陵江上游流域在每年6～9月一般会发生3～4次历时短、强度大的局地暴雨，其雨量占全年降水量的比重较大。

（2）径流量

①径流的分布上、下游大，中游小

从年径流深等值线图可以看出，嘉陵江水系陕西境内地表径流的分布具有两头大中间小的特点，即河源地径流深可达600毫米，略阳以南径流深为400～600毫米，而中部地区径流深在300毫米以下，这与该地区降水量的分布有关。但随着降水量的增加，嘉陵江水系的径流量增加速度很慢，径流系数仅为27.8%。

②径流年内分配与降水一致

从略阳站观测资料看，以7、8、9、10月4个月为汛期，其流量占年径流总量的58.6%。径流量的年内分配（%）结果是：1月2.6%，2月2.5%，3月3.3%，4月6.0%，5月8.0%，6月8.6%，7月14.7%，8月14.2%，9月17.6%，10月12.5%，11月6.7%，12月3.7%。

从径流量的年际变化看，东坡站年径流变差系数（Cv）值为0.45，略阳站为0.40，均大于汉江安康站的0.35，但小于丹江丹凤站的0.60。

（3）含沙量较大

嘉陵江是长江水系含沙量最大的河流，嘉陵江上游河段是嘉陵江泥沙的主要来源地之一，略阳站的年平均含沙量为7.94千克/立方米，最大年含沙量（1959年）为21.5千克/立方米，最小年含沙量（1965年）为2.15千克/立方米，远大于汉江安康站的1.27千克/立方米、2.38千克/立方米、0.44千克/立方米。含沙量的季节变化显著，年内含沙量最大值出现于7月，最小值出现于1月，二者相差约1600倍，这与其流域内降水的季节变化、分布有深厚的黄土有关。

嘉陵江陕西省内多年平均输沙量为$5.22×10^6$吨，输沙模数526吨/平方千米·年。从输沙量的年内变化看，略阳站最大一个月（7月）占全年输沙量的36.9%，最大两个月（7～8月）占全年输沙量的62.2%，最大四个月（6～9月）占全年输沙量的87.4%。

（4）洪水呈尖瘦的峰型

嘉陵江上游流域内山高坡陡，土壤瘠薄，河谷狭窄，河流纵比降较大，下垫面与河槽调蓄作用小，暴雨发生时，坡地产流迅速，河道集水和洪水汇流速度快，一般汇流速度在13千米/小时。暴雨过后，各支流形成的洪水迅速消退，洪水过程多呈尖瘦的峰型，且峰高量大，洪水历时比暴雨历时迟后约1～3小时。洪水多发生在6～9月，夏季洪水历时一般为1～3日，秋季一般在3～5日左右。嘉陵江上游河流水系分布呈扁平的扇形，干流控制站略阳水文站正好处在扇柄部分，对于这样的河流水系，上游各支流发生洪水后，在向下游演进的过程中，最容易相遇叠加，使峰量和峰形拉大抬高，在干流汇合处形成大洪水或特大洪水，给下游沿岸城镇造成洪水灾害。

自977年略阳县志有水灾记载以来，嘉陵江略阳县城段共发生水灾43次，大水灾18次。其中，从明朝洪武元年(1368)至1991年，623年的史料记载中共发生水灾41次，大水灾16次，平均15年发生1次水灾，平均38年发生1次大水灾。每次特大洪水，略阳县城几乎全部被淹，只留高台，灾情严重。

2.主要支流水文特征

表2-33　嘉陵江主要支流水文特征

河流	支流分级	高差（m）	长度（km）	比降（‰）	流域面积（km²）	多年平均径流量（亿m³）
宽滩沟	一	440	16.0	27.5	118.9	0.41
安河	一	734	36.0	20.4	409.7	1.42
小峪河	一	1143	54.0	21.2	434.5	1.51
庙峪河	二	1121	26.0	43.1	110.8	0.39
黑河	一	77	4.0	19.2	13.6	0.05
红崖河	一	40	6.0	6.6	25.1	0.09
旺峪河	一	/	52.5	12.5	677.3	2.36
南星河	二	923	30.0	30.7	147.3	0.51
洛河	二	144	6.0	24.0	11.9	0.04
青泥河	二	55	24.0	2.29	66.4	0.23

西汉水	一	69	34.0	2.03	233.4	0.82
岳坪河	二	209	23.0	9.0	88.7	0.31
金家河	一	620	30.0	20.6	143.8	0.50
八渡河	一	1152	50.0	23.0	576.7	2.01
中川河	二	1057	31.0	34.0	168.8	0.55
金池院河	二	1057	32.5	32.5	133.8	0.47
东渡河	二	572	27.0	21.1	126.5	0.48
乐素河	一	541	53.0	10.2	278.3	1.04
巩家河	一	833	51.0	16.3	318.4	1.10
三道河	一	248	44.0	5.64	172.6	0.69
下青河	一	350	39.0	8.97	158.4	0.43

第一节 水资源状况 111

一、水资源分区

二、降水资源

三、地表水资源

四、地下水资源

五、水力资源

六、水资源总量及可利用总量

第二节 水资源开发与利用 135

一、历史上水资源开发利用情况

二、水资源开发利用现状

第三章

水资源及其开发利用

秦岭是一座巨型绿色水库，其地表水资源总量近192.5亿立方米，约占陕西省地表水资源总量的50%，也相当于黄河年均径流量（580亿立方米）的约1／3。秦岭南坡地表水资源量约151亿立方米，滋养了"嘉、沮、褒、湑、酉、子、旬、南洛河"等河流，秦岭北坡有石头河、汤峪河、黑河、涝河、沣河、灞河等63条河流汇入渭河，约有水资源量42亿立方米。

　　秦岭地区水资源利用有悠久的历史。"南山"渠堰、汉中渠堰、关中八惠等灌溉工程的建设在很大程度上改善了秦岭地区的农业生产条件，使陕南成为富庶的鱼米之乡，使关中成为我国小麦主要产区，粮食自给有余；潏河、滈河诸改道西流入沣，形成了新的河流——交水，极大地改变了长安城南郊的水文环境，影响至今；秦岭温泉闻名遐迩，享誉海内外。

　　现阶段，秦岭地区水资源利用更是蓬蓬勃勃。各类供水工程、引水工程、提水工程的陆续修建，使得秦岭地区供水结构日趋合理，供水水平不断改善，在满足本地区农田灌溉、工业、农业、城镇等用水需求的同时，还向省内外其他地区输送了大量水资源，从而为这些地区社会、经济的快速发展奠定了坚实的基础。

第一节　水资源状况

　　秦岭地区降雨充沛、水量丰富，水资源总量196亿立方米,约占陕西省水资源量的50%。秦岭北坡水资源量45.5亿立方米，占关中地表水资源量的51%，是渭河的主要补给源，直接关系着西安等大中城市的城镇居民生活用水及八百里秦川的工农业用水和生态环境用水。秦岭南坡水资源量150.5亿立方米，是嘉陵江、汉江、丹江的源头区，是南水北调中线工程的重要水源涵养区，其水资源量占丹江口水库的一半以上。

一、水资源分区

（一）行政分区

为了适应陕西省各地(市)区对各条河流全面开发利用、综合治理规划的要求，在不打破汉江和渭河两大水系并照顾到嘉陵江和洛河的独特性的前提下，依照秦岭地区包含的行政区域划分，可分为宝鸡市、西安市、渭南市、安康市、商洛市、汉中市共6个行政分区。各行政分区面积见表3-1。

表3-1 秦岭地区各行政分区面积

分区名称	面积（km²）
西安市	9113
宝鸡市	8248
渭南市	2728
汉中市	13 260
安康市	11 188
商洛市	19 287
合计	63 824

（二）流域分区

秦岭地区兼跨长江和黄河两大流域，河流水文特征既具有明显的过渡性色彩，又兼有"南方"和"北方"的两重性质。同时，也具有它的独特性，即径流量丰富，河流动态以秋水和夏秋水型为主。根据这种独特性和过渡性综合反映的水文特征，从两大流域的完整性出发，考虑河流在夏半年径流变化的情况，划分出两个水资源一级区：即黄河流域（秦岭北坡）、长江流域(秦岭南坡)，5个水资源二级分区，分别是渭河流域、洛河流域、汉江流域、丹江流域、嘉陵江流域。各流域分区面积见表3-2、图3-1。

表3-2 秦岭地区各流域分区面积

一级区	二级区	面积（km²）
黄河流域	渭河流域	14 646
	洛河流域	3064
长江流域	汉江流域	32 436
	丹江流域	7552
	嘉陵江流域	6126

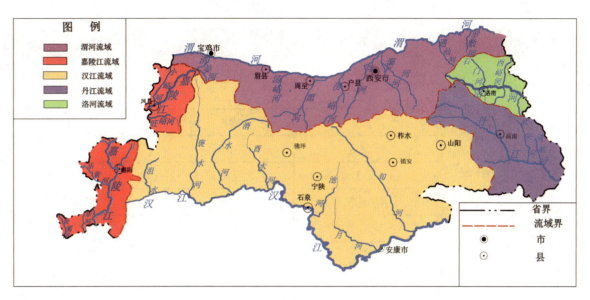

图3-1 秦岭地区各流域分布图

二、降水资源

（一）分区降水资源量

　　根据秦岭地区雨量站点1956~2000年同步年降水系列评价结果，秦岭地区多年平均降水总量为513.5亿立方米，折合径流深804.6毫米。其中秦岭北坡多年平均降水总量为133.3亿立方米，折合径流深752.7毫米，占全区降水总量的26.0%；秦岭南坡多年平均降水总量为380.2亿立方米，折合径流深824.5毫米，占全区降水总量的74.0%。年降水量总的变化规律是南坡大于北坡，山区大于平原。秦岭地区各分区多年平均降水量详见表3-3。

　　从流域分区来看，多年平均降水量最大的是汉江区，为273.2亿立方米，占全区降水总量的53.2%；多年平均降水量最小的是洛河区，仅为23.3亿立方米，占全区降水总量的4.5%。各流域分区降水量见图3-3。

　　从行政分区来看，多年平均降水量最大的是商洛市，为151.1亿立方米，占全区降水总量的29.4%；多年平均降水量最小的是渭南市，仅为18.6亿立方米，占全区降水总量的3.6%。行政分区年降水量见图3-3。

表3-3 秦岭地区各分区降水情况

分区	名称	平均降水量（亿m³）	平均降水深（mm）
流域分区	渭河	110.0	751.1
	洛河	23.3	760.4
	丹江	58.7	777.0
	嘉陵江	48.3	788.8
	汉江	273.2	842.3
行政分区	西安市	69.6	763.7
	宝鸡市	62.9	762.6
	渭南市	18.6	681.8
	汉中市	116.0	874.7
	安康市	95.3	861.6
	商洛市	151.1	783.8

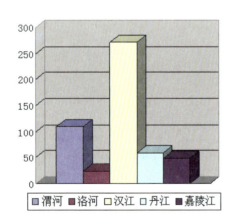

图3-2 各流域多年平均降水量

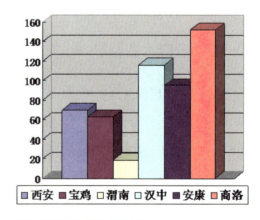

图3-3 各行政区多年平均降水量

（二）降水时空分布特点

1.空间分布不均，地区差异较大

秦岭地区受季风和地形地貌影响，降水量总的趋势是中部分水岭高，周边区域较低，地域间年降水量分布不均。变化范围为700～1000毫米，降水低值区在嘉陵江上游凤县和略阳县西北区域及西部与甘肃接壤处，年降水量小于700毫米；降水高值区位于太白山主峰、清姜河中上游、酉水河上游区域，年降水量高达1000毫米以上。

2.年内分配不均匀，变差较大

秦岭地区降水量多集中在6～9月份，约占全年降水量的56.9%～70.7%，其中7月份降雨量占全年降水量的比重最大。一年四季中，夏季降水量最大，占全年降水量在46.7%～54.9%之间；其次是秋季，全年降水量在24.0%～30.9%之间；降水量最少的是冬季，占全年降水量的3.1%。由于秦岭地区降水年内分配不均，水、旱灾害时有发生。

3.年际降水变化较大

秦岭地区属于典型的大陆性季风气候，从各地降水量的多年变化看，有丰、枯水交替出现的情况。资料反映，大部分地区在1920～1940年为干旱枯水期，持续近20年；从1945～1950年开始进入多雨期。1950～1980年30多年间有多雨年份15年，1980～1985年也是一个小的多雨段；1985年后又进入一干旱段，持续时间为15年左右。降水资料表明，连续干旱少雨年比连续多雨年长，连续多雨期最长的为4年，连续干旱期最长的为6年。

秦岭地区年最大降水量和最小降水量的比值约为2.3～4.5，极值比变化较大，说明秦岭地区降水量的年际变化较大。

三、地表水资源

（一）分区地表水资源量

根据分区水资源量计算成果，秦岭地区多年平均地表水资源量为192.5亿立方米，折合径流深301.6毫米。其中黄河流域42.0亿立方米，折合径流深237.2毫米，占全区的21.8%；长江流域150.5亿立方米，折合径流深326.2毫米，占全区的78.2%，为秦岭地区主要产水区。秦岭地区多年平均径流深最高在汉江区，其值达349.9毫米；最低在丹江区，多年平均径流深仅为218.5毫米。各流域分区地表水资源量见表3-4。

秦岭地区各行政区多年平均径流深最高位于汉中市，达到416.2毫米；多年平均径流深最低为渭南市，仅为161.3毫米。各行政区地表水资源量见表3-5。

表3-4 秦岭流域分区地表水资源量

水资源分区	计算面积（km²）	多年平均径流量		不同频率年河川径流量(亿m³)			
		均值（亿m³）	径流深(mm)	20%	50%	75%	95%
渭河	14 646	34.7	236.9	45.5	32.4	24.3	16.1
洛河	3064	7.3	238.2	10.1	6.0	4.1	2.8
丹江	7552	16.5	218.5	22.6	13.9	9.7	6.6
嘉陵江	6126	20.5	334.6	28.3	17.1	11.8	8.0
汉江	32 436	113.5	349.9	150.2	102.2	75.7	53.2
合计	63 824	192.5	1378.1	256.7	171.4	125.6	86.7

表3-5 秦岭行政分区地表水资源量

分区名称	计算面积（km²）	多年平均径流量		行政区径流量所占比例（%）
		均值(亿m³)	径流深(mm)	
西安市	9113	20.3	222.8	10.5
宝鸡市	8248	23.9	289.8	12.4
渭南市	2728	4.4	161.3	2.3
汉中市	13 260	55.2	416.3	28.7
安康市	11 188	40.1	358.4	20.8
商洛市	19 287	48.6	252.0	25.3
合计	63 824	192.5	1700.6	100

（二）地表径流特征

1.地域差异较大

秦岭地区年径流的地域分布主要受各地区降水量及地形影响，分布不均匀，地域差异比降水量分布要大。秦岭北坡河流因源短坡陡，径流深从山脚线的100毫米，随高程增加而急剧增加至400~500毫米，秦岭脊梁附近有大于500毫米的3个高值区，分别为清姜河源头、太白山山脊、终南山山脊附近一带。洛河区源头径流深大于300毫米，然后由上游向下游逐渐递减至200毫米左右。秦岭南坡嘉陵江上游径流深200～300毫米，下游在300毫米以上；汉江除湑水河、酉水河上游径流深大于500毫米，褒河源头径流深小于300毫米外，其余大部分径流深300～500毫米；丹江区径流深200～300毫米。

秦岭地区径流的主要补给源为大气降水、冰雪融水等，30%以上的降水转化为河川径流。多年平均径流深与多年平均降水量分布规律大体相同，具有南部大、北部小，山地大、平原小的特点。秦岭地区多年平均径流深变化为60～700毫米，秦岭南坡径流深最大为700毫米，秦岭北坡径流深为200～600毫米，丘陵沟壑区为100～200毫米，川源区径流深最小约0～100毫米，为低产流区。

2.年内分布不均

受降水、气温等气候因素的影响，秦岭地区多年平均径流年内分配极不均匀，5月下旬至10月上旬为汛期，约占全年总径流量的50%～70%，最大月出现在7月份或9月份，占年径流量的16.2%～19.4%，且大部分以暴雨形式出现，形成洪水无法利用。12月到次年2月是枯水期，最小月径流量出现在1月份或2月份，仅占全年总水量的0.9%～1.6%。

3.年际变化较大

径流年际变化也很大，秦岭地区年最大径流量与最小径流量的比值在1.62～2.71之间，年最小径流量与年平均径流量的比值在0.35～0.39之间。除月际、年际变化不均匀外，河流最大流量与最小流量的差值也很悬殊，例如渭河在魏家堡站实测最大流量为5780立方米/秒，而最小流量只有0.87立方米/秒，最大流量和最小流量之比竟达几千。

（三）主要河流年径流量

为了反映秦岭地区主要河流的天然径流量及变化情况，对清姜河、黑河、丹江、嘉陵江等19条主要河流分别选取对应的水文站作为各河流的控制站，用各控制站1956～2005年同步期的天然年径流量按面积比法计算，求得各主要河流的年径流量系列并对其进行分析计算，从而确定其多年平均径流量及径流深，结果见表3-6。

通过对秦岭地区各条河流多年平均径流量比较可知：南坡河流多年平均径流量相对较大，而北坡各条河流普遍较小。多年平均径流量最大的为嘉陵江，高达37.1亿立方米；最小是涝河，仅为1.18亿立方米。

表3-6 秦岭主要河流多年平均径流量

河流名称	控制站	集水面积(km²)	区内多年平均		可利用量(亿m³)
			年径流量（亿m³）	年径流深(mm)	
清姜河	益门镇	219	1.38	630.1	0.60
石头河	斜峪关	686	3.9	568.5	1.50
黑河	黑峪口	1481	5.92	399.7	3.50
涝河	涝峪口	347	1.18	340.1	0.30
沣河	秦渡镇	566	2.48	438.2	0.73
灞河	罗李村	754	2.68	355.4	0.709
浐河	常家湾	546	1.7	311.4	0.45
洛河	灵口	2475	5.86	236.8	1.2
丹江	荆紫关	7058	15.0	212.5	3.1
嘉陵江	略阳	19 206	37.1	193.2	10.5
褒河	马道	3415	10.9	319.2	5.2
湑水河	升仙村	2143	10.7	499.3	3.5
酉水河	酉水街	911	4.46	489.6	0.85
金钱河	南宽坪	3936	10.2	259.1	1.0
子午河	两河口	2816	11.2	397.7	5.0
池河	马池	984	3.94	400.4	0.37
月河	长枪铺	2814	8.96	318.4	1.38
旬河	向家坪	6073	20.1	331.0	1.25
蜀河	蜀河	581	2.23	383.8	0.20

（四）地表水资源可利用量

1.计算方法

地表水资源可利用量是指在可预见的时期内，在统筹考虑河道内生态环境和其他用水的基础上，通过经济合理、技术可行的措施，可供河道外生活、生产、生态用水的一次性最大水量(不包括回归水的重复利用)。水资源可利用量是从可持续发展的原则出发，在扣除维持河道内生态环境用水和水资源总量中部分不能或难以控制的水资源量后，人类可利用的最大水量。因此，在估算的时候，需要分别计算生态环境用水量和汛期弃水量。保留河道内生态径流量，可避免因过量用水造成河流断流及其他环境生态问题，因此，在估算地表水可利用量时，必须将生态径流量扣除。生态径流量由两部分组成：(1)汛期的冲沙冲污等生态径流量。汛期弃水量是汛期难以利用的水量，其中一部分可作为生态用水，因此汛期生态径流量由汛期弃水量提供，无需单独计算；(2)非汛期保持河流基本功能(除输沙排盐外)所需的基流量。因此，在估算的时候，需要分别计算生态环境用水量和汛期弃水量。对秦岭地区地表水资源可利用量，可按下列公式计算：

$$W地表水资源可利用量 = W地表水资源量 - W基流量 - W洪水弃水量$$

通过计算地表水资源可利用量、河道内生态基流量、汛期难以控制利用洪水弃水量，秦岭地区地表水可利用量为48.25亿立方米，可利用率为25.1%；其中渭河区14.7亿立方米，洛河区1.2亿立方米，嘉陵江区10.5亿立方米，丹江区3.1亿立方米，汉江区18.75亿立方米。秦岭地区流域分区地表水资源可利用量见表3-7。

各地市地表水可利用量分别为：西安市8.36亿立方米，宝鸡市5.34亿立方米，渭南市1.2亿立方米，汉中市20.05亿立方米，安康市8.2亿立方米，商洛市5.1亿立方米。秦岭地区各行政区地表水资源可利用量见表3-8。

表3-7 秦岭地区流域分区地表水资源可利用量

流域	水系	地表水资源量（亿m³）	可利用量(亿m³)
黄河流域	渭河	34.7	14.7
	洛河	7.3	1.2
	小计	42.0	15.9
长江流域	丹江	16.5	3.1
	嘉陵江	20.5	10.5
	汉江	113.5	18.75
	小计	150.5	32.35
合计		192.5	48.25

表3-8 秦岭地区各行政区地表水资源可利用量

行政区	面积（km³）	地表水资源量（亿m³）	可利用量(亿m³)
西安市	9113	20.3	8.36
宝鸡市	8248	23.9	5.34
渭南市	2728	4.4	1.20
汉中市	13 260	55.2	20.05
渭南市	11 188	40.1	8.20
商洛市	19 287	48.6	5.10
合计	63 824	192.5	48.25

2.影响因素分析

由于流域、区域水资源同时支撑着生态环境系统和经济社会系统，在水资源不足的情况下，两大系统需求间将产生竞争性。同时，水资源利用还要受到其他条件的制约，所以地表水资源可利用量只可能是地表水资源量的一部分[1]。

（1）生态环境因素

任何河流、湖泊等水体都与其所在的流域密切相关。健康的河流、湖泊必须有健康的流域生态系统作为基础和支撑。实践证明，水资源开发利用的关键是把握尺度，合理分配生态用水和国民经济用水。不同地区、不同自然条件，特别是气候条件，决定着可利用量的高低。一般来说，干旱地区可利用程度低，湿润地区可利用程度高；生态环境脆弱区低，生态环境良好区高。

秦岭地区北坡属半干旱半湿润气候区，水资源短缺，生态环境脆弱，目前面临着水污染、水土流失、沙漠化、地下水超采、河道退化等重大生态环境问题。因此，在秦岭北坡，生态环境保护的首要原则是生态环境需水必须优先得到满足。

秦岭地区南坡未来用水增加较快的区域是汉中盆地。规划中的引红(岩河)济石(头河)、引汉(江)济渭(河)调水工程的取水均在汉中盆地出口以上。目前该区总体生态环境较好，说明尚有开发潜力。

① 张亚平.陕西水问题研究[M].西安：陕西科学技术出版社，2008:18-20.

（2）水文气象因素

降水是水资源最主要的来源。不同降水年份，水资源量不同，可利用水量也就不同。为了从总体上把握开发利用尺度，反映秦岭地区的实际情况，应按多年平均和中等干旱两种降水年份的情况，分别确定水资源可利用量。

秦岭地区降雨量年际分布不均匀，年最大降水量与最小降水量相差4倍左右；这就使得降雨量充分的年份，水资源总量就大，相应的水资源可利用量就多；而在干旱年份，水资源总量小，可利用量相对就较少。

（3）河流生态环境需水量

河流生态环境需水量包括河道生态需水量和河流环境需水量两部分。河流生态需水量是指维持河流系统最基本的生态功能所需要的水量。对某河某断面而言，生态需水量应当是人类活动影响较小情况下(即天然状态)河流最小月平均实测流量(或径流量)。河流环境需水量是指保持河流系统一定的稀释自净力的水量。这两部分水量有部分重叠，即生态水量可满足部分环境用水，环境水量也可满足部分生态用水，所以确定河流生态环境用水量应综合考虑，确定的水量必须同时满足两方面要求。目前，秦岭地区部分河流污染较为严重，水质恶化，已成为严重的环境问题之一。原因有三：一是随着经济与社会发展，废污水排放量增加；二是开发不合理，减少了河流的自净水量；三是长期干旱，河道流量锐减。治理河流污染、改善水环境的根本出路在于实行双控制：一是切实控制废污水排放，使居高不下的废污水排放量降下来；二是处理好水资源开发与环境保护的关系，给河流留足必要的环境需水量。

（4）其他因素

除生态环境、水文气象、河道需水等因素外，经济和社会发展水平、工程技术条件、水需求等因素也都是水资源开发的重要制约因素。秦岭南坡除汉中盆地外，其他区域均主要受这些因素制约。秦岭北坡支流同样受到工程条件的影响。

（五）地表水水质状况

地表水水质状况的分析，对选择和改良农业、工业和生活的用水水源，防治土壤盐渍化，水下建筑物的施工及保护等都具有着重要的意义。

1.地表水天然水质

（1）地表水矿化度

由于秦岭地区处在我国南北的过渡地带，特别是气候和水文条件等具有明显的过渡性色彩，因而影响河流水的矿化度和化学类型也具有南北过渡性的特征。[1]

秦岭地区主要河流的矿化度都超过130毫克/升，绝大部分为200～400毫克/升，而且有愈向秦岭北麓的渭河干流矿化度愈增大的趋势，渭河干流矿化度已超过450毫克/升。反之，向秦岭以南的汉江干流矿化度有逐渐减少的趋势，汉江干流的矿化度在188～200毫克/升。

从地区分布上看，矿化度在秦岭地区各河流的差异还是比较明显的。北坡河流水的矿化度变化幅度较大，大致为133～381毫克/升。尽管变化比较复杂，但却反映了这样的规律性：即总的趋势是由西向东增大。东端的潼河出现了较高值，矿化度达到381.9毫克/升；秦岭南坡河流水的矿化度变化幅度较小，大都在200毫克/升以上；嘉陵江、丹江、褒河较高，矿化度为240～260毫克/升；滑水河出现了最小值，矿化度仅为157.1毫克/升。

根据O·A·阿列金的标准，河水矿化度以离子总量小于200毫克/升为第一级，即弱矿化水河流；200～500毫克/升为第二级，即中矿化水的河流；500～1000毫克/升为第三级，即强矿化水的河流；大于1000毫克/升为第四级，即高矿化水的河流。按照这个标准来看，秦岭地区没有强矿化水的河流和高矿化水的河流，而以中矿化水的河流和弱矿化水的河流为主，特别是秦岭南、北坡的清姜河、滑水河和石砭峪河等流域，由于年降水量多，气候湿润，地表径流丰沛，土体和风化壳常处于流水淋溶作用下，可溶性盐少，因此，矿化度最低，分别为133.7毫克/升、157.1毫克/升和174.5毫克/升。

（2）主要离子及动态特征

秦岭地区河流主要离子总量为100～500毫克/升，总的趋势是由南向北逐渐增加。沮水河与旬河之间的秦岭南坡各河流为重碳酸盐类钙组I型水，主要离子总量最小，为100～200毫克/升；嘉陵江上游为重碳竣盐类钙组II型水，主要离子量为200～300毫克/升；金钱河、丹江、洛河以及北坡的清姜河、石头河、黑河流域和其他各河上游亦为重碳酸盐类钙组I型水，但主要离子总量增加，为200～300毫克/升；秦岭北坡的黑河、涝河、沣河、浐河、灞河等下游为重碳酸盐钙组水，主要离子总量为300～500毫克/升。

① 刘胤汉.秦岭水文地理[M].西安：陕西人民出版社，1981:138-140.

河水化学成分主要是降水，径流和岩石、土壤、生物接触、发生分解交换作用形成的。因此，离子动态特征与秦岭南、北坡的自然环境是密切联系的。各主要离子含量的季节动态，从秦岭北坡已有的资料来看，阳离子虽然以Mg^{2+}的含量最低，阴离子以HCO_3^-含量最高。但石头河冬、春季以Ca^{2+}含量最高，夏、秋季则以Na^+、K^+和Ca^{2+}最多；黑河各季均以Ca^{2+}最多，石砭峪河夏季以Na^+、K^+最高，秋、冬季以Ca^{2+}最高；灞河、浐河和沣河等，春季以Na^+、K^+含量最高，其余各季以Ca^{2+}最高。阴离子除夏、春季SO_4^{2-}出现最低值以外，一般以Cl^-最低。

（3）总硬度、总碱度及pH值

秦岭地区北坡渭河支流水质的一投指标是：pH值多数为7.7～9，沈河园林站断面达到11.1；酸度为0～0.45毫克当量/升，以涝河最大；总碱度一般为1～8毫克当量/升，沈河园林站高达24.5毫克当量/升，总硬度一般为1～4毫克当量/升；耗氧量一般为0.2～2毫克当量/升，沈河园林站断面高达917.75毫克当量/升。

秦岭地区南坡的河流，水质一般指标调查资料不全，仅从总硬度来看，嘉陵江（略阳站）为4.1毫克当量/升，丹江（丹凤站）为3.6毫克当量/升。

根据O·A·阿列金总硬度的分级指标：秦岭地区没有极硬水和硬水的河流。就年平均情况来看，基本上为软水和中等硬度水的河流，极软水的河流仅见于北坡的沣河、清姜河、石头河和汤峪河等。

秦岭地区北坡各河流总硬度沿河变化的总趋势是愈向下游硬度愈小。灞河上游的罗李村站，每年平均总硬度为2.36毫克当量/升，下游的马渡王站降低为2.11毫克当量/升。硬度具有明显的季节变化，大都以冬季最高，夏季最低，春、秋介乎其间，这与矿化度的季节变化有着密切的相关性。

秦岭地区北坡各河流的氢离子浓度（以pH值计）相当稳定，全属弱碱性水。pH值全年为7.9～9.7，以沈河园林站最高，涝河（涝峪口）和汤峪河（漫湾村）最低。

2.地表水现状水质

随着秦岭地区国民经济的快速发展，工业、农业、旅游业、城市化发展速度将有较大提高，同时，工业废水、城市生活污水、大气污染、工业及城市生活垃圾数量将会明显增加，这些污染物直接或间接排入河道，将会给秦岭的水环境带来相当程度的破坏。

（1）秦岭南坡汉江、丹江流域现状水质

汉江、丹江流域支流众多，水资源丰富，水质良好，既是国家南水北调中线水源区，又是省内南水北调的水源地。根据《陕西省水功能区划》，陕西省境内汉江、丹江流域一级功能区划77段，其中保护区32段，涉及河长2092.1千米，占汉江、丹江流域总区划河长的41.8%；保留区43段，涉及河长2413.7千米，占汉江、丹江流域总区划河长的48.2%；缓冲区2段，涉及河长67.0千米，占汉江、丹江流域总区划河长的1.3%。[①]

依据《地表水环境质量标准》（GB3838-2002），采用单指标评价法，对汉江、丹江流域水功能区水质进行评价，结果如下：

汉江、丹江流域评价河长1771.1km，I-III类的水质河长占汉江、丹江流域评价河长的比例为96.7%，IV-V类的水质河长占汉江、丹流域评价河长的比例为3.3%，主要超标项目为氨氮、六价铬。秦岭南坡汉江、丹江流域主要河流水系现状水质见表3-9。

表3-9 2010年秦岭南坡汉江、丹江流域主要河流水系现状水质

流域名称	全年平均分类河长							
	评价河长(km)	I	II	III	IV	V	劣V类	I-III类	主要超标项目
汉江	1307.6	574.2	690.3	29.6	0.0	13.5	0.0	1294.1	氨氮
丹江	469.5	343.5	0.0	80.0	0.0	46.0	0.0	423.5	六价铬
合计	1777.1	917.7	690.3	109.6	—	59.5	—	1717.6	—

（2）秦岭地区北坡河流现状水质

通过断面监测，采用单因子指数评价及综合污染指数衡量，秦岭地区北坡共计有56.10%的河段受到不同程度的污染，其中水质严重污染的河段有3个，占7.32%，依次为：潼关县西峪河、蓝田县辋川河下游铜铂厂河段、华阴市柳叶河；水质中度污染的河段有6个，占14.63%，依次为：长安区青华山采石场、潼关县善车峪西沟、潼关县李家村小峪、周至县黑河中游、华阴市白龙河、华阴市罗敷河；水质轻污染的河段占34.15%。共有43.90%的河段水质较好，其中水质尚清洁的河段占34.15%，分别是宝鸡市陈

① 张春玲，周晓强. 陕西汉丹江流域水资源质量近年变化分析与保护对策研究[J]. 陕西水利，2011（5）：21-22.

仓区伐鱼河和渭滨区清姜河、黑河下游、长安沣峪口、蓝田县辋灞区口饮用水源、渭南沋河、华县石堤河、潼关县的西潼峪河、蒿岔河、麻峪河、太峪河及善车峪河；水质清洁的河段占9.76%，分别是宝鸡市渭滨区瓦峪河及陈仓区磻溪河、蓝田县溺河一级支流辋川河上游和蓝田县灞河下游。①

通过调查分析发现，秦岭地区北坡河流峪口内水质良好，峪口以外接近城镇附近存在污染，主要以有机污染为主，其次是金属污染（以铅、汞污染为主），再次是氟污染。COD（化学需氧量）超标河段占65.85%；BOD（生学需氧量）超标河段35.29%；铅超标占14.63%，汞超标占12.20%，超标河流段数占总河段数的14.63%。

秦岭地区北坡不同区域河流污染特点不同，潼关县西峪河，汞超标145.6倍；蓝田县辋川河下游铜铂厂河段，铜超标3.57倍，铅超标27.61倍，汞超标10.5倍，砷超标4.05倍，COD超标7.36倍；华阴市柳叶河COD超标19.82倍，BOD超标18.5倍。秦岭北坡主要河流水质状况见表3-10。

表3-10 秦岭北坡主要河流水质状况

行政区	河流	测站	代表河长（km）	水质类别		
				全年	汛期	非汛期
宝鸡市	清姜河	益门镇	43.0	II	II	II
	清水河	清水河	–	III	III	III
	伐鱼河	伐鱼河	–	II	II	II
	石头河	鹦鸽镇	68.6	II	II	II
西安市	黑河	黑峪口	83.8	III	III	III
	涝河	涝峪口	67.0	III	III	III
	新河	潭峪口	–	III	III	III
	沣河	入渭口	36.0	劣V	劣V	劣V
	灞河	马渡王	82.9	III	III	III
	零河	龙河入口	35.0	II	II	II
	–	入渭口	18.9	劣V	劣V	劣V
渭南市	沋河	崇凝镇	33.9	II	II	II
	–	张家庄	11.5	劣V	劣V	劣V
	遇仙河	遇仙河	–	III	III	III
	石堤河	石堤河	–	II	II	II
	罗敷河	罗敷河	11.5	IV	IV	IV

备注：表中各采样测站均位于平原区

125

① 肖玲，王书转等. 秦岭北麓主要河流的水质现状调查与评价[J]. 干旱区资源与环境，2008，22（1）：76-77.

四、地下水资源

（一）水文地质概况

秦岭地区山地由古老的变质岩系构成，并有花岗岩分布，形成基岩裂隙水，但是岩性不同。如北坡的含水层为下元古界或古生界各类片岩、片麻岩及花岗岩，其赋水规律与构造、岩性、地质条件等密切相关，尤其是构造断裂带及节理裂隙发育程度对基岩裂隙水的富集起重要的控制作用，富水性极不均一，在褶皱断裂特别发育的地段，泉水出水量为8.5～100立方米/时，沿山前断裂带并有温泉出露。而震旦纪花岗岩、第三纪地层覆盖组成的地层、洪积扇叠加发育，向渭河延展在河流阶地上的水域，富水性较强。

秦岭地区地下水分布较广，从河谷两岸到周围山区、台塬，几乎都有含水层，含水层主要为第三系疏松的砂砾岩及第四系的黄土、砂及砂砾卵石层，按埋藏条件分为潜水、承压水及上层滞水。潜水埋藏浅，是秦岭地区地下水目前主要开发利用的对象，它赋存于河谷阶地、黄土台塬和山前洪（冲）积倾斜平原中，含水层主要分为上更新统冲积砂卵石层、中更新统冲积砂卵石层和中更新统黄土层3个岩组。承压水的形成和分布与基底构造、古地理环境及岩相关系很大，渭河附近上第三系粗粒沉积厚度大、富水性好，向两侧延伸粗粒沉积物迅速变薄并且含泥增多，透水性和富水性明显变差。上层滞水主要分布于山地和山间盆地边缘。这些地带滑坡体发育，为上层滞水提供赋存条件。上层滞水不仅是这些地貌区居民的主要水源，而且可作为附近城镇的部分供水水源。

（二）分区地下水资源量计算

为了便于秦岭地区水利规划、国土整治规划、水资源综合评价和开发保护对策研究，地下水资源成果分别按6个行政分区和5个水资源分区进行汇总。

1.行政分区地下水资源量

秦岭地区各行政分区中，地下水资源量相差悬殊。地下水资源量最大的是商洛市，其值为14.3亿立方米，占全地区的22.4%；其后依次为西安市、汉中市、安康市、宝鸡市；地下水资源量最小的是渭南市，其值为2.9亿立方米，仅占全地区地下水资源量的4.6%。各行政区地下水资源量见表3-11。

2.流域分区地下水资源量

秦岭地区多年平均地下水资源量为63.8亿立方米，其中黄河流域25.3亿立方米，占全区的39.6%；长江流域38.5亿立方米，占全区的60.4%。二级流域分区中，地下水资源量最大的为汉江，高达29.8亿立方米；其后依次为渭河、丹江、嘉陵江；最小的为洛河，仅为3.2亿立方米。各流域分区地下水资源量见表3-12。

表3-11 秦岭地区各行政区地下水资源量

行政区	面积（km²）	地下水资源量（亿m³）	占全区百分比（%）
西安市	9113	13.6	21.3
宝鸡市	8248	9.9	15.5
渭南市	2728	2.9	4.6
汉中市	13 260	12.7	19.9
安康市	11 188	10.4	16.3
商洛市	19 287	14.3	22.4
合计	63 824	63.8	100

表3-12 秦岭地区流域分区地下水资源量

流域	水系	面积（km²）	地下水资源量（亿m³）	占全区百分比（%）
黄河流域	渭河	14 646	22.1	34.6
	洛河	3064	3.2	5.0
	小计	17 710	25.3	39.6
长江流域	丹江	7552	4.5	7.1
	嘉陵江	6126	4.2	6.6
	汉江	32 436	29.8	46.7
	小计	46 114	38.5	60.4
合计		63 824	63.8	100

（三）地下水资源可开采量

地下水资源可开采量是指在可预见的时期内，通过经济合理、技术可行的措施，在不引起生态环境恶化条件下允许从含水层中获取的最大水量。秦岭地区地下水资源开采范围为区内目前已经开采和有开采前景的山间盆地，其地下水资源可开采量根据1980~2000年地下水实际开采量估算。

秦岭地区多年平均地下水资源可开采量为14.7亿立方米，其中渭河区13.8亿立方米，主要分布在渭河西安段及宝鸡段；洛河区0.3亿立方米，分布在洛河南河谷段；丹江区0.2亿立方米，分布在丹江盆地；嘉陵江区0.1亿立方米，分布在凤县河谷段；汉江区0.3亿立方米，分布在月河河谷段。各流域分区地下水资源可开采量见表3-13。

秦岭地区各行政区地下水资源可开采量分别为：西安市9.9亿立方米、宝鸡市2.3亿立方米、渭南市1.6亿立方米、汉中市0.1亿立方米、安康市0.3亿立方米、商洛市0.5亿立方米。各行政区地下水资源可开采量见表3-14。

表3-13 秦岭地区流域分区地下水资源可开采量

流域	水系	地下水资源量（亿m³）	地下水可开采量（亿m³）
黄河流域	渭河	22.1	13.8
	洛河	3.2	0.3
	小计	25.3	14.1
长江流域	丹江	4.5	0.2
	嘉陵江	4.2	0.1
	汉江	29.8	0.3
	小计	38.5	0.6
合计		63.8	14.7

表3-14 秦岭地区各行政分区地下水资源可开采量

行政区	面积（km²）	地下水资源量（亿m³）	地下水可开采量（亿m³）
西安市	9113	13.6	9.9
宝鸡市	8248	9.9	2.3
渭南市	2728	2.9	1.6
汉中市	13 260	12.7	0.1
安康市	11 188	10.4	0.3
商洛市	19 287	14.3	0.5
合计	63 824	63.8	14.7

（四）地下水资源超采带来的影响

近年来随着工农业的发展，秦岭地区人口增加，加之从1980年以来常出现干旱年，局部地区的地下水开采量有增无减，从而导致了一系列问题。由于秦岭地区具有连续监测资料的地下水超采区主要分布在北坡的西安和渭南两市，故以西安市为例来说明地下水资源超采的影响。

1.水源地形成地下水位下降漏斗

西安市区主要有浐河、灞河、沣河、西北郊及城区自备井等地下水供水水源，主要开采浅层潜水及部分承压水。各地下水水源地开采初期，开采量较小，地下水渗流场自然分布，尚未遭到破坏。随着城市居民生活用水和工业用水量的不断增加，除西北郊区水源地外，其他各地下水水源地相继出现了地下水区域性下降漏斗，浐河、沣河水源地下降漏斗超采面积达到105.15平方千米，其中潜水超采面积62.76平方千米，承压水超采区面积42.39平方千米；浐河、灞河水源地超采区面积35.4平方千米，城郊自备井地下水水位下降2.35～17.05米，其超采面积已达到243.75平方千米，浐河、灞河和城区自备井水源地属严重超采。

2.地面沉降和地裂缝的产生

由于地下水的严重超采，西安市区出现大面积不同程度的地面下沉。随着工农业的发展，下降漏斗的扩大，地面沉降量和沉降范围也不断扩大。东起纺织城，西至汉城路，北自辛家庙，南达三爻村，累计沉降量超过55毫米的面积约200平方千米，以西安市区东北郊的胡家庙，南郊的小寨、大雁塔，东南郊的沙坡，西南郊的西北大学为4个沉降中心。最大的沉降中心出现在南郊大雁塔北十字路口，20年累计沉降量超过1米，平均沉降速率在50毫米/年以上，使大雁塔出现明显的倾斜，偏离轴线向西北方向倾斜990毫米，塔身随同塔下地势一起下沉335毫米。而大雁塔周围地面下沉360毫米以上，在小寨十字路口南侧长安水准测量点，35年累计下沉2001毫米，平均沉降速率57.17毫米/年。另外市中心的钟楼也下降了110毫米。

造成地面下沉的原因，除新地质构造运动外，主要是大量开采深层承压水，使承压水大幅度下降，承压含水砂层压密，粘性土压缩层逐渐释水、固结，从而导致区域性地层压缩变形，使地面沉降不断发展，日趋扩大。

地面沉降的扩大，对工民建及地下水工程危害极大，已经引起严重的环境地质问题。随着地面沉降的严重发展，加剧了地裂缝活动以及建筑物裂缝的产生，西安城郊区已发现地裂缝10余条，地裂缝宽度一般在1~30厘米，长度约在200~12 500米之间，深度最大约200米。地裂缝的活动规律与地面下降具有一致性，其分布具有明显的方向性。

在西安市区，地下水主要特点是承压水的厚度较大，而且岩性及砂土较疏松，有利于沉降的进一步发展。地面沉降量有随承压水下降值的增大而增加的变化规律。地面沉降中心段也是承压水开采漏斗中心，两者具有直接的联系和一致性，呈线性相关关系。所以，应严格控制城区承压水的开采，特别是企事业单位自备井的大量无节制开采。

3.自然景观、生态环境遭到破坏

由于对地下水资源的过量开采，地下水位大幅度下降，井泉、河流干涸，土壤水分大量流失，严重影响地面植被和树木的生长，破坏了美好的自然景观。同时，加速了河水的下渗和河流的干涸，使地表草本植物枯干死亡，速生喜水的树木如杨树、柳树等生长困难，幼树不勤浇水则不易成活。

4.出现次生盐渍区

虽然关中地下水严重超采，地下水位呈下降趋势，但也有局部地区在某段时间由于大量降水，水位会上升。特别是浅层潜水，由于土壤中含有大量石灰质，或石灰质结核的沉积层与粘化层，当地下水位上升过高时，在强烈蒸发浓缩的作用下，土壤中的水盐运动活跃，土壤表层积盐，从而引起盐渍化，给农业生产带来很大危害，给环境也带来极大危害。

5.地下水水质恶化

地下水水质除受自然因素影响外，还受人为因素的影响。地下水的严重超采，同样引起了地下水水质的恶化。由于人为大量、不合理地开采地下水，如混合开采，改变了地下水的天然流畅，同时加大了水质的污染能力，导致多种有害成分呈上升趋势。如果过量开采的地下水用雨水、灌溉渗漏水、污水渗漏水来补充，则加大了地下水的污染。

（五）地下水水质状况

秦岭地区地下水由于径流、排泄条件较为良好，水循环交替作用积极，水化学的形成主要为溶滤作用的结果，因此矿化度低，水化学类型简单，全地区主要为HCO_3-Ca型水，矿化度小于1克/升的淡水。但是，在盆地内局部居民集中地段，由于地下水受到污染，为矿化度较高、类型复杂的SO_4^{2-}型或

Cl⁻型水。此外，勉县郭家湾漾家河之高漫滩上有一处温泉出露，水温高达43～45℃，矿化度为0.48克/升，属HCO_3-SO_4型水，系由深部沿断裂带通过较薄的第四系覆盖层上升溢出地表而成。

秦岭地区地下水总体质量较好，浅层地下水水质类型为Ⅱ型水，但由于近年来秦岭地区工业和服务业发展迅猛，导致一些居民集中地段的地下水发生局部污染，如南郑、洋县的局部地区地下水中挥发性酚超标，污染指数达到1.51。

五、水力资源

秦岭地区流域面积大于100千米的河流195条，河流比降大，水力资源丰富。依据《陕西省农村水能资源调查评价成果》，秦岭地区水力资源理论蕴藏量达9597.07兆瓦，装机容量约3115.68兆瓦，年发电量为76.8亿千瓦·时。已开发装机容量为901.08兆瓦，年发电量为36.93亿千瓦·时。

（一）渭河水系

渭河水系水力资源比较丰富，渭河以南秦岭北麓及西部山区各支流峪口以上比降陡、水量大，有一定的水能资源，一般坝址基岩裸露、沙石料丰富，宜于建设水能开发工程。

渭河水系水能理论蕴藏量达1394.25兆瓦，渭河水系水力资源技术可开发量为558.57兆瓦，年发电量为27.58亿千瓦·时，已开发装机容量为257.26兆瓦，年发电量为10.54亿千瓦·时。

（二）洛河水系

洛河水系理论蕴藏量为105.3兆瓦，洛河水系水力资源技术可开发量为25.26兆瓦，年发电量为1.19亿千瓦·时，已开发装机容量为4.1兆瓦，年发电量为0.18亿千瓦·时。

（三）嘉陵江水系

嘉陵江水系各河流一般水量充沛，落差较大，水力资源比较丰富。干流及支流总水力资源理论蕴藏量为898.59兆瓦，全水系水力资源技术可开发量为418.19兆瓦，年发电量为15.61亿千瓦·时，已开发装机容量为27.44兆瓦，年发电量为1.17亿千瓦·时。

（四）汉江水系

汉江水系水量充沛，落差较大，水力资源丰富，总水力资源理论蕴藏量达6873.94兆瓦。汉江水系水力资源技术可开发量为1983.61兆瓦，年发电量为78.12亿千瓦·时，已开发的和正开发的装机容量为603.03兆瓦，年发电量为24.66亿千瓦·时。水能资源的开发重点是褒河、渭水河、酉水河、子午河、旬河等汉江一、二级支流。

（五）丹江水系

丹江水系水力资源理论蕴藏量为325.0兆瓦，其中干流理论蕴藏量为202.7兆瓦。干流技术可开发量为130.05兆瓦，经济可开发量为130.05兆瓦，年发电量为4.61亿千瓦·时，已开发装机容量为5.25兆瓦，发电量为0.78亿千瓦·时。

六、水资源总量及可利用总量

（一）水资源总量

水资源总量是指当地降水形成的地表水和地下水，并扣除二者重复计算量之和，也称区域产水量。

秦岭地区多年平均水资源总量为196.0亿立方米，平均产水深307.1毫米。其中渭河区为38.2亿立方米，洛河区为7.3亿立方米，丹江区为16.5亿立方米，嘉陵江区20.5亿立方米，汉江区为113.5亿立方米，分别占秦岭地区水资源总量的19.5%、3.7%、8.4%、10.5%、57.9%。黄河流域水资源总量45.5亿立方米，长江流域150.5亿立方米，分别占全区的23.2%和76.8%。秦岭地区流域分区水资源总量见表3-15。

秦岭地区各行政区多年平均水资源总量：西安市22.1亿立方米，宝鸡市25.4亿立方米，渭南市4.6亿立方米，汉中市55.2亿立方米，安康市40.1亿立方米，商洛市48.6亿立方米，分别占全区水资源总量的11.3%、13.0%、2.3%、28.2%、20.4%、24.8%。秦岭地区各行政分区水资源总量见表3-16。

（二）水资源可利用总量

水资源可利用总量是指在可预见的时期内，在统筹考虑生活、生产和生态环境用水的基础上，通过经济合理、技术可行的措施在当地水资源中可一次性利用的最大水量。

秦岭地区水资源可利用总量为61.22亿立方米，其中：渭河区27.67亿立方米，洛河区1.20亿立方米，嘉陵江区10.50亿立方米，丹江区3.10亿立方米，汉江区18.75亿立方米。秦岭地区流域分区水资源可利用总量见表3-17。

秦岭地区各行政区水资源可利用总量分别为：西安市17.53亿立方米，宝鸡市7.59亿立方米，渭南市2.75亿立方米，汉中市20.05亿立方米，安康市8.20亿立方米，商洛市5.10亿立方米，分别占全区水资源可利用总量的28.6%、12.4%、4.5%、32.7%、13.4%、8.4%。秦岭地区各行政分区水资源利用总量见表3-18。

表3-15 秦岭地区流域分区水资源总量

流域	水系	面积（km²）	年降水量（亿m³）	地表水资源量（亿m³）	地下水资源量（亿m³）	水资源总量（亿m³）	产水系数
黄河流域	渭河	14 646	110.0	34.7	22.1	38.2	0.35
	洛河	3064	23.3	7.3	3.2	7.3	0.31
	小计	17 710	133.3	42.0	25.3	45.5	0.34
长江流域	丹江	7552	58.7	16.5	4.5	16.5	0.28
	嘉陵江	6126	48.3	20.5	4.2	20.5	0.42
	汉江	32 436	273.2	113.5	29.8	113.5	0.42
	小计	46 114	380.2	150.5	38.5	150.5	0.40
合计		63 824	513.5	192.5	63.8	196.0	0.38

表3-16 秦岭地区各行政分区水资源总量

行政区	面积（km²）	年降水量（亿m³）	地表水资源量（亿m³）	地下水资源量（亿m³）	水资源总量（亿m³）	产水系数
西安市	9113	69.6	20.3	13.6	22.1	0.32
宝鸡市	8248	62.9	23.9	9.9	25.4	0.40
渭南市	2728	18.6	4.4	2.9	4.6	0.25
汉中市	13 260	116.0	55.2	12.7	55.2	0.48
安康市	11 188	95.3	40.1	10.4	40.1	0.42
商洛市	19 287	151.1	48.6	14.3	48.6	0.32
合计	63 824	513.5	192.5	63.8	196.0	0.38

表3-17 秦岭地区流域分区水资源可利用总量

流域	水系	地表水可利用量（亿m³）	地下水可开采量（亿m³）	地表水可利用量与地下水可利用量的重复计算（亿m³）	可利用总量（亿m³）
黄河流域	渭河	14.70	13.90	0.93	27.67
	洛河	1.20	0.31	0.31	1.20
	小计	15.90	14.21	1.24	28.87
长江流域	丹江	3.10	0.21	0.21	3.10
	嘉陵江	10.50	0.03	0.03	10.50
	汉江	18.75	0.25	0.25	18.75
	小计	32.35	0.49	0.49	32.35
秦岭地区		48.25	14.70	1.73	61.22

表3-18 秦岭地区各行政分区水资源利用总量

行政区	地表水可利用量（亿m³）	地下水可开采量（亿m³）	重复计算量（亿m³）	可利用总量（亿m³）
西安市	8.36	9.88	0.71	17.53
宝鸡市	5.34	2.32	0.07	7.59
渭南市	1.20	1.62	0.07	2.75
汉中市	20.05	0.10	0.10	20.05
安康市	8.20	0.25	0.25	8.20
商洛市	5.10	0.53	0.53	5.10
秦岭地区	48.25	14.70	1.73	61.22

第二节 水资源开发与利用

　　水是人类生活和生产不可缺少的重要资源，是经济社会可持续发展的重要基础。秦岭地区水资源开发利用历史悠久。从上古时代起，秦岭地区劳动人民就致力于水旱灾害的防御，几千年来，建设了"南山"渠堰、汉中渠堰、关中八惠等一批著名的水资源利用工程，在抵御水旱灾害方面发挥了一定的作用。新中国成立后，在党和政府的领导下，秦岭地区人民进行了大规模的水利建设，水资源事业得到迅速发展，防洪除涝、农田灌溉、水土保持、城乡供水、水产养殖、水力发电等都取得了很大成就。

一、历史上水资源开发利用情况

我国民众认识和成功利用水规律的过程，最早可追溯到4000多年以前的大禹治水，禹采用"顺势利导"的治水思想，成功治理了黄河水患。公元前486年，吴王夫差开挖的邗沟是我国最早的人工运河，沟通了长江、淮河两大水系。公元前256年，秦国蜀郡太守李冰及其儿子率众修建的都江堰，使成都平原成为沃野千里的"天府之国"，都江堰水利工程被后世誉为"世界水利文化的鼻祖"。公元69年，王景治理黄河创造了900多年无重大改道的历史。清代以来陆续修建的约5000千米、总数达1100多条的坎儿井，使吐鲁番地区成为举国闻名的葡萄沟。

陕西作为十三朝古都所在地区，历朝历代都重视水利工程的修建。周代时已兴灌溉之利，《中国水利史》载："《周礼·稻人》所叙灌溉之制，堪称完备，其实施区域，殆即以陕省为中心，今眉县、周至、户县、长安、蓝田各县，沿秦岭山下，稻田纵横，皆周时建都沣镐之旧地。当时水利之完美，必为九州模楷。"[1]最早的大型灌溉水利工程，从时间上可追溯到公元前246年韩国人郑国主持修建的"郑国渠"，使关中沃野千里。公元前129年，汉武帝接受大司农郑当时的建议引渭凿漕，兼顾漕运和灌溉之功能，后又修建了"六辅渠""白公渠""龙首渠"，用于灌溉农田；而且还修建了"褒斜道通漕"等工程。魏晋南北朝时扩修"成国渠"。唐时兴修诸多的"坡、堰、潭、湫、池"。宋代不但发展关中水利，在关中修建了"丰利渠"，而且先后在陕南修建"山河堰""长乐堰""洪门堰"，等。元明时期主要是对毁坏的水利工程进行修复和重建。清朝时期，关中的泾、渭、灞、浐、沣、镐、洛、漆、沮、泄、润等诸水，均被疏引筑堰开渠，使八百里秦川无水旱之虞。民国时期，水利专家李仪祉倡导修筑了关中地区泾、洛、渭、梅、沣、黑、泔、涝等8个灌区的"关中八惠"；陕北修建了大型水利工程"织女渠""榆惠渠""定惠渠""云惠渠""绥惠渠"等。现在，水利工程已经覆盖生产生活的多个方面，农业灌溉、水利水电、城市供水等，建水库、引水渠、水处理厂等。从空间上看，陕南堰池，关中、陕北渠坝，破解了陕西的粮荒，造福了千百万民众。从古到今，从南到北，陕西水利工程星罗棋布、形式多样，有力地推动了经济的发展和社会的进步。

（一）农业灌溉利用

1.古代灌溉工程

灌溉工程，为农业摆脱靠天吃饭，促进人类社会发展和繁荣起到非常重要的作用。分布于秦岭南北坡的古代灌溉工程见表3-19，具体的修建和灌溉情况见第四章第二节"秦岭的国古代农田水利"。

---

① 吴崇信，郭华.陕西古代水利建设及其历史启示[J].

表3-19 秦岭南北坡古代的灌溉工程

"南山"渠堰	关中八惠	汉中渠堰	陂塘
库峪渠，二华三渠，井田渠，梅公渠，长安等县渠堰	泾惠渠，洛惠渠，渭惠渠，沣惠渠，梅惠渠，黑惠渠，泔惠渠，涝惠渠	山河堰，五门堰，杨填堰	镐池，昆明池，通灵陂，渼陂，南郑六渠

2.关中八惠

1929年，关中连年大旱，由于缺少水利工程，致使数地庄稼无收，造成赤地千里、饿殍遍野的历史惨剧。侯后，在水利专家李仪祉倡导呼吁和奔走筹办下修筑了泾、洛、渭、梅、沣、黑、泔、涝八个灌区，统称为"关中八惠"，其中渭惠渠、梅惠渠、黑惠渠、沣惠渠、涝惠渠等，位于本研究区范围内。

（1）泾惠渠

泾惠渠自1930年10月动工兴建，1932年6月开始通水，1935年4月全部竣工。泾惠渠的引水枢纽在泾阳县西北的张家山泾河谷口，泾河水自流入渠。实际上，泾河水自1932年6月便经由泾惠渠开始灌溉着咸阳、西安和渭南三市的农田，泾惠渠全部完工后，惠泽了泾阳、三原、高陵、临潼、阎良、富平6个县的9.69万公顷农田。这个区域中的农业人口超过了100万。

（2）洛惠渠

洛惠渠自1934年3月25日正式开工，1947年9月9日起试水。洛惠渠渠首工程位于澄城县状头村洛河峡谷出口60米处，洛河水由此流入渭北大荔、澄城、蒲城三县广袤的农田。从1949年11月6日开始，人民政府对洛惠渠动工续建、完善配套，到1950年正式通水，当年便灌地6667公顷，1952年底扩大到3.5万公顷。60年代又扩建了洛西灌区，至1980年，灌溉总面积达到5.2万公顷。

（3）渭惠渠

渭惠渠自1935年4月开工，1937年12月全部完成。渭惠渠渠首枢纽位于眉县城西北约2千米处，在渭河上筑坝引水。渭河水由此进入渭惠渠，可对眉县、扶风、武功、兴平等县灌田4万公顷。1940年清丈队清丈，实际灌田为3.8万公顷。自1949年后，人民政府就没有停止对渭惠渠的续建、扩建。"文革"期间的1968年11月，陕西省革命委员会决定成立工程指挥部，开始兴建宝鸡峡引渭工程。工程于1971年7月15日竣工。1975年，渭惠渠灌区与宝鸡峡引渭灌区合并，渭惠渠定名为宝鸡峡引渭灌区原下总干渠。1995年核定设施灌溉面积为19.5万公顷。

（4）沣惠渠

沣惠渠自1943年5月始建，1947年5月，灌区引水渠道及渠道枢纽工程全部竣工投入使用。渠首取水枢纽工程位于户县秦渡镇东南沣、潏河交汇处下游150米。主要水源为沣河、潏河水。沣惠渠引水可对长安区、雁塔区、未央区、咸阳市的15个乡镇、750多个自然村及草滩农场1.4万公顷土地进行灌溉。

（5）梅惠渠

梅惠渠创修于清康熙六年(1667)，建有东、西二渠，可灌田千余顷，为眉县知县梅遇督凿，故又名梅公渠。1935年重新整修，1947年完工。渠成后可灌溉面积5991.8公顷。政府为纪念梅公之功绩，更渠名为"梅惠渠"。梅惠渠引石头河水，南起斜峪关，北至渭河，西达五丈原下，东到眉县金宁原。灌区南北长14千米，东西宽13千米。1952年经人民政府全面整修后，梅惠渠引水可灌岐、眉两县10267公顷农田。梅惠渠现辖于石头河水库管理局。

（6）黑惠渠

黑惠渠位于周至县，引渭河南岸支流黑水。1940年动工，1942年完成。可灌溉农田5300公顷，开渠后"黑水就范，两岸可免泛滥，为利尤溥"。因渠现设有黑惠渠管理局。

（7）泔惠渠

泔惠渠位于礼泉县东北，1942年5月泔惠渠竣工。渠成引泾水支流泔水可灌礼泉农田160公顷。泔惠渠开工、竣工时间不确定，据说1943年兴修，1944年完成。

（8）涝惠渠

涝惠渠位于户县。1943年开工，1947年建成。引渭水支流涝水灌溉农田5670公顷。

上述灌溉工程的建设，在很大程度上改善了秦岭地区的农业生产条件，使陕南成为富庶的鱼米之乡，使关中成为我国小麦主要产区，粮食自给有余。但在1949年前，由于受到社会制度和生产关系的束缚，以及历史政治等种种原因，秦岭地区水资源利用几经兴衰，长期停滞不前。新中国成立前夕，秦岭地区农田有效灌溉面积仅19.1万公顷，且均为自流引水工程，没有一座蓄水工程，也没有一座抽水工程，城市供水没有自来水厂，生活用水主要靠土井和人力取水。

（二）河流改道

1.潏河、滈河改道

为保证西汉都城长安的城郊用水，汉武帝开凿昆明池，建成了以昆明池为中心的包括蓄、引、排相结合的供水、园林、城壕防护与航运等多种功能的综合性水利系统。为保障昆明池安全蓄水而且不对下游长安城造成危害，又对其上游的潏河、滈河诸水进行了大规模的人工整理，使它们改道西流入沣，形成了新的河流——交水，极大地改变了长安城南郊的水文环境，影响至今。

（1）潏河、滈河的变迁

潏河源于大峪、小峪、太峪三河系，古称沇水，原是渭河的一级支流。在韦曲以南河段夹持在少陵和神禾塬之间，横向变动不大。韦曲以北变化显著。唐代以前，潏河流出樊川后沿今浔河的流向，经申店、韦曲的下塔坡、杜城、丈八沟、鱼化寨，北绕汉长安城西入渭河。根据《西安市地理志》记述，古代潏河与沣河、灞河相同，当进入渭河平原后，游荡十分明显，每逢洪水期，主流往往发生较大变迁，使渭河阶地屡遭冲刷，形成广阔的古河道。随着渭河的北移，潏河河口在渭河二级阶地上不断向北延伸，随后潏河下段一方面受渭河二级阶地东西向开阔的槽形洼地的影响，另一方面受东南少陵塬抬升的影响，因此流向北西注入渭河。今潏河改道西流入滈河，汇入沣河。因而留下了韦曲—吉祥村—讲武殿及丈八沟—鱼化寨—古城一带近似南北的古河道。[①]

滈河曾称福水、交水、镐水和湘子河。根据现代史地学者的考证，滈河与潏河一样原不汇入沣

[①] 长安县水利志编撰委员会.长安县水利志[M].西安：陕西师范大学出版总社，1996.

河而直接注入渭河。据《西安市地理志》载，古代"潏河上承石砭峪，出峪后南西转为北西向今南山有滈河，源出石砭峪，北流经王曲镇折西北行，经皇甫、黄良间，至香积寺汇入交河"。根据实地考察，香积寺以下今滈河流道的正下方遗存着一条宽阔的古河道洼槽，西北向沿今赤兰桥、南雷村、堰渡村、东西干河、楼子村、三角村、大羊吉村、孙家湾、李柳树一线趋于石匣村北。现地表上还有排水渠一条，降雨一多，便有大片积水地出现。其下正可注入昆明池，北接滈河。这样，今滈河与此古河道正好相互连接起来，这就是完整的古滈水的流路。

原来独流入渭的滈河，后来在香积寺附近折而西流经交河汇入沣河，中间河段断流，只余下滈河以下一小段。见潏河、滈河变迁示意图（图3-4）。

图3-4 潏河、滈河变迁示意图

（2）交河的人工凿成

交河上承潏滈二水，从香积寺西略呈东北—西南流向，堑槽经里杜村、施张村、张牛村、张高村到北堰头，这段河道流向顺直，河槽狭窄。其后继续西流入沣河，因接纳樊杜诸水，故流量丰富，称得上城南巨川。西汉司马相如作《上林赋》，谓城西南上林苑"丰滈潦潏，纡馀委蛇，经营乎其内"，其中有滈水，却没有交水。到北魏郦道元《水经注》时则是滈、交二水并见，说明此时已经形成了交水。交水即今交河，是潏河、滈河人工改道合流后出现的新名字。宋张礼《游城南记》说，滈水"与御宿川水交流，谓之交水"，明确指出了这种情况。否则，交河为城南一条主流大河，熟悉上林景致的司马相如不会注意不到，《水经注》的滈水也不会是断头河，交水的名字也不会在北魏才出现。因此，交河是指潏滈合流后从香积寺至入沣河这一段。

滈河、潏河都发生过河道变迁，由原来的独流入渭，转而折曲向西，潏水与滈水相汇并注入沣河，原来各自独流的水系皆纳入了沣水水系，也增加了一条新的人工改道形成的河流——交河。

现在的部分潏河和整个交河是人工河道，它们把古滈水和古潏水拦腰截断，使之向西并流汇入沣河。

（3）潏河、滈河改道的意义

从地理角度看，潏河、滈河不走原来的自然流路，而由人工改道，走地势较高的路线，甚至穿塬而行，并改变原流的方向，显然是为了抬高水位，控制水流，从较高处引入沣河。从位置角度看，潏滈古道下游较为接近汉长安城，而沣水则相对远一点。这样，就可以把近汉长安城的水引得距城稍远一些，再排入渭河。[①]

其次，看历史事实，较大规模地利用和改造城南诸水始于汉代。汉初最先引入长安城的是潏水，后来汉武帝派人在汉长安城西南方向凿昆明池，其位置比长安城高出一级阶地，除向东引出昆明渠与漕渠相通外，又下引昆明池水通过潏水供应长安城用水，从而使昆明池成为长安城的主要蓄水库。昆明池规模宏大，需要大量的水源供应，察其水源，主要应该是滈水，可能也有潏水。但其来水必须是有控制的常流量，以保持供取平衡，这就要求对潏河、滈河进行大规模的人工整理。

第三，在修筑昆明池为汉长安城用水带来方便之时，还应该看到，它也带来了很大的压力和潜在的威胁。汉长安城位于渭河一级阶地，昆明池则高居二级阶地，汉长安城正处于昆明池水下游，昆明池蓄水必然会使汉长安城地下水位上升，如果不能有效控制的话，可能会导致地表充水，形成盐碱地，对农业生产和居民生活带来极大危害。汉京师长安确实也发生过水溢地湿之害，在元帝时就有"井水溢，灭灶烟，灌玉堂，流金门"的童谣，即长安城内不管是像"灶烟"那样普通的地方，还是像"玉堂、金门"之类的高贵之区，都遭受到地下溢水之害。要消除水患，只有降低地下水位，减轻昆明池的压力，才能有效而稳定地控制昆明池水量。

第四，城南潏、滈二水接纳有不少南山峪水，流量丰富，如处理不好，容易泛滥，不仅威胁着京师的水库昆明池，而且也可能给整个汉长安城带来巨大的危害，尤其是北方雨季，降雨集中，河流易涨溢，洪水对下游的威胁更大。比如潏水改道之处后来有碌碡堰。当地民谚曰："水上碌碡堰，漂泊长安县"，意思是说潏水若发大水冲开了碌碡堰，现在的西安市地区就会受到水流的浸淹。这就要求设计昆明池时，必须在加强引水工程的同时统筹安排除涝防洪的排水体系。

基于以上原因分析，交河的开凿大致始于西汉时代，或为开凿昆明池所派生或是在昆明池修成

---

① 李令福.汉昆明池的兴修及其对长安城郊环境的影响[J].陕西师范大学学报，2008（4）.

后汉长安城遭受水害时增修的。其作用是拦截滈、潏二水主流，向西排入沣河，以便于控制向昆明池引水，解除对汉长安城的水害威胁。在峪口导引潏、滈二水入沣，上流水源被截断，昆明池水就可缩减，地表水就会下降，水浸对长安城的影响就会缓解。同时相应地在截流处建设一些堰坝水利设施，还能够较稳定地保持昆明池的水源，使昆明池这一汉长安城蓄水库的作用能够持久充分地发挥出来。

潏河、滈河的改道及交河的形成，只有联系汉昆明池这个巨大都市供水工程的修建才能得到合理的解释。也可以说，西汉在兴修昆明池时或其后曾经对潏河、滈河进行过大规模的人工整治，除害兴利，才使昆明池水利工程持续稳定发挥了近千年的作用。

2.秦始皇陵墓附近河流改道

（1）秦始皇陵墓区内的古河道

据考古发现，骊山北麓的大小10余条谷水形成的短促河流，原本为南北流向或东南至西北流向，由于修筑了防洪堤，许多河流变成了干涸的古河道。古河道分布在秦始皇陵墓外城东墙与上焦村马厩坑陪葬区之间、马厩坑与兵马俑坑之间以及兵马俑坑东侧至山任村之间。上述古河道在今天仍是陵墓区排水的重要渠道，使陵墓区内降雨形成的地面水顺古河道北流或西北流，然后注入渭河。秦始皇陵墓区古河道的分布见图3-5。

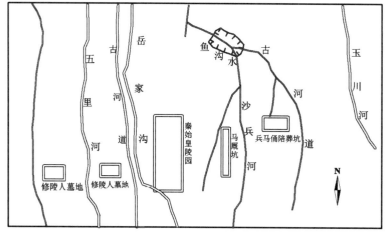

图3-5 秦始皇陵墓区古河道的分布

（2）防洪大堤

防洪大堤位于秦始皇陵东南隅，堤身以土夯筑而成，上起骊山北麓大水沟，下至王硷与山任村之间，呈西南—东北向，全长约3500米，残长约1000米，宽约40米，残高1米。防洪大堤将大水沟及其以东几条山谷的洪水拦截并导流，使其折而东北流，至山任村西再折转北流，会鱼池水后注入渭河。

（3）河流改道的意义

秦始皇陵墓地处骊山北坡的大水沟和风王沟之间的开阔地带，位于渭河南岸三级台地与骊山山地之间的台塬上。这里的大水沟是骊山北诸水沟走向的分界线，西侧水沟多为东南—西北走向，东侧多为西南—东北走向。秦始皇陵墓区的南侧正对着骊山北麓一排南北向山谷的谷口，有大小10余个。每当山洪暴发，洪水卷着石块、泥沙北泻，如果不事先采取必要的措施，且不说会对陵墓造成严重破坏，甚至连陵墓在此能否修建都成了问题。为防止山洪对陵园的破坏，秦人在观察骊山北麓的地形之后，在骊山北麓修筑了一条西南—东北走向的防洪大堤，把大水沟及其他山谷的洪水拦住，使"水过而曲行，东注北转"（《水经注·渭水》），汇入渭河。在经过人工引导之后，秦始皇陵墓南侧的河流合为东西两条，分别从陵墓的东西两侧流过。东侧的一条即沿防洪大堤方向北流，在今暗桥村附近西流入秦始皇陵墓前的鱼池(这里原是一条水沟，鱼池就在其中)。[①]

（三）泉水利用

亿万年前，巨大的基岩断裂带造就了秦岭地区异常丰富的地热资源，仅在秦岭北麓就分布着210多处温泉，使得秦岭成为名副其实的"中华温泉之乡"。

1.天下第一御泉——华清池

得天独厚的秦岭总是帝王将相心目中的风水宝地：周幽王在骊山建"星辰汤"，秦始皇筑"神女汤泉"，西汉武帝修骊山离宫，到了唐代更是进行大规模扩建。747年，唐玄宗在以前宫殿的基础上大规模扩建，依骊山山势而筑，治汤井为池，环山列宫殿，宫周筑罗城，并修有登山的"夹道"和通往长安的大道，把这里与唐长安的兴庆宫和大明宫连为一体，改"温泉宫"为"华清宫"。因宫内多温泉浴池，因此也叫"华清池"。宫内的形式是以骊山第三峰和温泉总源为中轴线，以温泉总源为中心向四周辐射展开，这样既合理利用了温泉，又体现出了皇宫的严谨布局，可谓构思新颖、独具匠心。宫内置百官衙署和公卿府第，华清池至此达到了历史上的鼎盛时期。

有了杨玉环，秦岭温泉名气最大的当属被誉为"天下第一御泉"的华清池。据史书记载，从公元745年到755年，玄宗每年十月都要携贵妃姊妹及亲信大臣来华清池，号称"避寒"，直到第二年暮春才回京师长安，就连处理朝政、接见外使都要在这里进行。

① 朱思红.秦始皇陵园范围新探索[J].考古与文物，2006（03）.

"七月七日长生殿，夜半无人私语时。在天愿作比翼鸟，在地愿为连理枝"，华清池尤以唐玄宗与杨贵妃的爱情罗曼史而著称。然而一场"安史之乱"，盛极一时的华清池从此转入衰落。宋、元、明、清虽几经修葺，但都未能达到唐华清池的盛大规模。

2.温泉历史文化古镇——汤峪

汤峪温泉位于西安东南的汤峪镇，依山傍水，景色旖旎，是闻名遐迩的避暑疗养胜地，素有"桃花三月汤泉水，春风醉人不知归"的美誉。

汤峪温泉历史悠久，始于汉朝，鼎盛于唐朝，是历代皇家沐浴之地。古称"石门汤泉"，地处塘子街，属于渭水盆地断层上的高温矿泉之一。与同类型温泉如眉县西汤峪、临潼东温泉相比，以水温高、所含矿物质种类多、储量丰富而久负盛誉。泉水出井水温高达62℃，含有硫酸钠、镁、钙等20多种矿物质，含量最多的酸根或阴离子为硫酸根，并含有相当量的活性元素及气体，属高温型弱矿化度、弱放射性的矿性泉。长期沐浴能促进新陈代谢，增强生理机能，健身美容，并对皮肤病和关节炎等有一定疗效，同时还能起到舒筋活络、强身健体、润肤养颜、安神定神、抗衰老等保健作用，汤峪温泉因此得名"桃花水""功德水"，被誉为"天下第一泉"。

（四）园林用水

秦岭地区古代园林萌芽于周代，奠基于秦汉，繁荣于隋唐。园林主要职能是广植树木花草，畜养珍禽异兽，以供皇帝贵族游乐，其中离不开丰富的水资源。

1.牛首池

秦上林苑中之池。《三辅黄图》卷四《池沼》曰："牛首池在上林苑中西头。"据《长安志》卷三《宫室·秦》记载："秦上林苑有牛首池，在苑西头。"《昭明文选》卷八《上林赋》云"西驰宣曲，濯鹢牛首"，意思是西游上林苑，过了宣曲宫，下牛首池划船。郭璞注曰："牛首，在沣水西北，近槽河是也。"而《括地志辑校》卷一《雍州·长安县》则明确说"牛首池在雍州长安县西北三十八里"。由此可大致推知，牛首池的位置在上林苑西头，而秦上林苑西不过沣水。又据《括地志》，自唐代长安县驻地向西北三十八里也正在此处。因此，牛首池应该是沣水摆动而形成的水体，秦时被利用为上林苑中的一个池沼。

2.镐池

镐池又名滈池，原是西周镐京的一大池沼，都城的一个重要水源，也是天子与贵族渔猎、游乐之所。秦时将镐池辟为上林苑中的一处风景区。关于镐池的位置，文献记载很明确。《水经注·渭水》曰：镐水"上承镐池于昆明池北"。《长安志》卷十二《长安县》亦云："镐水出县西北十八里镐池。"据此可知，镐池在唐长安县城西北十八里，位于昆明池以北。

3.滮池

滮池是上林苑中的又一沼池，周代已经利用。据《诗经》记载："滮池北流，浸彼稻田。"《长安志》卷十二《长安县》记载"滮池水出县西北二十里"。一般认为，滮池遗址在今长安区丰镐村与落水村之间，当地群众称之为"小昆明池"。

4.曲江池

秦杜南苑中之池，旁有宜春宫，汉武帝时"周迥五里"，为游览胜地。位置在今西安市东南曲江街道办曲江村。汉司马相如曾作有《哀三世赋》，描述曲江美景。

二、水资源开发利用现状

依据《陕西省秦岭生态区水资源开发利用规划》《陕西水资源综合规划专题二——陕西省水资源开发利用情况调查评价》《2007年陕西省水资源公报》《陕西省秦岭北麓地热资源开发前景评估报告》的统计数据，结合现状补充调查得到2007年现状资料。资料统计范围北至秦岭北坡山脚线，南以汉江北岸为界，不包括汉江、月河盆地区域。

（一）供水工程

秦岭地区的供水工程，按工程类型划分，主要有蓄水工程、提水工程、引水工程、水井工程四大类；按水源划分，主要为地表水供水水源和地下水供水水源。1980年以来，秦岭地区总供水量呈波动型缓慢增长态势，但各主要用水部门的用水比例和水源结构发生了很大变化。2007年秦岭地区供水工程现状见表3-20。

1.地表水供水工程

截至2007年底，秦岭地区共建成水库366座，包括石头河水库、褒河石门水库、黑河金盆水库3座大型水库，灵河、石砭峪、沈河、观音河、二龙山鱼岭等9座中型水库，甘峪、汤峪、岱峪等354座小型水库，总蓄水能力60 158万立方米，设计和实际供水能力分别为109 013万立方米和49 929万立方米。

截至2007年底，区内共有大小引水工程7671处，设计供水和现状供水能力分别为108 681万立方米和52 913万立方米。引水工程中，沣惠渠、黑惠渠、涝惠渠等中型引水工程农灌面积都在6000公顷以上。

秦岭地区大小抽水工程共计1401处，设计供水能力和现状供水能力分别为20 033万立方米和9861万立方米。

表3-20 2007年秦岭地区供水工程现状

区域	水库工程				引水工程			提水工程			机电井	
	座数	库容（万m³）	设计供水能力（万m³）	现状供水能力（万m³）	数量	设计能力（万m³）	实际能力（万m³）	数量	设计能力（万m³）	实际能力（万m³）	数量	实际能力（万m³）
西安	13	10 032	7259	3600	9	14 968	4353	143	1108	248	3869	5158
宝鸡	21	2400	4428	2741	103	2705	1995	110	1120	271	221	4545
渭南	22	2050	4579	2458	10	883	1518	15	1855	474	5304	3899
汉中	146	26 493	53 322	11 319	2993	39 596	17 240	465	9222	3587	1553	6444
安康	112	6717	17 180	19 936	2743	36 658	17 069	472	3304	3108	532	2270
商洛	52	14 266	21 975	9875	1813	13 871	10 738	196	3424	2173	11 955	9741
合计	366	60 158	108 743	49 929	7671	108 681	52 913	1401	20 033	9861	23 434	32 057

2.地下水供水工程

2007年秦岭地区共有农用机电井23 434眼，现状供水能力为32 057万立方米。其中，地下工程供水量最大的为商洛市，拥有机电井11 955眼，现状供水能力为9741万立方米；地下工程供水量最小的为安康市，现状供水能力为2270万立方米。

3.污水回用及雨水利用工程

区内商州区有污水回用工程一处，年供水量30万立方米。区内有零星雨水利用工程，年供水量396万立方米。

以上水利工程在为秦岭地区13.01万公顷有效灌溉农田提供农业灌溉用水的同时，还承担着秦岭地区城乡生活和工业基地的供水任务，在秦岭地区经济社会发展中发挥着重要作用。

（二）供水状况

2007年秦岭地区各类供水工程总供水量128 182万立方米，按供水水源类型区分，地表水源总供水量100 332万立方米，占总供水量的78.3%；地下水源总供水量27 424万立方米，占总供水量的21.4%；污水回用及其他供水426万立方米，占秦岭地区总供水量的0.33%。2007年秦岭地区供水状况见表3-21，供水结构见图3-6。

1.地表水源供水

2007年，秦岭北坡地表水源供水量为16 915万立方米，南坡为83 417万立方米，南坡地表水源供水量远大于北坡。（见表3-21）

表3-21　2007年秦岭地区供水状况

单位：万m³

行政区	地表水源供水量					地下水	其他水源供水量			总供水量
	蓄水	引水	提水	人工载运水量	小计		污水处理回用	雨水利用	小计	
西安	2049	3344	651	0	6044	3543	0	0	0	9587
宝鸡	2530	1530	562	0	4622	3484	0	93	93	8199
渭南	3308	2403	537	1	6249	1821	0	0	0	8070

汉中	9064	11 092	6187	18	26 361	6355	0	0	0	32 716
安康	17 503	17 462	2306	380	37 651	2480	0	199	199	40 330
商洛	9000	9489	730	186	19 405	9741	30	104	134	29 280
北坡	7887	7277	1750	1	16 915	8848	0	93	93	25 856
南坡	35 567	38 043	9223	584	83 417	18 576	30	303	333	102 326
合计	43 454	45 320	10 973	585	100 332	27 424	30	396	426	128 182

按行政区划分，秦岭地区各行政区供水都以地表水为主，各行政区地表水供水量以汉中市最多，达到26 361万立方米，占秦岭地区地表水源供水量的37.5%；以西安市地表供水量最少，为2049万立方米，仅占地表水源供水量的2.0%。

秦岭地区各行政区地表水源供水量中，引水工程供水是西安市的主要供水水源，其供水量占西安市地表总供水量的55.3%，占西安市总供水量的34.9%；蓄水工程供水是宝鸡市和渭南市的主要供水水源，蓄水工程供水量占宝鸡、渭南两市地表水源供水量的比例分别为54.7%、54.5%。

1980年秦岭地区地表水源供水量为102 103万立方米，占当年总供水量的81.2%；2007年地表水供水量占总供水量的比例为78.3%，地表水供水份额略有降低，主要原因在于随着时间的推移，地表水供水工程年久失修，配套不齐，供水能力衰减。如渭南市沋河水库1961年建成，控制流域面积224平方千米，坝高32米，总库容2428万立方米，在1963、1969、1976和1991年分别测得水库污泥淤积量为443、668、776和1129万立方米，这些污泥使得沋河水库供水量逐年减少。

地表水源供水中，变化较大的是引水工程的供水量。1980年引水工程供水量58 208万立方米，而2007年引水工程供水量下降到47 617万立方米，下降了10 591万立方米，减少了1/5。

通过上述数据可以看出，秦岭地区现状供水主要以地表水为主要供水源，而在地表水供水中，又以蓄水工程供水和引水工程供水为主，两者的供水量占到地表供水量的69.3%。

2.地下水源供水

2007年秦岭北坡地下水源供水量为8848万立方米，南坡地下水源供水量为18 576万立方米，南坡是北坡的2.1倍。

各行政区地下水源供水中，以商洛市最多，为9741万立方米，其后依次为汉中、西安、宝鸡、安康，最后是渭南市，地下水源供水仅为1821万立方米。各行政区供水都以地表水为主，地下水为辅。

1980年秦岭地区地下水源供水量为23 571万立方米，占当年总供水量的18.8%。2007年地下水源供水量占总供水量的比例为21.4%，地下水源供水份额略有升高，主要原因在于1980年以来，秦岭地区经济发展较快，城市化水平不断提高，城镇人口增多，而城镇生活用水和工业用水大多就近开采地下水作为供水水源，从而导致秦岭地区地下水源供水量增加较快。

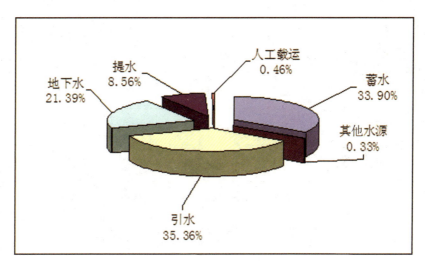

图3-6 2007年秦岭地区供水结构图

3.其他水源供水

除地表水源及地下水源供水外，秦岭地区还有少量污水处理回用及雨水利用工程供水，但所占比例仅有0.3%。其中，在商洛市建有污水回用工程一处，年供水量为30万立方米；在宝鸡、安康、商洛建有少量雨水利用工程，年供水量396万立方米。

（三）用水状况

2007年，秦岭地区各部门实际用水量128 182万立方米，比1980年增加2508万立方米，总用水量增长速度十分缓慢。其中秦岭北坡用水量为23 856万立方米，较1980年减少1714万立方米；南坡用水量104 326万立方米，较1980年增加了4222万立方米。自1980年以来，秦岭地区用水结构发生了很大变化，农田灌溉用水所占比重逐年下降，工业及城镇生活用水比重逐步上升。2007年秦岭地区用水结构见图3-7，2007年秦岭地区用水状况见表3-22，1980年与2007年用水比较见表3-23。

表3-22 2007年秦岭地区用水状况

单位：万m³

区域	总量	农田灌溉		工业用水		城镇用水		农村生活	林牧渔	生态环境
		水田	水浇地	火电	一般工业	生活	菜田			
西安	9587	630	4527	0	0	283	120	3376	622	28
宝鸡	8199	290	2925	0	1682	212	384	2045	484	177
渭南	8070	10	2995	0	1125	657	207	2453	584	39
汉中	32 716	19 233	3235	226	3849	1087	1322	1676	1856	232
安康	40 330	27 802	454	0	1161	1032	1822	4884	3061	114
商洛	29 280	2863	6849	0	5168	1932	5885	2623	3761	199
北坡	23 856	930	9946	0	2807	1153	711	7874	1690	245
南坡	104 326	48 207	12 729	226	10 178	4051	9029	9183	8678	545
合计	128 182	49 137	22 675	226	12 985	5204	9740	17 057	10 368	790

表3-23 1980年与2007年秦岭地区用水状况比较

单位：万m³

年份	总量	农田灌溉		工业用水		城镇用水		农村生活	林牧渔	其他
		水田	水浇地	火电	一般工业	生活	菜田			
1980	125 674	47 142	29 995	7071	203	2916	7652	15 511	14 623	1813
2007	128 182	49 137	22 675	226	12 985	5204	9740	17 057	10 368	790

1.农田灌溉用水

秦岭地区经济发展以农业为主，农田灌溉用水是秦岭地区部门用水第一大户，占到用水总量的56%。其中，北坡用水量为10 876万立方米，占农灌用水总量的15.1%；南坡用水量为60 936万立方米，占农灌用水总量的84.9%。南坡农灌用水量是北坡的5.6倍。

从各行政区农灌用水量看，由于不同行政区农灌面积及用水水平的差异，导致用水量差异较为悬殊。农灌用水量最多的是安康市，达28 256万立方米，占秦岭农灌用水量的39.3%，其后依次为汉中市、商洛市、西安市、宝鸡市，农灌用水最少的为渭南市，为3005万立方米，仅占农灌用水量的4.2%。

与1980年农灌用水量77 137万立方米相比较，2007年净减5323万立方米，农灌用水所占比重也由1980年的61.3%降低为56%，这与秦岭山区退耕还林，重视农灌节水工作，大力发展滴喷灌有很大关系。

2007年秦岭地区农业灌溉面积为13.32万公顷，综合灌溉定额27.2立方米/公顷，其中水田平均用水定额31.9立方米/公顷，水浇地平均用水定额15.9立方米/公顷，菜田平均用水定额25.1立方米/公顷。将上述数据与1980年秦岭地区灌溉用水定额（水浇地30.0～36.7立方米/公顷，水田73.3～80.0立方米/公顷）相比，降低幅度很大；与全国平均综合用水量（32.5立方米/公顷，黄河流域平均水浇地32.4立方米/公顷，水田119.7立方米/公顷）相比，也是很低的。究其原因，主要是农民节水意识不断增强，灌溉水利用系数有所提高。

2.工业用水

秦岭地区2007年工业用水量为13 211万立方米，占总用水量的10.3%，其中，秦岭北坡工业用水量2807万立方米；南坡工业用水量10 404万立方米，南坡工业用水量是北坡的3.7倍。

从各行政区工业用水来看，由于秦岭地区工业企业主要分布在汉中、安康、商洛等市，且这些地区工业基础较为雄厚，故工业用水量相对较大；而西安、渭南、安康等市由于工业企业相对较少，且工业基础相对比较薄弱，故工业用水量相对较少。

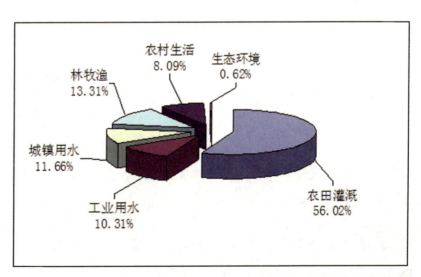

图3-7 2007年秦岭地区用水结构图

与1980年工业用水量7274万立方米相比较，2007年秦岭地区工业用水量增加了5937万立方米，增长率高达81.6%，充说明了秦岭地区工业发展较为迅猛。

2007年，秦岭地区万元工业GDP用水量为124立方米，和1980年万元工业GDP用水量625立方米相比有了较大幅度的降低，主要原因在于工业部门在用水管理和用水技术上有所进步，水的重复利用率有了较大提高。

尽管秦岭地区工业用水效率相比以前有了较大提高，但和国内经济发达地区相比较，还存在较大差距，这和秦岭地区工业用水结构、规模、工业用水技术水平、节水技术与措施有着很大的关系。秦岭地区工业主要以冶炼、采矿、粗加工工业为主，因而工业产品成本高、产值低、用水多。另外，秦岭地区大部分工业企业为20世纪五六十年代建立，设备陈旧，用水技术水平较低，工业用水重复利用率不高，这些因素导致了秦岭地区工业用水定额较发达地区高。

3.居民生活用水

居民生活用水包括城镇生活用水和农村生活用水。2007年，秦岭地区居民生活用水量为32 001万立方米，其中，城市居民生活用水为14 944万立方米，占生活用水量的46.7%；农村居民生活用水为17 057万立方米，占生活用水量的53.3%。

秦岭北坡居民生活用水量为9738万立方米，仅占秦岭地区生活用水总量的30.4%；秦岭南坡居民生活用水量达22 263万立方米，占生活用水总量的69.6%，南坡远远大于北坡，这是由于北坡人烟稀少，主要城镇相对集中于南坡造成的。

2007年，秦岭地区各行政区居民生活用水量中，商洛市最多，高达10 440万立方米，其后依次为安康、汉中、西安、渭南，居民生活用水量最少的为宝鸡市，仅为2641万立方米，这和各行政区人口数量是相一致的。

和1980年秦岭地区居民生活用水量26 079万立方米相比较，2007年居民生活用水量增加了5922万立方米，而这段时期秦岭地区人口数量变化不大，这说明秦岭地区供水事业在不断发展，居民生活水平在不断提高。

2007年，秦岭地区人口数量为611.3万人，综合用水定额为52.3升/日，其中城镇居民人口总计98.75万人，平均用水定额151.3升/日；农村居民512.55万人，平均用水定额33.3升/日。由于居民生活用水受气候、生活习惯、水源及供水设施的不同而差异较大，秦岭地区各行政区中，以汉中市用水水平最高，城镇居民生活用水定额仅为120升/日。

4.林牧渔用水

2007年，秦岭地区林牧渔用水量为10 368万立方米，其中，秦岭北坡林牧渔用水量仅为1690万立方米，而南坡林牧渔用水量高达8678万立方米，南坡是北坡的5.1倍，这和南北坡林牧渔面积分布差异较大有关。

秦岭地区各行政区林牧渔用水量中以商洛市最多，为3761万立方米，其后依次为安康市、汉中市、西安市、渭南市，林牧渔用水量最少的为宝鸡市，仅为484万立方米。

和1980年秦岭地区林牧渔用水量14 623万立方米相比较，2007年林牧渔用水量少了4255万立方米。

5.生态环境用水

生态环境用水主要包括绿化用水和城市水域用水。秦岭地区2007年生态环境用水为790万立方米，其中北坡245万立方米，南坡545万立方米，南坡是北坡的2倍多。

各行政区生态环境用水以汉中市最多，高达232万立方米；以西安市最少，仅为28万立方米。

6.地热资源开发利用

秦岭地区地热资源储量丰富。据统计，秦岭地区范围内地热资源存量127.06×10^{14}千卡，相当于18.13亿吨标煤所产生的热量。从分布情况看，地热资源主要集中在西安、宝鸡、渭南等市，面积约1.9万平方千米，有地热井160多眼，最深的超过4000米，井口水温最高可达120℃，单孔地下热水自流量最高可达298立方米/小时。秦岭山前断裂型地热呈条带状分布，主要有眉县西汤峪、蓝田东汤峪和临潼华清池温泉。另外，汉中地区也分布有地下热水。秦岭地区地热水水质均达到医疗热矿水标准。

秦岭地区地热资源主要用于4个方面：供暖，医疗洗浴及游泳健身，地热种植、养殖及生活饮用。在医疗洗浴方面，临潼的华清池以及东汤峪、西汤峪的温泉疗养业逐步发展壮大，吸引了国内外众多游客；在种植、养殖方面，长安东大地区地热养殖场面积约18公顷，地热温泉花卉种植面积约13公顷。

（四）节水状况

1.农业节水

农业用水是秦岭地区第一用水大户，而农田灌溉用水又在其中占绝大比重，因而发展节水灌溉是建设节水型社会和缓解水资源矛盾、提高农业综合生产能力的关键举措。近年来，通过实施以大、中、小型灌区续建配套与节水改造为重点的农业节水项目，着力推广高效节水技术，提高灌溉效益，秦岭地区初步形成了从工程到管理、从输水到灌水、从微观到宏观的多样化、立体化、系统化农业节水格局。蓄、引、提并举，大、中、小结合的水资源综合利用体系已经基本形成。

秦岭地区自20世纪50年代开始推行节水灌溉技术，经过多年的实践探索，节水灌溉技术取得了长足发展。"八五"期间，节水工程建设以推广渠道防渗技术为主；"九五""十五"期间，形成了大中型灌区以渠道衬砌防渗为主，中小型灌区以渠道防渗和暗管输水为主，井灌区以暗管输水和喷灌、微灌为主，并在设施农业（大棚）中推广微灌、渗灌、滴灌或小管出流的节水灌溉格局；"十一五"期间，秦岭地区节水灌溉向着节水措施多样化、投资多元化、建设规范化、管理科学化、技术综合化、服务专业化的方向发展。

2.工业和城市节水

秦岭地区工业节水措施主要包括产业结构调整、用水装置更新、生产工艺改进、节水器具推广、管理水平提高等方面。电力工业用水主要是冷却水和冲灰水，其节水方式是改湿式除灰为干式除灰。乡镇工业主要由耗水量相对较小的产业部门组成，企业规模较小，节水难度大，节水潜力相对较小，但其节水的同时也减少了污水排放量，节约了污水治理投入，对当地生态环境保护有十分重要的影响。随着改革的深化和工业的全面现代化，一般工业和乡镇工业最终也要相互融合，其用水规律也将渐趋于一致。因此，工业节水潜力最大的部门在一般工业部门。

秦岭地区城市节水措施主要包括加快城市供水管网改造、加强城镇建设项目监督管理、推广建筑中水利用、全面推广节水器具、加强供水和公共用水管理等。

目前，秦岭地区工业和城市生活用水浪费仍然严重，耗水量相对大的重工业比例偏高，且大量工业生产设备陈旧，生产工艺落后，而新兴技术产业少，加上管理水平低，因此绝大多数地区工业单位产品耗水率高于先进国家数倍，而水的重复利用率也低得多，许多城镇为40%～50%之间，而日本、美国、法国在80年代水的重复利用率均在75%以上。可见，秦岭地区工业和城市具有很大的节水潜力。

但目前秦岭地区工业和城市用水占总用水的比重相对较低，工业和城市节水虽有一定潜力，但节水的绝对量不会太大。

（五）供需平衡分析

前述供水情况与用水情况基本上反映了秦岭地区水资源的供需状况，但不能反映不同保证率情况下秦岭地区水资源的供需形势。因此，通过分析现有供水工程在不同代表年充分发挥工程供水能力的情况下能供多少水，同时分析不同代表年按科学合理的用水标准预测的需水量，以行政区为计算单元按不同频率组合进行供需平衡分析，找出供需差距及主要取水区域，可以为合理开发利用水资源提供依据。

1.可供水量分析

可供水量的计算方法有长系列法和典型年法两种。各主要供水节点原则上要求采用水文长系列调算和系统优化调节计算的方法计算可供水量。计算分区内小型供水工程，以及其他水源工程可采用常规方法预测其可供水量。将计算分区内各项供水量相加，即得出计算分区的可供水量。本次可供水量的计算，包括地表水可供水量、地下水可供水量及其他水源可供水量。

（1）地表水可供水量

地表水可供水量根据50%、75%两个代表年河源来水情况，结合水源工程供水设施的供水能力和供水对象综合分析，确定相应的可供水量。按照取水方式而论，直接从河道水库中引水、抽水的视为地表水，其中由水库、池塘直接供给的水量计入蓄水工程，引水、抽水均指直接从河道取水。

秦岭地区大型供水设施较少，供水水源比较分散，就蓄水工程而言，现状供水对象多为农田灌溉，有少部分的城市工业及生活用水。对重点蓄水工程现状可供水量按所选不同代表年的来水、用水情况调节计算得到，而对其他小型蓄水工程在水源有保证的地方按"以需定供"的原则确定，水源不足的地方采用现状实际供水量。引水工程和提水工程在秦岭地区绝大部分供灌溉用水，对上万公顷灌区自流引水工程的可供水量按所选代表年的日均来水量与需水过程分析确定，对其他小型工程的可供水量视水源情况按现状实际供水能力确定。现状供水条件下，秦岭各行政区不同保证率地表水可供水量见表3-24。

表3-24 秦岭各行政区不同保证率地表水供水量

行政区	地表水（万m³）						合计	
	蓄水		引水		提水			
	50%	75%	50%	75%	50%	75%	50%	75%
西安市	2990	3373	5954	5092	448	397	9392	8862
宝鸡市	3345	2346	1715	2335	271	240	5331	4921
渭南市	2299	1485	1518	1966	474	420	4291	3871
汉中市	10 989	11 356	18 740	16 568	3587	3182	33 316	31 106
安康市	18 121	15 922	19 232	19 722	3108	2757	40 461	2270
商洛市	9963	11 029	12 839	10 538	2173	1928	24 975	23 495
合计	47 707	45 511	59 998	56 221	10 061	8924	117 766	110 656

表3-25 秦岭各行政区不同保证率地下水供水量

行政区	地下水供水量（万m³）	
	50%	75%
西安市	1158	1158
宝鸡市	2926	2926
渭南市	3999	3999
汉中市	3444	3444
安康市	2270	2270
商洛市	5741	5741
合计	19 538	19 538

（2）地下水可供水量

按照取水方式而论，以打井方式开采的水量视为地下水。秦岭地区地下水源工程供水主要采用浅层地下水，至2007年底，区内建成农用机电井23 434眼，配套井22 876眼。地下水一般较稳定，供水有一定的保证，其供水量的大小主要取决于机井配套情况，而不同代表年的可供水量变化不大，故在计算地下水可供水量时，工业、生活用地下水量可以用现状实际供水量代替可供水量，农业灌溉用地下水可供水量根据井灌面积与相应灌溉定额综合分析确定。现状供水条件下，秦岭各行政区不同保证率地下水可供水量见表3-25。

（3）其他水源供水量

秦岭地区其他水源工程主要包括污水再生利用工程和集雨工程，至2007年底，区内有污水再生利用工程1处，污水再生利用量30万立方米；有零星雨水利用工程，年供水量396万立方米。各个行政区具体情况见表3-26。

（4）秦岭地区可供水量分析

根据上面所论述的地表水可供水量、地下水可供水量以及其他水源的可供水量，通过计算，秦岭地区现状水平年50%可供水量为137 730万立方米，75%年可供水量为130 620万立方米。现状供水条件下，秦岭各行政区不同保证率可供水量见表3-27。

2.需水量分析

社会需水量的核定基本原则：一是以秦岭地区各个分区现状社会及生产力发展水平为基础，结合农田有效灌溉面积、工业规模和布局、城市化水平、人口结构等指标，使实供水量能满足用水部门的基本需要；二是各部门的基本需求量须建立在节约用水的基础上。

城镇生活、农村生活、工业和生态环境用水定额受气候条件影响甚微，现状水平年不同频率需水量按相同值处理。农田灌溉水量按50%和75%进行计算。

通过计算，秦岭地区50%代表年总需水量为124 699万立方米，75%代表年总需水量为124 891万立方米。计算结果见表3-28。

表3-26 秦岭地区各行政区其他水源供水量

行政区	其他水源供水量（万m³）	
	50%	75%
西安市	0	0
宝鸡市	93	93
渭南市	0	0
汉中市	0	0
安康市	199	199
商洛市	174	174
合计	426	426

表3-27 秦岭各行政区不同保证率可供水量

单位：万m³

行政区	地表水		地下水		其他供水		合计	
	50%	75%	50%	75%	50%	75%	50%	75%
西安市	9392	8862	1158	1158	0	0	10 550	10 020
宝鸡市	5331	4921	2926	2926	93	93	8350	7940
渭南市	4291	3871	3999	3999	0	0	8290	7870
汉中市	33 316	31 106	3444	3444	0	0	36 760	34 550
安康市	40 461	38 041	2270	2270	199	199	42 930	40 870
商洛市	24 975	23 495	5741	5741	134	134	30 850	29 370
合计	117 766	110 656	19 538	19 538	426	426	137 730	130 620

表3-28 秦岭地区年需水量现状

单位：万m³

分区	需水量									
	城镇生活	农村生活	工业	城镇生态	农田灌溉		林果渔	建筑业	合计	
					50%	75%			50%	75%
西安市	397	1073	0	46	5475	5807	2574	–	9565	9897
宝鸡市	664	686	2114	31	3071	3348	1086	5	7657	7934
渭南市	552	1248	900	55	3645	3025	1790	–	8190	7570
汉中市	2365	3219	2025	143	21 871	24 158	740	–	30 363	32 650
安康市	4952	3520	439	156	27 228	26 023	4380	–	40 675	39 470
商洛市	4239	6215	1526	322	14 021	13 142	1918	8	28 249	27 370
全区	13 169	15 961	7004	753	75 503	75 311	12 488	13	124 891	126 499

3.供需平衡分析

供需平衡分析是指对现状水平年可供水量与所预测的不同保证率水量的供需分析，反映不增加新工程状况下的缺水地区、缺水性质、缺水量与程度。供水零方案为现状工况方案，该方案是在不考虑增加新建水源工程和新供水措施情况下，以现状工程的供水能力与各水平年正常增长的需水要求，也不考虑强化节水和中水回用情况下，组成各水平年的一组方案，故称为"零方案"。

按秦岭地区分区单元的可供水量和需水量成果，同频率对照进行供需平衡余水量和缺水量计算，供需平衡计算成果见表3-29。

从计算结果看，秦岭地区一般平水年(p=50%)总需水量为124891万立方米，可供水量为137 730万立方米。区内余水量为12 839万立方米，各分区均有余水。秦岭地区偏干旱年(p=75%)总需水量为124 699万立方米，可供水量为130 620万立方米，区内余水量为5921万立方米，各分区均有余水。

表3-29 秦岭地区各行政区不同代表年供需平衡计算

行政区	代表年(%)	需水量								可供水量					余水量	缺水量
		城镇生活	农村生活	工业	城镇生态	农业灌溉	林牧渔	建筑业	合计	地表水	地下水	污水回用	雨水利用	合计		
西安市	50	397	1073	0	46	5475	2574	–	9565	9392	1158	0	0	10 550	985	–
	75	397	1073	0	46	5807	2574	–	9897	8862	1158	0	0	10 020	123	–
宝鸡市	50	664	686	2114	31	3071	1086	5	7657	5331	2926	–	93	8350	693	–
	75	664	686	2114	31	3348	1086	5	7934	4921	2926	–	93	7940	6	–
渭南市	50	552	1248	900	55	3645	1790	–	8190	4291	3999	–	–	8290	100	–
	75	552	1248	900	55	3025	1790	–	7570	3871	3999	–	–	7870	300	–
汉中市	50	2365	3219	2025	143	21 871	740	–	30 363	33 316	3444	–	–	36 760	6397	–
	75	2365	3219	2025	143	24 158	740	–	32 650	31 106	3444	–	–	34 550	1900	–
安康市	50	4952	3520	439	156	27 228	4380	–	40 675	40 461	2270	–	199	42 930	2255	–
	75	4952	3520	439	156	26 023	4380	–	39 470	38 401	2270	–	199	40 870	1400	–
商洛市	50	4239	6215	1526	322	14 021	1918	8	28 249	24 975	5741	30	104	30 850	2601	–
	75	4239	6215	1526	322	13 142	1918	8	27 370	23 495	5741	30	104	29 730	2000	–
秦岭地区	50	13 169	15 961	7004	753	75 503	12 488	13	124 891	117 766	19 538	30	396	137 730	12 839	–
	75	13 169	15 961	7004	753	75 311	12 488	13	124 699	110 656	19 538	30	396	130 620	5921	–

（六）水资源开发利用中存在的问题

秦岭地区水的开发利用与其经济社会可持续发展有着密切的关系。如何利用好水资源，是当前秦岭地区社会经济发展面临的最重要问题之一。因此，应对当前水资源开发利用中存在的问题进行深入分析，并高度关注和采取有效措施予以解决，使秦岭地区经济社会发展与有限的水资源的承载能力相适应。

1.水资源开发利用水平较低

秦岭地区经过几十年的水利建设，水资源开发利用率有很大提高，年供水量也达到解放初的数倍至十几倍，但由于历史形成的巨大差距，当前水资源开发利用率仍低于全国平均水平，与国内经济发达地区相差更为悬殊，说明秦岭地区水资源开发利用程度仍处于较低水平。

秦岭地区现有大、中、小型水库366座，总库容60 158万立方米，占全区河川径流总量的3.1%，2007年水库总蓄水量为43 454万立方米，占全区河川径流总量和年供水总量的2.26%和33.9%。秦岭地区总供水量的近78%是利用地表水，而其中一部分又是无调节供水，每到枯水年即出现旱情，水资源供需矛盾突出。

秦岭地区由于自然构造的原因，不能修建大型蓄水工程，区内的地表水资源量为1 923 882万立方米，而地表水的可利用量仅为379 380万立方米，地表水资源中的744 646万立方米随洪水排泄，洪水资源没有得到充分利用。

2.环境地质问题较突出

秦岭地区现有农灌机井23 434眼，城镇生活用水和工业用水60%以上供水水源为地下水，2007年秦岭地区六地市地下水开采量已达32 057万立方米，占全区总供水量的21.4%，已形成许多地下水超采区。近年来秦岭地区地下水位持续大面积下降，秦岭北坡潜水地下水位大面积下降区已达到0.7万平方千米，占到监测总面积的35%，超采面积达到2590平方千米，严重超采区达656平方千米。西安城区由于自备水源井过量开采承压水，使东南郊地下水埋深由30米下降到50～80米，最深达到137米，已形成沣、灞、浐、渭、滈等5个较大的下降漏斗，引发了严重的环境地质问题。

3.用水技术和工艺较落后，节水仍有潜力

由于全社会对水资源十分紧缺的形势认识不够，思想上缺乏节水意识，管理上缺乏节水机制，浪费水的现象较为普遍。

秦岭地区工业企业大多是有四五十年历史的老企业，设备陈旧、工艺落后，一方面供水不足，一方面存在着用水浪费、水的重复利用率较低的问题。除火电工业水的重复利用率较高——在80%以上外，其他工业在40%左右，乡镇工业更低，这也是秦岭地区工业用水定额比先进地区同类工业用水定额高的主要原因之一。

农田灌溉是用水大户，秦岭地区灌溉历史悠久，但灌区多为老灌区，而且灌溉工程年久失修，灌渠衬砌率不足50%，输水损失大，平均灌溉水利用系数不足0.7，大型灌区灌溉水利用系数平均只有0.5左右。虽然近几年来加强了节水措施，灌溉定额有较大幅度降低，但在全国仍属较高水平，仍有潜力可挖。

生活用水综合定额平均不高，但在个别地方、个别部门(特别是自备水源供水，生产和生活用水没有分开计量的企业)存在着浪费现象。总体用水技术落后，进一步加剧了秦岭地区水资源供需的矛盾。

4.缺乏用水统一协调机制

秦岭地区包括了西安、宝鸡、渭南、汉中、安康、商洛6个行政区，由于缺少统一的水资源管理机构，各行政区之间又缺乏相应的协调机制，对取水、用水、排水这一个完整的过程进行了分割管理，对水的不同用途、对水的不同储存形态进行了分别管理，也没有相关部门进行明确。因而在一些用水集中的城市和工业密集区，以及农业用水高峰期，由于缺乏水资源统一管理机制，各自为政，用水无计划、无定额，进一步加剧了水资源的供需矛盾。

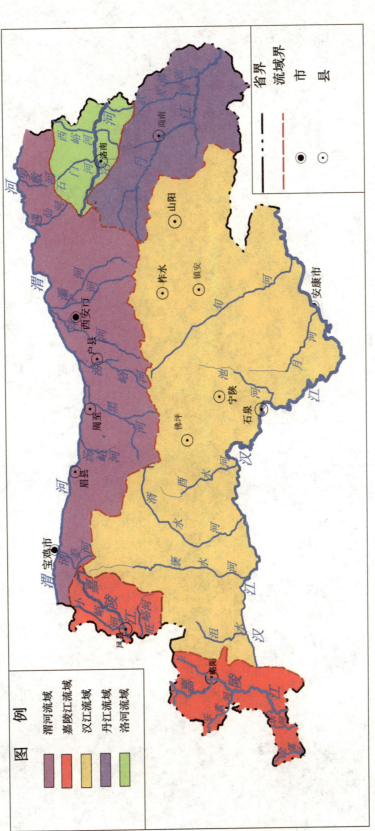

秦岭地区各流域分布图

图　例

渭河流域
嘉陵江流域
汉江流域
丹江流域
洛河流域

省界
流域界
市
县

第二节　秦岭的古代农田水利 174

一、「南山」渠堰
二、引渭诸渠
三、汉中渠堰
四、陂塘

第三节　秦岭的古代水运 182

一、渭河干流交通
二、人工漕渠
三、昆明池与昆明渠
四、潏水渠道和「漕河」
五、汉江干支流交通
六、穿越秦岭的水陆交通

第四节　秦岭的古代聚落 199

一、「八水」与古都长安
二、清姜入渭育陈仓
三、汉水古镇
四、丹江古镇
五、其他古镇

第五节　秦岭水体与地域民俗 228

一、生产民俗
二、秦岭饮食民俗
三、秦岭信仰民俗
四、龙舟竞赛

第四章

秦岭水体——华夏文明的摇篮

第一节　河流流域与古人类文明

一、灞河与蓝田猿人
二、浐河与半坡文化遗址
三、渭河中游与福临堡遗址
四、沣河与客省庄遗址、丰镐遗址
五、洛河与花石浪遗址
六、丹江与紫荆遗址
七、泾洋河与何家湾遗址

167

山水清音

秦岭丰富的水资源给人类社会的起源与演化提供了有利条件。

水为人类起源提供了有利条件。因为秦岭具有丰富的水资源，所以秦岭的古人类文明起源很早，并在秦岭留下了许许多多的古人类文化遗址，如蓝田猿人遗址、半坡文化遗址、福临堡遗址、客省庄遗址、李家村遗址、何家湾遗址等都非常具有代表性和典型性，它们都起源在河流岸边。

水是农田水利发展的必要条件。人们利用秦岭丰富的水资源，修建了许多水利工程，如山河堰、五门堰、杨填堰等，从而为此间发达的灌溉农业的形成奠定了基础。

水也是便利交通的重要因素。人们很早就利用渭河、汉江及其支流行舟，使这些水道成为重要的交通线。为了沟通渭河和汉江间的交通，人们利用秦岭的峪谷开拓了一些著名的古道，例如蓝武道、傥骆道、子午道、褒斜道、陈仓道（散关道）；同时，为了弥补渭河水道的不足，人们开凿了漕渠。

人常逐水而居，聚居而成聚落，秦岭充足的水资源和便利的交通对聚落的形成与发展产生了重要影响。秦岭聚落产生早，影响大，最为突出的就是渭河流域的古都——西安。环绕西安的"八水"，有七水源于秦岭。另外，一些著名的古镇，如陈仓、汉中、安康、商州等也都形成在大的河流如渭河、汉江、丹江之畔，更有许多小镇也依河流而生。

秦岭两侧不同的水热条件导致了民俗的不同。在生产上表现为南稻北麦，在饮食上表现为"秦岭一条线，南吃大米北吃面"，鱼的捕捞、养殖与食用在秦岭地区较为普遍，秦岭南侧表现更加突出。在水崇拜上，秦岭南北有一致的方面，其具体的表现却存在一定的差异；而"龙舟竞赛"则主要流行于秦岭南侧汉江流域，尤以安康最为突出。

第一节 河流流域与古人类文明

　　秦岭的古人类文明起源很早，这从诸多的古文化遗址可以窥见一斑。秦岭的许多遗址年代都非常久远，考古发现表明，秦岭的诸流域有着适合人类起源与发展的良好条件，可以充分地证明秦岭是中国人类社会起源与演化的最为重要的地域。这些遗址不但分布在渭河流域，而且在汉江上游、丹江流域都有发现，根据相关资料[①]整理如表4－1。从中我们不难看出渭河流域古人类文化遗址最早也最密集，汉江上游古人类文化遗址则以新时器时代为主，数量也相当多。

　　在上述古人类文化中，以蓝田猿人遗址、半坡文化遗址、福临堡遗址、客省庄遗址、紫荆遗址、李家村遗址、何家湾遗址等最有代表性，它们所代表的古文化与各个流域良好的自然条件密切相关。

---

① 陕西省地方志编纂委员.陕西省志：文物志[M].西安：三秦出版社，1995.

表4-1 陕境秦岭流域古文明遗址

文化类型	流域	地点	考古发现情况
旧石器	灞河	蓝田县公王岭	女性个体完整的头盖骨，打制石器数十件，使用天然火
	灞河	芦山锡水洞	以动物骨骼和鹿角为原料的工具
	灞河	蓝田县陈家窝	老年女性的上颌骨，14种哺乳动物化石
	灞河支流涝池河	蓝田县魏家沟、姚家沟	一段肱骨化石和2000余件石器
	洛河、汉江	洛南县东河村，南郑县梁山	一人牙化石，大熊猫和貘的化石；石器、石核、石片
新石器	渭河	临潼县白家村	懂得种植油菜和稷，饲养猪和狗，使用陶器，殉葬。已有粗放农业和原始的家庭饲养业
新石器（仰韶文化）	汉江	西乡县的李家村、二里沟、何家湾，洋县的土地庙，南郑县的龙岗寺，城固县的李家湾，安康的柏树岭	泥质陶，有红陶、灰陶，还有少量的黑陶
	渭河、漆水河、汉江、丹江	西安半坡、临潼姜寨、临潼庞崖、华县涨村、西乡何家湾、商南过凤楼等	农业有发展。家庭饲养、渔猎在经济中占有一定比例，纺织业也有发展。除种稷、油菜外，还增加了粟、葫芦等品种。以种植水稻为主
	渭河、石堤峪河、汉江	姜寨、华县梓里、横阵、元君庙等；城固县江湾等	彩陶陶器少，磨制石刀
	渭河、汉江	华县泉护、安康柏树岭	磨制石器；彩陶数量多
	浐河、渭河	半坡(晚)、商州区紫荆	石镰、石耜、石镬和石锄，骨、蚌、角和陶质工具
新石器（仰韶文化向龙山文化过渡）	石堤峪河、沣河、伊洛河	华县泉护村、横阵、南台地、虫阵，长安客省庄，西安斗门镇花园村，华县柳枝镇，洛南县的沟滩和焦村等	半月形石刀、大型石铲、石镰等，烧制陶器普遍采用封窑高温氧化还原法。稻谷壳

一、灞河与蓝田猿人

蓝田猿人是中国的直立人，学名直立人蓝田亚种。1963~1964年，考古工作者在灞河沿岸陈家窝及其源头公王岭陆续发现了人类遗骨化石。研究者将其统称为蓝田猿人。

蓝田县公王岭的蓝田猿人所生活的时代为更新世中期，距今约115万年到70万年。一起出土的动物遗骨化石超过40种，其中包括大熊猫、东方剑齿象、华南巨貘、中国貘、毛冠鹿和秦岭苏门羚等，这些动物具有明显的南方色彩。公王岭有着这么多的南方森林性动物，表明当时蓝田灞河一带气候温暖湿润，植被繁茂，林木丛生。也正是由于当时的温暖湿润气候，才孕育了蓝田猿人。

蓝田猿人遗址中出土了用简单而粗糙的方法打制出来的石器，其中包括大尖状器、砍砸器、刮削器和石球等，这些石器多半由石英岩砾石和脉石英碎块打制而成，少有经过二次加工的痕迹。这些石器的用途各有不同，如刮削器主要用来剥取兽皮，石球主要用来抛投，大尖状器主要用来刺等。从这些生产工具来看，蓝田猿人处于旧石器时代早期，主要通过捕猎野兽、采集种子、果实等来维持生活。

二、浐河与半坡文化遗址

半坡文化遗址位于今西安东郊浐河下游东岸的半坡村北。1954~1958年中国科学院考古研究所先后进行了多次考古发掘，发掘面积1万多平方米。半坡文化遗址临近浐水，这里水资源丰富，土壤肥沃，自然条件优越，为半坡文化的产生与发展提供了良好的条件。

半坡文化遗址属新石器时代仰韶文化的聚落遗址，年代约在公元前4860年至公元前4300年，总面积约5万平方米。半坡文化遗址总体呈现为南北长、东西窄的不规则圆形。遗址中有开垦耕地、砍劈用的石斧、石锛、石铲，收割禾穗的石刀、陶刀，加工谷物的石磨盘、石磨棒等；遗址中还有粟、菜籽的碳化物，说明在半坡时代这里的农业文明已经相当成熟；遗址中还出土有许多石骨镞、石网坠、带倒钩的鱼叉、鱼钩、石矛等渔猎工具，说明在这种农业文明中，渔猎生活没有被完全取代而是仍被保留。遗址中还出土有用石、骨、陶、蚌等磨制成的环、璜、珠、坠、耳饰、发饰以及镶嵌饰等，这说明在这里的农业文明中，装饰品等手工制品也开始出现。从以上情况来看，半坡文明属于新石器时代的母系氏族繁荣期。

三、渭河中游与福临堡遗址

福临堡遗址位于宝鸡市西郊渭河左岸一级台地上的福临堡村，遗址东西长约600米，南北宽300余米，属新石器时代仰韶文化。考古工作者从20世纪50年代至80年代多次对福临堡遗址进行发掘，并对出土文物进行了研究。[①] 共发掘面积1344平方米，清理灰坑137个、房子12座、陶窑12座、墓葬45座，出土完整和复原陶器500多件，还有其他生活用具、生产工具及装饰品共1130多件。

根据时间的先后、生产生活的主要工具不同，以及遗址的文化层堆积以及出土文物的特征，这里的文化遗存被分为三个时期，代表了关中地区仰韶文化中、晚期的三个发展阶段。

第一期遗存，属仰韶文化庙底沟类型。发现遗迹遗物较少，只有小型圆角长方形和圆形半地穴式房子3座、陶窑2座、灰坑8个，出土陶器仅24件。另外还有石器、骨器等生产工具50余件。

第二期遗物比第一期稍多。有小型房子3座，为半地穴式的，其中一座房内还发现粟粒的遗迹。另有3座陶窑，均被破坏；灰坑39个，以圆形袋状坑为主。出土陶器多达115件，以红陶为主，灰陶少见，有尖底瓶、平底瓶、钵、盆、罐、瓮、碗、缸等。另外还有150余件用具，如碾谷盘、骨锥以及石刀、陶刀等。第二期为一个较为独特的文化类型。

第三期属仰韶文化西王村类型的遗存，遗迹遗物发现最多，包括：房子6座，陶窑7座，陶窑较前两期有明显进步；灰坑90个，形态多样，较为特别的是有一种大坑底部一侧连接一小坑的子母坑；灰坑内的遗物也较丰富，有磨制的石斧、石铲、石锛、石刀、陶刀、陶纺轮、骨铲、骨镞等生产工具，还有骨饰、陶环、陶笄、陶塑人物像等装饰品；生活用具常见器形有盆、盘、尖底瓶、高领罐、深腹罐、大口缸、釜灶、碗形器、双耳罐、碗等，有少量钵，还有敛口瓮、壶、

图4-1 福临堡出土的尖底瓶

① 张天恩.陕西省宝鸡市福临堡遗址1985年发掘工作简报[J].考古，1987（8）：689-704.

圆肩罐、漏斗等，皆为陶器。这些生产用具中，农业生产用具已经占主导地位，渔狩用具基本消失；在这些生活器皿上，已经出现了具有装饰作用的纹饰，纹饰多为波浪式旋涡纹、圆圈、三角纹和宽带纹，这已经大大增加了这些器皿的美学感受。从这些生产生活用具来看，福临堡文明已经逐渐脱离了狩猎文明，进入了快速发展的农业文明时代。

四、沣河与客省庄遗址、丰镐遗址

沣河发源于秦岭沣峪，最终注入渭河。客省庄遗址位于西安市西南20余千米处的沣河西岸，属新石器时代龙山文化，也称"客省庄二期文化"。经过考古工作者发掘与研究，可知该文化时期距今4350～3950年，当时关中地区气候温暖湿润，农业已经在这一地区有了长时间的发展，其二期文化应属龙山文化。

客省庄遗址遗存丰富，有10处半地穴式房址，其中以"吕"字形的双间房子最具特色。双间房屋分为前后两间，中间以通道连接。前室也就是外室，呈长方形，在室内挖有瓮形"壁炉"和小窖穴，可分别用来炊爨取暖和贮藏粮食、存放物品，还有斜坡道出口通向屋外。遗址中遗物多为饰篮纹的灰色陶器，器形有宽肩小平底瓮和鬲、盂、鼎等三足器，还有盆、盘、碗、豆等器形，从这方面来看，客省庄时期人们生活水平具有相当大的提高。遗址中还发现有不少狗、水牛、黄牛、羊等家畜骨骼。石质工具多见长方形石刀，穿孔多接近刃部。从以上发掘来看，客省庄时期已是以农业为主，狩猎、打鱼、蓄养牲畜为辅。此外还发现有羊肩胛骨做的卜骨，可以看出在龙山文化时期，人们已经具有了占卜的信仰。

与客省庄遗址相邻，在沣河的两岸，有周丰镐遗址。丰京在西，东以沣河为界，西至灵沼河，北至客省庄、张家坡，南至冯村、席王村，发掘出的遗址总面积约600万平方米，内涵十分丰富。客省庄、马王村一带的建筑基址是呈一定布局的建筑群，规模很大，并且有一套完整的地下排水管道。镐京约在昆明池遗址西北的洛水村、下泉村、普渡村、花园村和斗门镇一带，发掘出的遗址总面积约400万平方米，内涵也相当丰富。在洛水村、白家庄、花园村、普渡村、下泉村一带都发现了大面积夯土基址和白灰墙皮堆积等遗迹。其中五号建筑基址坐落在客省庄二期文化即陕西龙山文化地层之上，平面呈"工"字形，夯台高筑，圆形夯窝密集，是一处大型宫室遗址，表明当时的建筑技术水平已相当高。

五、洛河与花石浪遗址

花石浪遗址位于陕西省洛南县城关镇东河村后花石浪山上，洛河、石门河、县河交汇于此，为这里带来了丰富的河水，同时也为这里古人的生产生活带来了的活力。

花石浪遗址被评为1997年"中国十大考古发现之一"。遗址为两个相距约30米的旧石器时代洞穴，20世纪70年代，薛祥熙教授在这里发现早期人类牙齿化石，1995年将遗址公诸于世，后来这颗化石被命名为"洛南人牙齿化石"。洛南人生活的时代距今约50万年。

花石浪遗址有南北两个洞穴，其中南洞发现以石核、石片与废片为主的石制品，北洞石器有刮削器、尖状器与雕刻器及少量大型砍砸器，这些石制品以石英和石英岩砾石为原料。北洞中还发现有熊猫、大象、熊、犀牛、貘、河狸、鹿、野猪、牛等20余种哺乳动物和鱼、龟的化石。从这些石质工具和动物化石来看，石器大多是用来进行狩猎，而且动物化石也说明了这一时期洛南人的生存主要是依靠狩猎。在两个洞穴中都发现了用火的痕迹，这说明了这一时期人类已经进入了用火时代。在这一时期，气候处于温暖时期，但是气候稍微干旱，正是由于河流源源不断滋润，才养育了花石浪的洛南人。

六、丹江与紫荆遗址

紫荆遗址位于商州区东南约7千米紫荆村以北的丹江左岸第二级阶地上，1953年被发现。遗址发掘面积375平方米。紫荆遗址开始于较为寒冷的老官庄文化时期，经温暖湿润的仰韶文化时期延续到龙山文化时期。对紫荆遗址的发掘为丹江流域新石器时代文化发展序列提供了地层学和类型学证据。

紫荆遗址根据陶器的种类以及器皿的种类，总共可以分为四期：一期出土三足直腹罐、三足钵、圈足碗、圆底钵等，纹饰多见交叉粗绳纹，有的器口沿部呈锯齿状，钵类器还在口缘内外饰紫红色彩带；二、三期仰韶文化的不同类型中均出有斧、锛、刀、凿、镰、刮削器、敲砸器、网坠、磨石、球等石器以及锥、铲、匕、镞、笄、角凿等骨器；四期出土陶器主要有单耳、双耳、三耳罐和鬲、鼎、甑、碗、盆、杯、盘、豆、瓶、壶、瓮、觚形器、釜、漏、器盖、器座、纺轮，石器有斧、锄、锛、刀、凿、刮割器、砍砸器、镞、矛等，另有锥、凿、铲、钩、针、笄、匕、锯等骨器和蚌刀、蚌环、角凿、角匕等器物。从以上出土来看，生活器皿已经有了很大程度的丰富，生产用具也不仅仅是旧石器时期的打制石器，已经出现了骨器、陶器。紫荆遗址文化是以原始农耕为主兼营采集、渔猎的综合性生产生活方式，并且已经初步形成了男女分工。

七、泾洋河与何家湾遗址

何家湾遗址位于陕西省西乡县板桥乡何家湾村的泾洋河右岸，属新石器时代李家村文化和仰韶文化。遗址东西约150米，南北约300米，总面积45000平方米。该遗址开始于较为寒冷的李家村文化时期，延续到温暖湿润的仰韶文化时期、龙山文化时期，正是这样一个发展过程，展示了汉江上游新石器时代文化发展序列"李家村文化—仰韶文化—龙山文化"的发展关系。

何家湾遗址的发掘物，大部分为仰韶文化遗存，距今6000余年，其器物的制作工艺较之早期的李家村文化大有改观，说明我们的祖先为社会发展和人类进化也在进行着不断的变革。发现的石制工具有斧、铲、锄、锛、凿、盘状砍砸器、磨盘、棒、石球、石饼、弹丸、矛、镞、网坠以及石片刮削器等，以磨制为主，打制次之，也有琢制的；骨器有铲、锥、匕、两端尖状器、骨镞和针等，其中骨针长者9.5厘米，短的仅3厘米；生活用品主要为陶器，以泥质红陶最多，夹砂红陶次之，多见绳纹、弦纹，多绘黑彩，少数红彩。主要器形有钵、碗、盂、盆、瓮、缸、罐、尖底瓶和壶等。装饰物品有绿松石佩饰、石龟、骨等其他物品。另外发现有一骨雕人头像和骨管线雕三人面像，是两件弥足珍贵的艺术品。从这些装饰品可以看出，在仰韶文化时期，何家湾人生活水平比其他地区的同时期人类已经有很大提高。

第二节　秦岭的古代农田水利

　　秦岭两侧作为华夏古文明的发源地，这里的古人类发明了原始农业，最早进入农业社会。农田水利是传统农业发展的基石。秦岭两侧由于水源条件的差异，造就了秦岭南北两侧农田水利的不同：秦岭北侧的农田水利以渠为主，秦岭南侧的农田水利以堰为主。

　　渭河流域是中国农业的发源地，周、秦、汉、唐等王朝建都于此，这对农业发展提出了更高的要求，而农田水利是农业发展的基本保证。渭河及其支流丰沛的水资源为该流域农业发展所必需的农田水利的开发提供了有利条件。

　　汉江上游发育的多级阶地成为秦岭山区较为集中的农耕之地，这里良田广布。汉江上游水资源总量很丰富，但时空分布不均，加上水稻种植需要大量的水，所以也需要以农田水利事业作为用水的保证。秦岭地区农田灌溉水利事业发达，渠堰众多，人口密集，是陕西开发较早的农业区之一，号称"鱼米之乡"。

　　总之，农业的发展离不开农田水利，所以秦岭两侧著名的水利工程很多，为这一地区农业发展提供了重要保证。秦岭著名的水利工程有"南山"渠堰、引渭诸渠、山河堰、五门堰、杨填堰等。

一、"南山"渠堰

"南山"又称终南山，是西安南侧的秦岭。在渭河以南沿秦岭北麓一带，东起潼关，西到宝鸡，自古以来就有人利用秦岭北侧的河溪之水进行灌溉，较为有名的有梅公渠等。

1.库峪渠

唐武德六年（623），宁民（今蓝田一带）县令颜昶率民开修库峪渠，从终南山库峪口引水，渠长百余里，灌溉蓝田、长安两地农田。

2.二华三渠

华县、华阴两县的敷水、利峪、罗文三渠，均由同州（今大荔）刺史姜师度于唐开元二年（714）所修，引乔峪、小敷峪之水，一泄水害，二灌农田，并在渭河南岸建堤，防渭倒溢。

3.井田渠

北宋熙宁年间（1068～1077），哲学家张载因主张恢复"井田制"遭反对而归隐眉县，隐居期间，在眉县横渠镇按"井田制"的办法置田分井，并把修建的灌溉渠道命为"井田渠"。井田渠分东、西两渠，东渠导引大镇谷筒瓦沟的四眼泉水合流，西渠导引汤峪口的四眼泉水合流，在横渠镇与东渠汇合，向北3里入渭，渠宽5尺，深3尺，灌溉农田百余顷。横渠百姓为张载修祠纪念。元、明、清各代都对井田渠作过整修，清末湮废。

4.梅公渠

清康熙六年（1667），眉县县令梅遇率士民在斜峪关峪口鸡冠石西边修渠，引石头河水至石龙庙，分建东、西、中3条渠道，灌溉眉县、岐山2县农田千余顷。因由梅遇创修，故名"梅公渠"。

5. 渭河各支流所涉各县区渠堰

秦岭北麓一带修渠建堰，引水灌溉，以长安最多，临潼、蓝田、户县、周至等县（区）次之。据《长安·咸宁两县续志》及《陕西通志》等记载，清宣统三年（1911），长安共有水渠209条，灌溉面积2925.6公顷，其中：滈水两岸水渠48条，灌地1169.9公顷；潏水两岸水渠108条，灌地715.5公顷；浐河两岸水渠34条，灌地334.9公顷；涝河两岸水渠6条，灌地85.3公顷；沣河两岸水渠8条，灌地380.0公顷；高冠河两岸水渠4条，灌地173.3公顷；太平河水渠1条，灌地66.7公顷。临潼有韩峪河渠、水碓河渠、温泉渠等8条，灌溉面积626.7公顷。蓝田县共有渠堰75条，灌溉面积435.9公顷。

二、引渭诸渠

渭河横贯秦岭北侧的关中平原，接纳秦岭北麓河溪及渭北千、漆、泾、洛等河之水，灌溉历史悠久。远在先周时期，今宝鸡、西安一带就有引泉、修池等生产活动。从秦、汉到清末，在渭河及其支流兴建水利工程延绵不断，较为久远的有成国渠、漕渠等。

1.成国渠

成国渠始建于西汉元光年间（前134～前129）。据考证，成国渠自眉县杜家村以南东门渡口处引渭水东行，可灌溉眉县等6县（区）的农田。成国渠自汉经魏、晋、隋延至唐、宋，屡有修治，直到宋神宗以后逐渐湮废，总共历经达1200余年。成国渠第一次大的整修是在三国魏青龙元年（233），史载"青龙元年开成国渠，自陈仓至槐里，引千水溉舄卤之地"。唐代对成国渠又进行过多次重大整修，并进行修治。在历史发展中，成国渠屡经兴衰变化以至湮废，其间修渠之举时有所见，其中较著名的有普济渠、通济渠等。

2.漕渠

漕渠，又名漕渭渠。始建于汉武帝元光六年（前129），大司农郑当时向朝廷呈奏请，汉武帝令齐人水工徐伯规划定线，发兵卒数万人进行施工，历时3年完成。建成后的漕渠，自长安西南昆明池起，沿途接纳沪、灞等水，经渭南、华县、华阴，至潼关入黄，长300余里，既可以引水灌溉农田，又可以进行漕运。《中国水利史稿》称：在漕渠上，有长1丈至7丈可装载500斛至700斛的大船行驶，给京都每年所运粮食量由汉初的数十万石增加到元封年间的600万石。

隋代对漕渠进行过恢复性的整修，使得渠经过渭南、华县、华阴等地时沿途的农田得以灌溉。唐代对漕渠进行了多次整修。据史志记载，唐开元五年（717），陕州刺史樊忱修敷水渠，补济漕渠水量。安史之乱以后，漕渠逐渐湮废。

三、汉中渠堰

（一）山河堰

山河堰为秦岭最为著名的水利工程之一。山河堰渠首位于今汉中市北褒河谷口，因褒河又名山河水而得名。山河堰始建于何时，已无从考稽，从宋代开始，有"相传山河堰为西汉初年的名相萧何、曹参之所肇创"之说，此说虽有假托之嫌，但也不失情理。从三国开始，历代多有修复扩建，对此史不绝书，整修非常频繁，详情见表4-2。

较为突出的是两宋及清代，尤其是南宋，吴璘、吴拱镇守汉中时，重新修复山河堰。这一次的整修规模非常大，史载"发卒万人助役，尽修六堰，浚大小渠六十五，复见古迹，并用水工准法修定，凡溉南郑、褒城田二十三万余亩。昔之瘠薄，今为膏腴"[1]。这次重修的影响也非常深远，开创了山河堰灌溉历史上的鼎盛时期。明清以来，又多次重修以加固。1942年褒惠渠建成后，山河堰诸堰全都纳入褒惠渠灌区。

山河堰沿河自北而南共有四条。第一堰在褒城北1千米处，又名铁桩堰，在鸡头关下筑堰截水，东西分流，堰废已久，地面遗址无存。1939年修建褒惠渠大坝时，在坝基地带挖出木桩千余根，高丈余，围砌巨石，与《陕西通志》载"巨石为主，锁石为辅，横以大木，植以长桩"的记载较为一致。第二堰

表4-2 三国到清代山河堰的修整

时 间	主持人
三 国	诸葛亮
后 蜀	武 漳
北宋1008~1016年	许 逖
北 宋	赵从俨
南宋1140~1157年	杨 政
南 宋	吴 玠
南宋1166~1171年	吴璘、吴拱
元	骞因普化
明	张良知
清	余正焕
清	严如煜

---

[1] [元]脱脱.宋史·河渠志.北京：中华书局，1977.

名柳边堰，又称官堰。《陕西水利》载：该堰位于褒城县东门外，堰长320米，底部贯以木桩，卵石垒砌。引水口在褒河左岸河东店街后，输水干渠曲折东行，至汉中十八里铺南入汉江，全长35千米，支渠60余条，灌田5.4万亩。第三堰在第二堰下游约1千米处，左岸引水，渠长近10千米，1941年灌田1.5万亩。第四堰在第三堰下游，1932年修建，聚石作堰，在西岸引水，渠长15千米，灌田3100亩。

（二）五门堰

五门堰（图4-2）位于城固县城北15千米处的湑水河右岸，截湑水河引水灌田。因渠首横列五洞进水，所以称为五门堰。相传五门堰始建于汉。北宋祥符至南宋绍兴（1008～1162）年间，当时的城固县令鲁宗道、阎苍舒、薛可光等重视水利，相继扩修，灌田达3000余亩。元至正七年（1347），县令蒲庸兴堰务，增开渠道，在引水口重修五洞，加修石渠，可灌地4万余亩。明清各代曾不断加固改造，灌地面积达五六万亩。1933年，洪水冲毁堰坝数十丈，汉中绥靖司令赵寿山派营长李维民率官民抢修，堰复通水，秋谷丰收。1948年，湑惠渠建成，取代了五门堰。1984年五门堰被列入省重点文物保护单位。

（三）杨填堰

杨填堰位于城固县北约10千米处的湑水河中游西岸，与山河堰相似，始建于何时，已无从考稽，从宋代以来流行为汉代萧何、曹参所创修之说。又因宋代洋州知州杨从义主持进行大规模的整修改造，灌溉洋县和城固县的农田，为纪念杨从义的功绩，开始称为杨填堰。杨填堰堰头两岸为沙土，湑水河水流湍急，容易冲毁，元、明、清各代杨填堰不断被毁，但大多得到及时整修，而且灌溉面积渐有所扩大。清嘉庆十七年（1812）严如煜主持对杨填堰进行重修，重修后新渠灌溉面积达23 000余亩，之后他又主持立约，约定整修费按"城（固）三洋（县）七"分摊。1948年杨填堰纳入湑惠渠灌区。后因供水不足，洋县和城固县又在1952年联合从旧堰引水，灌溉马畅以西水田3183亩，1959年将分水和负担比例改为"城七洋三"。1991～1995年间，在盆地、丘陵开发建设工程中，将杨填堰引水枢纽改建为固定堰坝，加固修砌干渠，灌溉面积恢复到1万余亩。

（四）小型堰池

秦岭地区小型古堰主要表现为明清时期汉中地区的渠堰，《陕西通志》《汉中府志》等所记载多达100多处，灌溉面积超过8万亩。根据相关统计[1]，作表4-3、表4-4。

---

① 陕西省地方志编纂委员会.陕西省志：水利志[M].西安：陕西人民出版社，1999.

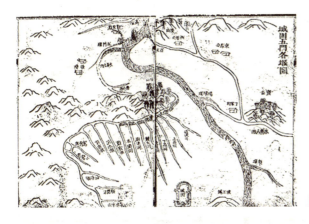

图4-2 嘉庆《汉南续修府志》的《城固五门各堰图》

图4-3 五门堰文物管理所

图4-4 五门堰堰头

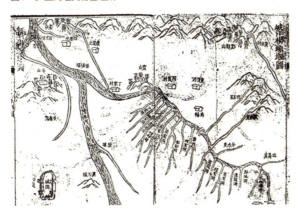

图4-5 嘉庆《汉南续修府志》的《城洋杨填堰图》

图4-6 杨填堰堰头旧址

表4-3 汉中主要县的水利规模

县名	数量（处）	灌溉面积（万亩）
南郑	30	3.22
城固	22	1.76
洋县	13	0.59
西乡	42	0.77
勉县	15	1.8

表4-4 有名的渠堰

渠堰名	灌溉面积（亩）	河流
黄土堰	3060	观沟河
复润堰	2000	老溪水
百丈堰、高堰等	5610	湑水
溢水堰并三郎堰	2430	溢水
土门堰	3100	濂水河
山河东堰、山河西堰	6900	旧州河
天分东堰、天分西堰	5170	黄沙河
琵琶、马家、麻柳诸堰	6320	养家河

四、陂塘

陂池塘坝，古时没有划分界限，按现行等级，蓄水量在10万立方米以下。

1.镐池

镐池，也作滈池、鄗池，位于今长安区丰镐村西北，即西周故京，池水经由滈水北注渭。据《太平寰宇记》记载，镐池周匝22里（约合128公顷），灌地32公顷。据《读史方舆纪要》记载，晋大兴三年（320）镐池曾得到修复，刘曜建凌霄台于镐池。唐以后湮废。

① 陕西省地方志编纂委员会.陕西省志：水利志[M].西安：陕西人民出版社，1999.

2.昆明池

位于今西安市西南15千米，西周镐京及镐池遗址之南，建于汉武帝元狩三年（前120）。据《汉书》记载，用守边戍卒及谪吏穿昆明池；又说发天下故吏伐棘上林，穿昆明池。《雍录》说，昆明甚高，故其下流尚可壅激以为都城之用。

昆明池的规模，据称池周40里，池地332公顷，据古残碑记其范围，北至丰镐，南至石匣，东极原柳坡（万村西），西至斗门。经陕西省考古、水文工作者踏勘量算验证，面积约1530公顷，与汉制332公顷大致相当。

汉长安城供水原以潏河为主，尽收城东南之水。但不能满足需要，进而引滈河水，修昆明池（蓄水量约0.5亿立方米），来调节长安城用水。滈水原来过香积寺西北穿镐池入渭，后改道西流入昆明池，余水西入沣。昆明池水西可入沣，东经昆明故渠通漕，北过揭水陂后，入建章宫的唐中、太液池，然后入渭；东经飞渠（渡槽，跨潏河）入城，进未央宫沧池，并穿街坊，充池沼，然后东流归漕，各水道均设堰坝、闸阀以控制水位流量，使长安城成为一座水网四通八达的水利化城市。

唐贞观、贞元、大和年间曾多次修浚，直至唐末，延续近千年湮废。

3.通灵陂

据《旧唐书》记载，通灵陂位于朝邑县（今大荔县东）北2公里。唐开元七年（719），同州刺史姜师度引洛河水及堰黄河水灌田约2000公顷，内置屯10余所。

4.渼陂

渼陂建于唐代以前，位于今户县城西21千米陂头村，陂周7千米。渼陂本名五味陂，因陂鱼甚美故名渼陂，其水源自终南山诸峪口，并汇胡公、白沙诸泉，余水北出流入涝河。据《西安府志》记载，陂周"高岸环堤，一泓荡漾，层峦叠嶂，影落其间"，有"关中山水最佳处"之称，唐时成为京城仕人游宴之地，盛极一时。唐宝历二年（826）一度收归皇室监管，陂鱼不得杂人采捕，水任百姓灌溉，水力碾磨不能废。宋代于陂中高阜建空翠堂。元代以陂鱼可治痔，元军竭泽而渔，陂遂废。明末户县知县张宗孟重建后，又恢复了"前有紫阁，后有菱池，气象清幽，松竹丛中水磨之声不绝"的景象。1949年后逐步进行重建。

第三节　秦岭的古代水运

　　水与交通有着天然的联系，秦岭地区河网密布，渭河干流支流、汉江干流与支流都曾被用作重要的交通通道，对古代交通网的形成影响巨大。秦岭地区交通网由渭河、汉江干支流水道、人工漕渠及穿越秦岭的古道构成。这个交通网络对秦岭地区经济与社会的发展起了极大的作用。

一、渭河干流交通

渭河是秦岭北侧的主要大河。从渭河水文条件看，在渭河上发展水运的条件并不好，但据有关文献可以确定，其在春秋战国到西汉初曾发挥了重要的航运作用。如《左传》记载鲁僖公十三年（前647）的"泛舟之役"，秦国利用渭河向晋国运输救灾粮，规模很大，说明春秋时期渭河水流量并不是很小，能够进行航运，同时我们也不难想见当时航运是相当困难的。 至西汉初年，张良曾盛赞"河渭漕挽天下"，并将其作为劝说刘邦建都关中的重要依据之一。西汉武帝以后，渭河水浅沙深的现象日益突出，以致曾影响到漕运。隋唐时期，渭河"流浅沙深"，水运困难，不得不多次疏浚漕渠。渭河含沙量的增加与水流量的日趋减小，其历史演变过程也十分相似。渭河的水上运输如此不济，所以经常要以漕渠为重要补充。

二、人工漕渠

所谓漕渠，是指秦、西汉、隋、唐为解决都城长安的粮食供应问题，在陕西关中东部、渭河南侧、长安—潼关间人工开凿的漕渠，是中国较早的运河之一。漕渠的修建原因可追溯至秦代。秦始皇统一全国后，政治中心虽在咸阳，而经济富庶之地却在黄河下游及其支流济水流域。关中在古代虽被称为"陆海"和"天府之国"，但毕竟地面狭小，所能容纳的人口有限，一旦超过饱和点，就要发生粮食不足的恐慌。秦始皇的祖辈在关中建都时，秦国的一部分粮食供应来自巴、蜀，但蜀道十分艰险，转运粮草，劳民太甚。秦始皇统一全国后，把目标转向函谷关以东，利用渭水、黄河及黄河下游一些支流和人工运河向咸阳运粮食。秦王朝先后四次在咸阳以下的渭水右侧开凿漕渠，达于潼关，入于黄河，东出三门峡，又沟通济水、鸿沟水道，以运输黄河下游及江淮各地征收的财赋（主要是粮食），通称漕运。秦王朝还在荥阳附近建立了一个规模宏大的敖仓，存储由济水和鸿沟运来的粮食，再换船，沿黄河入渭水，终点为咸阳。

漕渠正式开凿与定型是在西汉时期。西汉初年，虽然仍沿用秦代由关东向关中漕运粮食的办法，但数量有限，每年只有几十万石。到汉武帝时，由于对内积极建设，对外不停征讨，国家支出较之前增多，需要的漕粮由汉初的40余万石增加到100余万石，最多时达600余万石。大司农郑当时建议在渭水旁边另外开凿一条漕渠。汉武帝于元光六年（前129）令水工齐人徐伯勘察线路，"发卒数十万穿漕渠，三岁而通"①。这条漕渠从长安引渭水入渠，循着南山山麓脚下，一直通到黄、渭汇合处的附

①《史记》卷二九《河渠书》。

近进入黄河。漕舟由黄河转入漕渠，逆水而上，比原来溯渭水而上便利很多。另外，在罢漕时，还可引渠水灌田，一举两得。这是历史上第一次开凿漕渠。

漕渠从西汉武帝时期，至唐文宗太和年间（827～835），除了渠首段和渠尾的具体地点各代有所不同，中间主体部分，即从汉长安城至三河口的渠线，汉、隋、唐各代基本没有变化，其所经过的路线大致是：从唐长安城北龙首原的北麓起，横过灞河，折向东北，在新筑镇东北的刘家庄下塬，向东流去。这段漕渠仍有多处渠道遗迹。也就是说，漕渠起自长安，到达华阴，其长度约有三四百里。

隋代再次开凿漕渠。隋初漕渠因长期失修失养，已被渭水带来的泥沙所湮废，渭水水道曲折多沙，漕舟往来困难。开皇四年（584）隋文帝命宇文恺开凿渭渠，宇文恺开渠，"引渭水，自大兴城东至潼关三百余里。"① 《隋书·郭衍传》也记载，"引渭水，经大兴城北，东至于潼关，漕运四百余里。" 大兴城即后来唐朝的长安城，内有万年县，与长安并立东西。当时参加开渠的还有郭衍。当年六月动工，九月竣工，竣工之时文帝到灞水之畔，视察漕渠。

隋渠初名广通渠，因经过华州（今陕西华县）广通仓下而得名。广通仓建于开皇三年（583），为关中漕运的主要仓库。到隋文帝仁寿四年（604），文帝崩，炀帝登基，为避杨广名讳，改名永通渠。渠道开通后，解决了国都长安粮食问题，渠旁人民也得到水利的实惠，因此又称富民渠。

隋炀帝继位后，常住洛阳、江都，定洛阳为东都，以避黄河三门峡砥柱之险。隋炀帝对向关中漕运已不大重视，隋代的漕渠随之淤塞。

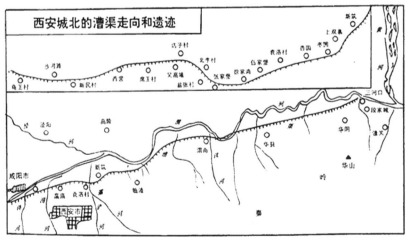

图4-7 漕渠走向图

漕渠在唐代发展到顶峰。唐代不断疏浚三门峡航道及关中漕渠。唐玄宗天宝元年（742），陕郡太守兼水陆转运使韦坚主持对漕渠疏浚了一次。史称："坚治汉隋渭渠，起

① 《隋书》卷二四《食货志》。

关门，抵长安，通山东租赋，乃绝灞、浐，并渭（渭河）而东，至永丰仓与渭合。又于长乐坡（在今西安东郊，坡下就是浐河）濒苑墙凿潭于望春楼下，以聚漕舟。"该潭被称为"广运潭"。这一次疏浚是唐代漕渠疏浚历史上工程最大的一次。

由于渭水泥沙的不断淤积，漕渠至唐代宗大历年间（766～779）之后，渐渐地不能通航。到唐文宗太和年间（827～835），咸阳县令韩辽请求对漕渠进行疏浚，文宗考虑再三，终于准了了韩辽的请求。"堰成，罢挽车之牛以供农耕，关中赖其利。"[①]这次是在渭河下游水运十分困难的情况下，由咸阳令韩辽建议重开的。此次疏凿得到唐文宗的大力支持，不但迅速将渠开通使用，而且在渠首修了"兴成堰"。这次疏浚漕渠后，使用约10年时间。唐文宗开成元年（836），裴休在谈关中漕运时，说是"由河入渭"，不是由河入漕渠。这是漕渠历次开凿利用时间最短，也是最后的一次。

三、昆明池与昆明渠

昆明池是在汉武帝元狩三年（前120）开凿的一个大型人工湖，故址在今陕西省长安区斗门镇东南侧，是堰阻潏河和滈河二水蓄积而成的，人称交水。在今堰头村附近堰向北流，至石匣口村，汇积为昆明池，水域广阔，周20千米左右。

昆明池的东面、北面和西面各有一条泄水道，统称昆明渠，其中西面的泄水道流入沣河，北面和东面的两条水道流入漕渠。汉武帝开凿昆明池是为了造一辽阔的水域来练习水军，客观上却为漕渠开拓了水源。由于池面较广阔，起到调节漕渠水量的作用。

昆明渠是以昆明池为源的水渠，其北面的一支水渠，根据《水经注》记载，流经滈池东、秦阿房宫西，再向东北，又在汉长安城西南角外形成一小陂，名揭水陂，然后北流入沈水。昆明池的这一支流在揭水陂汇入漕渠。

昆明池汇入漕渠的另一条水渠是从昆明池东面分出。它从昆明池东侧流出后，折向东北，经今河池寨附近的古河池陂北侧，再经今鱼化寨，然后仍向东北，经过汉代的明堂（今西安市西郊大土门）、白宁、博望苑南，然后再曲向北，与漕渠相合于汉长安城青门（霸城门）之外。

---

① 《新唐书》卷五三《食货志三》。

四、潏水渠道和"漕河"

（一）潏水渠道

唐玄宗天宝元年（742），京兆尹韩朝宗利用长安城南的潏水，修筑水潭，漕贮木材。其渠线是从城南分潏水北流至长安外廓城西面，由金光门入城，然后引水东流，经群贤坊，至西市的西街，开凿水潭积存来水以通航。该潭渠址在今西安市西郊李家庄至西北工业大学西一带。

（二）"漕河"

长安城东有一条叫"漕河"的渠道，由长安城南现在的滈河分出，经唐长安城西城垣北行，进入禁苑，又沿汉长安城南城垣和东城垣流入渭河。这条漕河史书失于记载，不能确知其具体开凿过程，但从"漕河"名称来看，显然与运输有关，功用也应是转运南山薪炭。《唐西京城坊考·漕渠》记载，唐代宗永泰二年（766），京兆尹黎干曾因京师长安薪炭供给不足，自南山（秦岭）引水，以达京师，沿今炭市街稍东一带，向北抵达宫城、内苑。

五、汉江干支流交通

汉水在战国时已通航行舟。汉江水运成本比陆路运输成本要低得多，是汉江水运发展迅速的一个非常重要的因素。汉江水运发展历史悠久，承担运输的内容也不尽相同。

商品生产的发展和低廉的运价，使汉江水运成为陕南、鄂西重要的商路。乾隆以后，陕南、鄂西甚至陇东外运的商品，大部分经汉江运往湖北。而长江中下游的手工业产品，也是沿汉江溯流而上，运至安康等地，然后转运至陕南各县以及川北、陇东。

（一）从贡道到漕运

汉水最初是作为贡道而存在的。《禹贡》在记述梁州贡道时，说"浮于潜，逾于沔，入于渭"，沔水即汉水上游。中央集权国家形成以后，将各地征收的财赋（主要是粮食）运至都城，通称漕运。根据《史记·河渠书》和《汉书·沟洫志》记载，西汉武帝刘彻在位时，由于从首都长安通向关东的黄河水道有三门砥柱之险，通往蜀汉的故道又"多坂、回远"，因而有人建议整修褒斜道。通过汉江及其支流褒水和渭水及其支流斜水（今石头河），水陆联运，把关东和巴蜀的粮食和物资运往长安。这个方案所依据的是以南阳、襄阳、汉中、褒城等地的汉江干支流可以通行船舶为基础的。当时有一种说法，就是"褒水通沔（汉江古称沔水），斜水通渭，皆可以引船漕"。整修好褒斜谷中的水陆两途，则"汉中之粟可致，山东从沔无限，便于砥柱之漕"。

唐代汉江干流的水上运输主要也是用来进行漕运，且较为通畅。唐朝建都长安，需要数量巨大的粮食和各种物资供给，很大一部分要依靠渭水、汉水、汴水、江北运河、江南运河这些水道运到关中长安。每当中原发生战事，运河被阻之时，就不得不由长江西上，然后由汉水转入其支流丹水，在商州境改为陆运，沿蓝田武关道越秦岭入关中。而当长安失陷或发生变乱，政治中心西移，或襄阳以北、商州以东的南阳一带出现战乱，形势不稳，东南地区的粮食和物资运到襄阳后，只有再溯汉水西上，经安康到汉中，然后转由陆路运往关中。唐德宗建中四年（783），为讨伐割据蔡州（今河南汝南县）、威胁汴州（今河南开封市）和运河的淮蔡节度使李希烈，征调驻守在泾原地区（今甘肃泾川县和镇原县）保卫西北边疆的军队东征。泾原兵路过长安，因供应问题发生兵变，唐德宗仓惶逃往奉天（今乾县），继又再逃兴元（今汉中市）①，也就是唐德宗的临时驻地兴元府。

宋代汉水航运仍然畅通。北宋时，欧阳修在《通进司上书》的《便宜三事》中所说的第一事为"通漕运"，言及汉水沿流的梁州（今汉中市）、洋州、金州、均州等地的财物，称"皆可漕而顿之南阳（今河南省南阳市）"，然后利用武关道或丹水运往长安。南宋初年，宰相张浚为减轻金朝对迁都临安（今浙江省杭州市）的南宋王朝的军事威胁，准备以汉中为基地，北据关陇，东出潼关以争中原，因而高度评价汉中的地理位置和地理形势的重要，说它可以"前接六路之师，后据两川之粟，左通荆襄之财，右出秦陇之马"。"左通荆襄之财"，是说可以依靠湖北荆州、襄阳长江中游及汉水下游一带的物资供应，这当然要利用汉江水道船运。而秦陇之马，不仅可以供应汉中一带的军用，而且每年还要输送相当数量到长江下游以至首都临安。这些马匹的运输称"马纲"，有时由陆路，有时也取水路。水路或取嘉陵江入长江东下，或沿汉水而东南。沿汉水乘船而下的这条军马运输路线最为重要。

（二）行军及军用物资运输

在分裂割据时期，汉江成为敌对政权的战争通道，被用来行军及运输军用物资。据《战国策》记载，战国时期，苏秦的弟弟苏代在劝阻燕王不要应邀前往秦国时，曾举秦王威胁楚王的话说：秦国蜀地的军队，在夏天水涨时，从汶水、岷江乘船顺长江而下，五天可以到达楚国的都城郢（今湖北江陵县）；汉中的军队，在夏天水涨时乘船顺汉水（汉江）而下，四天可以到达五渚（约在距郢都不远的汉江下游）；而秦国屯驻在南阳一带的大军，则可随时东南而下，进攻随国和楚国，可以迅速地置随

---

① 《新唐书》卷一三一《李皋传》。

国和楚国于死地，使他们措手不及。这段记载说明远在战国时期，从汉中沿汉水东下长江，船只可通行无阻。

东汉以后南北对峙时期，秦岭在很长时间里处于对立政权的边疆地带，军事活动多，汉江再次被主要用来行军及运输军用物资。汉中地区属蜀国管辖，安康地区归曹魏统治，蜀、魏两国曾多次利用汉江水运进行战争。东汉建安二十四年（218），刘备与曹操争夺汉中的战争进行得如火如荼，刘备曾派宜都太守孟达从秭归北上，进攻房陵（今湖北房县）和上庸（今湖北竹山县境），以争夺包括今安康地区在内的鄂、陕、川交界地区。刘备在夺取了汉中以后，又派其养子刘封领兵从汉中乘船顺汉江而下，会孟达军于上庸。其后当蒋琬继诸葛亮而任蜀军统帅时，鉴于诸葛亮多次由陆路进攻关陇（俗称"六出祁山"），皆以道路险阻、粮运难继而未能成功，于是便考虑以水军顺汉江而下，袭取魏国统治的魏兴（今安康市）、上庸等郡，并认为胜利有较大把握。于是"多作战船"，训练水师。不巧蒋琬"旧疾连动"，而议者又多虑，这一计划未能实现[1]。不仅蜀军攻魏利用顺流而下的便利条件，从水路进军，就连魏军攻蜀，也不止一次地溯流而上，利用汉江水路进军。如魏明帝太和四年（230），大将曹真统兵数路攻蜀，主力由陆路，分别从子午道、褒斜道进军，同时又命司马懿自为一路，率水军溯汉江而上，两路军马在汉中会合[2]。

南北朝时期，汉中、安康地区成为南北各割据政权争夺的要地。汉江在战争和军事运输上仍然发挥着非常重要的作用。北魏时郦道元指出：汉水又东，历敖头，旧立仓储之所，旁山通道，水陆险凑，魏兴安康县治，有戍统领杂流[3]。敖头是水陆两途交会之处，大约在今石泉马池镇以西。这是说敖头为重要的军事据点，驻有重兵防守，并用以统领附近的流民和少数民族武装集团。"旧立仓储之所"是说这里曾是重要的军事补给基地。汉江在此时为军事通道确定无疑。

安史之乱时，唐玄宗逃到成都，唐肃宗即位灵武，不久又由灵武南下，进军凤翔，企图收复长安，第五琦则以山南等五道度支使的名义，将江淮等地收取的军用物资，"溯汉水而上至洋川"，再运至扶风以供军队之需。这里的洋川，当指洋川郡境的兴道县，即现在的洋县；扶风指当时的扶风郡（治所在今凤翔县）。

南宋末年，兴起于北方的蒙古军事政权，在攻占金朝统治的黄河以北和关陇各地之后，金朝力图

---

① 《三国志·蜀书·蒋琬传》。
② 《晋书宣帝（司马懿）记》。
③ 《水经注·沔水》。

西扼潼关，北据黄河，维持其在河南地区的统治。蒙古军事政权为取河南、灭金朝，就采取假道南宋以攻金军的策略。南宋理宗绍定四年（1231），蒙古军大将拖雷从凤翔南下过大散关，东路军沿连云栈攻下汉中府和洋州城，又东越饶风岭，"浮汉而东"，由光化郡（今湖北光化县）进入河南、钧州（今河南禹县），三峰山一战，歼灭金军主力，金军被迫请和，不久灭亡。

此外，《元史·世祖本纪》记载，元世祖忽必烈至元十年（1273）三月辛未，"刘整请教练水军五六万，及于兴元、金、洋州、汴梁等处造船二千艘。从之。"说明当时汉江上下，水师可船行无阻。

（三）客货商贸运输

汉水水运成本低廉，更具商品运输的潜质。从秦汉至唐宋，即便是漕运占了主导地位，但也不乏民间的客货运输。明代中后期，随着商品经济的发展，畅通无阻的汉江也便成了商路干线。《天下路程图引》中记载：由江汉一带运往四川的货物，秋冬由荆州雇船装货（到）各府去卖，春夏防川河（长江）水大难行，由樊城雇小船，至沔县再雇用骡马驮，走120里陆路，驮至阳平关，然后用船走水路，转装往各府去卖。不难看出，在明代樊城至沔县（勉县）一段汉江是通行商船的。另外，据嘉庆《安康县志》记载，崇祯年间，安康遭灾，人民大饥，粮食极贵，"（李）登科自楚贩米归，倾舟散之。"同样说明明末从安康到湖北的汉江上是通行商船的。

在明中后期及清初80年间，陕南汉江水上航线是通畅的，但水运事业却较为落后。康熙《汉南郡志》卷七《食货》记载："汉南一路，万山环巩，一线崎岖。所产竹木，不能成筏下流；所收粟米，不能登舟出运。内既不出，外亦不入，所谓独坐穷山，食用一尽，则唯坐困而已。"清初，清政府对陕西、四川等省采取一系列措施来增加人口、开垦荒地。在陕南，最主要的办法就是招徕外省流民进山垦荒。各省客民大量移徙陕南，使得陕南人口迅速增加，乾隆六年（1741），陕西对陕南垦殖政策作出重大调整；其后，有数以百万计的楚、皖、赣、川等省流民涌入陕南和鄂西。乾隆后期陕南经济开始繁荣。至道光初年，陕南人口由康熙初年的49万增至384万，人口密度达到了前所未有的程度。同时，农业生产和工场手工业均蓬勃发展起来，并由此促使汉江水运事业趋于兴盛。光绪《洵阳县志》卷十三《艺文》记载，明时杨一清《由金州泊舟洵阳》诗，说明当时汉江的洵阳—安康—汉中间有载人船舶通行。

清代汉江商品水运具有较为明显的特征，以单向性的木船运输为多，即上游商品以木船运往下游，然后多以空船返回，甚至卖船而返。其原因有二：其一，清代中叶长江中下游的手工业产品尚没有足够力量冲击汉江中上游及西北地区的农村经济；其二，汉江行舟亦非易事。陕南、鄂西一带水运船只，依河道水文情况而各不相同。下游水深开阔，大船（麻子船）可载百数十石；中游河道渐窄，尚可行装载20石左右之扒河船或鳅子船；上游则水浅沙多，只可行装载八九石甚至更小的独撑子。从汉中到湖北均州，汉江曲折蜿蜒上千千米，其间险滩达百余处，行船较为困难，当地谚语"春涝夏净，断绝使命"可以充分说明。商贾携货顺水行舟还没有什么大问题，但逆水而上却不得不数易其船，运输费用大大增加，所以，清代汉江水运地位虽日趋重要，总的来说，下运之货多于上运之货。

陕南商品生产和运输，使汉江及其支流沿岸出现了一批新兴的农副产品集市，构成了较为有效的销售体系。如康熙年间还没有一处集市的洋县，至嘉庆、道光时，出现的集市达30多处；汉中盆地在清初开始有烟草种植，到嘉庆时，则"商贾所集，烟铺十居其三四"，"大商贾一年之计，夏丝秋烟"，其交易额之巨，"岁糜数千万金"；巴山中部的平利县，乾隆二十年（1755）前，"邑内物产，并无市肆"，至嘉、道之际则以平利县城牛王庙为中心，沿汉江支流坝河两岸，出现了秦巴山区最大的生漆收购市场。

在上述农林产品集市的基础上，产生了一批重要的集散中心市场，全部分布在汉江干流两岸交通便利之处，这是零星商品集中的终点和水运大宗货物分散的起点。以旬阳之蜀河口为突出，"上溯兴、汉，下达襄樊，北通商洛，骡马驮运，估客云集，为汉江中小都会。"其他像紫阳、白河及南郑、城固，都是比较重要的物资集散地。其中最值得注意的是安康地位的变化。安康原只是兴安六县的政治中心，到清中叶，不仅成为粮食和山货土特产的产出地，而且成为堪称陕南、鄂西首位的集散中心市场。嘉庆、道光时安康有上、中、下三码头，"商贾云集，即各厅、县、各乡、镇船载马驮至郡贸易者，无日不有。"兴安（安康）、汉中二府运往湖北的桐油、生漆、漆油和烟叶等农林产品，大部分是首先集运至安康分级、包装，然后再登舟东下。

通过水运，陕南、鄂西的农业、手工工场的生产得以同长江中下游的市场建立联系，水运的发达又成为某些生产部门赖以存在的重要条件。秦巴山区的手工工场多与水运紧密相连。这其中，木厢、耳厂等手工工场的利润主要是商业利润，即通过长途运销以获利。

清后期，汉江水运渐趋衰退。咸丰元年（1851），汉江水运因受太平天国运动影响，陕南、鄂西一带"山货药材概不下行，开厂种植者一切停工"，农业和手工工场均遭受重大挫折。而且农林产品表现也非常明显，粮食已不再外运。烟叶、棉花经汉江外运已经停止，虽有鄂、豫所产棉花沿汉江西上运销陕南、川北，但数量不多。至于生漆、桐油等，虽然仍保持一定的外运规模，但实际上较清中叶明显变小。至光绪年间，兴安知府童兆蓉指出，历史上"汉江下运之货以山货药材为大宗"，但当他寻访从前商货山积的富庶之地时不禁感叹"山内所产蕈、漆、茶、木等货年不如年"，"舟船稀少，日见萧条。"可见，汉江水运衰落明显。

汉江水运衰落原因是多方面的。首先，鸦片战争以后资本主义国家入侵和国内东南沿海工业的发展；其次，秦巴山区农业和手工工场的衰败，及滥伐林木引起严重的水土流失，使河流通航条件日益恶化，妨碍了水运事业的顺利发展；再次，政府的某些政策也限制了水运的正常发展。如从道光后期起，陕南地方政府担心当地粮食不能满足军事上的需要，在20年左右的时间里，下令禁止谷米出境，并设立兵卡以保证禁令实行。这样就使正常的水运和商品流通受到严重阻碍。

清代汉江水运的发展，与以往有很大不同，唐、宋时为官物官运，清代在于区域内部商品经济开始活跃而产生的推动，在于一种将区域经济并入一个较大的市场体系的内在要求。而索价低廉的汉江水运，就又反转来成为地区经济得以进一步发展的条件或原因。

六、穿越秦岭的水陆交通

秦、汉、隋、唐在秦岭北坡的关中建都时，均利用黄河、渭水航道，向国都运输物资。而黄河与渭水河道本身都存在一些问题，造成运输上很多困难。

汉江航道比黄河、渭河的航道条件好，所以秦汉时就有人提出沟通渭河与汉江水系间的水陆运道，使关东、江淮、江汉一带的财赋，由长江转汉江，再沿汉江诸支流转运至关中。

秦岭北坡河流急陡，平均每千米有100米的落差，南坡地势和缓，40千米才有同样的落差。因河谷多成南北方向，所以它们就形成越过秦岭南北的交通线，像这样的路线较为著名的有如下几条：陈仓道（散关道）、褒斜道、傥骆道、子午道、蓝武道。

（一）褒斜道

褒斜道是勾通褒水和斜水的道路。斜水，发源于太白山西侧、鳌山北麓，向北流经太白县五里坡东侧，又折东北方向出斜谷口，注入渭水。褒水发源于秦岭南麓，在太白县境内的源头很多，最东的源头位于五里坡西侧的西沟、塘口街一带。褒斜二水相邻的五里坡是长约五六里的一个缓坡，过此缓

图4-8 石门栈道

坡，就可以沟通斜谷与褒谷。褒斜道实际是一谷二口，纵穿秦岭。就其大势而言，褒斜道是秦岭诸栈道中路线较为平坦便捷的一条谷道。但路经的褒谷南段峡谷，水深流急，绝壁凌空，较为险要。

褒斜道是秦蜀两地人民最早相互沟通的一条谷道，也是世界上最古老的栈道之一。据周原考古发掘的甲骨文记录，周文王时曾发动"伐蜀""克蜀"的军事行动，走的就是这条道路。秦蜀间也很早就有贸易往来。至秦昭王时，褒斜道多处修筑为栈道。汉武帝时，又令汉中太守大力开凿。唐代断续修治、利用。五代以后，褒斜道失去国家主干道地位，但仍为人行的捷径和间道。

历史上的褒斜道，是一条在政治、经济、军事、文化等方面都发挥了重要作用的道路。褒斜道开通后，远在周文王时，就利用此道伐蜀；周幽王伐褒国，也是由褒斜道出兵。战国时期，秦与楚争夺汉中地，不断由褒斜道出兵南郑。秦惠公十三年(前387)，派张仪、司马错、都尉墨等率兵从褒斜道、石牛道至成都灭蜀。秦惠文王更元十三年(前312)，派兵经褒斜道攻楚汉中，置汉中郡。至秦昭王时，相国范雎修筑褒斜栈道，"通于蜀汉"，以加强秦国对汉中、巴蜀的统治。

秦朝灭亡后，刘邦被项羽封于汉中、巴蜀，为汉王。刘邦为迷惑项羽，接受张良建议，在经褒斜道去汉中时，"烧绝所过栈道，示天下无还心，以固项王意。"

汉武帝时，有人提出建议，沟通褒、斜二水，使之成为一水运陆转之道[1]。虽将褒斜栈道进一步凿通，水道却整理不好，根本不能行舟。但褒斜道的畅通，对转运巴蜀物资则起到一定作用。

西晋太康元年(280)，为了加强首都洛阳与汉中、四川等地的联系，改善入蜀道路状况，也修整了褒斜道。

汉江和渭水，都是东西流向。汉江位于秦岭南侧，不直通长安，而利用汉江及其支流水运代替黄、渭运道，在西汉武帝时就付诸实施。

（二）蓝武道

蓝武道即武关道及蓝关道。武关道是古代长安经蓝田、商州通向南阳、邓州、荆襄再到达江南和岭南的一条交通要道。秦、汉、魏晋时期，由于它在军事上的特殊作用而备受重视。唐代定为"次路驿"，其交通地位仅次于"大路驿"潼关道，在经济、文化上的作用达到极盛。唐以后武关道失去国

---

[1]《史记·河渠书》。

道地位，但作为一条中国西北与东南地区相联系的捷径，仍发挥着重要作用。

武关道在先秦时期就是翻越秦岭的主要通道之一。从长安经蓝田溯灞水而上越秦岭进入丹水源，顺丹水谷地南下，至武关，再向东南。春秋时期，秦楚等国多次兵出武关道进行征战。秦穆公二十五年(前635)、二十八年(前632)，先后两次出兵攻打并占领位于秦楚邻界处的鄀国。秦康公十年(前611)，出兵荆襄协助楚攻灭庸国。秦哀公三十一年(前506)，派子蒲、子虎率兵车500乘南去救楚，所经路线就是这一线路。战国时期，楚数次伐秦，与秦军战于蓝田，所经也是这条路。秦昭襄王十五年(前292)、二十八年(前279)，秦大将白起先后出兵武关道，夺取了楚国宛城以及郢、邓五城。秦王政二十四年(前223)，派大将王翦率兵10万，出武关道，攻入楚都寿春，楚王被俘。这些事件所涉及路线也是这一线路。

秦始皇统一全国后，4次出巡东方，其中有2次通过武关道[①]。

秦末，刘邦领兵西至丹水(在今河南淅川老城)，破武关，战蓝田，兵至灞上，秦王子婴降于轵道(在今西安市东郊)旁，秦亡。刘邦由汉中北攻三秦取得胜利后，立即命令大将薛欧、王吸出武关，攻河南，迎接太公和吕后。

西汉时期，武关道主要用于经济、文化的沟通往来。王莽地皇四年(23)，绿林军申屠建、李松率兵攻武关，入长安，灭新莽。不久，赤眉农民起义军又分兵武关道讨伐刘玄，进据长安。《后汉书》记有东汉建武三年(27)、初平四年(193)，东汉政府利用武关道镇压地方反抗势力，即东汉末年，武关道仍为长安东南去之大道。汉献帝初年，华歆为避西京之乱，"求出为下邽令，病不行，遂从蓝田至南阳。"[②]

魏晋南北朝时，国家陷于分裂，武关道上的军事征战十分频繁。如东晋永和十年(354)桓温伐前秦，义熙十二年(416)刘裕伐后秦，东魏天平四年(537)丞相高欢举兵攻打西魏等等，征战多在武关道上；梁承圣三年(554)西魏由武关出兵，经襄阳，陷江陵，俘杀梁元帝。

隋唐时，武关道成为京城通往荆汉、江淮间的重要干道，诸多文士、官吏经由此道游学取仕或赴任，所以有人称武关道为"名利路"。王贞白《商山诗》云："商山名利路，夜亦有人行。"白居易

---

① 《史记·秦始皇本纪》。
② 《三国志·魏书·华歆传》。

《登商山最高顶》诗曰："高高此山顶，四望唯烟云。下有一条路，通达楚与秦。或名诱其心，或利牵其身。乘者及负者，来去何云云。我亦斯人徒，未能出嚣尘。七年三往复，何得笑他人！"此外，诸多贬官如韩愈、颜真卿、周子谅、杨志诚、顾师邕、王搏等被贬去潮州、荆襄、岭南等地时，亦均走武关道。

有关唐武关道的路线文献记载比较明确，由长安东行，过灞桥后，折向东南经蓝田县坡底村，上七盘岭，绕芦山南侧，过蓝桥到蓝桥镇，溯蓝桥河而上，经牧护关(唐蓝田关)过秦岭梁，顺丹水支流七盘河下至黑龙口，折东行，经商州(今商州区)、龙驹寨(今丹凤县)，出武关，又东，经商南县富水镇出陕西境至宛城(今河南南阳市)。

五代至宋，都曾置兵于武关道，作为商、洛、宛、邓间的交通防御之用。北宋末年，金兵两次进攻汴京，陕西巡按使范致虚领兵增援，主力东出潼关，并分兵由武关道东进。南宋绍兴三年(1133)正月，金兵攻四川，避开宋军重兵防守的和尚原和仙人关，主力东进，由蓝田、武关道攻下商州，进而绕道金州攻克兴元府。绍兴十一年(1141)，金兵步骑5万，再次由蓝田、武关道攻陷商州，宋将邵隆先败后胜，经武关道北上，又收复了商州等地。

元顺帝至正十七年(1357)，北方红巾军西路军由白不信、李喜、李武、崔德等率领，经潼关和武关攻入陕西。

明清时期，武关道在物资运输上的作用颇为显著。明宪宗成化以后，由于河套地区失陷，西北边防吃紧，粮食和物资多靠内地转运，湖广地区的粮食物资就是经郧阳运入陕西，再由陕西雇佣民力北输边地。清初时"由河南南阳、湖广、襄、郧入秦者，必到武关"①。

图4-9 武关遗址

① 《读史书舆纪要》卷五二。

（三）傥骆道

傥骆道又称"骆谷道"，是长安、汉中间穿越秦岭的一条道路。南出山口在汉水支流傥水进入汉中平原处，北出山口在渭水支流骆峪水进入关中平原处，取此道由汉中至长安，先入傥谷，后出骆峪，故称为"傥骆道"；由长安至汉中，则先入骆谷，故又称"骆谷道"。

图4-10 傥骆道骆谷

傥骆道得名于傥谷和骆峪，但中间要经过的山谷却不止傥谷和骆峪，还有黑水、清水、酉水等河谷，还要翻越骆峪与黑水之间的十八盘岭、黑水与湑水之间的秦岭正脊、酉水与傥水之间的牛岭或贯岭梁等四五道主要分水岭。傥骆道是一条由众多谷道所组成的迂回曲折的线路。

傥骆道的走向大体是：由长安向西南，经户县至周至，向西南30里，从骆谷口进入山中，穿越骆谷关，循黑河支流陈家河上游翻越老君岭，沿八斗河、大蟒河河谷上行，溯黑河西源越秦岭至都督门，进入汉江支流湑水上源，再向西南至酉水上游的洋县华阳镇，由华阳镇向东南沿酉水经过八里关、白草驿出傥谷口，到达洋县；由洋县沿汉水北岸经汉王城、城固县、柳林镇到达汉中。傥骆道较散关道、褒斜道、子午道更捷近。

曹魏正始五年(244)，曹爽有意向天下树立自己的威望，于是进攻蜀汉。当年三月，曹爽到长安，亲率大军10余万人，由骆谷而入，准备取道傥骆道攻蜀。但由于蜀汉援兵自涪县赶到，进据傥骆道上的三岭要地，阻截曹爽归路，魏军凭险苦战，始得退回。

唐中后期，傥骆道的使用最为频繁。特别是安禄山叛乱以后，皇帝、大臣、名士，为求近捷，不避艰险，取傥骆道往返于长安、汉中之间。在安禄山叛乱中，唐玄宗本人南逃时走的虽是散关道，但朝臣房琯、李煜、高适等则都取道傥骆道。

（四）陈仓道（散关道）

陈仓道（散关道）是穿越秦岭最西侧的一条著名古道，因其路北端出入山口处为秦汉的陈仓县

(今宝鸡市东)，又由于陈仓道与故道在散关衔接为一条路线，所以连称其为"陈仓道"。因嘉陵江的上源东支流——故道水源出散关之南，在故道水源头附近，秦代曾设故道县，散关道经过故道县并沿故道水而行，因而亦名故道。

散关道得名于散关。散关位于秦岭北侧今宝鸡市西南大散岭上，扼控散关道，为关中四塞之一。《读史方舆纪要》记载："关中山川之会，扼南北之交。北不得此，无以启梁益；南不得此，无以图关中。"通过散关达于汉中、巴蜀的散关道，也是古代秦蜀间较早开辟的交通干道。

散关道在凤州(今凤县凤州镇)以北路段一直比较稳定，而凤州以南的路段在不同历史时期有不同的路线。

先秦时期，秦蜀之间的交往主要是利用褒斜谷道的平夷、近便。但也可溯故道水(即潜水、嘉陵江)侧畔而上，越秦岭至关中。

至秦末汉初，故道已经成为人们习惯的路线。刘邦进入汉中时，为了向项羽表示没有向关中扩张的意图，烧绝了褒斜栈道。后来，刘邦企图进攻关中的雍王章邯等，褒斜栈道不能行军，刘邦听从张良之计，令手下大张旗鼓地修复褒斜栈道，而军队主力却悄悄地由故道进军关中，打得章邯等人措手不及。

东汉灵帝建宁五年(172)，武都太守李翕在今略阳县西北的嘉陵江岸修"郴阁栈道"，使故道更为通畅。

东汉末年，故道仍为交通大道。东汉献帝建安二十年(215)三月，曹操亲率大军，由故道去汉中

图4-11 大散关遗址

图4-12 散关道山川形势

征伐张鲁。四月，大军至河池(今甘肃徽县西北)；七月，至阳平关(今勉县老城)。

三国时期，诸葛亮屯兵汉中沔阳(今勉县)准备伐魏。226年，诸葛亮率军由故道北上，围攻陈仓。

南北朝时，南朝萧梁发生了"侯景之乱"，西魏先出兵汉中，后又发兵征蜀，两次均由故道。

唐开成四年（839），归融主持修治秦蜀通道，将褒斜道与散关道合并，即南段武休潭以南循秦汉褒斜道，北段所走路线的凤州、散关、宝鸡间为散关道，中段武休潭与凤州间为北魏所开的回车道，后人统称之为"唐宋褒斜道"。这一条路延续至元、明、清时期，从元代开始称"连云栈道"。

（五）子午道

子午道是由长安向正南入子午谷，翻越秦岭通往汉中、安康以及巴蜀的一条重要谷道。子午道出现在秦汉以前，被辟为驿道的时间虽短，但交通作用却不容小觑。

子午道与子午谷的得名与这条河谷及从长安南行开始一段道路的走向基本取南北方向有关。中国古代称北方为子，南方为午，南北走向的大道就被称为子午道。但严格来说，这条子午道全线并非正南正北，而是由长安到秦岭正脊就稍折向西南，其后又转为由东南向西北，最后一段基本上转为东西方向。

子午道秦岭中的一段路线在不同历史时期走向不一。秦汉时期，由四川、汉中向京都咸阳或长安运输物资，多取褒斜道和故道，不取子午道。汉高祖刘邦去汉中，派张良烧栈道之后，子午道开始受到重视。到平帝元始五年（5）时，王莽下令修凿子午道，并设置子午关。而后，子午道经常被以关中为根据地的政权用作进攻汉中、安康以至四川、湖北等地的通道。魏正始五年（244）春，魏大将曹爽率步骑10余万伐蜀，兵由骆谷、子午道并进，蜀大将王平曾建议派兵阻截于黄金、兴势山等地。黄金在子午道上的金水镇附近。魏景元四年(263)，魏大将钟会率10万大军，分别从斜谷、骆谷、子午谷三道伐蜀，到达汉中。

子午道在其历史发展过程中，虽然经过了多次大的改线和几处小的调整，但其旧路并未因改线而废弃，仍继续发挥着与新线不同的作用，新旧线并存。新线去汉中比旧线捷近，但旧线去汉阴、安康则比新线捷近。唐代天宝年间(742～756)又开辟的"荔枝道"，南子午镇以北利用的是子午道新线路，南子午镇以南则离开子午道，经西乡、镇巴至四川涪州，成为继金牛道之后由秦入蜀的另一捷径。

子午道的子午关是秦岭北坡子午道上的主要关隘。自西汉末王莽设关之后，东晋初年，割据关中的后秦姚苌，曾命郝奴为六谷大都督，以警备包括子午谷在内的南山诸谷之险。隋唐亦在此设立关卡，并置"关官"，负责管理、盘查过往行人，禁止人们非法携带武器出入，以保安全。安史之乱以后，唐朝政府为加强南山诸谷的防守，维护南北交通，曾设置过南山五谷使，子午关为驻兵防守的要地之一。

子午道在政治、经济上同样有相当地位，汉唐时期，曾一度成为国家驿道。东汉安帝初年，由于居住在甘肃南部、青海东部的羌族部落不满东汉朝廷的徭役，结聚起义，屡败汉军，战争持续10余年之久，战火燃及陕西、山西、四川北部，汉中多次失守，故道和褒斜道两条国家驿道均断，子午道遂成为长安、汉中、四川间的驿路。直至东汉王朝平息羌人起义之后，褒斜道才恢复驿道地位。东汉末年，曹操与马超、韩遂在关中争战期间，关中人民从子午道逃往汉中避难的达数万家。

北宋时期，子午道是商旅由长安去洋州和金州的大路。南宋时，马池以西的子午道旧线已成为从西北边境经汉中、安康、襄阳达于首都杭州的驿道的一段。子午道沿途的集镇和维护治安的巡检司也逐渐增加，北宋在长安县设有一个子午镇，明朝又在西乡县设立了一个子午镇，并在池河、五郎坝、饶峰岭等地设立巡检司。

到清乾隆年间，陕西巡抚毕沅为了迅速传递发自四川的文报，不取连云栈道，而由子午道走递，较驿路可近七八日之程。随着对子午道的频繁使用和对秦岭山区的开发，清朝时期在子午道所经之处出现了宁陕厅及江口镇、洵阳坝、迎凤坝、两河口等重要集镇。

第四节　秦岭的古代聚落

　　人常逐水而居，聚居而成聚落，大者为城，小者为村。秦岭气候温润，河流众多，适宜人类生存，所以很早就出现了聚落。

一、"八水"与古都长安

长安，今称西安，坐落在渭河中游，北临渭河，南靠秦岭，位于关中平原中部，是中华民族灿烂文化的发祥地和世界著名的古都之一。自古就有"八水绕长安"之说，所谓"八水"，是指渭河、泾河、沣河、涝河、潏河、滈河、浐河、灞河8条河流，其中除了泾河，其余均源自秦岭。秦岭丰沛而优质的水源，养育了周秦汉唐等王朝的繁华都城。

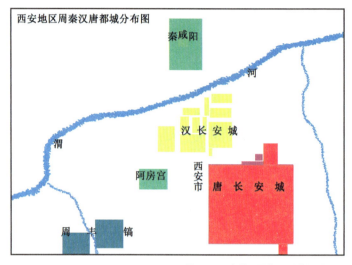

图4-13 西安地区周秦汉唐城址示意图

西安是我国开发最早的地区之一，聚落出现早。根据历史记载，早在公元前21世纪至公元前16世纪，即我国夏代，这里已有扈国、骆国、骊戎国出现。随后有13个王朝相继在此建都，历时1100多年。近代，西安作为陕西省会，不仅是陕西的行政、经济中心，同时也是我国西北的龙头城市。

公元前1134年，西安的雏形已经出现，在沣河沿岸就形成了当时全国性的大城市——丰及以后建立的镐（丰位于今长安区沣河西岸的马王村附近，镐位于沣河东岸的普度村附近，合称丰镐）。丰、镐作为周的都城，其建立时间早，比古罗马都城建立要早600多年，比古希腊都城雅典建立早400年。周人建都丰、镐，以此作为基地，积聚力量，完成了灭商大业，建立了周王朝。丰、镐是当时全国政治、文化中心。据史书记载，其都城规模和形制，"方九里，旁三门。国中九经九纬，经途九轨。左祖右社，面朝后市。"[1]丰、镐不仅是奴隶制的农业经济中心，而且已经形成了以青铜制造业为中心的手工业和相当发达的商业，并且孕育出灿烂的青铜文化。在周平王迁都洛邑以前的360多年间，丰、镐一直是兴盛的城市。

约在公元前6世纪，秦人依渭河沿线先后在关中建立了雍城、栎阳和咸阳。秦献公二年（前383），秦的政治中心迁到栎阳（今西安市阎良区古城屯一带）。栎阳作为秦国的临时都城共30余年，著名的商鞅变法就从这里开始。秦孝公时栎阳的规模，已相当于现在的中等城市。

① 《周礼·考工记》。

　　秦孝公十二年(前350)，秦国都城由栎阳迁都咸阳。秦咸阳故城在今咸阳市以东的长陵车站、窑店镇和肖家村一带。司马迁说："汉长安，秦咸阳也。"就是说，汉长安本来是秦咸阳的一部分。古咸阳"渭水贯都，以象天汉"，跨渭河南北两岸，其南岸部分后归长安。由于当时咸阳临渭背塬，面积有限，所以秦始皇曾"营作朝宫渭南上林苑中"，他把"东西五百步，南北五十丈，上可以坐万人，下可以建五丈旗"的雄伟辉煌的主要宫殿阿房宫建在今西安市西郊赵家堡与大古村之间。规划中的咸阳是以渭河为依托的，涵盖今西安市的大部分，而阿房宫则是将渭河纳入其中，所谓"二川溶溶，流入宫墙"。咸阳作为秦都，历时140余年，秦始皇时一次"徙天下豪富十二万户"到咸阳[①]，当时咸阳人口达六七十万，是中国第一个中央集权制国家的政治中心。秦人借渭河交通之利，饮马黄河，雄视中原。后又以咸阳为中心，修筑了驰道，沟通全国各地，促进了咸阳与全国各地的经济、文化交流。秦朝在咸阳废诸侯，行郡县，实行"书同文""车同轨"，统一度量、法律，使咸阳成为宫殿林立、经济繁荣、道路四通八达的全国最大的政治、经济、文化中心，并把秦的文化传播到南亚、西亚和欧洲。

　　汉高帝七年(前200)，汉王朝自栎阳定都长安，从而确定了长安的首都地位。汉长安城初建于汉惠帝元年(前194)，惠帝六年(前189)九月基本完工。著名的汉长安城"周回六十五里，城高三丈五尺"，城内土地面积有约30平方千米，有"八街、九陌，三宫、九府，三庙、十二门，九市、十六桥"，布局规整而别致，有"斗城"之称。街道均为南北与东西方向直线交叉，建筑鳞次栉比，街道宽度一般为45米左右，可以容纳12辆大车并行，交通方便。汉长安城人口超过40万，有商业繁华的"九市"（城西3市，城东6市），繁荣昌盛，是全国的财富中心，也是我国历史上劳动人民所建的第一座规模巨大的城市。当时只有欧洲的罗马城可与之媲美。汉长安城市场上有粮食、酿酒、铜器、布帛、绸缎、皮毛、皮革、毡席、竹木、油漆以及典当等多种行业，商业十分发达，世界上最早的植物纤维纸张，中国第一部历史巨著《史记》，皆出自长安。张骞通西域以后，长安成为沟通东、西方文化和贸易的"丝绸之路"的起点，长安成为公认的国际性城市。17～25年，赤眉、绿林农民军曾在长安建立政权。在东汉时期，长安仍被称为京兆，汉献帝即位之初(190)曾回都长安五年之久。

　　汉以后的200年间，西晋(愍帝)、前赵、前秦、后秦、西魏、北周等王朝，先后有一百二三十年，在长安建都，此时长安仍为政治、经济中心，并曾与亚欧各国保持友好往来，成为中国佛教文化的摇篮。

隋文帝开皇三年(583),隋朝于长安之南另建新城。由宇文恺规划设计,定名大兴,为唐长安城奠定了基础。大兴城作为隋朝的首都,共36年。

618年建立的唐朝,以隋大兴城为基础建设唐长安城,周长36千米,面积84平方千米,比今天西安的明城区大7倍左右,成为当时全国最大的城市,也是当时世界上最宏伟的城市之一。唐长安城除三大宫殿(占总面积的3.7%)、皇城(约占总面积的6.3%)以外,有整齐排列的棋盘式街坊114个,主干道宽150米,最窄的街道宽25米,是一个宫殿巍峨辉煌、风景优美的城市,人口已达100万。根据《长安志》记载,东、西市各有212行,四方珍奇、工艺杂品、瓷器、漆器、金银器皿、银饰、皮毛、旅邸、餐馆、手工作坊,应有尽有,并且吸引了国内外的巨商大贾。在长达298年间里,特别是贞观、开元之时,唐长安城不仅商业繁荣,而且科学技术、航海造船、手工工艺、诗书文学、音乐舞蹈、绘画雕塑、佛学研究都达到新的高峰,成为举世闻名的经济、文化中心。唐长安还与亚洲、非洲、欧洲的许多国家和地区保持着友好和频繁的国际交往,侨居长安的外国人,来自新罗(韩国)、日本等亚洲各地,远至波斯、大食,数以万计,沟通了东西方的经济和文化交流。

881年,黄巢领导的农民起义军进入长安,立国号为"大齐"。907年以后,随着长安失去了首都

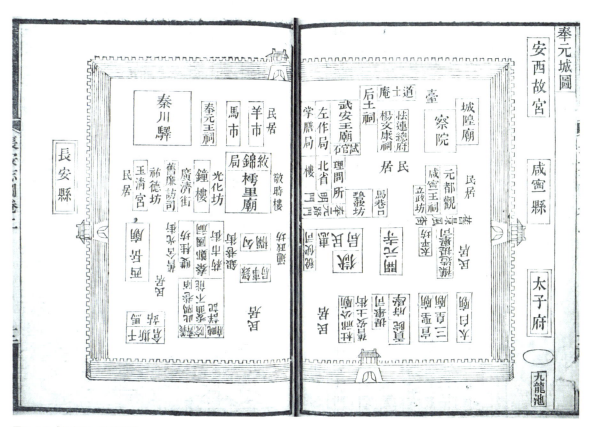

图4-14 《长安志·奉元城图》

的地位，政治、经济中心随之东移。但由于长安仍地处西北门户，扼西北、西南的交通要冲，依然是西北的重镇。宋元时期，长安驻有重兵，以镇守西北，元改长安为安西路，派安西王驻守，以镇关中。1275年，马可·波罗目睹了元代长安城工商繁盛的情况，盛赞长安"凡人生必需之物，城中皆有"，"宫甚壮丽"。安西王被废除后，安西路被改为奉元路。到明代改奉元路为西安府，今西安的名称由此而得。洪武七至十一年(1374~1378)修筑了西安城墙。明清两代，西安仍为西北的军事重镇；由于其与晋南、豫西、川北、鄂西以及西北、内蒙古各地均有货物交流，成为商品集散要地。李自成率农民起义军进入西安后，于1644年1月建国号大顺，改西安为长安，后因进入北京，复改长安为西安。

二、清姜入渭育陈仓

陈仓是宝鸡的古名，因陈仓山而得名。城区位于关中平原西端的渭河两岸，北枕黄土台塬，南依秦岭，清姜河在此汇入渭河，西扼宝鸡峡，东挽千河口。众多的河流带来的河水，为这座城市带来了生命与活力，也为人们的生产生活带来了资源，促进了陈仓古镇的发展。这里有陇口把关，形势非常险要，历来是关中的防御重镇，为关中的安宁守卫护航。

如今的宝鸡以渭河为界，北部东西狭长，南部沿清姜河谷较短，呈"丁"字形，是陕西省第二大城市，也是中共宝鸡市委、市政府所在地，是一个古老而年轻的渭河名镇。

3000年前，古虢国先后在今市区纸坊头和茹家庄建国。夏商周称陈国、西虢。秦汉魏晋名陈仓，在今市区代家湾附近。北周武帝天和元年(566)始筑城池于渭河北岸，名曰"留谷城"，以屯置兵马。隋炀帝大业九年(613)"移陈仓旧治于留谷城"，即今宝鸡市区。唐肃宗至德二年(757)曾复修城池，并以陈仓山(今鸡峰山)石鸡啼鸣之瑞，更名为宝鸡。明清两代，宝鸡城池多次重修，并增建东、西月城及南门外月城、水城。直到建国前夕，城垣基本保持不变。

宝鸡自古就是陕西联系西北和西南的交通枢纽和区间物资交流的转运中心。抗日战争前，宝鸡是一古老的小城镇，但其位置重要，为关中南通汉中、四川的古栈道——陈仓道的起点。古陈仓道是从这里翻越秦岭通往汉中盆地和成都平原的交通要道。秦末汉初，刘邦"明修栈道，暗度陈仓"，实际的行军路线就经过此地。从1936年起，沿着古陈仓道、金牛道修建的川陕公路和西安向西修建的陇海铁路相继通车，使宝鸡成为川陕间物资交流转运的中心。陇海、宝成、宝中三条铁路在此相接，宝鸡已成为西安、兰州、成都、银川之间的一个重要的中心城市。

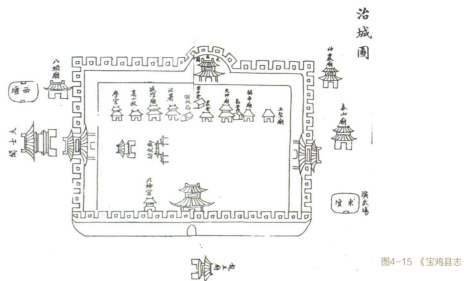

图4-15 《宝鸡县志·宝鸡县治城图》

宝鸡常受渭河之利而兴起，也深受渭河洪水侵害。新中国成立后，经过几十年的建设，宝鸡市面貌发生巨变：陇海铁路以北的东西大街已发展成为宝鸡最重要的商业、文化中心，商铺鳞次栉比，市井繁荣；在陇海铁路以南的渭河高河漫滩地带修建了"经二路"，其他原有街道经过整修和拓宽，铺筑了水泥或沥青路面，两旁绿树掩映，大型建筑物如宝鸡饭店、东方红饭店、南门口百货商店、宝鸡汽车站大楼和河滨影剧院等拔地而起。

宝鸡工业发达，为陕西省第二大工业城市，有工交企业单位1000多家，其中以石油机械、铁路工程机械、桥梁、机床、电器等工业最重要。

宝鸡历史悠久，名胜古迹众多，主要有百首岭遗址、陈仓故址、陈仓峪、金台观、炎帝庙、九龙泉、宝天铁路烈士纪念碑等多处。

三、汉水古镇

（一）汉中

汉中古名南郑，地理位置重要，自然条件优越，北有秦岭屏障，南有巴山绵亘，中部为汉江冲积平原，海拔500米，平畴沃野，土地肥美，气候温和而湿润，适于人类生活；又有汉江流经，给这里带来了便利的水上交通。汉中盆地降雨量丰富，适宜农业生产，区域开发较早，建城历史悠久。

公元前771年周平王迁都洛邑，郑(今华县)人一部分东迁至今河南郑州以南新郑县建新郑邑，一

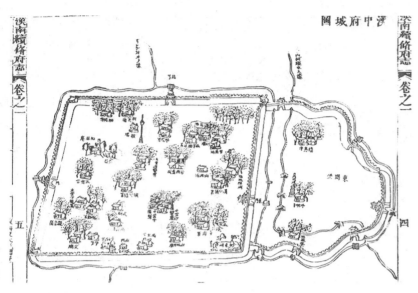

图4-16 《汉南续修府志·汉中府城图》

部分南迁汉中一带建南郑邑,始有南郑之名。

据文献记载,秦厉共公二十六年(前451)始筑南郑城,城址在今汉中火车站东北1千米处。

秦惠文王十三年(前312)首置汉中郡。据文献记载,"郡临汉水之阳,南面汉山,故名汉中。"楚汉之际,刘邦被封为汉中王,所谓"王巴蜀汉中,都南郑",就是这里。此后直至南北朝,其间归属多变。三国时曾属蜀地。隋代更名汉中郡。隋大业八年(612)重修南郑城临汉水。唐为梁州。五代时置兴元府至元朝。宋嘉定十三年(1220)再修南郑城于故城西南临汉水(即今汉中城)。明洪武三年(1370)重建,为汉中府治,城门有四:东称朝南,西称振武,北称拱辰,南称望江。正德十五年(1520)在城墙外包砖,城门上建楼。此后,历代多有整修,并在城墙上建炮台、炮楼,后在东关外筑城建东关堡与东城墙相接。明时置汉中府,沿至清末。

1913年设汉中道,1935年为陕西省第六行政督察专区。1949年12月6日解放。建国后,先后为南郑专区、陕南行政区、汉中专区、汉中地区行署驻地。城墙逐渐被拆除,改建为环城路。

自古以来,汉中一直是汉江和嘉陵江上游地区的政治、商业和交通中心及物资集散地,当地的山货土特产多在汉中装船运往武汉。从湖北运来的纱布、绸缎、瓷器、麻糖等水运到汉中后部分内销,部分转运到甘肃和关中;从四川运来的糖、铁、纸、绸缎、茶叶、生漆等也往往通过汉中运往甘肃。1920年《续编南郑县志》载,"汉中为道治,西则陆通陇、蜀,东则水达鄂、皖,商贾辐辏,货物山积,虽繁盛不及长安,亦陕西第二都会,尤以东关及十八里铺为最。"当时汉中的货运码头在靠近东关的过街楼附近，故商人多在这一带开行店、屯货物。城内手工业发达，并逐渐形成一些行业相对集中的街巷，如伞铺街、皮坊街、管子街(管子即毛笔，今青年路)、竹竿巷(今团结路南段)、马掌街(今东关后街东段)、纸坊街(今东关后街西段)等。1936年川陕公路通车后，特别是抗日战争爆发后，汉中成为大后方的重镇，一些机关、学校、军事后勤单位相继迁来，在附近兴修了一些水利工程、公路和桥梁，在农村推广作物良种。"中国工业合作协会"在汉中建立了铁木、纺织、印染、化工、粮食加工等专业性合作社，经济有一定的发展。但直到建国前夕，汉中市的经济基础仍十分薄弱，工业以手工业为主。

新中国成立后，修建了南北向的人民路和一些新的商业街。现在以火车站广场为中心，以人民路和车站东路、车站西路、前进路及汉白路为骨架，已形成汉中新市区。由南大街向南开通汉江路，直达汉江北岸。汉中东关外建成文教区。现在汉中城区楼房林立，街道宽阔，设施齐备。现有阳安(康)铁路横贯市区北部，城乡公路四通八达，主要公路有宝汉、川陕、汉白等，沟通省内外，汉中已成为汉中地区的交通枢纽。汉中也是以轻工、机械为主的新兴工业城市。

汉中历史悠久，文物和名胜古迹颇多。国家重点文物保护单位有褒斜道、石门及摩崖石刻。省级重点文物保护单位有汉台、拜将坛和东塔等。

(二) 安康

安康城位于安康市中部、汉江南岸，为安康市的政治、经济、文化和交通中心。安康位于汉中平原东部，南依巴山，背靠秦岭，傍依汉水，"枕流而城"，汉江为城市的发展提供了充裕的水资源以及便利的水上交通。该地区属于亚热带季风气候区，具有较多的降水，形成了土地肥沃、气候温和而湿润的环境，为当地人们的生活提供了优越的环境。

安康城自古为陕南东部的政治、军事、经济中心。沿汉江逆水而上可达汉中，顺水而下可通襄樊、武汉，沿陆路北上可达关中，南下沿黄洋河谷地翻越大巴山可通今重庆，扼交通之要冲，历史上为屯兵设防重地。安康在商周时期为庸国属地，春秋属楚地，秦代建汉中郡，并设西城县，西城县城就位于汉江北岸，《梁州记》中所说的"今金州西北四里，汉水之北，西城山之东"即指这里。晋太康元年(280)，因安置入境流民，取"安宁康泰"之意，始置安康县；后因汉江北移，城为水所毁。504年，其地归魏，北魏将治所迁到汉江之南，即今安康城。北周武成二年(560)辖地并入青安县。隋大业三年(607)改称金川县。唐武德元年(618)复设西城县，隶属金州。元至元年间撤销西城县。明代为兴安州，州城建于汉江高河漫滩上，因这里地势低下，明万历十一年(1583)被洪水淹没，后在原城南1千米处的赵台山下另建一城，称为南城或新城。清顺治四年(1647)又在原旧城处建城，这就是今天所说的旧城或北城；清康熙四十五年(1706)北城又被水淹没，次年仍将县治迁到南城；清乾隆四十七年(1782)于兴安府城复置安康县。清末，新旧两城并存，新城为屯兵之地，官衙、民居、商站多分布在旧城。

新中国成立以来，市政建设发展很快，城镇人口超过10万。城区已形成了旧城居民区、商业区、江北火车站地带工业区和新城文教区等。

安康城交通汉江水运占重要地位，但航道险滩多，通航程度很差。建国后，疏通了汉江航道，整修了汉白公路，特别是阳安、襄渝两条铁路的建成和通往西安的民用航空线开通后，加强了与全国各地的经济联系。城区南部为文化区。

城区有回民1万多人，主要集中于旧城区的东部。城南3千米处有香溪洞，为省级风景名胜游览区。城西汉江干流上的安康水电站大坝蓄水后，形成瀛湖风景区，风光秀丽迷人。

四、丹江古镇

（一）商州

商州地处秦岭南坡、丹江北岸，为商洛市委、市政府驻地，西北距西安110千米，人口6.99万人，为商洛市最大的城镇。

《隋书·地理志》载："商洛之名源于商山、洛水。"《陕西通志》载："商本山名，在州东南。"商州因境内有商山而得名，商山在今丹凤县商镇丹江南岸。

商州春秋时属晋，名上洛邑。秦时为商县(县址在丹凤古城)辖区，西汉为上洛县，东汉为上洛侯国，晋为上洛郡及上洛县治，元代至元元年(1264)撤上洛县，辖地归商州。明初降州为县，后又复升为州，直属陕西布政使司。1913年废州为商县。1988年改为商州市。2002年改为商州区。

商州旧有城，筑于晋兴宁三年(365)。宋元时期拓修，"周五里，高二丈五尺，池深二丈"，形如鹤翔，故谓鹤城。有四门，东门名为觐阳，西门名为靖羌，南门名为镇远，西南水门名为靖顺。最初为土城，后改为半砖垒，明嘉靖末全部改为砖砌，以后又多次整修，居商洛城池之首。建国后为扩展城区，先后拆除东、西、北三面城墙，唯南墙仍保存完好。

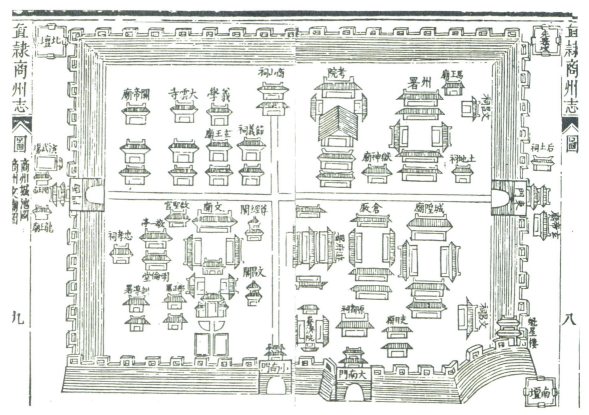

图4-17 《直隶商州志·商州城池图》

现今商州城区有东西平行的四条横街及南北平行的三条纵街，呈方格状格局。水通电明，混凝土路面，行道树绿荫蔽日。自南而北分别为南街、正街和北新街。南街，是商洛市政府所在地；正街，是旧日之闹市，迄今店铺栉比；旁有背街，是居民区；另有北新街，是建国后特别是20世纪80年代以来新兴之街道，商洛市政府及市直机关、市主要工商企业多分布于此街，楼房林立，街道宽阔，现代建筑争奇斗艳。

商州的名胜古迹有大云寺、城隍庙、文庙、商山书院及莲湖公园、烈士陵园和仙娥峰等。其中仙娥峰位于城西5千米处的丹江岸边，其峰峦如刀削斧凿，巍峨险峻。唐代诗人李白、白居易曾记游写诗于此。有名诗："商山无数峰，最爱仙娥好。……向无如此物，安足留四皓。"1970年筑起二龙山水库，如今库区青山绿水，碧波荡漾，景色宜人。

（二）龙驹寨

龙驹寨位于丹凤县中西部丹江北岸、秦岭东部商丹盆地，为丹凤县人民政府驻地，西北距商州城45千米，是因丹江水运而兴起的一个古镇。龙驹寨镇是历史上闻名遐迩的水旱码头，明清时曾经繁盛一时，民国时期因兵事频繁，民生凋敝，加之陇海铁路通车，其运输力大大优于丹江木船，龙驹镇码头遂日益萧条。

龙驹寨初名龙龟寨，其名称来源有多种说法：一种说法是因寨北有一岭似龙，另有两丘若龟而得名；另一种说法，相传刘邦起义经过此地，其马生产一驹，于是更名为龙驹寨；还有一种说法，称其东龙潭出龙驹马，项羽得到这种龙驹马，将这里命名为龙驹寨。

公元前351年，秦孝公即筑城于该镇西2.5公里的古城村，名为商，即商鞅封邑。据宋《九域志》、清《一统志》记载，唐代商洛县有青云镇，即龙驹镇。据《筑城碑记》载，寨城于明末毁于张献忠攻城之时，清顺治九年(1652)重修；嘉庆二年(1797)白莲教入境时，再次重修寨城；光绪三十一年(1905)，建商州龙驹寨巡警总局。辛亥革命时，建商县分县，设县佐公署。1935年，红军长征经此创建鄂豫陕苏区，当年扩修龙驹寨城，被誉为"陕南屏障""三秦要津"。1946年，国民党于该镇设专署办事处，随后改为"陕西省龙驹设治局"。

20世纪80年代以来，龙驹寨镇容变化很大。该镇老街以北，渐次形成新街。由环城西路、中路、东路，将老街和新街连成"Ⅲ"形，旧街得到改造。龙驹寨的名胜古迹有船帮会馆，为陕西省文物保护单位。此外还有盐帮会馆、青器帮会馆、马帮会馆等会馆群，以及紫阳宫、金山寺、仁义祠等。商州十景中的"鸡冠插汉""龙潭瀑布"都在该镇。

五、其他古镇

除上述较大的城镇外，陕境秦岭南北两侧著名古镇还有诸多，这些古镇多在水陆交通线上，并且位于河流之畔。下面择其要者述之。

1.韦曲镇（街办）

韦曲在西安城南古潏河北、樊川川道中，为著名的樊

图4-18 丹凤龙驹寨船帮会馆

川古镇。唐中宗之妻韦皇后的母亲和宰相韦安石曾在这一带建有别墅，为唐代达官显贵韦杜家族的世袭之地。现为长安区人民政府驻地。商业繁华，盛产罐罐韭黄。有汉宣帝杜陵、明王陵及牛头寺等。

2.太乙宫镇（街办）

太乙宫镇在西安市长安区东南秦岭脚下太乙河畔，因太乙宫得名。西汉武帝曾在太乙宫祭太乙神；汉唐时期此处曾是达官贵族避暑吟歌之地。自然与人文风景俱佳，名胜有汉四皓庙、翠华山。

3.子午镇（街办）

子午镇位于秦岭北麓子午峪口。宋景祐三年（1036）置子午镇；清嘉庆七年（1802），长安县丞驻子午镇。子午镇为古子午道进出秦岭之要地，明清为长安八大镇之一。子午镇古迹很多，有佛教三阶教祖庭百塔寺、国清寺及重要道观金仙观。另有子午温泉一直为当地人们沿用。

4.郭杜镇（街办）

郭杜镇在西安市长安区西南，建于明万历年间，为明清古镇，也是历史上长安八大镇之一。北有中华文字之根——仓颉造字台，南有佛教净土宗祖庭香积寺。

5.鸣犊镇

鸣犊镇位于西安市长安区东南库峪河与浐河交汇处，自古为咸宁县八大镇之一，有杨湾新石器时期遗址、朱元璋曾祭拜的瘟神庙。

6.引镇（街办）

引镇位于西安市长安区东南，为长安区东部重要集镇。明清时引镇商业颇为繁盛，形成四条主要街道：西街为手工业作坊；中街主要

图4-19 香积寺塔

为饮食；南街主要为百货、杂货、山货店、盐店、旅店；北街有扫帚店、车马店。另外，当时西安一些商行在引镇设有货栈、分行。引镇一度成为西安东南重要商业中心。

7.滦镇（街办）

滦镇位于西安市长安区西南沣峪口附近、沣河西侧，历史悠久，但发展较慢，其迅速发展是在西（安）万（县）公路通车以后，形成了以西万路与新（村）灵（感寺）公路交叉处为中心，呈十字形分布的街道格局。

8.蓝关镇

蓝关镇位于西安市蓝田县灞河北岸，历史悠久。自北周武帝建德二年(573)设蓝田县至今，蓝关镇一直为蓝田县城所在地。

9.普化镇

普化镇位于西安市蓝田县中部灞河支流道沟峪河北岸。普化镇有做佛事、善事的传统习俗。普化镇有一著名的民俗活动即水陆大会通，称"水会"。普化水会音乐极具特色，其源于隋，盛于唐，是唐代宫廷音乐传至民间后，和民间音乐融合后演绎成的一种地方特色的民间乐种，带有浓厚的唐代风格。

普化镇名胜古迹较多，有"泥塑瑰宝"水陆庵、胭脂台（传说曹操为才女蔡文姬所建梳妆台遗址）、隋代悟真寺，以及蓝关古栈道等。

10.汤峪镇

汤峪镇位于西安市蓝田县汤峪口外。汤峪镇依山傍水，风光秀丽，有温泉喷溢，为千余年汤泉疗养胜地。汤峪镇因有温泉而得名，系蓝田八景之一，古称"石门汤泉"，据史书记载唐初建房舍两区为浴池，挖塘修泉，唐玄宗曾赐名"大兴汤院"，从而成为疗养胜地，距今已有1400年历史。清道光年间有名人捐资修建，闻名关中地区，为全国26个重点温泉之一。1956年建成陕西省汤峪疗养院。20世纪80年代新建汤泉湖。

11.骊山镇（街办）

骊山镇位于西安市临潼区临河与潼河之间，以温泉著称，周、秦、汉、唐时已是帝王名士游览胜地。骊山镇原为唐昭应县之城址，名胜有骊山、秦始皇陵兵马俑、华清宫遗址、庆山寺遗址，特产有临潼石榴、火晶柿子等，最为有特色的是众多疗养院。

12.新丰镇（街办）

新丰镇位于西安东30千米、临潼区东北部，为陇海铁路和西延铁路的交会点。西汉初年，刘邦为取悦其父，在这里修筑城堡，其形制酷似其家乡丰邑街里，并将丰邑父老迁到这里，取名为新丰。新丰自古酿酒业发达，尤其是新丰白醪酒，有"新丰美酒斗十千"的美誉。新丰镇另有著名古迹"鸿门宴"遗址。

13.草堂镇

草堂镇位于西安市户县西南，南依秦岭圭峰山，北接秦渡镇。草堂镇得名于草堂寺，草堂寺始建于350年，是中国佛教流通至今的正典经史翻译者鸠摩罗什的译经之地。弘始三年(401)，印度僧人鸠摩罗什来到长安，在这里校译梵文经典《大品般若》《小品般若》《法华》《维摩》《阿弥陀》《金刚》等97部427卷。寺内存有建于413年的八宝玉石塔（舍利塔）、唐代名相裴休撰写的《定慧禅师碑》等国家重点保护文物。草堂镇另有圭峰夜月、紫阁青冥等著名自然美景。

14.秦镇

秦镇又名秦渡镇，位于西安市户县、长安交界的沣河西岸。周文王伐崇后，建新的都城丰于此。后秦弘始三年(401)，皇帝姚兴及文武百官由京城（汉城）赴草堂寺听取鸠摩罗什讲经，在此渡沣河并设立渡口，称之为秦渡。唐代仍称秦渡，高骈寄李遂良诗云"吟社客归秦渡晚"。明代宣德元年(1426)前后，改为秦渡镇。秦镇北有历史遗迹"周文王灵台"。著名小吃秦镇米皮源于此地。

15.甘亭镇

甘亭镇位于西安市西南户县北部涝河西。甘亭镇历史悠久，虞舜时为崇国，夏为有扈氏国，商仍为崇国，汉代始设鄠县。今成为户县人民政府所在地，为新兴工业城镇，镇上有甘亭古城遗址。

16.祖庵镇

祖庵镇位于西安市户县城西10千米，地处甘河两支流之间，曾是夏王启伐有扈氏"大战于甘"的地方，也是商帝乙之弟期的封地。

相传老子曾在这里传教。道教全真派祖师王喆（王重阳）之庵院建于此，尊称祖庵。有王重阳修道和遗蜕之所、"全真圣地"——大重阳万寿宫。20世纪50年代，将周围石碑31通集中到重阳宫，成为"祖庵碑林"。

17.楼观镇

楼观镇位于西安市周至县县城东南15千米田峪河畔，得名于著名古迹楼观台。楼观台有3000余年历史，为道教发祥地，相传，中国古代著名哲学家老子李耳在此著书立说、传道讲经，史称"仙都"。如今楼观台为道教圣地，有楼观台国家森林公园、大秦寺。

18.终南镇

终南镇位于西安市周至县东部秦岭脚下，因面向终南山而得名。大约形成于西周初期，为西周时矢侯封地。秦时上林苑长杨宫建在这里。汉至元为周至县政治经济文化中心，是"赐福镇宅圣君"钟馗故里，有上清太平宫钟馗故里庙。终南镇豆村北有西周墓葬群，学术界称"马家坡遗址"。

19.二曲镇

二曲镇在西安市周至县北部，渭河南侧。北周建德三年（574）县城由终南镇迁至二曲镇，今二曲镇为周至县人民政府驻地。二曲镇历史名人多，如北宋御史赵瞻、明代学者王三聘(王两曲)、清翰林学士李宗烈、清代名儒李二曲等均为此地之人。现今二曲镇是商贸非常发达的新型工商业城镇。二曲镇文物古迹丰富，有八云塔（唐代建）、城隍庙、万寿宫等古建筑。

20.哑柏镇

哑柏镇在西安市周至县，《周至县志》记载，相传周文王路经此地天色傍晚，见路边似有1人，连问数声不语，近前细看，原是1棵柏树，幽默地说："真哑柏也。"地由此得名。今为西安市周至县西部农村最大的贸易中心。

21.虢镇

虢镇位于宝鸡市陈仓区渭河沿岸，商末周初时为虢国，是周文王弟虢叔的封地，称"西虢"。公元前687年，秦武公设虢县；公元前361年，秦孝公设陈仓县。今为宝鸡市陈仓区人民政府驻地，现代工业发展迅速。虢镇名胜古迹有钓鱼台、西镇吴山等。

22.横渠镇

横渠镇在宝鸡市眉县城东24公里西宝南线与横汤公路交会处。宋代哲学家、教育家张载讲学的横渠书院在该镇，宋代此地引大振谷等八水于镇北交汇形成横渠，镇因此而得名。唐昭宗天复二年（902），朱全忠率汴师围凤翔李茂贞，兵至横渠即此。村呈带状分布，面积1.5平方千米，人口3984人，为苹果基地之一。名胜古迹有张载祠。

23.华山镇

华山镇位于华阴市渭河南岸，是华阴县内首镇，历史悠久，房屋建筑较好，多是砖木结构，门面房、后厅房多棚木板楼。店门门楣多悬金字（或为朱红）名匾、酒家招牌。有西岳庙及附属古迹，庙前设市，有庙会。

24.敷水镇

敷水镇位于华阴市西部罗敷河西岸。位置优越，交通发达，西潼高速公路、310国道穿境而过。且高速公路出口处位于310国道与大华公路交会处，华金公路与310国道在境内交会，成为沟通陕南、渭北和秦、晋、豫三省的交通枢纽。水利、电力资源丰富，工商业发达。公共建筑除基层政权机关、学校外，主要是庙宇、戏楼等，建筑质量较好。

图4-20 横渠书院

25.高塘镇

高塘镇位于华县县城西南24.5千米之台塬上。自古以来就是远近闻名的集贸古镇，集市贸易十分发达。清至民国，高塘镇的烧酒、酱园、染坊、铁、竹木诸业非常繁荣。1928年，高塘镇曾发生震撼全国的一次大规模武装起义——渭华起义，极大地打击了国民党在西北的反动统治，为建立陕北红军根据地奠定了基础，提供了经验。现有国家级重点文物保护单位——渭华起义革命旧址。

26.双石铺镇

位于宝鸡市凤县嘉陵江畔，唐时凤州即建有城垣，后多有兴废。元至正二十八年(1368)，平章蔡均又重修，城垣范围"南跨南岐，北临故道水"。元末城垣毁于战乱。明嘉靖十九年(1540)、万历二年(1574)、清顺治十一年(1654)均有修葺。乾隆二十八年(1763)，知县王廷均又重修。有佛爷湾石窟、松林驿摩崖石刻、觉灵宝塔等文物，更有草店遗址、左家崖遗址等古遗址。野生动物种类繁多，有国家一级保护动物10余种。

27.黄牛铺镇

黄牛铺镇位于宝鸡市凤县东北部，地处秦岭主梁以南、嘉陵江源头地带。黄牛铺镇地处关中通往蜀地、大西南要道的咽喉之地，所以自古为兵家必争之地，明清时为重要的驿站。黄牛铺镇地处秦岭南麓深山，山青水碧，风光旖旎，名胜古迹有和尚原古战场等。

28.武关驿镇

武关驿镇位于汉中市留坝县南部尚溪河与上南河交汇处。武关驿地处秦岭南麓腹地，生态环境优越，自然风光宜人。武关驿镇古栈道文化积淀丰厚，褒斜道、连云道、文川道三条古栈道穿境而过，栈道遗存多，被誉为"古栈道博物馆"。武关驿镇的名胜古迹有武休关古战场遗址等。

图4-21 和尚原古战场遗址

29.留坝县城关镇

留坝县城关镇位于汉中市留坝县北栈河北岸，为留坝县人民政府所在地。留坝古时曾先后属凤县和褒城县所辖。在此曾设安山驿。清乾隆三十九年(1774)始设留坝厅，属汉中府，以今县城为厅治。地处古褒斜道中，古为由蜀入秦之咽喉要道，为交通重镇。名胜古迹有汉王城遗址、三交城遗址及留坝厅城(旧城)遗址等。

30.袁家庄镇

袁家庄镇位于汉中市佛坪县中部、汉江与椒溪河交汇处，三国至五代为黄金县，清嘉庆年间设周洋县丞于袁家庄(今佛坪县城)。民国时该镇就有铁业、染坊、轧花、弹花、铸蜡、缝纫、织袜等私营小企业。今为佛坪县人民政府所在地，工商业均有一定发展，农业以猪、药、菜为主。

31.石泉县城关镇

石泉县城关镇位于安康市石泉县北部汉江北岸。自西魏废帝元年(552)置石泉县开始，石泉县县城多在此地，是石泉县政治、经济、文化中心。今城关镇为石泉县人民政府驻地。石泉县出产的林土特产及宁陕县的部分产品，如桐油、生漆、蚕茧、核桃、板栗和药材多在此地集散。

32.后柳镇

后柳镇是石泉县南部汉江边的一个小镇，是抗日名将王范堂的家乡。后柳镇自古交通便利，素有汉江水码头之称，交通地位非常重要。后柳镇内文物古迹众多，文化底蕴深厚。后柳镇古建筑较多，且很有特色，临江一带是小镇古建筑的集中区。最为有名的是"屋包树"，位于最东边，有几间土墙，其间有一棵大树从百年之久的青瓦民居房屋中间昂然而起，直出屋顶，伞盖全房，成为一大奇特景观。

33.铁佛寺镇

铁佛寺镇位于汉阴县北部。早期名叫梨树岭，明弘治二年（1489）修街取土时，从地下丈余处挖出铁佛一尊，并修庙供奉，街成之日，名字也改为铁佛寺。特殊的历史渊源和优越的地理位置使铁佛寺镇成为了汉阳北部山区的政治、经济、文化中心大镇。

34.漩涡镇

漩涡镇位于汉阴县凤凰山南麓、汉水北岸，为清代湖广移民聚居而形成的古镇，历来以蚕桑、黄姜、烤烟、茶叶、林果、畜禽养殖为经济支柱。漩涡镇西北的黄龙、堰坪和茨沟村有层层叠叠的梯田，犹如天梯直上云端，被称为凤堰古梯田。凤堰古梯田是重要的农业文化遗产，以其独特的历史价值与景观而名声鹊起，被评为陕西省第三次全国文物普查"十大新发现"，现已建成生态博物馆。

35.汉阴县城关镇

汉阴县城关镇位于安康市汉阴县月河沿岸，为汉阴县人民政府所在地。南宋绍兴二年（1132）汉阴县县治迁于此地。名胜古迹有两处：一处是文峰塔，位于城墙东南角，建于清同治十二年(1873)；另外一处在镇北山坡上，有菩萨泉，风景秀丽。

36.柴坪镇

柴坪镇位于镇安县西南部、旬河西岸。历史上的柴坪，有旬河航运优势，是西安通往蜀汉的古交通要道必经之地，曾获誉"小汉口"桂冠。这里山清水秀、风景优美，有众多名胜幽景让人流连忘返。柴坪镇自古为道教活动的胜地，其中以塔云山最为突出，有"塔云仙景小华山"之美喻，《镇安县志》称之为"县境八景"之一，其内有紫金城、报恩寺、观音山、泉水井、柳林等特色景点，令人陶醉，并蕴藏有丰富的历史文化内涵。

图4-22 塔云山

37.旬阳县城关镇

旬阳县城关镇位于安康市旬阳县汉江北岸,为旬阳县人民政府所在地。从宋代开始这里就是旬阳县县治驻地,崇祯八年(1635),知县史采、姚世雍建起城墙。旬阳县城关镇空间上呈现出一个东西长、呈葫芦形的天然半岛,半岛的北、东、南三面环水,西边一线与陆地相连,古称这一地形为"金线吊葫芦"。旬阳城关扼汉江交通要冲,历史上是屯兵设防之所,同时也是商业城镇。

38.蜀河镇

蜀河镇位于安康市旬阳县汉江、蜀河交汇之处,北魏时为清阳县治所在地。1948年设上关县,1949年撤销。蜀河镇是汉江沿岸重要码头和山货特产集散地。

39.恒口镇

恒口镇位于安康市汉滨区汉江北岸。秦汉时就开始开发,清代初年,来自湖北孝感、麻城一带以及湖南、广西等地的移民在此定居,逐渐把月河沿岸芦苇丛生的沼泽地改造为良田。20世纪50年代恒口的商业曾繁荣一时。恒口镇长期是月河盆地中部的经济中心,陕南重要的交通枢纽之一。

40.洛南县城关镇

洛南县城关镇位于商洛市洛南县西部洛河上游。洛南秦代设县,大业十一年(615)县城由武谷川迁至清池川河畔的燕子山下的今洛南县城。该镇产煤,且工业较好。

41.山阳县城关镇

山阳县城关镇位于商洛市山阳县中部丰水河下游。山阳县原名丰阳县,西晋泰始三年(267)开始设置,以县城设在丰水河北岸而得名。宋咸平元年(998)易名山阳。明成化十二年(1476)县城迁今址。山阳县城关镇的文物古迹有迄今保存完好的唐建丰阳塔和清建禹王宫等。

42.永乐镇

永乐镇位于商洛市镇安县长安河与东河交汇处,为镇安县人民政府所在地。镇安县为明景泰三年(1452)设置;天顺七年(1463)二月县治迁至今址;正德七年(1512)将土城改为砖城,并增建飞楼、壕池;嘉靖四年(1725)加固城墙,新建永安(西)、永庆(东)、永丰(南)三城门。明清时期东关一带最繁华。名胜古迹有文庙大成殿、魁星楼、兴隆寺等。

43.乾佑镇

乾佑镇位于商洛市柞水县乾佑河沿岸，为柞水县人民政府驻地。古时县地曾先后分属咸宁(今西安)、杜县(今长安、蓝田)、旬阳、山阳、上洛(今商州)。清乾隆四十八年（1783）设置孝义厅，1913年改设孝义县，县治均在今乾佑镇。1915年改为柞水县，取县城西柞水之名。因北、西、南濒临乾佑河而得名。乾佑镇名胜古迹有乾佑关、孝义厅城遗址等。

44.商南县城关镇

商南县城关镇位于商洛市商南县东北部县河沿岸，为商南县人民政府驻地。城关镇在秦时属商县，北魏景明元年(500)，于商县之东南设南商县。明成化十三年(1477)改设商南县，县治即设今址。商南县因位于商山之南而得名。名胜古迹主要有金莲寺、真如寺、文昌宫、王家庄地主庄园等。

45.洋州镇

洋州镇位于汉中市洋县，在汉江上游北岸，为洋县人民政府驻地。西魏废帝二年(553)，设洋州及洋州郡，始有洋州之名。之后先后设洋川郡、洋州、洋县，这里一直为郡治、州治、县治所在地。洋州镇交通四通八达，自古就是关中越秦岭至汉中的交通要道的重要节点。历史上洋州镇军事地位重要，工商业繁荣。洋州镇中心现有建成于唐开元时期的舍利塔，是洋州镇标志性建筑。

46.华阳镇

华阳镇位于汉中市洋县北部，是历史上有名的傥骆古道驿站、古军事要冲、古经济政治重镇。清代建筑保存较为完好，华阳古城墙残垣轮廓尚在，宋元时期的华阳镇古塔、古戏楼风格独特。街东"三官庙"前有清乾隆四十六年（1781）修建的戏楼1座，街南端东西河上有光绪年间修建的护栏凉亭木桥和石桥各1座。齐家街北端有意大利传教士修建的天主堂1所，为砖木结构2层楼房。街中段有石拱桥称太平桥。会馆街位于正街北端，有山西会馆1所。会馆街上段为新街，系清代兴修。

47.谢村镇

谢村镇位于汉中市洋县西部汉江北岸，唐代以后形成农贸集市。街道东西走向，长1200米、宽5

图4-23 华阳镇

米，旧时以石条铺人行道，鹅卵石镶缀两侧。街房多为土木结构的"铺面"房，商民聚居，店铺挨挤。清代至民国时期，沿街以经营黄酒业而负盛名，有黄酒作坊6处，另有药铺、货店、饭馆、茶社，还有粮油、肉食、蔬菜、柴炭市场。谢村镇西有名胜古迹智果寺藏经楼，该藏经楼藏有明慈圣宣明肃皇太后所赐佛经3000余卷、4000余册，过往烧香、观经者络绎不绝。

48.龙亭镇

龙亭镇位于汉中市洋县东部汉江北岸。北魏宣武帝正始二年（505），于城固县东部置龙亭县。民国时，龙亭镇有街道1条，东西走向，长1500米，街房均为土木结构，参差不齐。农历三、六、九为集日。镇南200米处有龙亭侯蔡伦墓祠及蔡伦纸文化博物馆。

49.紫阳县城关镇

紫阳县城关镇位于安康市紫阳县汉江、任河交汇处，为紫阳县人民政府驻地。宋代道教南派创始人张平叔曾在汉江岸边的仙人洞修行数年，道号"紫阳真人"，紫阳县因此而得名。紫阳城关镇交通位置重要，紫阳县所产茶叶、生漆、蚕茧、药材及其他山货特产，多在此转运。紫阳县城关镇主要的名胜古迹有东明庵塔、泗王庙、仙人洞等。

50.漫川关

漫川关位于商洛市山阳县金钱河北岸，古为秦楚分界，北朝西魏废帝二年(553)置漫川县，北周保定三年(563)并入丰阳。明清两代，水运发达，商业繁盛。漫川关古建筑很多，漫川街上的船帮会馆、湖北会馆、武昌会馆、骡帮会馆、武圣宫等建筑物都被列为保护文物。其他文物古迹也很多，如秦楚分界碑，民国修建的多角牌楼、戏楼、寺院。另有建于武周永昌年间的"千佛洞"，有石雕佛像数百，很有特色。

51.马召镇

马召镇位于西安市周至县南部的秦岭脚下黑河西侧，108国道和108省道在镇中穿过，交通方便。据民国重修《周至县志》载：东汉马融拜关中学者挚恂为师，隐居仙游寺石室学习。后来，马融成为名噪一时的大儒，公车征召，乡里人以他为荣，马召因而得名。马召镇山清水秀，风光绮丽，名胜古迹众多，尤以仙游寺为最。历代帝王、名宦、文人学士足迹遍及于此。

52.广济镇

广济镇位于西安市周至县城西南，得名于附近一条古代著名的水渠"广济渠"。广济镇原名南神

图4-24 漫川关戏楼

寨，镇南为古骆谷道，在汉、魏、隋、唐时曾多有战争，为兵家安营扎寨之地。唐曾驻神策军，因名神策军寨。寨分南北，沿为村镇名。清《西安府志》载：宋开宝二年（969）开广济渠，后塞。明代重建广济渠，流注县城西城壕，北流入渭，渠流经南神寨村，更名为广济。

53.集贤镇

集贤镇位于西安市周至县县城东南28公里，享有"中国鼓乐之乡、华夏财神故里"之美誉，人文景观众多，文化底蕴深厚。集贤镇传统文化遗产集贤鼓乐有"中国古代音乐的活化石""古代东方的交响乐"美誉，源远流长，传承久远，先后被国务院、联合国教科文组织列入国家级非物质文化遗产和世界非物质文化保护名录，集贤镇也由此被国家文化部确认为"中国鼓乐之乡"。

54.神农镇

神农镇地处宝鸡市南郊，南依秦岭，北临渭水，清姜河穿境而过，因神农氏出生于此而得名。神农镇文化积淀深厚。境内有龙山文化遗址、仰韶文化遗址、西周文化遗址，历史价值极高。另有著名古迹古大散关、诸葛山、九龙泉、姜氏城、古栈道等；还有常羊山的炎帝陵和天台山国家级风景名胜区，是海内外游客寻根祭祖的理想之地。

55.余下镇

余下镇位于西安市西南47千米南秦岭北麓洪积扇地区，距山根约4千米。原是一个小村庄，唐天复四年(904)李克用被封为晋王，曾来此地，得名"御下"，后人为书写方便写成"余下"。余下镇发展较晚，是第一个五年计划期间国家重点建设地区之一，形成了一个以化工、电力为主的工业城镇。

56.涝店镇

涝店镇位于西安市户县县城西北7.5千米的涝河沿岸。据乾隆《户县新志》载：元至正二十七年(1367)前，因地处涝河东岸为东西交通要道，且有店铺，故称涝店。解放前，因涝店地处户县南部地域中心，以集市贸易而兴起，遂延续此名。解放后，涝店为户县西北地区的商贸中心，并设镇至今。从1367年至今的600多年延续发展，造就了历史悠久的涝店镇。北部靠近渭河，其沿岸风光秀丽。

57.大王镇

大王镇在西安市户县北部渭河南岸，位于西宝与咸户公路交会处。清雍正年间，因居民较多且商业发达，已称为大王镇。大王镇原来无城墙，清康熙四十五年(1706)知县张世勋令筑城建门，新中国成立后城墙被拆除。今大王镇上有居民超过5000人，工商业较为发达。

58.华胥镇

华胥镇位于西安市蓝田县西部，北枕骊山，南临灞水。相传华胥氏曾在这里建立了华夏大地上第一个母系氏族部落。《列子》中记载，"黄帝梦游华胥国，华胥之人其国无帅长，自然而已；其民无嗜好，自然而已；不知乐生，不知恶死，故无夭殇；不知亲己，不知疏物，故无所爱憎；知背逆，不知向顺，故无所利害。"这说明华胥之名很早就有。另外，华胥镇在《蓝田县志》中记载为华胥渚，清嘉庆年间又称油坊街。当地流传着一个传说，此地即华胥氏怀孕后栖息之地。华胥镇有古迹华胥陵（羲母陵），保留有一通记载三皇功绩的碑石。

59.焕古镇

焕古镇位于安康市紫阳县中部汉江北岸，是著名的重要产茶乡镇。焕古所产富硒茶历史悠久，唐代时就已成为宫廷贡品，产于焕古镇的"紫阳毛尖"是清代全国十大名茶。紫阳富硒茶已成为国家原产地保护产品。焕古镇古建筑较多，有古香古色的板石路、石板房；有名胜古迹——东明庵。焕古镇

图4-25 华胥

223

周围群山环绕，有齐星寨、石女寨、牛头寨、天池垭、云雾寨、东明寨、蟒寨、蜂桶殿等地方名山，风景优美。

60.芭蕉口镇

芭蕉口镇位于安康市紫阳县南部、任河西岸。该镇在清初仅为一小村，因附近之滩口流急滩险，上下船只经过时都须停泊避险。随着航运的发展，从事搬运的力夫不断增多，这里逐渐形成集镇。民国《紫阳县志·建置志》载："芭蕉口，居民二十余户。任河上下船只经此必搬险滩，道、咸间力佣者恒数百人。"解放后，随着人口的增多及经济建设的发展，任河航运更加繁忙，芭蕉口镇更加繁荣。但是，襄渝铁路和紫渔公路修通后，由于公路、铁路绕芭蕉口镇通过，加之任河航道废弃，该镇日见萧条，但仍不失为一方重要集镇。

61.洞河镇

洞河镇位于安康市紫阳县东南洞河、汝河入汉江处，旧称洞河口，又称洞汝河口，三面环水，一面靠山。洞河镇形成于清乾隆年间。由于滨临汉江，一直是紫阳县外运的重要港口。紫阳县及岚皋县的土特产皆汇于此处外运，所需的铁器、布匹、食盐等物资也经此处运入，至民国年间即成为紫阳县东部重镇。镇内有两处著名古建筑：一为戏楼，一为石牌坊。

62.汉王镇

汉王镇位于安康市紫阳县城西北汉江东岸，是紫阳县北部的历史名镇和边贸重镇。相传刘邦东征伐楚，在此地建土城，驻扎军营而得名汉王城。汉王镇交通便利，水路有汉江瀛湖黄金水道，陆路有紫石公路横贯全镇。汉王镇风景名胜有"陕南小武当"——擂鼓台自然风景区。

63.石镇

石镇位于商洛市柞水县城南1.5千米处，临乾佑河畔，西枕耳机山。石镇为柞水至镇安所必经，交通地位较为重要，唐圣历三年（700）这里开始有集市。清代和民国时期称"石嘴子镇"，因北头有一大石嘴而得名。中华人民共和国成立后改为石镇。镇北有佛教建筑碧霞宫，为佛教僧徒朝拜处。碧霞宫建于唐会昌三年（843），清乾隆八年（1743）改碧霞宫为帝君庙，后在庙前建戏楼一座。每年农历二月初二为盛会，唱大戏三日。

64.凤镇

凤镇位于商洛市柞水县县城东南社川河畔，南依凤凰山。清嘉庆前名为三叉河口（因社川河、滗河、水碓沟河在此交汇）。清嘉庆年间改名凤凰嘴（因西南有凤凰山）。1961年9月划归柞水管辖，始称凤镇。时因凤凰嘴至西安骡马道开辟，行旅往来多云集于凤凰嘴，开始有市集，并逐渐形成街铺。凤镇民风淳朴，古建筑较多，现存有凤凰嘴老街，老街在水碓沟河东岸，全长1千米，古建筑很有特色，且保存较好。

65.营盘

营盘位于商洛市柞水县城西20千米乾佑河东岸，东依碉堡山，呈南北方向。因清代农民造反的军队和官军在此安营下寨而得名。清同治六年（1867），太平军2万余人驻守营盘，操练武艺，筹集粮草。三月出大峪与清军激战于三兆，击败了副都统乌兰都。古时商贾行旅多以营盘为站，加之时有小舟沿乾佑河而上至大山岔和营盘，再顺流而下至兴安（今安康），故有"水旱码头"之说。从清乾隆五十一年（1786）开始营盘始有集市，集日为二、五、八。

66.旬阳坝

旬阳坝位于安康市宁陕县城北49千米，西万公路穿镇而过，旬（阳坝）铁（炉坝）公路以此为起点。清乾隆后，逐渐形成集镇，至民国年间，居住20余户人家，少数开客店为业，多数耕农为生。今旬阳坝交通方便，公共设施齐全，为镇人民政府所在地。

67.华县城关镇

华县城关镇位于渭南市华县太平峪河、渭河交汇处，西周时为郑国，秦汉时为郑县，唐永泰年间在今址建华州城，明清两代华州城均为关中东部的政治经济中心。

68.华阴

华阴在秦岭北麓长涧河畔，周代设阴晋邑，战国时属魏国阴晋。汉高祖八年(前199)始称华阴，华阴老县城是元代至正年间在汉唐旧城址基础上修建的土城，到明代万历年间用烧砖包砌，即华阴古城，东西宽，南北窄，呈长方形。城在东、西、南城墙上建翠灵、尊经、环翠3座阁楼，用以象征华山之东、西、南峰，有3个门。华阴位于西安至潼关的大道上，自古商业发达。

69.黄柏塬

黄柏塬位于宝鸡市太白县秦岭南麓腹地。明清时较繁华，人多居黄柏塬村及两面山坡，为四川、汉中客商迁徙而居。街北有太白庙、戏楼、学堂等，清末毁于匪患。建国后，街房逐步得到修复。这里碧流穿峡，山清水秀；苍松翠柏，四季常青；空气清新，生态极好。街道有集市，逢二、五、八为集日，街房多为青砖砌面和木板面瓦房。

70.嘴头镇

嘴头镇位于宝鸡市太白县虢川河北岸，为太白县人民政府驻地。嘴头镇四周群山环绕，处于一较开阔、平坦的山间小盆地之中。嘴头镇以嘴头街为中心，东到黄凤山村之彭家院，西到翠玑山（老君洞）脚下之后庄河畔，北到李家沟村之场坊口和红星村间的倒湾口，南到虢川河畔，有3条街道（上街、下街、中街）。嘴头镇的古建筑较多，有山西会馆、戏楼及街道；有两处粮食集、一处山货交易集、五家中药铺、四家杂货店、一家烧酒坊、多家客栈。

71.柳枝镇

柳枝镇位于渭南市华县城东9.5千米处的渭河南岸。柳枝镇历史悠久，唐右拾遗柳怀素善楷书，曾书济安侯庙碑，后人思念，称之为柳子（后演变为柳枝），并以此为镇名。明代，柳枝镇曾聚民千家，专事煅冶，善造刀剑。明、清两代于此设驿站，柳枝镇分东西两街，相距500米，西街商户20余家，东街有大车店二三个，民国初相沿。今为镇人民政府驻地。每逢农历一、五、八日为集会日，上集人数可达上万人。柳枝镇的名胜古迹有永庆寺。

72.潼关县城关镇

潼关县城关镇位于渭南市潼关县黄河南岸。潼关古称"冲关"，殷纣王时为防止西岐的周国反叛，曾在附近设"断岐关"。潼关城始建于汉，唐代时从塬上迁至塬下，宋明时期多次重建，明洪武五年(1372)再次重建，自古为兵家必争之地。

73. 王曲镇（街办）

王曲镇位于西安西南、长安区中部，清光绪年间就有钱庄、酒铺、车马店。抗日战争期间，国民党黄埔军官学校第七分校迁入，修有一条通往西安的公路，商号、店铺逐渐增多，成为著名的商业中心。

74.博望镇

博望镇位于汉中市城固县湑水河沿岸，因西汉博望侯张骞故里在此而得名，为城固县人民政府驻地。春秋为楚地。战国时秦楚"丹阳之战"（前312）后为秦所占，筑城设县，取"始城而冀其巩固"之意，故名城固。城固县址多变，宋崇宁二年（1103）县尉柴炳选迁今博望镇，史称"乐城"。明洪武三年（1370）重建，以后多次补修。博望镇名胜古迹较多，主要有钟楼、文庙、张骞墓等。

75.略阳县城关镇

略阳县城关镇位于汉中略阳县东渡河与嘉陵江交汇处。公元前205年设沮县，南宋开禧三年（1207），"以其地为用武之区曰略，治在象山之南曰阳"，更名略阳。略阳城关镇地处秦、蜀要冲，为交通重镇。略阳县城关镇名胜古迹较多，有老城东门楼、灵崖寺、江神庙、紫云宫等。其中灵崖寺为唐代依天然溶洞而建，依山临水，地势险要，存有汉隶书时刻《郙阁颂》等碑刻，素有"小碑林"之称。

76.宁陕县城关镇

宁陕县城关镇位于安康市宁陕县长安河、东河沿岸，为宁陕县人民政府驻地。宁陕县城又叫关口，原名五郎关。唐代在这里设置五谷关，明代改为五郎关，并设巡检司驻此。清乾隆四十八年（1783）在老城设五郎厅，嘉庆五年（1800）取"安宁陕西"之意，更名宁陕厅。1913年改为宁陕县。坐落在长安河与东河交汇处，山环水绕，奇险天成，是古代子午道上重要的关隘之一，为南北交通要塞。宁陕一带出产的生漆、核桃、板栗、木材和药材等多在此集散。该镇有五郎关遗址。

第五节　秦岭水体与地域民俗

　　秦岭是一个巨大的绿色水库，其地表水体主要以河流和湖泊的形式存在。秦岭地区河流密集，水量丰富，为这一地区人们提供了优质的生产生活用水，也深深地影响着当地人的生产生活，形成了别具特色的地域民俗。

一、生产民俗

秦岭地区丰富的水资源与发达的水利事业，为深耕细作的传统农业提供了很好的条件，从而使秦岭地区成为水稻、小麦等粮食作物的重要产地，而且对水要求更高的渔业在这里也有重要地位。

（一）水稻种植

秦岭以南地区气候湿热，年平均气温14～16℃，年降水量超过1000毫米，水资源丰沛，为水稻种植提供了良好的条件，自古以来就形成了以水稻种植为主的农耕习俗；如今所种植的作物除水稻外，还有小麦、油菜、玉米、洋芋、红薯，等等。秦岭以南为陕西水稻的集中产区，其中汉中地区水稻种植面积最大，平均亩产最高。

水稻的主要产区是地势较为平坦的汉中盆地。二月里，先将种麦时留的"秧母田"深翻、碎土、施肥(底肥)。三月初再翻整一遍，使土细、面平，然后再做成小畦；稻种均匀地撒在畦上，再撒一层草木灰掩盖湿种子，在稻苗发芽期须放一层薄水浸湿，称为"催芽"。待芽发绿之后，要浇上一二次"淡尿水"，有的还要用水浸。

水稻种植中的一个重要环节是栽秧，栽秧是一项讲究技术的农活。插秧时，插者先站在田坎上，将送来的秧苗一把一把甩到田里(成排成行)，田野里到处是男男女女排成"一"字形在水田里插秧，你追我赶，紧张热烈。特别是姑娘们结伙插秧，嘻嘻哈哈，欢声笑语，尤为热闹。有一首民歌唱出了此时的情景："姑娘们插秧排对排，恰似荷花并蒂开，朵朵花儿映笑脸，巧手绘出锦绣来。"

在汉阴、石泉、平利等县的水田地区，旧时农民在薅秧时节束稻草为龙，遍游乡间各家，称为"玩青苗龙"，预祝这一年庄稼青苗繁茂，五谷丰登。有些地方，这天还要祭拜五谷神、青苗土地神，祈祝丰收。

（二）小麦种植

小麦生长对温度和水要求不是太高，所以在秦岭山区及秦岭以北都有较为广泛的种植。秦岭以北的关中地区气候温和，年平均气温12.5～14℃，年降水量为600毫米左右，水资源较为充足，但季节分配不均，地形平坦，水利较为发达，形成了以小麦种植为主的农业生产结构，除小麦外还有玉米、洋芋、红薯，以及少量的高粱、豆类等。

小麦种植过程较为复杂。小麦播种前，先要施足农家肥(底肥)，一般将青肥、焦土、草木灰、圈粪、坑肥等送到田中倒成堆，俗称"送肥"。在小麦返青以后，特别是灌浆时必须要有充足的水。好在秦岭北麓河网密布，水利发达，小麦生产较有保障，产量较高。

在小麦生产过程中，形成了一些特有的民俗，如"开场饭"、待"麦客"等。

在关中武功一带西塬上，久有"开场饭"与"扎根面"之俗。每年夏收开始，只要搭镰割麦或套碌碡碾场，无论贫富之家，都要做一顿比较丰盛的午饭，称为"开场饭"；秋种完，家家户户要吃一顿臊子面(大肉或羊肉臊子)或辣汤面，称"扎根面"，期望麦子根苗好，明年丰收。

关中小麦收获季节，有宽待"麦客"之俗，"麦客"是帮助他人收割小麦的人，主要来自甘肃。"麦客"来时，关中农家无论大家小户均以白蒸馍、油泼蒜、浆水面条相待，并在住宿等方面提供方便。

（三）水产捕捞与养殖

秦岭地区有江、河、湖、泊等类型多样、数量众多的自然水体，同时还有水库、池塘、稻田等多种多样的人工水体。这些水体的存在，使得这一地区有了除农耕之外的另外一种生产活动，这就是水产的捕捞和养殖，也就是现在通常所说的渔业。秦岭渔业是作为副业而存在的，主要有两种方式：一种是捕鱼，一种是水产养殖。

1.捕鱼

捕鱼这种生产方式产生很早，秦岭北麓西安半坡仰韶文化遗址出土的骨刺鱼叉、鱼钩等渔具，并有石网坠的发现，一些陶器上还有鱼纹，这些都反映了半坡人是有捕鱼活动的，而且是一种重要的生产活动。秦岭地区捕鱼的方式有以下几种。

叉鱼，利用鱼叉捕鱼，难度大，技术要求高，适合捕捉较大的鱼。

网捕，利用鱼网捕鱼。秦岭地区鱼网种类较多，如刺网、大拉网、定置张网、手抄网、夏花网及撒网等。 旧时鱼网多以棉、麻、丝、棕等织成，笨重易腐，须及时晾晒，有"三天打鱼，两天晒网"之说，使用不便。

钓鱼，用钓具捉鱼，钓具主要由干线、支线、钓钩、沉子、浮子等部件组成，具有结构简单、操作方便、不受水域条件限制等特点。

鸬鹚捕鱼，在汉江和渭河、洛河下游，有些渔民专门驯养鸬鹚，用来捕鱼，捕到的大多是小鱼，收获量也较少。

花篮捕鱼，"花篮"是一种用竹或藤编成的盛具，置于浅水鱼游通道和山溪鱼洞之处，夜置晨取，所获较少。这种方式秦岭南麓较为常见。

还有在河中置竹栅、拦河设箔的办法捕鱼。近来又出现了炸鱼、电鱼、毒鱼等有害渔法，现已禁用。

用以上方法得到的水产，多为野生。秦岭多样的水体及丰富的水源，为多种野生鱼类的生长提供了良好的条件，所以秦岭水产种类很多，渭河及其支流有超过80种；陕南汉江、嘉陵江等水系鱼类品种最多，有100余种。

2.水产养殖

秦岭的水产养殖由来已久，品种也比较多，有鲤、鲫、鳜、青、草、鲢、鳙、鲶、鲂、鳜、赤眼鳟、鳝、乌、鲴、鳖等数十余种。其主要方式有两种：一种是池塘养殖，一种是稻田养殖。

池塘养殖通常是利用园圃中的沼、池、湖和民间的涝池、壕沟、陂塘等水体养鱼或其他的水产。池塘养鱼历史悠久，但专门的养鱼池塘并不多见。池塘养殖的快速发展是在改革开放以后。

稻田养殖是利用稻田里的水及营养物质养鱼的养殖方式，在汉代就已出现，主要在汉中、安康等地，后世虽不普及，但一直存在，是稻农很好的一种家庭副业。改革开放以后，稻田养鱼渐趋普遍。

二、秦岭饮食民俗

秦岭以南地区气候湿热，水资源丰沛，形成了以水稻种植为主的农业生产方式；秦岭以北的关中地区气候温和，形成了以小麦种植为主的农业生产方式。由于秦岭两侧自然环境及粮食的生产情况不同，形成了各自不同的饮食习俗。大体上说，秦岭北侧关中的饮食风俗是属于北方类型的，以面食为主；秦岭南侧的饮食风俗则与四川、湖北相似，以大米为主。在口味上喜食酸辣，味道偏咸，则是陕西各地群众在饮食习惯上的共同特点。正如谚语说的，"秦岭一条线，南吃大米北吃面。"

（一）秦岭面食文化

秦岭北麓的关中地区气候温和，形成了以小麦种植为主的农业生产方式，故秦岭北侧关中的饮食风俗是属于北方类型的，以面食为主，主要有面条、蒸馍、锅盔、玉米面搅团、糁子、拌汤、荞面饸饹等。一般早餐和晚餐喝玉米糁子或拌汤，吃馒头或锅盔，午餐吃面条。总的来说，面是关中人的主食，以面为中心造就了关中饮食文化的基本特色。

1.做面是关中女人的基本技能

关中女人没有不会擀面的，做面的技能被当作关中女人立身的本事。能把面擀得薄如纸、切得细如线、下在锅里煮不烂、捞在碗里一窝丝，才能算得上是有真本事的巧媳妇，否则便算是没本事的笨媳妇。旧时农村娶媳妇的第二天上午，便有一个隆重的擀面仪式，俗称"考媳妇"。客人上了席，新媳妇亲自上案擀面，婆家的姑姑、大姨、妯娌、姊子等在旁围观，对她从和面、揉面、擀面、切面等一整套技术进行品评。擀得不好，就要被人小看，在婆家会没有地位。所以女儿从七八岁起，当娘的便授其技艺，搭凳子在案前使擀杖，在娘家把做面技术学得娴熟才能出嫁。做面的关键技术在于和面，面要和得软硬适度，擀起面来才能得心应手；面团要在案上反复揉搓，擀出的面才能有韧劲。关中妇女擀面的技艺，不能不算一绝。面切宽切细，由客人口味而定。一般来说，妇女和老人喜欢吃细面，中青年男子则喜欢吃宽面。宽面硬实，有嚼头，有的面宽约寸许，所谓"面条像裤带"即指此。

2.吃面是衡量关中男人能力的重要尺度

面食是关中人的主食，面吃足才有力气。在关中人的眼里，面吃得越多身体越好，也越能干，所以关中人吃面爱用大碗。宝鸡的一些地方，在待女婿时就用面招待，往往备以几十碗面，女婿吃得碗数越多娘家人越喜欢。

3.关中面食种类繁多，技艺独特

在关中，以面粉做的食品种类非常多，大约可做出上千个品种的食品，单以四季常吃的面条来说，就有油泼面、炸酱面、卤面、烩面、棋花面、炒面、米儿面、麻食面、糁子面、清汤面、蒜蘸面、菠菜面、凉糊汤面、浆水面、拌面等多种。在关中人的生活中，面条占有很重要的位置。

面条的品种和吃法很多，风味各异，现将人们四季常吃的几种面食介绍一下。

"捞面条"是农村午餐常吃的一种家常面，这种面宜硬不宜软。擀面时要不时改变搭擀杖的方向，以便擀得厚薄均匀，同时边擀边以白纱布做的淀粉袋往面上拍粉，使面光滑筋韧。面条宜切长切细，下面前水中加食盐少许，以防面条粘连。直接捞在碗里的叫"粘面"；先捞入凉开水盆里过水后再盛入碗里的叫"过水面"。然后随食者口味加入各种调味品，名称以所配的辅料而定：面上浇臊子的叫"臊子面"；浇炸酱的叫"炸酱面"；放上葱花、辣面用滚油泼的叫"油泼面"。这种面柔软滑润，筋而有味。

"清汤面"，擀面以淀粉做面霜，厚薄均匀，面条切细，用开水煮沸，出锅前碗里先放姜末、葱花、香菜、虾皮、胡椒粉、香醋、酱油、精盐等，然后碗里舀汤，最后捞面，浇上香油，加上肉丝和少许青菜。这种面条柔韧可口，汤的香味浓郁。

"糊汤面"，俗称"一锅煮"，又叫"连锅面"，是农村常吃的一种家常面。这种面宜切成短面条，煮面时水不可过多，面煮好后锅里撒少许面粉搅匀，或调成面糊倒入汤里，使面汤黏稠，然后加入青菜、葱花、熟油和盐、醋等调味品，连汤带面一起吃下。面吃完，汤也喝完了。农村晚餐常吃这种面。

"烩麻食"是面条的一个分支，普通家庭常用它调剂饭食花样。麻食在做法上有"勤麻食""懒麻食"之分，在调料上又有荤素之分。勤麻食是将揉好的面团擀开，切成条状再切成蚕豆大的小丁，逐个在案板上或干净的草帽沿上用右手大拇指搓成卷心而似枣核的麻食坯；懒麻食是将面团擀成厚如铜钱的面片，先切成条，再切成指头大的方块即可。荤吃用猪肉或牛肉配以多种辅料；素吃省去肉类，用一般蔬菜作辅料，但无论肉或菜宜切成小丁块。先把菜入油锅炒至五成熟，加入各种调料，再加入半锅水煮沸，随即将麻食坯下锅与菜一起烩煮，稍焖片刻，使汤汁浓稠即可食用。

"烩面片"的制作方法比较简单，把面擀薄，切成棋花形的小片，放沸水中煮熟，撇出多余的面汤，锅里留汤少许，然后把事先烩好的菜倒入锅内，加盐、酱油、葱花、香菜等调味品，略煮一二分钟，使汤稠面粘即可。做烩面的菜没有严格要求，可精可粗，可荤可素，加上豆腐、粉条、土豆、白菜、豆角等均可。这种面吃起来热火烫嘴，冬天吃它，使人顿觉浑身温暖，额头津津生汗，是一种老少皆宜的饮食。

除面条之外，种类较多的要算是饼了。"饼"是个总称，名目很多，常见的有发面饼、烫面饼、葱花饼、油旋饼、肉馅饼、菜馅饼、单饼、双饼、千层饼、蒸饼、芝麻饼、核桃饼、柿子饼、煎饼等，因配料和制作方法不同而名称与风味各异。

在各种各样的饼中，最令人瞩目的要数"锅盔"了。"锅盔"是一种古老的食品，始于唐代，分发面和死面两种，常见的是发面锅盔。发酵的方法与做馒头的发面过程完全相同，但面要揉得稍硬一些。面发好后，加入碱面揉匀，擀成手掌厚的大圆饼，放平底锅内用慢火烘熟即成。死面锅盔是把面粉用开水全烫或半烫，未经过发酵烙成的，汉中人称为"火烧馍"。关中锅盔最负盛名的要算乾县锅盔，它皮薄瓤酥，形色美观，做这种锅盔要下苦力，堪称"千锤百炼"。把面推擀成直径七寸、厚八分的菊花形圆饼坯，置于上鏊，用稳定的小火烘烤，然后鏊烤，最后用小火烤。要勤看勤翻勤转，做到"三翻六转"，火色均匀。最后出炉的锅盔，其白如雪，无半点黄斑黑迹。这种馍坚硬如石，敲之砰砰有声。锅盔虽硬，食之却酥，用刀切开，状如板油，层次分明，没牙的老人也爱吃它，越嚼越有味。乾县人常说"出炉的锅盔没吃头，隔日见五有嚼头"，意思是说锅盔隔几天后，水分越少，吃起来越筋味越醇，香酥可口。锅盔可存放月余，不走香味。

锅盔是以个大、酥口见长，这却不是关中面食的全部，凉皮给予人们的就是另外一种感觉。关中的凉皮，要以秦镇米面皮子最为有名。

（二）秦岭稻米饮食文化

秦岭以南地区气候湿热，水资源丰沛，形成了以水稻种植为主的农业生产方式。其饮食风俗则与四川、湖北相似，以大米为主，具体有米饭、米面皮子、米粉、"米浆馍"等，而且菜类丰富。

秦镇凉皮与乾县锅盔、岐山挂面齐名，为关中三大著名面食。早在清末，位于秦岭北坡的秦渡镇的米面皮子就已出名。秦镇凉皮的特点是色白光润，筋、薄、细、软，吃起来酸辣爽口。秦镇凉皮制作过程比较讲究，制作时先将大米淘净，水浸1~2天后磨成米浆，加适量食盐搅匀，再徐徐放入沸水中边烫边搅成浓米浆，盛入酿皮锅(用金属薄片冲压而成的有帮、平底、圆形的炊具)，制作工双手旋转，使米浆厚薄均匀，然后将锅放入沸水中蒸熟，再放入凉水中晾凉，揭下米面皮，在其上涂上一层清油。再蒸时，锅底抹菜油，放入米浆。切皮子的铡刀片长约半米，足有10斤重，据说好把式能把软皮子切硬，把硬皮子切软。著名作家贾平凹对其作了最为形象的描述："卖皮子时不用称，三个指头一捏，三下一碗，碗碗分量平等，不会少一条，多一条也不给。加焯过的绿豆芽、加盐、加醋、加芝麻酱，后又三指一捏，三条四条地在辣子油盆里一蘸，放入碗上，白者青白，红者艳红，未启唇则涎水满口。"现在秦镇凉皮已成为城镇居民的方便食品，西安挂秦镇凉皮招牌的店铺就达百余家。秦镇凉皮以它经济、实惠、味美的特点赢得了人们的喜爱，成为人们一年四季不可缺少的美食，也是各大美食城所必备。

米饭，陕南产水稻的地区食大米饭，米饭的制作方法有蒸和焖两种。蒸饭是将米煮至开花后，用笊篱捞出，滤去米汤，入笼或直接倒入锅里用慢火蒸熟，陕南人称为"蒸饭"。焖饭是锅内掺水适量，待米煮开花时水已快干，将急火改为慢火，盖严锅盖焖熟，俗称"连水干"。这种饭不撇米汤，吃起来香味更浓，但如掌握不好火候，便会夹生或焦煳。也有把米放入碗里或盆里，加适量的水直接蒸熟的。

秦岭以南的人们吃馍多吃"米浆馍"。这种馍是以大米为原料制成的。其做法是先把大米淘洗干净，浸泡一天，磨成稀稠相宜的米浆，将其中的一半煮熟，再把另一半生米浆倒在一起搅匀，使其发酵，然后在笼上蒸成约寸厚的糕。这种馍质地细腻，洁白松软，切成方块，用清油烙黄，味道更香甜。有的人家，把磨好的米浆装入缸里，放在室外冷冻一个冬天，到过春节时再制成糕，其味更佳，称之为"冻糕馍"，可经数月不坏。

"洋芋糍粑"是秦岭山区人民以菜代粮的一种典型饮食。地处秦岭山区的太白县普遍种植洋芋，全县各地都风行制作"洋芋糍粑"。把洋芋洗净去皮，蒸熟后倒入石臼捣烂成泥，当地人称为"打糍粑"，舂成后的糍粑其质黏韧，其色洁白，咸吃、甜吃均可。咸吃可用盐、醋、油泼辣子蘸吃，甜吃可蘸蜂蜜或白糖，如能蘸上熟芝麻，其味更香。这种食品制作费时，不能多食，只有在农闲或雨天才能吃到。

秦岭南侧的人们吃米饭对佐餐的菜很讲究，一般要摆上几碟菜，早晚餐通常是腌菜、泡菜、豆豉、豆腐乳、豆瓣酱等。腌菜的品种很多，几乎各种青菜都能腌制，但以香椿、竹笋等腌制的为上乘，口味有咸、甜、麻、辣等多种。泡菜的原料也很广泛，但以爽脆上口者为佳，如白菜心、莲花白、蒜薹、豇豆、萝卜、黄瓜等都是泡菜中的佳品。腌菜、泡菜、豆腐乳等，都装在陶瓷坛子里，坛口有水槽，盖严坛盖，槽内注入清水，可隔绝空气，有密封作用。中午或焖或炒，一般都有二至四个菜。陕南人爱吃肉，《隋书·地理志》载"汉中之人，质朴无文，不甚趋利，性嗜口腹，多事田渔，虽蓬室柴门，食必兼肉"。旧志载："山区担柴卖草者，自城归，只见扁担头悬有肉串。"每隔七八天，必饱餐一顿大块猪肉，谓之"打牙祭"。肉块大如核桃，肉片大如巴掌，切得小了吃得不过瘾。山区有的人家一年杀几次猪，春节前则家家必杀猪，暂时吃不完的肉就腌制成腊肉，抹上食盐和五香调料面，先点燃松柏枝熏烤，然后再挂在灶头用柴草烟火慢慢熏干，以供四季随时煮食。"食必兼肉"便是陕南饮食习俗的一大特点。

秦岭南侧还有一些有名的小吃，如凉粉、粉皮子、菜豆腐、热米皮等。

凉粉是用扁豆、豌豆、蚕豆等杂粮的淀粉加水搅煮而成，还有大米凉粉、红苕凉粉、橡子凉粉等。这种食品或冷食或热食，加以调料，老少无不喜爱。

粉皮子是用蕨根粉或苕粉、洋芋粉加白矾烫制而成，冷后切成细条以芥末、油辣子、陈醋等佐料，色味俱佳，尤为年轻人所好。解放前，高台乡齐家湾村的粉皮子闻名陕南。

图4-26 汉中热米皮

菜豆腐是豆浆稀饭内加放豆腐片，吃时蘸辣子、香菜末，其味清香，营养丰富，为便饭佳品。

汉中热米皮是陕南人民最喜爱的小吃之一。将泡好的大米打成浆，将布弄湿，平铺在笼屉上，然后将打好的米浆摊在上面，等笼屉上汽一分钟左右就可以将蒸好的面皮连布一起从笼屉上取下，贴在案板上，切丝；黄瓜切丝直接放进去，豆芽用开水焯一下再跟面皮一起调。拌上油泼辣子，再加其他的底垫菜，如煮熟的甜菜撕成丝、黄瓜切丝、煮熟的菠菜、胡萝卜丝、煮熟的豆芽、煮熟的土豆丝、煮熟的豇豆段、煮熟的茄子切丝，还有青笋丝和煮熟的白菜丝等。这些东西调拌在一起，结果只有一个：味道好极了。

（三）鱼

鱼不仅营养丰富，而且味道鲜美可口，历来是人们喜爱的食品。秦岭地区丰富的水产品为这里的饮食提供了鱼类，增加了秦岭饮食中的多样性。鱼成为了秦岭地区人们餐桌上的重要组成部分，而其中一些则成为别具特色的地方美食，如褒河鱼、瀛湖桂鱼、白河腊鱼、黑河烤鱼等。

1.褒河鱼

褒河鱼就是褒河里出产的鱼，主要品种是银鮈。银鮈在中国大多地区都有出产，但因褒河特殊的地理环境，使得这里的银鮈白里透青，肉质鲜嫩，蛋白质含量丰富，营养价值高；同时富含矿物质铁、磷、钙和多种维生素，其中所含氨基酸比值最适合人体需要，具有降低胆固醇、预防心脑血管疾病的作用。

褒河鱼烹饪方法以活鱼快做为特色，清蒸、红烧均宜，鱼鲜肉嫩，入味爽口，红油漫浸柔辣不腻，麻中透香，回味悠长。

在襄河鱼的各种吃法中，以襄河鱼道火锅最为地道、正宗。火锅麻辣鲜香，鱼肉细嫩爽口、香而不腻，特别配以数十种调料提味，工艺讲究，风味独特，火锅麻辣适口，鲜香怡人，余味悠长。避传统火锅之燥辣，扬现代火锅之情趣，食之补阴益气、暖胃开津、养颜美容、老少皆宜。

2.黑河烤鱼

烤鱼是流行于西北地区的烤肉这一烹饪方式在秦岭地区的发展。黑河烤鱼是秦岭烧烤的代表。其基本食材来源于秦岭的黑河。

黑河是渭河的一条支流，源头在西安市周至县境内的碰峪。黑河水深、质优、量大，被选为西安市用水的主要来源。成长于黑河中的各种冷水淡水鱼膘肥体健，极富营养，加上师傅们的精湛烧烤技艺，制作出了美味可口的黑河烤鱼。

周至县马召镇黑河旁烤鱼店随处可见，黑河烤鱼也由于味道鲜美、口感滑润，越来越受到社会各界人士的喜爱，黑河烤鱼发展成为了周至的美食招牌。

3.瀛湖桂鱼

瀛湖是在汉江上修建电站大坝而形成的水库，位于安康西南。瀛湖水产丰富，尤其以桂鱼最为出名。桂鱼肉质细嫩肥美，隔水蒸熟后，用上等生油调汁，淋于其上，可谓色泽淡雅、香味清新、营养丰富。

4.白河腊鱼

白河腊鱼是白河县的一道名菜，一般选用2.5千克以上的草鱼作为材质进行腌制，腌制24小时后取出挂在通风处晾晒。晾晒到七分干时为成品，这时候的鱼大部分水分被风干，剩下的三分保留了鱼肉的细腻爽滑。腊鱼的吃法主要有三种，即蒸、煎、干煸。不管怎么做，腊鱼吃起来都爽口、美味。

5.酸辣茴香小鱼

酸辣茴香小鱼是汉阴的名吃，以月河白条鱼为食材，以葱、姜、花椒粉、酸辣椒、油炸豆腐、茴香、盐为配料，鱼香酥软，酸辣可口。

三、秦岭信仰民俗

无论是种水稻还是小麦都离不开水，水崇拜成为秦岭地区信仰民俗的主要内容。秦岭的水来源于降水，由于这里的降水季节分配不均，年际变化又大，导致这一地区洪涝灾害时有发生，影响这里的农业生产。人们通过种种方式，求得神灵保佑风调雨顺。自古以来，这里的人们对水有一种神秘的猜测，认为天地间有神灵潜藏，这其中就有水神，水神掌管与水相关的事，水神有多种，比如城隍，比如龙。秦岭一带的人们对水的崇拜主要表现为以下几种形式。

（一）祭城隍

城隍在周朝叫水庸神，即城池之神，后来演变为主宰当地水旱、吉凶、冥事、士科等事务的神，成了冥冥中的一位父母官。旧时，新官上任要去城隍庙参拜，民间的许多事情也要到城隍庙祈祷。城隍的寿诞期各地不同，商南县为农历四月初八，韩城县为农历五月二十八，岐山县为农历十月十五。各县都在城隍的"生日"举行祭祀活动。

户县除城中有城隍庙外，县北曾有三尊"游城隍"，分别叫大城隍、二城隍、三城隍。大城隍合凿齿村、康王村、渭曲坊、王守村一带19村为一社；二城隍合牙道村、待诏村、韩旗寨一带21村为一社；三城隍合韩村、六老庵、三旗一带13村为一社。社内各村按固定次序接城隍，每村一年，轮流主祭。据说游城隍是为了纪念汉将纪信。纪信是王守村人，生前因保卫汉王刘邦死于烈火，后被封为"都府城隍"。每年于十月十五日报赛，叫"十月会"，也叫"会城隍"。迎神行列中有骑高头大马，身背黄包袱，插长尾雉羽，担任开道联络工作的"报马"二人；有抢火流球、耍春秋刀的武术队，有各色各样的旌旗；有大敲大打的锣鼓队，有高达8米左右、装饰华美的彩亭。在彩亭后面是城隍的仪仗队，其后是塑在椅子上的城隍夫妇像。神像后边紧跟着两个泥塑的红、黑小鬼，下来就是文武祭官。再后有马若干对，每队按颜色排列。骑马的人，有的拿签簿，有的抱签筒，还有一人为城隍背着被褥。接着有数人抬着约2米见方的神龛，这是经常流动的城隍夫妇的栖息之所。"接爷"后，还有"守爷"，为城隍夫妇办生日等活动。演戏一至三天，甲村报赛后乙村迎接。建国后这种活动渐行消迹。

（二）祈雨

千百年来，中国农业的收获好坏，很大程度皆依赖于"天道"是否顺，关中古谚语称："立夏不下(雨)，犁头高挂；立夏下几点，耀州城里买大碗。"意思是立夏前后只要下雨，秋季就会丰收。又有谚语说："伏干不算干，秋干连根剜。"意思是夏秋之间，不敢遇干旱。所以，若遇天旱不雨，在科学不发达的年代，人们便用种种方法求老天下雨，祈求好收成。

新中国成立之前，若逢天旱，不但官府明令禁屠、禁乐等，而且，还支持民间搞一些祈雨活动。如关中地区有"炙石求雨""寡妇哭城角""寡妇求雨""围坛祈雨""晒罗汉"等，陕南有"马角祈雨""耍水龙""取湫""晒龙王"等祈雨活动。

1.晒罗汉

晒罗汉是华阴一带流行的祈雨形式。在久旱不雨时，人们用纸剪18个罗汉，放在太阳下晒，认为罗汉晒得受不了时，天就会下雨。

2.晒猴王

晒猴王是户县一带流传的祈雨形式。"猴王爷"是当地人们认为可以与雨神沟通的一个形象，以泥塑的形式存在于许多地方。新中国成立之前，没有"猴王爷"的村子，就组织一些年轻人黑夜到有"猴王爷"庙的村子里去偷。晚上，几个年轻人带上事先准备好的一条红色女裤，到了猴王庙，将泥塑的"猴王爷"搬下神台，装在裤子里背回村。第二天就晒在太阳下，连晒三天，然后再供起来敬，不论多少天若是下了雨，便敲锣打鼓将"猴王爷"送回去。

3.围坛求雨

围坛求雨是古时流行于韩城一带的祈雨方式。天旱时，人们先在神庙前挖一大坑蓄满水，坑周围插满柳枝，严禁闲人进入其内，称"围坛"。然后成群结队地敲锣打鼓，到草沟庙祈雨。其间除烧香燃烛、跪拜外，还要唱三天戏。然后，大伙下山到"围坛"的庙里敬神、献供(供品有猪、羊等物)。县城一带，人们是在村中围好坛，全村人斋戒不动荤，并挑选两个幼童（称为"雨童"），轮流怀抱一水瓶，八步一跪，直到嵬山取山水。接回水以后，将瓶安放坛上，日夜祭祀，以十天为一期。如果下了雨，就唱戏三天酬神；若不下雨，重新设坛。若下了雨，则耍神楼，唱大戏还愿。

4.取湫祈雨

取湫祈雨主要流行于汉中地区。所谓"湫"就是泉水。"取湫"有"武取"与"文取"两种取法。"文取"是在天旱时，由县官带领数名士绅和吏员，带上"祈雨文"、香烛和供品，一路逢庙烧香，遇桥叩头，步行去有"龙泉"的地方（如城固县的滴水岩，南郑县的小南海、圣水寺，勉县的温泉等）处"取湫"。取湫人到了目的地，先敬神叩拜，焚香燃烛，火化"取湫文"，然后在岩洞或龙泉中灌一罐（或一壶）水，名为"湫"。回县后供在城隍庙，每日降香三次，名为"祭湫"。在此期间，县官张贴告示，全县百姓不准宰杀猪羊，称为"断屠"。同时，还禁止卖酒。这就是"文取"。所谓"武取"，即由马角子(民间传为神灵附体的人)取湫。马角子如同跳大神，一会儿神灵附体，口吐白沫，高声喊叫，手舞足蹈，还自称是"二郎神"，并且要耍刀；一会儿"神去"，就像普通人一样。"取湫"时，马角子头勒红绸，手舞双刀，光脚赤背，率村民三五十人，敲锣打鼓，快步奔向目的地(如小南海)。到了"神泉"(有时，马角子在某处乱指说是神泉眼，让人们去挖)，先焚香燃烛，然后由马角子入泉(或进洞)，将"湫"取上带回供奉。若三日内降雨，马上诵经演戏，以酬龙恩。若十天内不雨，则怀疑取到的"湫"是不是真的，便将水倒掉另取，直到下雨方休。

5.晒龙王

晒龙王是旧时陕南汉中、安康一带流行的一种祈雨及娱乐形式。在久旱不雨、敬神许愿后仍不下雨时，人们便将龙王庙里的龙王像抬出来，放在太阳下曝晒。人们认为龙王是管水的神，有兴云布雨之能。龙王被晒得受不了时，就会下雨。

6.耍水龙

耍水龙是陕南流行的一种祈雨和娱乐形式，此风俗在汉中地区尤为盛行。所谓"水龙"，又叫"柳龙"，因它从头到尾，每节身躯皆用活柳条(带绿叶)编扎而成。龙长十二节或十三节，代表一年十二月，或闰年十三月。每节装有长柄，用两条绳子连接。舞龙之人，由身强力壮的男青年组成。

天旱不下雨时，除在庙中焚香献供品外，舞龙的人身穿背心，脚着草鞋，头戴柳条圈，到城镇街上耍。在耍水龙期间(一般耍三天)，城镇街道上的商店、居民、机关、作坊，门口都放上大木桶、水缸及盆罐等，放满清水，待水龙一到，人们便端盆、拿瓢，向水龙泼水。在哗哗的泼水声、铿锵的锣鼓声与人们叫喊声、欢笑声中，水龙如在瀑布、水雾里翻滚(和舞彩龙相似)，别有一番景况和情趣。耍龙人奋力舞动，遮挡泼来的"暴雨""狂浪"，但仍被浇得呼吸急促，双目难睁，浑身淌水，如落汤鸡。水龙过处，街道尘土被冲洗得干干净净，空气骤然清新、凉爽。所以，此活动在盛夏天热时候进行，深得群众的喜爱。

（三）放河灯

放河灯是安康江河沿岸一带的民间习俗，用纸做成碗口大的小船，或各种形状的纸灯，底部涂以蜡油；或以小木碗，内装小蜡烛或黄蜡捻子，逐一点燃，于十五日晚放入河中水面，随水流而下，满河灯火如点点流萤，俗谓"慈航普渡"，意在使屈死、溺死之冤魂随河灯到阴间赴会，早日超生，免害活人。沿岸观灯者人山人海，直至河灯隐没始归。民间还有"抢灯头"之习俗，抢到灯头，送与婚后未育之夫妇，待来年生子后，许一台河灯。"放河灯"还有一层意思是祭河神，求河神不要动怒，兴风作浪，翻船淹人，并祈祷五谷丰登，免除水涝之灾。

四、龙舟竞赛

沿汉水的集镇，端午节这天举办龙舟竞赛活动，龙舟赛本是为了纪念战国时期因忧国忧民愤而投江的爱国诗人屈原，后来龙舟赛逐渐发展成为一种体育竞技活动。场面热烈壮观，观者甚众。

早在战国前赛龙舟已流行于楚国。地处秦巴山区的安康，因紧靠湖北，受楚文化的影响，民间自古就喜欢赛龙舟。龙舟是以蛟龙为图腾，龙为水神，所以，早期的赛龙舟具有表达对水神崇拜的意思。

汉江为龙舟赛提供了天然场所。安康、旬阳、白河、紫阳等沿江一带，历代都举行过龙舟赛。早先龙舟是刻画有龙形状的独木舟，后来随着木船的出现，龙舟成为龙造型的木船。安康的龙舟轻巧灵便，前边装饰着昂起的龙头，后端安着龙尾，船的两边装饰着鳞纹或水波纹，具有独特的韵味。据资料记载，每年端阳节前后，安康沿江一带群众赛龙舟成为民间自发的盛大活动，届时观众如云，河街为之堵塞，甚至有举火夜赛的盛况。

安康从2000年6月开始举办"安康龙舟节"，安康龙舟竞渡成为中国历史上北纬线最高的大江大河的龙舟竞渡，现已成为安康固有的新民俗。而龙舟竞渡这一风俗中的核心价值取向是爱国精神的崇拜和对先贤的追忆，附带有祈福求平安的社会心理。龙舟竞渡成为安康百姓广泛参与和热爱的活动，便开始定形制、定人数，且出现由龙舟竞渡而增设的其他游乐竞标项目。

第一节　秦岭『水库』水资源配置地位　245

　一、陕西现代化的大水利格局

　二、秦岭『水库』及重点水源配置工程

　三、秦岭『水库』重点水源配置工程的
　　　战略地位

第二节　重点水源配置工程　262

　一、黑河引水工程

　二、引乾济石工程

　三、石头河水库工程

　四、引红济石工程

　五、李家河水库工程

　六、引汉济渭工程

　七、『八水润西安』

第三节　水利风景区　278

　一、国家级水利风景区

　二、省级水利风景区

第五章

秦岭水工程与现代社会发展

纵观古今中外，水利活动始终贯穿着人类历史。人类离不开水，因此认识自然和改造自然的过程，也是不断认识、掌握和运用水的各种规律的过程。水资源利用由最初的满足人类生存的农业发展，到现代社会的水利、水电、航运等综合利用，可以说是励精图治、竭尽全力，取得了巨大的成就。

随着现代社会经济的发展、人口数量的增多，水资源短缺已成为制约未来陕西乃至我国经济社会发展的"瓶颈"因素。秦岭这座绿色的水库、陕西最大的水源地（图5-1），正是解决陕西乃至京津地区水资源短缺的金钥匙。从水资源优化配置和高效利用的战略高度，对秦岭南部曾"洪涝肆虐"的丰水区的水实行合理调配，通过"南水北调"将丹江水引入京津，解决京津地区缺水问题；通过"引汉济渭"和"关中城市群的供水工程"来满足被干旱困扰的关中城市群和渭北旱塬工农业用水；并通过增加渭河生态用水，置换黄河干流用水指标，增加黄河用水量来保障陕北能源化工基地的用水需求。陕西《水利发展十二五规划》提出"水利兴陕"，并将在陕西形成"双十双网"的现代化的水利格局，解决陕西缺水的问题。

现代化的水利工程打破了传统观念的束缚，不仅仅具有防洪、灌溉、排涝的基本功能，更是被赋予了文化的烙印，将水利功能与生态功能、美化功能、和谐功能、可持续发展功能联系起来，将欣赏性、美观性、实用性相结合，实现了水利的安全、资源、环境、景观四位一体。秦岭中以现代水利工程为依托，建立了19个水生态环境优美的水利风景区，不但可促进水源地保护，也可满足人们休闲旅游需求，更可展示秦岭优美的自然环境和宏伟的水利工程。

第一节 秦岭"水库"水资源配置地位

　　陕西是一个水资源短缺、洪涝灾害频繁、水土流失严重、生态环境脆弱的省份。面对重大制约陕西经济可持续发展的水资源短缺问题，陕西省构筑了"五大体系""十大工程"的现代化大水利格局，充分协调水与社会、经济、生态、环境等要素的关系，提高水资源与各要素适应的匹配程度，实现水资源合理利用，解决陕西社会经济发展的瓶颈问题。陕西的大水利格局的构建，基于陕西在建国后经历的60多年的水利建设的基础，更是离不开秦岭巨大的水资源，可以说，密集分布的水利工程为陕西现代化大水利格局的构筑奠定了良好的基础，秦岭巨大的水资源则是实现宏伟蓝图的金钥匙。

一、陕西现代化的大水利格局

（一）陕西省现代水利建设的发展

1. 农业灌溉为核心的水利发展

新中国成立至1960年，在毛泽东"水利是农业的命脉"论断的指导下，陕南修塘建库，关中打井修渠，恢复、改扩建 "关中八惠"，陕北筑坝修地，陕西开始了新时期的水利建设。1953年开工，1954年建成陕西的第一座水库——白兔岭水库。1955年6月在南郑建成第一座百万方以上的强家湾水库。1958年时渭惠渠通过提水使水"上高原"，同时开工建设大型的"宝鸡峡引渭、泾河大佛寺水库、新桥水库、交口抽渭"工程。1960年陕西水利工程灌溉面积达到75万公顷。

20世纪60～70年代是特殊的历史时期，以历时17年（1958～1974）建成的宝鸡峡引渭工程为标志，这一时期陕西先后建设了石门水库、羊毛湾水库、王瑶水库、冯家山水库、石头河水库、石砭峪水库、安康瀛湖水电站、东雷抽黄一期工程等一大批大中型水利工程项目。至1978年，在陕西兴建水库1000多座，新增灌溉面积约133万公顷，新增水电装机1000万千瓦，供水发电都实现了奇迹般的飞跃发展。

20世纪80年代，陕西未开工建设新的水利工程。

图5-1 秦岭水源地与湿地分布图

2. 多种功能为目标的陕西水利建设

20世纪90年代，陕西的水利建设重心开始转向以城镇供水为目的的"甘露工程"，先后开工并完成了西安黑河引水工程、石头河西安供水、宝鸡峡加坝加闸、泾惠渠、引冯济羊、马栏引水、延安供水、渭洛河下游治理、三原西郊水库、魏家堡水电站等一批水利工程，解决了412万人的饮水问题。水利建设从农业灌溉"一枝独秀"到满足城市供水和农村饮水的多向发展，也体现了社会经济的发展不再是以农业为核心，而是多种产业全面发展，城市化建设的步伐加快。

进入21世纪后，陕西水利以加强水利基础设施建设和水资源的合理开发、优化配置、高效利用、有效保护及综合治理为指导思想，坚持民生水利优先发展，确立以破解水资源制约瓶颈、明显改善生态环境，显著提高防洪抗旱能力的三大目标和"五大体系"建设，坚持走水利兴陕之路。"十五"和"十一五"期间，陕西水利建设成果体现在以下五个方面[1][2]：

（1）重点水源建设方面：建成西安引乾济石调水工程、盐环定扬黄续建工程、榆林李家梁、采兔沟、瑶镇、渭南涧峪、安康黄石滩、咸阳鸭儿沟、延安雨岔等水库；开工建设引汉济渭工程、泾河东庄水库、引红济石调水工程、榆林王圪堵、延安南沟门、咸阳亭口、西安李家河、铜川龙潭水库、延安延川引黄等重点水源工程；榆林大泉引黄工程前期工作全面启动。

（2）农田水利方面：实施了12座大型灌区续建配套及节水改造工程、大中型灌区末级渠系改造、节水增效示范县项目建设；启动宝鸡峡、交口抽渭、东雷抽黄、冯家山等4个灌区大型泵站的更新改造，开展省级小型农田水利基本建设项目和巩固退耕还林成果基本口粮田建设。

（3）防汛抗旱方面：实施"一江两河一库区"治理，完成了10座城市、23座县城的防洪工程建设，开展中小河流治理，基本建成西安、商洛等市旱情监测系统；继续建设各类城乡饮水工程。

（4）水土保持方面：启动了丹江口库区及上游水土保持项目，开展了淤地坝试点、长治工程、渭河流域水保治理、国家水土保持重点项目、坡耕地综合治理、黄河水保生态等工程项目建设；完成11个节水型社会建设试点。

（5）水电渔业方面：完成16个水电农村电气化县建设和2个小水电代燃料试点项目，开工建设

---

① 陕西水利发展十一五规划[R].
② 陕西水利发展十二五规划[R].

水电站68座。

（二）现代化大水利格局[①]

陕西水利建设在新中国成立后，先后经历了两个重要的历史时期。水利工程的规模也从建造拦河坝形成坡塘水库的小型工程，发展到跨越秦岭南北的大型流域调水工程；施工的方式从肩扛手提发展到全机械化的施工。现有的水利蓄引水体系框架的构建也逐渐完善，这些为构筑和实现陕西现代化大水利格局奠定了坚实的基础。"十二五"期间，陕西水利发展的未来目标是建设"五大体系，十大工程"[②]的现代化大水利格局，实现"双十双网"的宏伟蓝图（图5-2）。

1. "五大体系"

（1）水资源合理配置和高效利用体系

到2020年，基本建成水资源合理配置和高效利用体系。骨干水源工程和区域供水网络全面建成，重点水源工程实现统一管理，城市和工农业生产供水安全得到保障。最严格的水资源管理制度初步落实，水资源利用效率达到国内先进水平。

到2030年，建成供需协调、保障可靠的水资源合理配置和高效利用体系。与经济社会发展水平和水资源承载能力相适应的水资源合理配置格局全面建立，水资源调控水平显著提高。最严格的水资源管理制度全面落实，水资源利用效率达到国内领先水平。

（2）防洪抗旱减灾体系

到2020年，基本建成较为完善的防洪抗旱减灾体系。大中城市重点防护区防洪标准达到50～100年一遇，大部分县城和重点工业区达到30～50年一遇，重点镇达到20～30年一遇，部分农村达到10～20年一遇。防汛抗旱综合能力达到国内先进水平。

到2030年，建成可靠完善、应对有力的防洪抗旱减灾体系。大中城市、县城和重点工业区、乡镇、农村防洪标准全面达到国家规定设防标准。防汛抗旱指挥调度系统和防汛抗旱应急体系进一步完

①五大工程十大体系的内容来自：陕西水利建设十二五规划[R].
②五大工程十大体系的内容来自：陕西省水利现代化规划纲要（2011-2030年）[R].

善，防汛抗旱综合能力达到国内领先水平。

（3）农村水利工程体系

到2020年，初步建成农村水利工程体系。基本完成大中型灌区节水改造，广泛推广先进节水灌溉技术，农业灌溉用水有效利用系数达到0.57。基本建成覆盖农村、标准较高的供水设施。农村水电资源开发率达到80%，农村水电站管理达到较高水平。农村水利工程管理体制和运行机制基本建立。渔业生产实现规模化、标准化和产业化，基本建成渔业现代化体系。

到2030年，建成农村水利工程体系。农业灌溉水平得到全面提升，农业灌溉用水有效利用系数达到0.6。农村饮水安全得到有效保障。农村水电资源基本得到开发，农村水电站管理实现自动化。农村水利工程长效管理体制和良性运行机制建立。建成渔工贸配套、产加销完整的渔业现代化产业体系，省内鱼产品优势区全面实现现代化。

（4）水土保持和水生态环境保护体系

到2020年，基本建成水土流失综合防治体系和水生态环境保护体系。重要生态保护区、水源涵养区、山洪灾害易发区、开发建设集中区等水土流失治理程度和水土保持监测达到国内先进水平。重点水功能区水质基本达标，饮用水水源地水质全面达标，重点河湖、城乡水环境好转，地下水采补基本平衡。

到2030年，水土流失综合防治、水生态环境保护达到国内领先水平。全省水土流失监督区生态良好，治理区治理程度不断提高。水功能区水质基本达标，饮用水水源地水质全面达标，重点河湖生态良好，城乡水环境优美，地下水实现采补平衡。

（5）水利科学发展保障体系

到2020年，基本建立综合配套、保障有力的水利科学发展制度体系，水利公共管理和社会服务能力明显提升。

到2030年，全面建立与水利现代化相适应的水利科学发展制度体系，水利公共管理和社会服务水平达到国内一流。

2."十大工程"

"十大工程"贯穿陕西南北东西，包括引汉济渭工程、引红济石调水工程、陕北黄河引水工程、渭河陕西段综合治理工程、汉江综合整治工程、泾河东庄水库、咸阳亭口水库、西安李家河水库、榆林王圪堵水库、延安南沟门水库等。在工程布局上，围绕陕南循环经济发展布局了汉江综合整治工程，围绕水系连通布局了引汉济渭、引红济石等省内南水北调工程，围绕关中—天水经济区布局了渭河整治和泾河东庄水库工程，围绕陕北能源化工基地的可持续发展布局了黄河引水工程。

"五大体系""十大工程"的现代化水利格局，以科学的治水理念为行动指南和理论基础；以可持续发展、以人为本、人水和谐、区域协调为主要内容；以确保经济社会发展供水安全，水资源配置更趋合理，水资源利用效率和效益极大提高，水资源供给与经济社会发展需求总体协调为主要任务；以水源工程网络化，生活用水集约化，生产用水高效化，水旱灾害可控化，河湖环境优美化，工程运行良性化，管理手段信息化，公共管理法制化为总体目标，达到"江河安澜，民生改善，河湖健康，环境优美，人水和谐"的陕西水利现代化愿景。

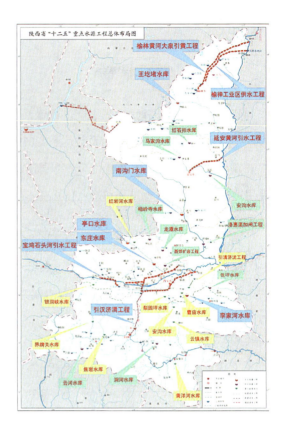

图5-2 "双十双网"重点水源工程布局图

（三）已建成的水库及水源配置工程

1980年时，陕西省坡塘水库曾达到1500余座，蓄水能力35亿立方米；1995年，因水毁、淤废等已下降到1070座，蓄水能力总计41.06亿立方米。2011年，陕西省蓄水千万立方米以上的大中型水库共55座，1亿立方米以上大型水库有石泉、冯家山、王瑶、石头河、羊毛湾、石门和黑河金盆共7座，其中位于秦岭中的大型水库有石头河、石门、金盆等3座。蓄水千万立方米到1亿立方米的中型水库有耀县桃曲坡、西安零河、长安石砭峪、渭南沋河、汉阴观音河、洋县卡房、商洛二龙山、丹凤的鱼岭、石泉、安康黄石滩、安康瀛湖、渭南涧峪等13座。已建成其他水源配置工程有宝鸡峡渠首加坝加闸、交口抽渭工程、盐环定扬黄定边供水、洛惠渠渠首加闸、引乾入石、引湑济黑等重点水源配置工程。其中，位于秦岭中的部分小型以上的水库见表5-1、图5-3。

表5-1 秦岭已建成小型以上水库一览表[①]

规模	库名	坝址	水源	竣工年月	坝型	最大坝高	库容 ×10⁴m³	灌溉面积（万亩）
小型水库	戏河	临潼纸李	戏河	1971.5	土坝	40.0	674	2.00
	西骆峪	周至骆峪	西骆峪河	1970.7	土坝	31.0	659	6.99
	杨家沟	灞桥狄寨	荆峪沟	1961.12	土坝	25.3	518	2.30
	许家沟	长安大峪	库峪河	1971.12	土坝	41.0	528	6.49
	桥峪	华县大明	桥峪沟	1993.5	土石坝	55.0	645	6.5
	千山	城固	毕家河	1970.5	土坝	35.0	624	2.7
	大湾沟	城固龙头	千山库水	1974.5	土坝	24.7	630	2.0
	南秦	商州	南秦河	1974.5	粘土心墙坝	29.0	960	0.33
	县河	商南城关	县河	1973.12	土石坝	45.9	667	1.05
中型水库	二龙山水库	商州	丹江干流	1973.10	砌石重力坝	63.7	8100	1.33
	观音河水库	汉阴县八庙村	观音河	1962.5	粘土心墙坝	34.2	1552	1.96
	柞水老林水库	柞水	引乾济石	2010.12	浆砌石重力坝型	56	980	1.3
	渭南涧峪水库	华县	赤水河	2008年	砼面板砂砾石坝	81	1284	5.0
	黄石滩水库	安康	付家河	2004.6	混凝土堆石坝	75.6	4177	7.39
	卡房水库	洋县	酉水河	2007.12	重力拱坝	76	2992	15.8
	石泉	石泉城关	汉江	1975.7	混凝土石坝	65	41 200	0.85
	麻家边	华县金堆	南洛河	1981.6	混凝土坝	55	1200	
	沋河	临渭城关	沋河	1963.10	土坝	32	2450	4.65
	酉河	洋县纸坊	酉水河	1970.3	土坝	51	4190	3.3
	八一	安康松坝	付家河	1961.10	粘土心墙坝	35.6	1613	6.19
	鱼岭	丹凤商镇	老君河	1974.12	心墙堆土坝	50	1037	1.33
	安康	安康火石岩	汉江	1992.12	混凝土坝	128	258 500	
	石砭峪	长安石砭峪	石砭峪	1960.5	土坝	85	2810	7.6
大型水库	石头河水库	眉县斜峪关	石头河	1989.8	土石坝	114	14 700	22
	石门水库	汉中	褒河	1978.9	混凝土双曲拱坝	88	10 980	41
	黑河金盆水库	周至	黑河	2000.12	砾石坝	130	20 000	城市供水

※表格信息数据来源于《陕西省水利志》及《陕西水文志》。

① 陕西省水文志[M].中国水利水电出版社，2007.

二、秦岭"水库"及重点水源配置工程

（一）重点水源配置工程建设的背景

1.以汛补旱——解决径流变化与用水需求不和谐矛盾

随着陕西现代社会人口数量的增加和经济的发展，农业灌溉用水、工业用水、城市用水、生态用水的需求量越来越大。作为陕西重要水源地的秦岭，由于河流的径流受西南季风和东南季风的影响，具有多变性和不重复性特点，年际和季节及地区之间来水变化很大，所以不能完全适应人类较固定的用水数量和用水时间的需求。秦岭南北坡的径流主要集中在每年的7~10月汛期，主要由几场暴雨形成，且其地表径流量占全年径流量的60%~70%；而枯水季节为11月到来年2月底，径流只占全年10%~15%。[①]关中地区水资源总量本不足，大量水资源集中在汛期，汛期的径流多集中于几场高含沙的洪水中，水资源利用困难更大。为满足关中、陕南及其他地区人类用水的需求，解决水资源在时间和空间上的重新分配，消除径流汛期含沙量大等问题，人们在秦岭不同河流及其他流域建立了众多水库，将丰水期的河川径流蓄积起来，进行径流调节，蓄洪补枯，使天然来水能在时间上较好地满足防洪、蓄水灌溉、供水、发电、养鱼等社会经济需求。

2.以南补北——解决水资源空间分布不均、供需矛盾突出的问题

陕西的水资源受气候影响，呈现分配不均、南多北少的典型特点。陕西水资源总量应列全国第19位，人均占有量1238立方米，为全国人均水平的54%；耕地亩均占有水资源量850立方米，占全国平均水平的42%。陕西的水资源71%集中在陕南，陕南长江流域面积7.23万平方千米，占陕西总面积的35.4%；水资源总量319亿立方米，占陕西水资源总量的70%以上，人均水资源占有量4200立方米，可以说水资源相当丰富。陕南因人口稀少，经济欠发达，预测[②]2020年总需水量不到其总量的10%。关中是陕西省经济社会最发达的地区，人口占60%、GDP占73%、耕地面积占52%、灌溉面积占87%，而人均水资源量仅380立方米。据预测[③]，2020年关中地区年需水量为83.25亿立方米，可供水总量仅58.69亿立方米，年缺水24.56亿立方米，缺水率达30%，区域供需矛盾十分突出。为解决关中、陕北地区供水不足与用水需求激增的矛盾，陕西实施跨流域"引乾济石""引红济石""引汉济渭"等调水工程，调陕南长江流域水入黄河流域。秦岭丹江流域是我国"南水北调"中线工程的重要

---

① 王建杰，席思贤.实现关中地区可持续发展的重要保障——省内南水北调工程[J].全球水伙伴（中国陕西）协会成立大会暨水论坛.
② 陕西水资源的有关数据来:陕西水利发展十一五规划[M].
③ 陕西水利发展十二五规划[M].

水源地，丹江水通过南水北调中线工程调入京津地区，满足其城市和工业用水，兼顾农业和其他用水。"南水北调"工程是解决陕西乃至我国水资源空间分布不均的有力措施。

3.使用地表水——减缓过度开采地下水引发的环境地质问题

陕西关中城市和工农业用水长期单纯靠地下水供给，致使以城市为中心的地下水严重超采区面积达7000平方千米。西安、宝鸡、咸阳、渭南等城市发生地裂缝、地面沉降等环境地质灾害。最严重的是西安地区，由于缺水严重，西安市区企事业单位纷纷自掘深井，最多时有2300余眼，水位埋深由20世纪70年代的30～50米下降到50～140米。据统计[①]，1978年西安市地面总沉降量大于50毫米的面积达100平方千米，大于100毫米的面积有76平方千米，最大沉降量为295毫米。到1983年地面沉降量大于100毫米的面积增加到90平方千米。20世纪80年代末，地面沉降量超过500毫米的面积有48平方千米，超过1000毫米的面积有3.7平方千米。到90年代末，西安主城区形成7处漏斗区、14处地裂缝。地面沉降导致大雁塔倾斜近1米。西安黑河饮水工程通过金盆水库蓄水，蓄积秦岭中优质的地表水，满足日益发展的城市供水，并与其他水库联调，满足西安地区农业灌溉用水，有效遏制了区域地下水超采带来的地质危害，促进关中乃至陕西省国民经济社会可持续发展，营造和谐社会。

4.增加生态用水——缓解河流污染、流域生态功能退化的问题

陕西省废水排放总量约11亿吨，其中工第二产业废水排放约6亿吨[②]，而且80%以上的污水未经任何处理直接排放进江河湖库等水域。地表水污染已由河流点线扩大到渠、库，地下水体污染也日趋严重。渭河是关中地区唯一的废污水承纳和排泄通道，根据对渭河2007～2011断面水质监测，渭河干流宝鸡峡以下河段全部为V类或超V类水质，基本丧失了水的使用功能。渭河流域重要城镇和重点工业区的地下水污染问题日益突出。长江流域地表水总体上污染程度较轻，但濂水河、冷水河、八渡河以及汉江、嘉陵江、丹江的部分河段污染也比较严重。

根据2005年周炜计算陕西水资源的利用率，关中56.8%，陕北29.9%，陕南6.2%，关中水资源利用率已接近国际公认的生态环境警戒线(45%～60%)[③]。长期以来为满足不同城市生产生活用水，挤占渭河生态用水，致使渭河湿地萎缩、流域地表植被破坏、生态功能退化。实施跨流域调水工程后，逐步退还挤占的农业与生态用水，缓解城市与农业、生态用水的矛盾，为陕西省水资源配置提供条件。

---

① 陕西地面沉降等数据来源于王社教《西安的水荒及其解决》.
② 废水排放等数据来源:陕西省水资源公报.
③ 水资源利用率等数据来源于周炜《引汉济渭调水工程在陕西经济社会发展中的地位和作用浅析》.

5.加大下泄水量——加强渭河河道输沙排沙，提高河道行洪能力

渭河河道淤积严重，从1960年9月三门峡水库蓄水运用至2002年，渭河下游累计共淤积泥沙13.218亿立方米[①]，潼关高程由建库前的323.4米抬高至1992年的328.5米左右，居高不下；河道比降由建库前1/5000减小至近1/10000[②]。1961年时，渭河下游溯源淤积到渭南市沙王村，1973年溯源淤积超过了临潼水文站，2002年咸阳铁路桥以下河段已形成全河段淤积[③]。淤积使渭河河槽日渐萎缩，河床输沙能力大为降低，行洪能力降低。由于干流河床的淤高，造成南山12条支流入渭条件恶化和下游河床不断抬高，支流洪水阻滞，小流量、高水位洪水造成的漫溢、决口等灾害连年发生。实施跨流域调水工程，可改善渭河由于水量偏少导致的水环境功能下降，加强河道的排沙输沙能力，提高河道的行洪能力，减少渭河流域洪涝灾害的发生。

（二）在建重点水源配置工程

陕西重点水源配置工程数量众多（图5-4），根据不同目的分布在不同的区域。第一类是满足本县域或地域的供水灌溉、发电和渔业养殖的大中型水库，如西安李家河水库、安康洞河水库、城固焦岩水库、红岩河水库、长安库峪水库、汉中界牌关水库等；第二类是跨流域的调水工程，包括引红济石、引汉济渭、榆林大泉黄河引水、延安黄河引水工程等引水工程；第三类是供水工程，包括宝鸡石头河供水、引汉济渭受水区供水、榆林工业区供水、泾惠渠西郊水库扩大利用、铜川西部水资源调配水等工程。秦岭地区"十二五"期间建设的项目规划如下表5-2。

图5-3 秦岭水利工程分布图

① 泥沙淤积数据来源：梁林江《渭河下游泥沙淤积原因及减淤措施》。
② 比降数据来源：李琦、宋进喜、宋令勇等《渭河下游河道泥沙淤积及其对河床比降的影响》。
③ 比降数据来源：雷文青、唐先海《渭河下游泥沙淤积及其影响》。

表5-2 秦岭地区"十二五"规划的重点水利工程项目表

水源配置	项目名称	建设地点	建设性质	建设规模	建设起止年限	总投资（亿元）
1	引红济石调水工程	太白	续建	工程由引水枢纽和19.7km输水隧洞组成，年调水0.94亿m³，引水流量13.5m³/s	2008~2015	7.14
2	引汉济渭工程	汉中、西安	新建	工程由黄金峡水库、黄金峡泵站、子午河三河口水库、秦岭隧洞和黄三隧洞五部分组成，年调水量15亿m³	2010~2020	154.00
3	西安李家河水库工程	蓝田	新建	工程由水库枢纽及输配水管网组成，水库总库容5500万m³，年可供水量6187万m³	2010~2014	21.00
4	宝鸡市石头河引水工程	眉县	新建	工程由取水工程、净水厂、净水输水工程及减压调蓄池四部分组成。年供水量4000万m³	2010~2012	5.16
5	铜川龙潭水库工程	耀县	新建	水库坝高52.5m，总库容1600万m³，年可供水576万m³	2012~2015	1.60
6	安康市洞河水库工程	汉阴	新建	水库坝高62.5m，总库容4561万m³，年供灌溉及工业水量6107万m³	2012~2015	2.60
7	渭南市洛惠渠渠首加闸工程	渭南	新建	坝前正常蓄水位抬高6m，总库容1334万m³，年可供灌溉水量1933万m³	2011~2013	0.93
8	引汉济渭关中受水区供水工程	西安	新建	主要包括67.6km输配水工程，供水5亿m³	2011~2015	35.00
9	杨凌供水工程	杨凌	新建	工程由输水工程和净水厂组成，年供水1000万m³	2014~2016	3.00
10	宝鸡市银洞峡水库工程	宝鸡	新建	工程包括引嘉济清及银洞峡水库工程，水库坝高98m，总库容990万m³，年供水6000万m³	2013~2016	5.89
11	洛惠渠引干入支灌溉工程	渭南	新建	包括引水工程和大峪河、县西河水库，总库容3980万m³，年供水量7328万m³	2015~2020	4.60
12	华阴大夫峪水库工程	华阴	新建	水库坝高71.2m，总库容837万m³，年供水1267万m³	2013~2016	1.98
13	旬阳冷水河水库工程	旬阳	新建	水库坝高48m，总库容400万m³，年供水量300万m³	2014~2016	0.50
14	长安区梨园坪水库工程	长安	新建	水库坝高110m，总库容2915万m³，年供水7300万m³	2015~2018	10.20
15	城固焦岩水库工程	城固	新建	水库坝高95.5m，总库容1.77亿m³，电站装机2.52万KW，年供水5111万m³	2014~2020	8.30
16	交口水库工程	渭南	新建	调蓄水库库容600万m³	2014~2016	0.80
17	商洛4县、区县城水源工程	商洛	新建	建设水库4座	2014~2020	1.80
18	长安库峪水库	长安	拟建	水库坝高99.7m，总库容1080万m³，年供水1500万m³	2016~2018	5.50
19	引清济沋工程	渭南	拟建	建设清峪水库及输配水工程，年供水2250万m³	2016~2020	1.58
20	蓝田曹庙水库工程	蓝田	拟建	水库坝高40m，总库容2000万m³，年可供水2190万m³	2016~2020	4.00
21	汉中界牌关水库工程	汉中	拟建	水库坝高130m，总库容4.1亿m³，电站装机6.4万KW	2016~2020	32.80
22	宝鸡市通关河水库工程	陈仓区	拟建	水库坝高87m，总库容4860万m³，年供水量2000万m³	2016~2020	10.30
23	宝鸡小水河水库工程	宝鸡	拟建	水库坝高91m，总库容1920万m³，年供水量2670万m³	2016~2020	4.40
24	丹凤黑龙湾水库工程	丹凤	拟建	水库坝高60m，总库容2700万m³，年供水1250万m³	2016~2020	1.48
25	云镇水库工程	镇安	拟建	水库坝高42m，总库容224万m³	2006~2020	2.87
26	"八水润西安"工程	西安	新建	将形成"8518"水环境体系	2012~2020	

※表中资料和数据摘自《陕西水利发展"十二五"规划重点项目表》

（三）水源配置工程作用

分布于秦岭中的大小水库，担负着为安康、汉中、商洛、宝鸡、咸阳、西安、渭南等地区的城镇供水、农业灌溉和防洪抗旱、水产养殖和水生态安全预警、工农业用电、缓解城市地质灾害等重大任务，从建成开始，对区域经济的重要作用体现在以下方面：

1.满足城镇用水需求，促进城镇规模扩大

秦岭南坡汉中的石门水库、安康的瀛湖水库、安康的黄石滩水库、商洛的仙娥湖水库，秦岭北坡宝鸡的石头河水库、西安的黑河金盆水库、渭南的涧峪水库等，担负着为地区城镇供水的重大使命，在促进城市规模扩大和社会经济的发展中，发挥着非常重要的作用。

宝鸡的石头河水库作为宝鸡地区城镇的主要饮用水水源地，在保障城镇居民用水方面发挥着无可替代的作用。2015年"引红济石"调水工程竣工后，石头河水库可同时向宝鸡、杨凌、兴平、咸阳、西安等四市(区)供水，几乎囊括关中地区的大部分城市，而且水库海拔高，不用加压即可自流供水，因而被誉为"关中水塔"，为未来城市化的发展解决了后顾之忧。

黑河引水是为满足西安城市供水而建设的重点水源配置工程。建设前的1989年，西安最大供水量只有95万立方米/天；工程建成后，最大供水增加到

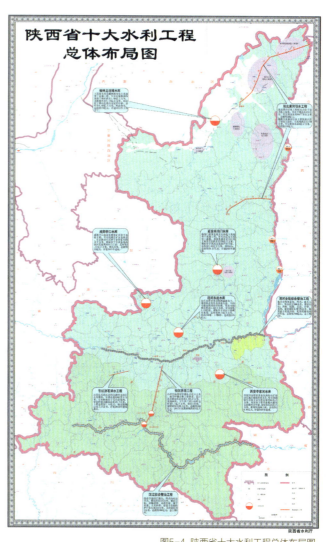

图5-4 陕西省十大水利工程总体布局图

2011年158.8万立方米/天。李家河水库是西安正在建设的重点水源工程，建成后，每年新增城市供水量7669万立方米，可缓解西安市东部地区，包括灞桥区、纺织城组团、洪庆组团（包括洪庆国家航天基地）、阎良区（包括阎良国家航空基地）、蓝田县城及白鹿原的狄寨、安村、孟村、炮里乡及前卫镇等严重缺水地区的用水压力。黑河引水供水工程和石头河供水的联调工程的供水，使西安这座挣扎在干渴中的千年古城焕发了勃勃生机。西安市1990年末城市建设用地面积为120.7平方千米，城市人口190.64万，到2012年西安建成区面积增加到359万平方千米，市区人口增加到855.29万人，生产总值也从1990年的102.66亿元增加到4369.37亿元[1]。秦岭充足的水源，极大地保障了西安市的发展，促进城市规模的扩大。

2.农田灌溉和防洪抗旱减灾作用

秦岭中的水库，在满足农田灌溉和防洪抗旱方面也具有极大的作用。水库能拦截沉积大量泥沙，通过蓄水，可大大减轻下游洪峰的冲刷，十分有利下游及各支流抗洪抢险，并且可以满足农田灌溉用水需求。

安康黄石滩水库设计洪水标准为100年一遇，相应洪峰流量为1150立方米/秒；校核洪水标准为200年一遇，相应洪峰流量为1910立方米/秒。施工导流洪水标准按10年一遇，相应的洪峰流量为：枯水期75立方米/秒，汛期为550立方米/秒。水库的总库容4177万立方米，滞洪库容745万立方米。黄石滩水库的修建，对保护付家河川道农田、房舍、人民生命财产安全及阳安铁路、十天高速、汉白公路、安康机场安全渡汛也具有重要作用。水库建成后，可依托原下游的"八一水库"，灌溉面积达4000公顷。

泾河东庄水库是解决渭河下游洪灾的治本之策，水利枢纽工程建成后，减少泥沙向渭河下游排放，经过沉淀的"清水"流入渭河后，可以把渭河下游的泥沙淤积厚度降低近1.6米，与渭河堤防形成完整的防洪体系，可使泾河、渭河下游200多万人民群众免受洪涝灾害的威胁。

黑河金盆水库修建前，黑河沿线常常洪水泛滥，淹没不少良田、村庄；黑河水库修建后，通过水库削峰平谷、调剂余缺，大大提高了防洪抗旱的能力，黑河流域再也没有发生过洪涝灾害。

宝鸡石头河水库建成后，有效灌溉面积达到1.47×10^4公顷。特别是在1989年以来入库水量连续低

于多年平均值，1993年以来在持续严重干旱的情况下，每年都能适时足量地为灌溉区供水，为岐山、眉县两县的农业发展和农民增收做出了显著的贡献，粮食亩产由开灌初期的135千克提高到现在的650千克[①]。

3.水产养殖与水生态安全预警作用

秦岭中的大小水库，均是水产养殖的良好场所。向水库投放鱼苗，不但可以捕捞成鱼，增加水库的经济效益，而且鱼苗也有监测水质和净化水质的作用。

石头河水库建成后，利用大坝下游河床取料建成的10公顷水产养殖地，除养殖草鱼、鲤鱼、鲫鱼等家鱼外，还成功引进美国加利福尼亚珍稀虹鳟鱼鱼种，年产成鱼3.5万千克，其中虹鳟5000千克，鱼种1万千克。

黑河水库于2009年进行了大规模的增殖放流活动，向水库投放了鱼苗50万尾，2012捕捞10万千克的鲢鱼和鳙鱼，捕捞到的鱼类一部分被投放到汉城湖等需要改善水环境的公共大型水域，另一部分投放到市场销售，其收入将用于加强库区生态环境建设专项资金。

鱼苗具有净化和监测水质的功能。据测算，鲢鱼每长一斤肉要消耗15千克至20千克浮游生物[②]，捕获一条1.5千克重的鲢鱼，相当于从水中捞出50千克左右的浮游生物，可以减少水中营养物质，避免水质富营养化。鱼苗也能对水库的环境起到监测作用，一旦水质出现问题，它们就会有异常表现（大面积的死亡），便于水务监测人员及时监测到水质情况。因此，水库定期轮捕轮放可以优化水源，促进水库水生态安全。

4.并网电力促进经济发展

随着国家经济的发展，电力资源的需求量越来越大。安康石泉水库、安康瀛湖水库、安康黄石滩水库、丹江口水库、石头河水库、观音河水库、洞河水库等坝后电站，分别装备有不同规模的发电机组。

宝鸡石头河水库大坝坝后安装3台发电机组[③]，6500千瓦机组1台，5000千瓦机组2台，总发电容量16 500千瓦。水库正常蓄水位801米，年发电量5600千瓦·时。1993年底利用总干渠分水闸向北、西干

---

① 数据来源:陕西水利年鉴[M].
② 中国渔业报:陕西西安黑河水库三年放养鱼开捕[N].
③ 数据资料来源:宝鸡石头河水库志[M].

供水落差修建的斜峪关水电站建成并网发电，安装3台混流卧式机组，总装机容量1200千瓦，单机容量400千瓦，年利用小时数4100小时，年发电量499万千瓦·时。这些电站对缓解电力紧张、促进现代化工业生产的发展和人类物质生活水平的提高，起到了的一定的作用。

安康瀛湖水电站，是我国十大水电站[①]之一，电站装有4台单机容量20万千瓦的机组，总装机容量为85万千瓦时，水库总库容为25.8亿立方米，正常蓄水位330米，年发电量28.57亿千瓦·时。由于安康水库的调节作用，使下游旬阳水电站、蜀河水电站、汉江白河（夹河）水电站三个梯级水电站的发电量提高到16万千瓦·时。电站以330千伏双回线和5条110千伏两个等级出线电压与西北电网联网，为陕西工农业生产、襄渝铁路、阳安铁路、西康铁路3条电气化铁路提供了可靠的动力，也为西北和陕西电网调峰、调频和事故备用发挥了积极作用。

5.缓解城市环境地质灾害，促进城市环境改善

秦岭水库中的地表水通过供水工程管道供给西安、咸阳、宝鸡等城区，减少了城区地下水的开采，可缓解由于过量开采地下水所形成的地面沉降、地裂缝等环境地质问题，改善城市环境。

在20世纪90年代之前，西安市长期单纯依靠地下水，企事业单位由于缺水严重一般自备深井，最多时有2300[②]余眼，地下水长期处于超量开采状态，西安市区承压水位急剧降低，主城区形成7处漏斗区和14处地裂缝。1996年，黑河引水工程开始向西安供水，西安市又先后实施从秦岭引水的工程："引岱济荆""引大济河湖""引沣进城""引滈济黑""引乾济石"等。至2014年5月，西安市饮用水中地表水占78.4%，地下水占21.6%，形成以地表水源为主、地下水为辅的饮用水源体系。西安市累计封停、填埋各类自备井2124眼，并从2009年起向地下回灌水，加速地下水位回升，其中南郊上升10米最为明显，北郊、西郊上升3～6米，有效遏制地面沉降、地裂缝等地质灾害的发展。

2009年之前，咸阳市工业、生活用水全部依赖地下水资源，过度开采地下水，使咸阳市区地下形成了4个面积总计52.37平方千米的"漏斗"，西北橡胶厂、咸阳彩虹厂等20余栋建筑物发生不同程度裂缝，以陕西第二印染厂为中心形成地面沉降，咸阳近郊区1995年来局部还出现严重地裂缝灾害等环境地质灾害。2009年10月"引红济石"的子项目"引石过渭"工程完工，2010年2月开始并网向咸阳供水，2010年供水800万立方米，2011、2012年供水3000万立方米，供水工程全部建好联网后，供水每日可达

---

① 数据资料来源:陕西水利工程志[M].
② 数据来源：陕西省西安市地面沉降、地裂缝现象得到有效遏制[J].陕西日报，2014.

30万吨。据最新监测报告，咸阳市从2010年起，地下水位每年回升0.5～1.5米[1]，簸箕状漏斗正逐步消失。

三、秦岭"水库"重点水源配置工程的战略地位

1.秦岭"水库"是解决京津地区资源性缺水的金钥匙

秦岭"水库"中的水资源，可通过"南水北调"中线工程向京津地区供水。南水北调中线工程从汉江著名大型水利枢纽——丹江口水库引汉水，于丹江口水库陶岔渠首引水，自流到北京、天津，年调水130亿立方米，输水工程全长1421千米，其中引水渠首至北京长1267千米，天津干渠长154千米[2]。输水工程与河流全部立交，北京段、天津段局部采用管涵。"一江清水送北京"，为京津地区提供安全、健康的饮用水，是陕西人的自豪。丹江源于秦岭南麓，作为南水北调中线工程的水源地，保护良好的生态环境和丰富的水系资源，可缓解水资源短缺对京津城市化发展的制约，为华北经济发展及其经济结构的调整提供支持，最终改善京津地区的生态环境，实现华北水资源的优化配置。

2.秦岭"水库"是实现关中乃至渭北城市供水安全的基本条件

秦岭南坡中的水资源，除满足本区域工农业用水外，还可通过陕西重点水源配置工程"引汉济渭""引红济石""引乾济石"等向关中调水。特别是通过"引汉济渭"工程，将汉江流域的优质水资源调入关中，可解决西安、宝鸡、咸阳、渭南四大重点城市以及兴平、华阴等13个中小城市的工业、生活用水的大量缺口，改变小型、分散、自成体系的供水现状，可极大提升用水方便程度，增强关中乃至整个渭北城市的供水抗风险能力，使供水保证率提高到95％左右[3]。配套实施引汉济渭水源地保护后，关中城市供水将形成健康完善的体系，利用优质水源解决关中城乡约300万人饮水水质不安全的突出问题，实现关中乃至渭北城市群供水安全。

3.秦岭"水库"是渭河流域生态环境保护的有力保障[4]

"引汉济渭""引红济石"项目实施后，每年可为渭河流域带来17亿立方米的优质地表水资源，

---

① 数据来源：咸阳市地质环境监测站，咸阳地下"漏斗"正在消失中[N].
② 张中旺.南水北调中线工程与受水区经济社会可持续发展[J].湖北文理学院学报，2008（6）.
③ 周炜.引汉济渭调水工程在陕西经济社会发展中的地位和作用浅析[J].陕西水利，2011（3）：19-22.
④ 数据来源："引汉济渭"工程规划.

渭河干流水量年均增加7.94亿立方米。渭河流域可有计划地对地下水超采区采取回补措施和归还挤占的生态水量和农业用水量,其中直接受水区地下水开采量减少2.73亿立方米,为傍河水源地地下水,其50%左右(1.37亿立方米)为地表水量,这部分水量将回归河道;年均减少2.50亿立方米的地表水利用量,将汇入渭河干流;生活、工业用水回归水量4.07亿立方米。"引汉济渭""引红济石"项目可有效增加渭河及其支流的生态用水量,提高河道排污和水体自净能力,改善渭河水质和河网水环境、水生态及泥沙淤积状况,提高流域水资源和水环境承载能力,遏制渭河水生态恶化及减轻黄河水环境压力。

4.秦岭"水库"是促进陕西水资源配置优化的关键点

秦岭重点水源配置工程的"引汉济渭""引红济石"等项目,不但可以协调陕南与关中水资源天然分布与经济社会发展格局的矛盾,为关中—天水经济区的发展提供保障;还可通过推行水权转换,用增加的渭河下泄水量从黄河干流置换取水指标,为陕北从黄河干流取水提供用水指标,解决陕北能源化工基地用水需求,可有效缓解陕北地区持续发展的水资源需求。对于陕南的汉中流域来说,也有利于汉江流域的产业结构调整和生态环境保护,促进陕南加快循环发展步伐,实现构建关中"一轴一环三走廊"城镇空间格局的核心板块建设,进而形成以关中城市群为主体、以陕南陕北区域中心城市为两翼、辐射带动周边区域的发展格局。

第二节　重点水源配置工程

　　水利是经济发展的命脉，通过重点水源配置工程，可解决区域性缺水问题。重点工程往往需建设大中型水库，输水管道超长，工程量浩大，投资多，工期长；既是地方水利工程的支柱，在水利事业中起着举足轻重的作用，也是地方经济健康发展的有力保证。近年来，随着关中地区经济的发展，水资源短缺日益严重，水源工程的建设步伐明显加快，除区域内引水外，南水北调的重点工程相继开工建设，掀起了水利工程建设的新高潮。本节重点介绍秦岭的重点水源配置工程。

一、黑河引水工程

金盆水库是一座大（Ⅱ）型水库，是黑河引水工程的渠首工程（图5-5）。黑河引水工程通过建设黑河金盆水库、供水管道工程等，将金盆水库、眉县石头河水库两个主水源和长安区石砭峪水库、周至县田峪河、户县甘峪水库、就峪河地表径流和长安沣峪地表径流5个调节水源的水输向西安。一年可向西安供水4亿立方米，日平均供水110万立方米，使西安市目前供水量可达175万立方米。黑河引水工程供水量占西安城市总供水量的70%。该工程于1987年12月破土动工，2000年12月黑河水库开始蓄水。2001年6月泄洪洞工程建成，2001年12月黑河大坝完工。

（一）渠首工程

1.金盆水库枢纽工程

金盆水库枢纽工程位于黑河峪口以上约1.5千米处，距西安市86千米。渠首由拦河坝、泄洪洞、溢洪洞、引水洞、坝后电站及古河道防渗工程等建筑物组成。水库按100年一遇洪水标准(Q=3600立方米/秒)设计，2000年一遇洪水(Q=6400立方米/秒)校核。正常高水位594.0米，汛限水位593.0米，设计、校核洪水位分别为594.34米和597.18米。

拦河坝为粘土心墙砾石坝，最大坝高130米，坝顶长度433米，顶宽11米，坝顶高程600米，上、下游坝坡分别为1:2.2和1:1.8，其中下游坝坡布置有上坝道路。

图5-5 黑河金盆水库全貌图（来源于陕西省水利厅）

泄洪洞位于左岸，设计洪水位下泄流量2421立方米/秒，校核洪水位下泄流量2450立方米/秒。

溢洪洞布置在右岸，设计水位下泄洪量537立方米/秒，校核水位时下泄流量为2000立方米/秒。

引水洞位于左岸，设计引水流量30.3立方米/秒，加大引水流量34.1立方米/秒。

坝后电站装置三台水轮机及单机容量4000千瓦的发电机1台、8000千瓦发电机2台，总装机容量20 000千瓦。电站年平均发电量7308万千瓦·时。

古河道防渗位于金盆古河道左岸，采用帷幕灌浆防渗。在金盆北岭垭口处修建一座高13米的均质粘土副坝，与灌浆帷幕构成金盆古河道防渗系统。

2.引湑济黑工程

引湑济黑是继引乾济石调水工程后实施的又一条跨流域的南水北调工程。工程通过6252米输水隧洞，将秦岭南麓汉江水系湑水河的水调入西安的黑河，流入金盆水库。工程引水枢纽位于周至县境内老县城的湑水河上，所引水量经过黑河引水工程向西安市供水。工程总投资1.76亿元，设计年调水量$4.248×10^4$立方米，2007年1月开工建设，2010年12月正式投入使用，补充西安市区供水水源，也增强了周至、户县部分基本农田的灌溉率。

（二）城市输水工程

城市输水工程按水源划分为黑河城市引水渠道工程、石头河水库补充水源渠道工程、石砭峪水库备用水源渠道工程三部分。

1.黑河城市引水渠道工程

黑河水库向城市供水由电站尾水渠送入蔺家湾汇流池，与石头河来水汇合。黑

图5-6 引湑济黑枢纽工程

河城市引水渠道自蔺家湾汇流池起,自西向东经过周至县、户县、长安区至西安市南郊曲江池净水厂,全长86千米。渠首汇流池引水高程510.2米,末端出口高程460.5米,渠道比降1/2500,为重力自流输水。渠线沿秦岭北麓坡脚和山前洪积扇而行,沿途横跨嵌峪、田峪、涝峪、沣峪等河流,沟道70余条,穿越神禾、少陵等黄土塬;暗渠59.1千米,包括其他各类建筑物共264座。由于在工程建设过程中增加了石头河供水水源,调整了黑河水库规模,使得整个输水暗渠各段断面和输水能力不同。

2.石砭峪水库备用水源渠道工程

石砭峪水库位于西安市以南约30千米的长安区境内,距黑河引水渠道——甫店汇流池8.4千米。石砭峪水库作为黑河引水工程的备用水源,每年向西安市供水3000万立方米,并在事故期间按每天40万吨供水。石砭峪水库备用水源渠道工程是在石砭峪灌区西干渠设分水闸,闸后新建输水暗渠3.65千米,渠末接黑河引水渠道甫店汇流池,设计流量5.0立方米/秒。此外,改建石砭峪总干渠和西干渠4.75千米。

3.石头河水库补充水源渠道工程

石头河距黑河峪口约60千米。按石头河水库每年向西安市供水9500万立方米,并留有多供余地的原则,依据黑河水库调节计算城市供水流量,确定石头河补充水源渠道工程设计最大引水流量为6.0立方米/秒(当黑河水库供水流量最小时),平均流量2.4~3.6立方米/秒。

石头河补充水源渠道工程从汤峪渡槽出口至黑河峪口－蔺家湾汇流池与黑河供水水源衔接,全长32.79千米,渠道设计最大引水流量6.0立方米/秒。

(三)净水厂工程

黑河引水工程设净水厂两座,总生产规模为日生产能力110万吨。

1.曲江池8×10^5吨净水厂

曲江池水厂位于西安市南郊曲江池畔,占地面积450米×300米,总建筑面积1.6万平方米,设计生产能力为每天80万吨。水厂主要净水建筑物、辅助生产机泵及生产管理,均采用集中管理、分散控制的自控系统操作。

2.后续建的3×10^5吨水厂

由于纳入了石头河水源，在曲江池水厂西南侧，续建3×10^5吨/天水厂一座，占地约9.2公顷，与来自见子河输水管相接，进厂水面高程462.9米。工艺流程为沉淀、过滤，采用隔板反应、平流沉淀和"V"形滤池。

（四）城市配水管网工程

净水厂比市中心高45米，故黑河引水工程城市管网基本采用重力供水。由水厂向西安市区埋设三条直径2000毫米的干管，加上支管，总长121.4千米。对老城区和南郊、西郊东部和东郊西部地区进行重力自流供水。另外在东斜五路设管网加压站一座，加压能力每天12万吨，扬程2.3米，对东郊韩森寨工业区加压供水。

（五）农田灌溉工程

黑河引水工程农灌总面积25 000公顷。利用原黑惠渠灌溉渠系，改建黑惠渠渠道，扩建、新建渠道，提高渠道灌溉能力。农灌设计引水流量18.9立方米/秒，加大引水流量22.7立方米/秒；其中原黑惠渠东干渠控制灌溉面积15 426.67公顷，设计流量10.85立方米/秒，黑河引水工程中新建渠道20千米，延伸至户县；原黑惠渠西干控制灌溉面积6573.33公顷，设计引水流量7.6立方米/秒；此外，黑河引水工程中新建西高干引水渠控制灌溉面积2666.67公顷，设计引水流量2.0立方米/秒。

二、引乾济石工程

引乾济石工程将柞水县乾佑河上游三条支流——老林河、太峪河、龙潭河的水引至汇流池，经秦岭输水隧洞送至石砭峪水库，作为西安市的供水水源。

（一）石砭峪水库

长安区境内的石砭峪水库是一座中型水库，建设初期以农业灌溉、防汛和发电为主。1971年开工建设，1980年建成蓄水，控制流域面积130平方千米，总库容2600万立方米，设计灌溉面积1.3万公顷，装机容量0.3万千瓦。

1986年，石砭峪水库被列为全国43座病危水库之一，但是由于西安缺水，水库从建成起就带

"病"运行，边建设、边低位蓄水，1990年开始向西安供水，平均每年供水3000万～4000万吨，现在作为西安引水的备用水库。

2000～2004年，陕西省对石砭峪水库进行除险加固，先后投资3500多万元，完成了大坝防渗加固、输水洞加固等7项工程，并把蓄水高程从700米提高到725米，作为2005年引乾济石工程调水的蓄水工程。

图5-7 石砭峪水库 摄于2014年8月

（二）引乾济石工程

引乾济石工程将柞水县乾佑河水经秦岭输水隧洞送至石砭峪水库，作为西安市的供水水源。

1.乾佑河

乾佑河，古称柞水，后汉乾祐二年（949）改名乾佑河，是汉江二级支流，属长江水系，包括龙潭河、太峪河、老林河三条支流。它流经柞水、镇安两县，于旬阳县两河口汇入旬河。乾佑河干流全长140千米，流域面积2507平方千米，多年平均径流量6.88亿立方米。乾佑河流域植被较好，径流水质良好，泥沙轻微。

2.洞前引水工程

老林河，引水枢纽位于和尚沟口，引水闸布设于左岸，进水高程为1029米，沿河道左岸通过和尚沟260米隧道将水送至沉沙池沉沙后，经过一段明渠进入朱家湾长隧洞，出口直接接入输水隧洞南口汇流池，设计引水流量4立方米/秒，线路全长1384米。

太峪河，引水枢纽位于中铁十八局变电所上游150米处，冲沙闸和引水闸布设于右岸，进水高程为1029.5米，经过渠道将水送至沉沙池沉沙后，池后接长616米、直径为1200毫米的钢筋混凝土压力引水管，沿公路布设至输水隧洞南口汇流池，线路全长680米，设计引水流量2立方米/秒。

龙潭河，引水枢纽位于龙潭河入乾佑河上游1.5千米处，与营盘镇取水坝合二为一，引水闸布设于左岸，进水闸底板高程为1030.7米，沿河道右岸通过明渠将水送至沉沙池沉沙后，再由明渠引入龙潭河隧洞，出口为太峪河左岸的炸药库路口，经过长136米、直径为1200毫米的钢筋混凝土管倒虹，将水送至太峪河右岸的泄流池，设计引水流量2立方米/秒，线路全长1736米。

3.引水隧洞

引水隧洞平行于公路隧道，南北走向，横穿秦岭，利用西康公路18.05千米隧道，洞口南边分别为乾佑河上游的支流老林河、太峪河、龙潭河，其位置在输水隧洞的东西两边，采取分散取水、集中输水的方式。

隧洞平行分布于公路隧道西侧，间距20米，纵坡尽量与公路纵坡保持一致，便于自流，隧洞长18.05米，进口高程1022.99米，隧洞洞底低于公路路面约1.65～17.89米，断面为城门洞形，底宽2.5米，高3.05米，最大输水流量8立方米/秒，汇流池设计水位高程为1025米，岭北石砭峪河出口高程为896.767米，全程为无压自流输水。为了保持下游河段的生活、生产和生态环境用水，流量小于0.2立方米/秒时不引水，在汛期尽可能多引，设计年调水量4684万立方米。

"引乾济石"调水工程是西安市继黑河重点水利建设项目之后又一重点工程，是西安城区规划的六大供水水源工程之一，也是陕西省政府规划的南水北调第一工程。乾佑河每年可向石砭峪水库供水3000万～5000万吨，再加上石砭峪流域每年5000万吨的供水能力，每年可向西安供水1亿吨，占西安市用水量的1/3。

三、石头河水库工程

石头河水库被誉为"关中水塔"，位于渭河南岸支流石头河上的斜峪关上游1.5千米处，北距蔡家坡20千米，水库控制流域面积673平方千米，多年平均径流量4.48亿立方米，多年平均输沙量1.637×10^5吨。该工程1957年勘察设计，1969年筹建，1976年施工并截流，1980年蓄水，1981年东干渠10千米通水灌溉，1982年枢纽工程建成，1990年坝后电站建成，历时33年。

（一）渠首工程

渠首工程包括拦河土石坝、溢洪道、泄洪洞、输水洞及坝后电站组成。溢洪道位于右岸，泄洪洞位于左岸，输水洞位于右岸，出口分成灌溉和发电两支洞。

拦河大坝为粘土心墙堆石坝，坝顶高程808米，最大坝高114米，坝顶长590米，坝顶宽10米，最大坝底宽489米，防浪墙高1.1米，当时为我国最高的粘土心墙土石坝。总库容1.47亿立方米，有效库容1.2亿立方米，坝体填筑总方量为835万立方米。

溢洪道是石头河水库枢纽的主要泄水建筑物，最大泄洪流量为7150立方米/秒，占总下泄量的89.4%，总落差近100米，最大单宽流量179立方米/秒，最大流速34米/秒。

泄洪洞位于左岸，系由原导流洞改建的深孔塔式进水口无压隧洞，用于泄洪和放空库水，洞长679.45米，进口位于鸡坡沟内，进水口后以"龙抬头"形式下接直墙式无压洞，末端洞线为复曲线弯道的挑流鼻坎。

输水洞为深孔岸坡式进水口有压圆形隧洞，设计流量70立方米/秒，可满足灌溉和发电需要。

坝后电站，装机4台（3×5000+6500）2.15×10^{4}千瓦，年发电量4000万千瓦·时。

后期建设有"引红济石"工程，引汉江支流褒河上游红岩河水入石头河，经石头河水库蓄调。

（二）灌区的渠道工程

渠道工程有总干渠、斜峪关干渠、东干渠、北干渠和西干渠五条干渠，总长53.8千米；支渠15条，总长103.377千米；斗渠324条，全长375.62千米。渠道建筑物共1196座，其中干渠382座，支渠814座。西干渠、北干渠利用原梅惠渠的两条干渠；斜峪关干渠平流段为原梅惠渠的总干渠。东干二支渠为原霸王河渠；东干六、七支渠分别为原汤惠渠的西、东干渠。东干渠

图5-8 石头河水库水利枢纽（摄于2014年11月）

为新建，全长29.5千米，自流灌溉14 106.67公顷，抽水灌溉1066.67公顷。干渠设计流量11.5立方米/秒，加大流量为13.5立方米/秒，计划灌溉面积85 333.33公顷。

（三）供水工程

西安供水，1996年6月石头河补充水源渠道工程从汤峪渡槽出口至黑河峪口蔺家湾汇流池与黑河供水水源衔接，全长32.79千米，建成通水，年供水量可达1亿～1.5亿立方米。

咸阳供水，石头河水库通过"引石过渭"供水工程，从2010年2月起正式向咸阳（包括咸阳市区、兴平市、武功县等）供水，2011、2012、2013年每年供水3000万立方米，全部建成后日供水30万吨。

杨凌供水，石头河水库2012年5月开始向杨凌示范区供水，杨凌供水厂日供水能力达10万吨，可满足杨凌20多万居民和驻区企业20年的用水需求。

宝鸡供水，2014年5月宝鸡石头河引水工程供水，年引水量达4000万立方米，供水范围为宝鸡市主城区、眉县县城、蔡家坡地区（蔡家坡镇、曹家镇、安乐镇、五丈原镇、眉县马家镇、陈仓区阳平镇等6个建制镇）、陈仓区虢镇地区4个供水服务区，供水面积173.3平方千米，供水设计保证率95%，受益人口达到107.3万人。

四、引红济石工程

引红济石调水工程位于太白县境内，是陕西省南水北调的西线工程，将水量丰沛的长江流域汉江支流褒河上游的红岩河水跨流域调入渭河支流石头河。多年平均调水量0.92亿立方米，连同石头河本流域自产径流，经石头河水库调蓄后，水库年供水量2.66亿立方米，除保持向西安城市供水0.95亿立方米、向原岐眉灌区

图5-9 引红济石调水工程示意图（图来源于陕西省水利厅）

2.47公顷农田灌溉补水0.45亿立方米外，新增向咸阳、杨凌等供水1.26亿立方米。工程主要由低坝引水枢纽和输水工程组成，是陕西省"十一五"重点水源项目，工程静态总投资6.78亿元，2008年正式开工建设，预计2015年完工。

（一）渠首工程

低坝引水枢纽，位于太白县县城西南8千米，采用闸坝方案，由泄洪闸、冲沙闸、进水闸、左右岸挡水坝段及生态放水管道等组成，泄洪闸共3孔，单孔宽度20米，总宽度68.4米。设计坝顶高程1478.50米，溢流堰顶高程1471.50米，坝顶长95米。

（二）渠道工程

输水工程，输水隧洞沿太白盆地南缘布置，穿越秦岭五里坡梁与太白盆地南缘山区。进口位于上坝址下游560米处的红岩河左岸，进口高程1468.44米，出口位于五里坡东桃川河左岸，出口高程1443.80米，总落差24.64米，全线自流调水，输水隧洞全长19.733千米，设计引水流量13.5米/秒。

图5-10 引红济石调水枢纽工程（图来源于陕西省水利厅）

五、李家河水库工程

西安市辋川河引水李家河水库工程是国家立项的重点项目，是西安市水资源优化配置的重大供水水源工程。

李家河水库引水来自灞河的一级支流——辋川河，坝址位于辋川河中游，距蓝田县城23千米，是解决西安市浐河以东地区城镇生活和工业用水的骨干水源工程。水库建设既是生态工程，也

图5-11 李家河水库效果示意图（图片来源于陕西省水利厅）

是民生工程，以城镇供水为主，兼有防洪、发电功能。工程概算总投资20.86亿元，其中李家河水库总投资15.03亿元，输水工程总投资5.83亿元，水库总库容5500万立方米，调节库容4400万立方米。2010年主体工程正式开工建设，2014年底，建成蓄水。李家河水库工程主要包括水库枢纽工程和供水渠（管）道工程两部分。

（一）枢纽工程

水库枢纽，由大坝、引水管道、左岸泄洪洞和坝后电站组成。大坝为碾压砼抛物线双曲拱坝，最大坝高98.5米；泄洪表孔位于坝体中部，最大泄量637立方米/秒；泄洪底孔位于表孔左侧，最大泄量515立方米/秒；引水洞进口位于大坝左岸，全长946.35米，设计流量7.5立方米/秒。防洪标准按50年一遇洪水设计，500年一遇洪水校核。

（二）渠道工程

李家河坝址至黄土岭段的输水总干渠以及白鹿原灌区的南北干渠等渠系工程，输水工程由总干渠、引岱干渠及南、北输水干管四部分组成，长度分别为17.3千米、3.2千米、19.9千米、30.1千米，总长度70.6千米。已建成的黄土岭至将军圪塔段输水总干渠；改建位于白鹿原的北干渠河南支管等供水渠系工程。

李家河水库建成后，与已经建成的岱峪、鹿塬、杨家沟、红旗水库等一起，联合调度，每年可向西安市纺织城和洪庆组团、蓝田县城以及灞桥区的狄寨，蓝田县的孟村、安村、前卫，长安区的炮里等5乡镇供水7093万立方米，其中李家河水库供水6187万立方米，岱峪水库供水906万立方米，并在引汉济渭工程完成前，向西安市阎良区提供生活和工业用水。

六、引汉济渭工程

引汉济渭工程规划在汉江干流修建黄金峡水库和汉江北岸支流——子午河修建三河口水库，从汉江岸边向北开凿隧洞连接两座水库并穿越秦

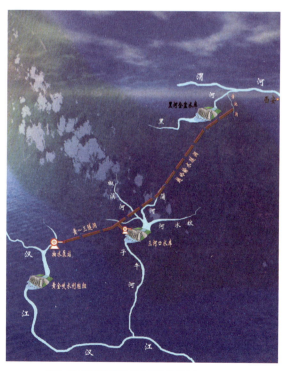

图5-12 引汉济渭工程示意图（图片来源于陕西省水利厅）

岭，隧洞出口位于秦岭北麓黑河东侧的黄池沟。引汉济渭工程主要由黄金峡水库枢纽、黄金峡水源泵站、黄金峡至三河口输水工程、三河口水库和秦岭隧洞等五部分组成。

引汉济渭工程估算静态总投资146亿元，首期先建设三河口水库和越岭段81.6千米隧洞，实现2020年调水5亿立方米，之后再根据关中需水及汉江水资源情况相继建设黄金峡水库、黄金峡泵站和黄（金峡）三（河口）段隧洞，逐步达到最终15亿立方米调水规模。

2011年12月8日全线开工，预计2017年引水进西安，2020年调水5亿立方米，2025年调水10亿立方米，2030年实现最终调水15亿立方米。

（一）黄金峡水利枢纽

黄金峡水库，坝址位于汉江干流黄金峡锅滩下游2千米处，主要任务是拦蓄汉江河水，抬高水位，兼顾发电。拦河坝为混凝土重力坝，最大坝高64.3米，总库容2.36亿立方米，调节库容0.92亿立方米，为日调节水库，正常蓄水位450米，死水位440米，河床式电站装机容量120兆瓦，多年平均发电量2.98亿千瓦·时。

黄金峡泵站位于黄金峡水库库区左岸良心河内，距良心河入汉江河口约900米，将黄金峡水库的水扬高送至黄三隧洞，多年平均抽水量9.76亿立方米。泵站设计抽水流量75立方米/秒，总扬程113.5米，安装15台水泵电动机组，单机设计流量6.25立方米/秒，配套电机功率11兆瓦，泵站总装机功率约165兆瓦，年用电量3.67亿千瓦·时。

（二）三河口水利枢纽

三河口水利枢纽为引汉济渭工程的两个水源之一，是整个调水工程的调蓄中枢。坝址位于佛坪县大河坝乡三河口村下游2千米处，主要任务是调蓄本流域子午河来水及通过泵站抽调入库的汉江干流水量。拦河坝初选坝型为碾压混凝土重力坝，最大坝高138.3米，总库容6.81亿立方米，调节库容5.5亿立方米，正常蓄水位643米，坝后泵站设计抽水流量50立方米/秒，多年平均抽水量0.9亿立方米，设计总扬程95.1米，总装机功率约60.6兆瓦，年用电量0.3亿千瓦·时。坝后电站装机容量45兆瓦，多年平均发电量1.08亿千瓦·时。

图 5-13 黄金峡水利枢纽效果图（图片来源于陕西省水利厅）

图 5-14 三河口水利枢纽效果图（图片来源于陕西省水利厅）

（三）秦岭输水隧洞

全长98.30千米，设计流量70立方米/秒，纵坡1/2500，分连接黄金峡水库与三河口水库的"黄三隧洞段"和穿秦岭山脉的"越岭段"。

1.黄金峡水库与三河口水库之间的黄三隧洞段

黄三隧洞段进口位于黄金峡水利枢纽坝后左岸李家湾（黄金峡泵站出水闸），出口位于三河口水利枢纽坝后约300米处控制闸，将黄金峡泵站抽取的汉江水送入三河口水利枢纽坝后汇流池。隧洞为明流洞，全长16.52千米，设计流量75立方米/秒，多年平均输水量9.76亿立方米。

2.穿越秦岭山脉的越岭段

越岭段进水口位于三河口水利枢纽坝后右岸控制闸，出口位于渭河一级支流黑河右侧支沟黄池沟内，作用是将汉江流域调出水量自流送入渭河流域关中地区。隧洞为明流洞，全长81.779千米，设计流量70立方米/秒，多年平均输水量15.05亿立方米。

引汉济渭工程的近期供水目标，以城市生活与工业供水为主，兼顾农业和生态用水，优先满足关中"一线两带"及地级以上重点城市需水和工业园区用水需求，重点考虑经济较为发达而缺水又较严重的县级城市及工业用水，并尽可能为省内黄河流域用水份额的统配创造空间。

引汉济渭工程受水区涉及西安、咸阳、宝鸡、渭南4个市级行政区，长安、户县、临潼、周至、兴平、武功、泾阳、三原、高陵、阎良、华县等13个易于受水的县级城市，以及高陵泾河工业园区、泾阳产业密集区、扶风绛帐食品工业园区及眉县常兴纺织工业园区等8个工业园区的近期用水需要，同时可增加渭河生态水量，改善渭河流域生态环境。受水总面积35 489平方千米，占关中地区土地面积的64%，占全省国土面积的17.3%。

七、"八水润西安"

（一）"八水绕长安"

西汉文学家司马相如在著名的《上林赋》中写道："君未睹夫巨丽也，独不闻天子之上林乎？左苍梧，右西极。丹水更其南，紫渊径其北。终始灞浐，出入泾渭；酆镐潦潏，纡馀委蛇，经营乎其内。荡荡乎八川分流，相背而异态。"描写了汉代上林苑的巨丽之美，以后就有了"八水绕长安"的描述。

"八水"指的是渭河、泾河、沣河、涝河、潏河、滈河、浐河、灞河，位于西安城南的潏河、滈河自东向西流动，城西的沣河、涝河和城东的浐河、灞河均自南向北流动，北面的渭河、泾河是由西向东流动。"八水"之中，渭河汇入黄河，其他七水曾经均为渭河的一级支流，直接汇入渭河。然而由于时代变迁，沧海桑田，河床的移动，泾河、沣河、涝河、灞河仍为渭河一级支流外，浐河成了灞河的支流，潏河在牛头寺附近分为两支，向北为皂河，向西则与滈河合流汇入沣河，滈河在香积寺与潏河汇合后向西，在户县秦渡镇附近注入沣河。

（二）"八水润西安"提出

2012年西安市提出了"八水润西安"的建设目标，即将西安建成"城在水中，水在城中，水润西安"的现代化生态型大都市。最终形成市区与河流廊道间隔布局的结构，将城市人口与经济能量有机分散，同时还能充分发挥城市水网连通作用，将"八水"与城区水面（如兴庆湖、汉城湖、未央湖）连通后形成一个完整的河湖水系。

（三）"八水润西安"框架

"八水润西安"的脉络框架为"一心、二环、三横、四纵、多点元"（一心——昆明池；二环——明清护城河、汉城墙护城河；三横——泾渭河、潏河、引汉济渭水系；四纵——黑河、涝河、沣河、浐灞河；多点元——"八水"旁支河流、湿地、湖池、水景观、涝池、喷泉），它构成了西安市的水系框架，是西安重要的生态景观通道，使得西安"城有水则秀，居有水则灵"。

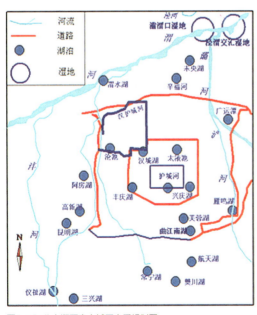

图5-15 八水润西安主城区水系规划图

西安市将在"八水绕长安"的基础上，保护、改造、提升和新建5引水、7湿地、10河系、28湖池，将城外的水引进城内，让原本缺水的西安"生动"起来，实现西安山、水、城灵动的新貌。规划总面积10 108平方千米。以实施"保水、引水、治水"方略为重点，规划建设"5引水、7湿地、10河系、28湖池"，规划建设周期为2012年8月到2020年12月，规划估算总投资285.43亿元。

5条生态引水：灞（浐）河引水、鲸鱼沟引水、大峪水库引水、皂河引水、沣河引水。这5条生态引水主要为28湖提供水资源。

打造7片湿地：灞河城市段湿地、灞渭河口湿地、泾渭交汇湿地、沣渭河口湿地、黑渭河口湿地、涝渭河口湿地、引汉济渭黑河口湿地。

10条河系："长安八水"（浐河、灞河、泾河、渭河、沣河、涝河、潏河、滈河），加上黑河水系、引汉济渭水系。

28座湖池，规划前建成的(13)：汉城湖、护城河、未央湖、丰庆湖、雁鸣湖、广运潭、曲江南湖、芙蓉湖、兴庆湖、太液池、渼陂湖、渭水湖、阿房湖；规划的(15)：昆明池、汉护城河、仪祉湖、三星湖、沧池、航天湖、天桥湖、太平湖、鲸鱼湖、常宁湖、樊川湖、杜陵湖、高新湖、幸福河、南三环河。至2014年10月，西安市已启动10条河流主要河段治理，建成了西安湖、仪祉湖、浐灞国家湿地公园、沙河水街等一大批湖泊湿地，建成沣河引水和大峪水库引水两条引水体系，为西安市人均增加湿地1.98平方米、生态水面0.98平方米。

"八水润西安"工程所构建的河、湖、渠的生态水系，使"华夏故都，山水之城"的西安城市定位名副其实，更是一项福泽后世的伟大工程，可有效地治污减霾，使西安的天更蓝，水更绿，环境更加优美。众多的水景也可为市民和游客提供更多的休闲、娱乐、健身的好去处，满足市民的精神文化需求，提升全民的生活质量和幸福指数。

图5-16 "八水润西安"浐灞生态园（宗静婷 摄）

第三节 水利风景区

　　陕西省共有省级以上水利风景区48处，覆盖了主要江河湖库区，形成了点状分布、网状连接、辐射陕西省的风景区发展格局。

　　秦岭南北坡河系众多，气象万千，山色空蒙，绿意盎然，景观多样，依托水体景观建立风景区，既可展现秦岭丰富的自然景观，气势雄伟的水利工程，又可推动当地经济社会的发展，还为群众创建了亲水休闲娱乐的好去处。秦岭南北坡现已开发的国家级水利风景区15处，省级风景区4处，均成为附近群众旅游休闲的首选。

一、国家级水利风景区

（一）灞柳生态园风景区

灞柳生态园于2003年灞桥区实施"大水大绿工程"时建设了2座拦河坝，形成了40公顷水面、2座岛屿及200公顷城市森林，是西安市利用改造河流形成的最早、最大的城市景观水域。2005年8月，水利部批准灞柳生态园为国家级水利风景区。生态园主要景区有"灞柳风雪"和"长安码头"两处。

灞柳风雪：位于西安城区东北部的"灞渭三角洲"地段的灞柳生态园，北依渭水，西偎灞河，自然景观秀丽，湖畔绿柳低垂，纷飞的柳絮，仿佛飞雪漫天，人文底蕴丰厚。据史籍记载，早在明清之际就有"灞柳风雪"之说。

长安码头：以绿色、生态、运动的水域景观和极具特色的户外游乐项目吸引着广大的西安市民，并且是市民亲水型休闲、度假、运动的最佳选择。该景观设有2座河心岛屿、6座固定观景码头、3座船泊码头，游乐设施有水上飞机、水上快艇、水上演艺平台、手划船、大型机动游船、儿童戏水池、碰碰船、人工沙滩等，环境优美，设施完善。"长安客栈"特色木屋、景观特色餐厅、停车场、接待室、供水系统、供电系统、旅游巴士、景区电瓶车、购物中心等服务设施配套齐全，是节假日休闲的好去处。

（二）西安汉城湖风景区

汉城湖位于西安市西北，右邻北二环、朱宏路，左靠汉长安城遗址，原名团结水库，属于国家水利风景区。汉城湖蓄满水的水面最宽处可达80米，最窄处有30米，水深在4~6米之间，总库容有137万立方米，湖面约有56公顷。水库周围以汉文化和水文化为主题的园林景观面积约70公顷（图5-17）。汉城湖景区有七个功能分区，即霸城溢彩、封禅天下、角楼叠翠、御景覆盎、汉桥水镇、安门盛世和流光伴晚。位于封禅天下景区的湖面音乐喷泉，南北长100米，主喷泉高度可达60米。喷泉未启动时，喷头没在湖面下；启动后，水从湖面喷涌而出，通过电脑操控可以展示多种极为壮观的水幕造型。位于角楼叠翠景区的天汉雄风浮雕，长达200米，是西安目前规模最大的浮雕；通过一系列经典典故，如文景之治、班超安边、张骞出使、苏武牧羊、昭君出塞等，展示了两汉400年政治、文化、经济、科技等方面的璀璨成就。

汉城湖国家水利风景区集文物保护、防洪保安、水域生态、园林景观以及都市农业灌溉为一体，以汉文化、水文化主题展示为观光亮点。景区的园林景观使市民享受水带来的愉悦，感受水的惠顾。

图5-17 汉城湖水利景区大风阁（宗静婷摄）

图5-18 汉城湖遗址公园水磨广场（宗静婷摄）

景区雕塑、仿汉代建筑群、文化广场等汉文化的展示，做到了处处皆历史、处处皆故事，使人亲身感受到汉文化的强大与震撼。

（三）灞桥湿地风景区

灞桥湿地国家水利风景区位于西安市灞河城市段中游，北起东城大道华清桥，南至蓝田县界，毗邻西安世博园。全长15千米，总面积6.75平方千米。

景区是开敞型滨水空间，秉承"人与自然和谐共生"理念，依托灞河综合治理建设而打造的水利风景区。景区以灞桥、灞柳、灞水为主题文化，品位高雅。

景区彰显水工程、水环境生态化、人文化治理，突出历史文化等特点，区域功能齐全，主体建筑宏伟，配套设施完善，商业氛围浓厚，富有西安的历史文化、传统民俗等特色，是西安市区又一处科普、休闲、观光、娱乐的新亮点。

（四）户县金龙峡风景区

金龙峡风景区位于秦岭北麓，地处终南山世界地质公园核心区，距西安30千米，环山旅游公路和西汉高速公路交会，道路四通八达，交通十分便捷。景区面积约3300公顷，以"瀑布群落、林海氧吧、大峡风光、九峰叠翠、原始人文"五绝著称。

图5-19 灞河湿地公园灞河桥（宗静婷摄）　　　　　　　图5-20 渭水之央的炎帝公园（李志峰摄）

金龙峡年均气温在7～10℃之间，最高气温29℃，气候湿润，空气清新，富含氧离子，被誉为"中国北方第一峡"。景区植被茂密，野生动植物种类繁多，一、二类国家保护动物30多种。公园有景点30多处，自然景观有九瀑十八潭，万亩天然槐花林；人文景观有古栈道、樵夫凿山觅银遗迹、汉代张良走过的余良道、赤松子曾居之地松子岭、寿星岩、龙门、石船子等。李白曾在此留下"长歌吟松风，曲尽河星稀"的千古名句。景区可以垂钓、烧烤、休憩，是休闲、养生、旅游的北方第一原始大峡谷。

（五）宝鸡渭水之央风景区

宝鸡渭水之央国家水利风景区位于渭河中游的宝鸡市区，西起宝鸡峡水库，东至陈仓区底店村的千河入渭河交汇处，全长30千米，已规划面积28.5平方千米。2011年12月，被批准为国家水利风景区。

宝鸡市作为渭河进入陕西段的第一座城市，对于渭河的利用可谓是"惜水如金"。建设大量的河坝，拦截河水形成湖泊；植树造林，用于对水的涵养；修整河坝，进一步改造利用河流，促进了渭河宝鸡城市段面貌的变化。

渭水之央水利风景区以清姜河、渭河、金陵河、龙山河、六川河等水利资源为依托，形成"一带五区"的景观布局。在这个景观带中，自西向东分别为宝鸡峡的西湖景区，金渭湖、金陵湖等组成的

图5-21 渭水之央的宝鸡青铜器博物馆（李志峰摄）

图5-22 青峰峡景区的五里峡河（杨军辉摄）

四湖景区，市区的滨河公园、植物园、炎帝园等组成的滨河景区，中华石鼓园、宝鸡青铜器博物馆等组成的周秦文化人文景区，规划建设的湿地景区。五个景区相互映衬，景观秀美而和谐，基础设施齐全，交通便利，造就了具有地域特色的水利风景区。

（六）太白青峰峡风景区

青峰峡水利风景区位于太白山北麓太白县的桃川镇，距宝鸡市75千米，渭河二级支流五里峡河贯穿整个景区。景区总面积4360公顷，森林覆盖率达95%以上，境内海拔介于1400~3400米之间，年平均气温7.6℃，空气清新，被誉为"大秦岭的第一森林浴场"和"天然氧吧"。

青峰峡景观独特，峡内崇山环峙，五里峡河碧流穿峡，跑马梁连接秦岭主峰太白山和第二高峰鳌山。跑马梁宽500米左右，长40千米，地势平坦，相传为刘秀当年跑马之地，故称"刘秀跑马梁"。峡谷窄而长，以洪积等石块构成。鳌山和跑马梁分布有约5千米的第四纪冰川地貌——瀑布、石海、石河等，景象壮观独特。

青峰峡动植物种类丰富，现存种子植物1700余种，太白山脉特有植物95种，珍稀植物27种，古树名木有红豆杉、太白红杉等；野生动物有鸟类230多种，兽类65种，两栖爬行类30种，昆虫1425种；珍贵动物有大熊猫、金丝猴、羚牛、大鲵、细鳞蛙等。

景区人文传说历史悠久，"四十里跑马梁"相传汉皇帝刘秀曾在此练兵，"舍身崖"相传是唐王李世民之妹为爱情献身之处，神女峰、睡佛山、娘娘庙等众多优美传说，点缀在自然景观之间，辉映成趣。

景区开展的游览项目有漂流、垂钓、水上游乐、攀岩、滑道、速降、拓展训练等。

（七）汉中石门风景区

汉中石门国家水利风景区以石门水库为依托，风景秀美，古迹荟萃，是一个人文历史景观与自然景观俱佳的城郊型风景区。景区位于汉中市城北15千米的褒谷口，是国务院1961年公布的第一批全国重点文物保护单位，褒斜栈道、石门及石门摩崖石刻均在景区内。2002年被确定为国家水利风景区，2009年创建为国家AAA级旅游景区，每年接待大量的国内外游客。

石门水库作为景区的核心，1975年建成，属于双曲拱坝，坝高88米，顶部长264米，库容量1.098亿立方米，水库以灌溉为主，灌溉农田面积约3.45万公顷。景区不仅有造型优美、雄伟壮观的大坝，更有独特的自然风光，怪石嶙峋，青峰林立。石门水库的建成，更增添了景区的吸引力。水库上游，溪流潺潺，清澈见底，悬泉瀑布，叮当作响，空中时而白鹭飞过，水中生长着大鲵、甲鱼等水生生物；库中高峡平湖，水波荡漾，游船、快艇穿梭于17千米的水上廊道，可尽情观赏两岸的风光，成为西北风光旅游胜地。

石门景区被称为自然立体文博馆，山上水下各种文物古迹丰富。新建的仿古栈道别具一格，飞架于悬崖峭壁之上，成为古褒斜道的缩影。石门历史积淀丰富，"一笑千金"的美女褒姒故乡就在此，历史典故"明修栈道，暗度陈仓""萧何月下追韩信"均出于此，诸葛亮出汉中进中原，吴玠、吴璘阻击金兵均取道于此。景区古褒国、古褒斜栈道、古连云栈道、古石门、古山河堰、新石门遗迹交相辉映，是研究我国古代战争、道路、交通、科技、经济、书法、水利等的综合天然史料博物馆。

图5-23 跑马梁石海（谢若云摄　青峰峡森林公园提供）

图5-24 石门水库鸟瞰图（石门水库国家水利风景区供图）

（八）安康瀛湖风景区

瀛湖也称"安康水库"，属于国家水利风景区，位于安康市区西南18千米处的天柱山脚下，是西北地区最大的绿色人工淡水湖，周长540千米，水域面积77.8平方千米。雄踞火石岩峡谷中，电站大坝气势雄伟，十分壮观，坝顶长541.5米，坝高128米，有"陕西第一坝之称"。每当泄洪时，飞流直下，捣珠崩玉，声似雷鸣，令人叹为观止。

有"陕西千岛湖"美称的瀛湖，四面被群山环绕，山势低且平缓，植被繁茂，山峰奇特而壮观，是消暑纳凉、休闲度假不可多得的好去处。诗人杨礼元的《永遇乐·瀛湖颂》一词中就描绘了瀛湖之美，词曰：极目瀛湖，云横天际，帆鼓江浪。漫岸葱茏，花燃绝壁，绿岛莺啼爽。纵艇腾雪，激珠溅玉，一片鹭飞霞漾。凭游处，风光旖旎，万顷碧红摇荡。

湖面广阔而秀美，微风轻抚，水光潋滟，湖中岛屿棋布，广阔洁净的水域，也有曲折蜿蜒的水境，交相辉映，妙不可言。荡舟湖上，四周美景尽收眼底，何其美哉！

（九）商洛仙娥湖

仙娥湖国家水利风景区北起二龙山水库，沿丹江延伸至"商州八景"之一的"龙山双塔"，纵贯商洛市区，景区周长10.91千米，总面积538.6公顷，绿化面积63万平方米。2006年被水利部评为国家水利风景区。

仙娥湖景区以二龙山水库、丹江城防工程为主要依托。二龙山水库是丹江上游的一座集防洪、灌

图5-25 石门褒斜栈道（于风军摄）　　　　　　　　　　　　　　　　图5-26 瀛湖大坝风景（舒大鹏摄）

图5-27 瀛湖水库湖面波光粼粼（舒大鹏摄）

图5-28 仙娥湖水库（宗静婷摄）

溯、发电为一体的水库，总库容8100万立方米；丹江城防工程治理河道长9.5千米，修筑标准化和生态化河堤20千米。景区还包括龙山双塔、工程大坝等，形成"一湖、一带、七苑、五广场"等特色景区。

"一湖"即"仙娥湖"，位于商洛市商州区西北5千米的丹江上游，湖面面积400多公顷，本名仙娥溪，1973年二龙山水库建成，蓄水成湖，湖面呈"丫"字形。四周有山，起伏如龙，湖中有岛，龙山昂首与岛相向，状如四龙戏珠，别具一格。两岸悬崖峭壁，峰峦峭峙，怪石嶙峋，溪流潺潺，湖岸林木葱郁，百花争艳，鸟语传情，山野桃花隔湖相望，有一种幽清明净的自然美。"一带"即贯穿全段的河堤路和5座橡胶坝形成的丹江水面，再现"丹水绕城"的美景。"七苑"即华阳苑、镇安苑、柞水苑、商州苑、山阳苑、丹凤苑、商南苑，展示了所辖七县区的地域特色。"五广场"即商鞅广场、船形广场、健身广场、丹鹤楼广场、喷泉广场。五广场各具特色，商鞅广场突出人文历史景观，矗立着历史故事浮雕和著名历史人物商鞅的大型雕塑。船形广场突出的是"扬帆远航的桅杆造型"，展示丹江之魂。

（十）商南金丝峡

金丝峡位于陕西省东南的商南县境内，隶属于商洛市。这里的气候属北亚热带典型山地气候，总体呈现日照充足、降水充沛、冬季温暖、夏季凉爽、空气

图5-29 仙娥湖景区商鞅广场（宗静婷摄）

清新、较为温和的气候特征，称其"一日历三季，十里兰花香"再合适不过。

金丝峡国家水利风景区山体雄伟陡峭，河谷深邃曲折，森林浓密茂盛，水景绚丽，花草繁盛；又有内涵深刻的道教文化和许多流传甚广的故事、传说，集自然景观、人文景观、消暑避夏、休闲度假、科普教育、寻觅探险、森林旅游于一体。

金丝峡谷有白龙峡、黑龙峡、青龙峡。白龙峡，又称七里峡，其处怪石嶙峋，自然景观妙趣横生；青龙峡，又名东峡谷，两侧有万仞峭壁，险峻异常，峭壁两侧更有珍惜的乔木，值得一观。位于金丝峡大峡谷西端的黑龙峡奇险、神秘。独特的金丝峡集窄、长、秀、奇、险、幽为一体，除此之外又有石、峰、洞、林、禽、兽、泉、潭、瀑等如画风景，简直是步移景异，景象万千，有"峡谷奇观，生态王国"之称。

传说真武祖师张三丰看破红尘，外出修道，得赐倚天剑后曾到金丝峡石燕寨隐居潜心修炼，领悟到"前山练功，后山修道"后南下移居武当山，修道成仙。修道成仙之前张三丰就常到石燕寨练功习武，接济百姓，有祖师庙为证。

（十一）丹凤龙驹寨风景区

丹凤地处南北分界线的秦岭腹地，有"天然生物博物馆"和"天然氧吧"的美誉，丹凤资源丰富，森林广泛分布，山岭连绵不断，河谷纵横交错，形成独特的山水、林木、洞穴等自然生态景观。丹凤景色"如喜春色净如秋，五月商山是胜游"，龙驹寨景区就身处其间。

龙驹寨风景区是集地文、天象、人文、水文、生物、工程、文化等景观为一体的综合性旅游风

图5-30 金丝峡风景区（金丝峡水利风景区提供）

图5-31 金丝峡双溪瀑布（金丝峡水利风景区提供）

景区。其以丹江为中轴，以龙驹古寨为中心，西临丹凤县棣花镇收费站，东至竹林关镇竹林关村，包括棣花镇、商镇、西岭乡等6个镇，总面积150平方千米。风景区内312国道、陕沪高速、西合铁路、丹凤公路等呈网状分布，交通便利。2009年8月龙驹寨景区被正式批准为国家水利风景区。

龙驹寨水利风景区的布局以龙驹寨景区为中心，城西、城南两条旅游线路为特点。中心景区包括众多人文景观和自然景观，人文景观有水旱码头龙驹寨、船帮会馆、盐帮会馆、马帮会馆、青器帮会馆、紫阳宫、城隍庙、商鞅邑城博物馆；自然景观有冠山自然风景区、滨河公园等众多景点。城西旅游线路主要是人文景观，包括商山森林公园、宋金代二郎庙、贾平凹文学艺术苑、商山四皓碑林园等；城南旅游线路河网密布，植被丰茂，主要是自然景观，开展的游览项目有丹江漂流码头到日月滩的生态漂流、丹江峡谷探险漂流、龙头山景区、竹林关翠竹公园等。

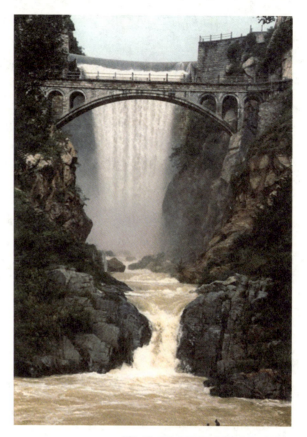

图5-32 龙驹寨风景区（龙驹寨景区提供）

图5-33 龙驹寨水利风景区（龙驹寨景区提供）

（十二）丹凤桃花谷风景区

桃花谷水利风景区，位于丹凤县竹林关镇，距离丹凤县城31千米，面积41平方千米，2014年11月设为国家水利风景区。

桃花谷水利风景区，由科教基地区、特色农业生产区、生态观光区三部分组成。科教基地区内建有陕西省首家水保示范园，设有水土流失实验、模拟降雨实验、重力侵蚀治理示范、泥石流预警系统、水质监测与分析系统、数字流域建设、根系水土保持机理示范、水土保持数字体验馆等项目。通过实验基地，可以展示不同植被保水保土作用差异的原因，展示区域水土流失的特点，水土保持技术及其与区域水环境、江河泥沙和生态安全的关系，提高水土保持普及与宣传等。生态观光区由独揽秀丽、现代的水保生态广场、凉亭、廊道、人工湿地等组成。特色农业生产区内，游客可采摘桃子、杏、樱桃等多种绿色无污染的水果。

（十三）乾佑河源水利风景区

乾佑河源水利风景区位于柞水县营盘镇乾佑河的源头，全长151.2千米，流域面积2510平方千米，海拔1000～2802米，属大秦岭—中国中央公园重要组成部分，被誉为"大秦岭的绿色心脏、都市人的高山花园"，与"牛背梁国家森林公园、乾佑河水利引水工程"整合，2014年被批准为国家水利风景区。

后汉乾祐二年（949），镇安县（今名）改名为乾佑县，其河改为乾佑河。乾佑河是"引乾济石"工程的水源地，水流湍急，悬崖陡峭，人工修建的25级跌水坝及数十处临水景观设施，成为水清、山绿、景美、人水和谐发展的综合性景区。

图5-34 乾佑河跌水（牛背梁森林公园提供）

牛背梁国家森林公园，因牛背梁是秦岭东段最高峰，而被誉为"秦岭主脊、终南之冠"，公园总面积2123平方千米，海拔1000～2802米。公园不但原始森林茂密，潭瀑河溪水质清澈，林中小径清幽，峡谷风光独特，峰林景观罕见；还有秦岭冷杉、杜鹃林带、高山草

图5-35 牛背梁森林公园峰林（牛背梁森林公园提供）

甸等明显的植物群落分布带；并且有珍稀动物羚牛，第四纪冰川遗迹等等，是集"奇、险、清、幽"
于一体，汇"峰、瀑、溪、林"于一地的综合性水利风景区。

（十四）凤县嘉陵江源风景区

凤县嘉陵江源国家水利风景区依托嘉陵江源头水系而建，属自然河湖型水利风景区，景区集自
然景观、人文景观为一体。景区以城区凤凰湖景区为中心，嘉陵江河流为主线，沿河分布，有景点40
多处，距离宝鸡33千米，位于秦岭南麓海拔1500～2800米的中高山区，属于森林气候，四季分明，凉
爽湿润，空气清新，水质甘甜，气候温和。景区总面积5149公顷，因位于嘉陵江源头而得名。景区内
316国道、212省道、包成铁路穿境而过，交通线路网状分布，十分便利。2009年该景区经批准成为第
9批国家级水利风景区。

嘉陵江源头风景区跨越秦岭南、北两坡，长江、黄河两大水系的分水岭和中国南北气候的分界线穿过
景区，山势陡峻，溪流潺潺，草丰林密，四季景色迷人，可春赏山花，夏避酷暑，秋看红叶，冬观瑞雪。

景区内怪石耸立，悬泉瀑布，自然景观奇特美妙，历史古迹星罗棋布。七女峰苍翠秀丽，飞来石、神农采药石惟妙惟肖，飞云瀑气势宏伟，黑龙潭水面清幽，罕见的冰挂、雾淞、云海更是美不胜收。

景区内遗有历史人文古迹，有"工合"旧址、汉高祖入关时的煎茶坪，诸葛亮北上伐魏时的点将台、大散关、仰韶文化遗址和羌文化故里，还有代王岭、观日台等景点。景区将以山为景，以水为灵魂，逐步在嘉陵江流域形成一个长72千米、宽20千米的水利旅游风景区。

（十五）汉阴县凤堰古梯田风景区

凤堰古梯田距汉阴县城35千米，位于汉阴县漩涡镇黄龙村、堰坪村、茨沟村三村。始建于清朝乾隆年间，是秦巴山区迄今为止保存最完整、面积最大的清代古梯田，2010年被陕西省文物局列为陕西省文物考察十大重大发现之一。

图5-36 凤凰湖景区第一高喷泉（凤县水利局提供）

凤堰古梯田绵延数十公里，从山脚到山顶，层层展布，线条流畅、阡陌相连。从高处远望，田埂蜿蜒盘绕，水面泛着银光，充分展示出梯田的壮丽与秀美。梯田是人战胜自然、改造自然、与自然和谐发展的结晶，是农耕文化传承与发展的成果，也是中国农耕文明的"活化石"，在北方农耕文明史上具有特殊的意义。

图5-37 嘉陵江源头溪流（凤县水利局提供）

图5-38 汉阴凤堰古梯田（汉阴凤堰古梯田风景区提供）

景区总面积约38.78平方千米，成片古梯田800公顷，是我国北方第一个以自然山水为背景，以古梯田为展品，以民风民俗为陪衬，保护和展示传统农耕文明生产方式的开放式景区。凤堰古梯田水利风景区集"山、水、田、屋、寨、村、庙、农"为一体，旅游资源丰富，现开发有维护梯田原始风貌和人文景观的"黄龙洞河民风、民俗与山地文化景区"。未来还将着力打造梯田景观观光旅游线、梯田景观观光区、客居文化体验区、山地游览观光区、梯田小镇度假区等，形成凤凰云海、凤江日出、双龙戏水、群英晨曦、堰坪落日、花屋情缘、凤江茶园、漩涡风情、凤饮东河、石寨遗风等"一线四区十点"特色旅游景区，打造集休闲养生、摄影、绘画及文艺创作等于一体的旅游胜地。

二、省级水利风景区

（一）渭南涧峪水库风景区

涧峪水库风景区位于关中东部华县高塘镇，距渭南市31千米，是依托渭南市涧峪水库供水工程而形成的水利风景区。景区呈南北狭长的三角形，总面积117平方千米，其中水域面积0.4平方千米。

涧峪水库风景区由三部分组成：大坝上游水源地生态保护区；以大坝为主体的水利工程景观区；以休闲、科技发展、文化宣传、红色教育等方面的坝后生态园。水库大坝是景的最大亮点。

水源保护区：涧峪水库位于秦岭北麓生态保护区渭河一级支流赤水河上游的西峪峪口。赤水河水质清冽，河道内流水清澈见底，河谷及山坡大多基岩裸露，流域植被良好，林草覆盖率90%以上（图5-39）。水源保护区动植物资源丰富，野生植物3000余种，野生动物600余种。峪中曲径通幽，山峰

图5-39　涧峪赤水河（峪水库管理办公室提供）

图5-40　涧峪水库（涧峪水库管理办公室提供）

图5-41 眉县红河谷的红河丹崖（红河谷森林公园提）

云蒸霞蔚；沿途有通天洞、泼墨岩、巨鹰崖、小九寨、龙潭、野峪峡、一线天等景观，令人乐而忘返，沉醉不知归路。

水利工程景观区：涧峪水库是以城市供水、灌溉、防洪为主，兼有发电作用的中（Ⅲ）型水利工程。水库大坝坝体依山而建，坝高81米，长200米，由溢洪洞、输水洞、导流洞等组成。登上约200米长的坝顶路及输水洞放水塔、导流洞放水塔可欣赏库区美景。库区水面宽约200米，长约2500米，层峦叠嶂倒映于碧波荡漾的水中，水在山中、山在水中、鱼戏林间、鸟飞水底，别有一番情趣。

坝后生态园：花卉展示区、景石碑林区，利用景观石头展示渭南历史文化、名人诗词，打造以渭华起义为红色主题的爱国主义教育基地；休闲度假区、嬉水休闲区，展示渭南农耕民俗，推出绿色农产品，提供生态化居住设施，并可亲身体验"锄禾日当午"的农业活动；科技文化展示区，建设饮水思源纪念碑、水库建设历程碑，并建有人工湖及冷水养殖场。

（二）眉县红河谷风景区

红河谷水利风景区位于眉县营头镇境内，地处秦岭主峰太白山北麓的红河流域，东临太白山国家森林公园，西南接太白山自然保护区，园内林木茂盛，森林覆盖率达91.7%。2010年确定为省级水利风景区，由四嘴山景区、蟠龙湾斗母瀑布景区、凌云栈道景区和原始森林景区组成。

红河谷因太白八景之一的"红河丹崖"而得名，"红河丹崖"由红色片麻岩组成，山体崩裂，水流冲刷，河底的石头以红色为主，水流而过看似红色，故称红河。风景区距离峪口7千米，沿着红河河谷，峭壁从河谷两侧拔地而起，夕阳余晖下，云霞、丹崖似火烧，涧水光华灼灼，树木熠熠生辉，仿若仙境。

四嘴山景区，海拔陡然升到2900米，山峰高而险峻，体势高大威严，松柏连片，山色苍茫，凌云栈道，高险奇绝；蟠龙湾穿林涉水，别具风情；斗母瀑布垂直落差80余米，幅宽20米，有西部第一瀑之称；太公石船，双洞水帘，群仙聚首，神龟宝蛋令人着迷；原始森林景区海拔落差大，森林植被丰富，垂直分布带谱明显，空气负氧离子丰富，有"天下美景一谷收"美誉，也被誉为野生动植物园和生物基因库。

（三）宝鸡钓鱼台风景区

宝鸡钓鱼台风景区位于宝鸡高新区天王镇境内，沿伐鱼河，呈狭长的带形，总面积约12.8平方千米。二级旅游专线与西宝高速公路、西宝南线相连，交通十分便利。景区以"姜太公钓鱼、周文王到访"的历史典故而闻名。景观有伐鱼河、太公钓鱼石雕、太公湖、钓鱼台水库。

伐鱼河，古称磻溪，属渭河南岸（右岸）一级支流。上游流经土石山区，河道狭窄，水流湍急；下游出峪口，河道渐现宽坦。《水经注》载："渭水之右，磻溪水注之……。水流次平石钓处，即太公垂钓之所也。其投竿跽饵，两膝遗迹犹存，是有磻溪之称也。"

钓鱼台景区南部为葫芦形石谷，北部为开阔川道，区内峰峦叠嶂，飞流激柱，森林茂密；绵

图5-42　眉县红河谷的斗母瀑布（红河谷森林公园提供）

延约10千米的磻溪峡谷，奇石、碧潭、幽径、栈道、竹林、瀑布，集奇、险、幽、秀为一体；姜太公石雕，形象惟妙惟肖，身着道袍，昂首挺胸，面北而立，后背文卷，长须飘胸，一副仙风道骨；"钓璜灵矶"石，是被称为中国第一钓台的姜子牙"跪石"；景区内人文古迹闻名海内外，主要有姜太公庙、周文王庙。姜太公庙始修于唐贞观年间，庙前立着4棵需3人合抱的千年柏树。

太公湖，水面达20万平方米，水清见底；钓鱼台水库，建于1973年，坝体为双曲拱形石砌结构，坝高48米，长165米，蓄水量272万立方米，"石坝飞瀑"是钓鱼台水库主体景观，可开展水上游览项目。

（四）太白黄柏塬水利风景区

太白黄柏塬水利风景区，地处秦岭南麓腹地，距太白县城71千米，景区总面积896平方千米，森林覆盖率96%，属典型的暖温带和亚热带气候过渡区域，汉江水系的二级支流湑水河贯穿景区，开发了"大箭沟景区""原始森林景区""二郎坝景区"等3个景区。

湑水河，汉江左岸支流，古称左谷水，清末改名湑水。源于周至县，流经太白县，在黄柏塬转向西南，入城固县，在良马寺东南流入汉江。全长165.5千米，流域面积2307.38平方千米。流域深山峡谷，地势陡峭，水流湍急，两岸基岩多为花岗岩、千枚岩，水生动物丰富，建有三个水电站和湑水大坝。

黄柏塬水利风景区辖区内有太白山国家级自然保护区、湑水河水生动物保护区和陕西省大熊猫自然保护区。珍稀野生动植物达2000余种，享有"生物基因库""天然氧吧"等美誉。

景区自然风光令人陶醉，云在山间飘渺，水于涧溪蛇行，彩石千姿百态；人文历史悠久，沟通四川和长安之间的傥骆道从太白县的黄柏塬、二郎坝经过，姜

图5-43 大箭沟彩石（黄柏塬水利风景区提供）

图5-44 黄柏塬的梦幻山水（胡纬摄 黄柏塬水利风景区提供 ）

维领兵伐魏曾经过黄柏塬，李白从傥骆道至长安，写下"西当太白有鸟道，可以横绝峨眉巅"的著名诗句。

黄柏塬水利风景区先后荣获"全国环境优美乡镇"、陕西"最美的生态景区"、"宝鸡最美乡村"等殊荣，"浑然天成，山水画卷"成为其最具影响力的名片。

秦岭水利风景区，由景色宜人的自然风光、宏伟壮观的水利工程构成，不仅能满足当地民众的精神享受需要，为群众提供旅游休闲的好去处，促进当地的经济社会的发展；更可通过旅游收入反哺景区，为修复水生态、改善水环境、治理水土流失等筹措资金，并通过开展不同形式的水利旅游宣传，弘扬水文化，使珍惜节约水资源、水土保持的理念深入民心。

第一节　秦岭「水库」生态功能的重要地位　299

一、秦岭在人类生存与发展中的重要地位

二、中国中部地区水生态环境的重要基石

第二节　秦岭水安全问题　303

一、秦岭水灾概述

二、秦岭水灾治理形势

三、秦岭水土流失概述

第三节　秦岭水安全综合治理与区域发展　317

一、人水和谐——秦岭治水观念的转变

二、秦岭水安全——区域发展的生命线

三、秦岭南北坡水系治理重点工程概述

四、秦岭水安全综合修复相关对策与建议

第四节　秦岭人水和谐与生态文明建设　340

一、人水和谐的发展理念

二、水生态文明建设

三、人水和谐的秦岭水生态文明建设

四、秦岭水安全与区域发展展望

第六章

秦岭水安全与区域发展

随着人类对水资源的重视，水资源保护、用水安全、防洪减灾等问题逐步受到重视，由此引发了人们对水安全问题的思考。水安全问题一般是指人类社会生存环境和经济发展过程中与用水安全、治水有关的危害问题，例如洪涝灾害、水资源短缺、水源地污染等能够给人类社会带来危害的问题，这些问题会对人类财产、人身安全和健康产生负面影响，会降低生存环境的舒适度，同时会严重制约人类社会经济的发展。

"水安全"的概念是于2000年举行的斯德哥尔摩水讨论会上正式提出的，它不同于传统意义上的安全范畴。相对于目前较为广泛研究的生态安全问题和资源使用安全方面的概念，水安全这个概念目前还没有明确的概念范畴；但是目前国际上对于水安全给出了一个相对准确的解释："在一定流域或区域内，以可预见的技术、经济和社会发展水平为依据，以可持续发展为原则，水资源、洪水和水环境能够持续支撑经济社会发展规模、能够维护生态系统良性发展的状态即为水安全。"水安全问题主要涉及水资源的保护、防洪减灾和水环境治理3个方面，其共同组成了水安全系统。

水安全的研究内容丰富，主要包括水安全和人类的可持续发展关系；水安全与社会、经济生态系统的耦合机制；水安全与社会技术水平的动态发展；水安全的调控性与空间地域性以及水安全的成本控制等问题。

由此可见，水安全状况直接关系到人类社会经济发展和生态系统稳定，其内容与区域发展问题密切相关，随着全球性资源危机的逐渐加剧，我国对于资源安全、环境安全、生态安全的问题，经历了由微观到宏观再到微观的发展历程，因此水安全问题已经成为关系到国家安全、经济安全、生态安全以及民生安全的重要问题。

第一节 秦岭"水库"生态功能的重要地位

秦岭，作为我国地质地貌以及气候重要的南北分界线，其主体位于陕西境内，历经4亿年的形成历史以及6000多年的人类影响，孕育了我国13个朝代，凝聚了灿烂的自然文化与社会文化。同时，秦岭也成为了我国中部重要的南北安全屏障。秦岭"水库"，其内涵不仅包含了秦岭地区的水库、堤坝、沟渠等水利工程，更包含了秦岭地区的自然河流、湖泊以及滨河湿地；其存在的意义不仅仅是为我国中部地区乃至华北地区输送水源，更在我国的生态系统中具有举足轻重的地位。

人类长期活动对秦岭的山地生态系统造成了不可磨灭的影响，从地质地貌的角度来看，人类通过改变河道走向、蓄水拦坝、开垦农田等活动方式，改变了秦岭固有的下垫面性质。从某种意义上来说，这种地质地貌的改变降低了秦岭的生态安全屏障作用，秦岭生物多样性、水源涵养功能以及生态系统的平衡都受到了较大的破坏。尤其是对水环境来讲，由于人类活动过度开发，降低了秦岭山地的蓄水功能；同时，河道改道以及农田开垦会造成较为严重的水土流失问题，这些问题都导致秦岭目前的水生态功能逐步降低。由此看来，秦岭的水生态功能保护具有极其重要的战略地位。

一、秦岭在人类生存与发展中的重要地位

秦岭的生态系统主要包括自然生态系统和社会生态系统。生态系统主要是通过物质和能量流动进行循环和再生，而秦岭作为我国典型的山地生态系统，其森林和水体成为了生态系统中主要的载体。由于秦岭地处我国中部地区，除其核心区域外，有大量的人类居住，因此秦岭生态系统属于自然—社会复合生态系统，其物质、能量、信息、人口、价值的流动受到了地质地貌和气候的影响，形成了各具特色的自然景观和人文活动。

秦岭南北坡由于地质地貌以及气候的不同特征，除森林生态系统具有不同物种特征外，水环境的特征主要体现在长江、黄河下游水资源的贡献，长江、黄河流经秦岭，孕育了华夏民族悠久而灿烂的文化。

（一）秦岭在中国人类发展史中的地位

秦岭北坡受黄河流域各支流的影响，是华夏民族最古老和最重要的文明发源地之一。蓝田猿人繁衍生息、半坡母系氏族繁荣发展、神农氏尝百草、炎帝部落壮大发展，这些悠久而灿烂的古人类历史，在秦岭北坡留下了光辉的足迹。

自公元前11世纪开始，历经2000多年，秦岭一直是中国历代王朝的风水宝地，共有西周、秦、西汉、新莽、东汉、西晋、前赵、前秦、后秦、西魏、北周、隋、唐等13个朝代在秦岭北坡建都。唐末黄巢和明末李自成各自领导的农民起义也曾在西安建立政权。而作为中国历史上最具影响力、国力最为强盛的周、秦、汉、唐4个朝代，更是将秦岭作为其历史与文化的发源地，依靠秦岭丰富的资源供给，成就了中国历史上最为辉煌的封建王朝。

（二）中国生物多样性的巨大贡献

生物多样性作为衡量地球生态系统稳定、生态系统健康发展的重要指标，一直是人类环境保护所关注的重要话题。虽然人类社会的破坏力和影响力造成了秦岭生态系统的破坏，但是秦岭仍然是我国重要的生物基因库。秦岭为我国的生态系统提供了重要的绿色基因库和物种遗传基因链，其中超过25%的兽类基因、超过30%的鸟类基因以及超过10%的种子植物都保存于秦岭；而国家重点保护的野生植物有32种，国家I、II级重点保护野生动物超过80种，连香树、水青树、独叶草、红豆杉等珍稀植物与豹、林麝、朱鹮、金雕、白冠长尾雉、大熊猫、血雉、红腹锦鸡、金丝猴、羚牛、红腹角雉等我国特有珍稀濒危动物也广泛分布其间。由此可以发现，秦岭对中国乃至世界的生物多样性保护都做

出了重要的贡献。

二、中国中部地区水生态环境的重要基石

秦岭作为我国中部地区重要的水生态保护区，其水文生态功能对我国水资源保护与利用、水生态安全都具有非常重要的作用。秦岭水安全问题，直接决定了我国中部地区局部气候变化、水文特征以及森林植被生物多样性等多个层面的生态问题，因此秦岭是我国中部地区水生态环境的重要基石，其生态水文功能主要体现在以下四个方面。

（一）长江、黄河两大水系重要的水源地

秦岭地区水系主要包括渭河、嘉陵江、洛河以及汉江流域。其中嘉陵江、洛河和汉江均发源于秦岭南坡，是长江四大支流中的两大支流；渭河作为黄河的第一大支流，其主产水区位于秦岭北坡。秦岭山地流域面积超过100平方千米的河流共计195条，其中秦岭北坡63条，分别汇入渭河、洛河后，流入黄河；秦岭南坡132条分别流入汉江、嘉陵江后，注入长江。秦岭地表水资源丰富，山地降雨充沛，约占陕西地表水资源总量的50%。同时秦岭也是长江、黄河两大水系重要的水源地，我国南水北调中线工程枢纽——丹江口水库就位于秦岭境内，其集水面积有66%分布在汉江左岸的秦岭南坡，地表水资源量159亿立方米，占丹江口水库入库水量的50%。

（二）中国重要的水文分区界线

秦岭由于独特的东西走向地貌特征，其山脊线与我国800毫米等雨量线、2000小时日照时数等值线、1月0℃等温线基本一致，成为我国标志性的南北水文分界线，直接决定了我国气候、水文要素的时空分布特征。同时秦岭南坡阻隔了西太平洋副热带高压输送的潮湿海洋气团深入西北内陆，北坡阻挡青藏高压寒潮的南下，北上南下的大型天气系统多在此交锋，使得秦岭成为我国南北气候、水文要素空间分布的显著过渡带。

（三）重要的水源涵养之地

作为中国历史文明的重要发源地，秦岭水环境在过去的历史中，并没有像今日这样水源稀少、河道狭窄。历史上的秦岭地区山高林密，森林资源丰富，为流经秦岭的河流涵养了丰富的水源，滋养了秦岭北坡沣、涝、潏、滈、浐、灞等河。在汉唐时期的长安城，河流水量的丰沛孕育了丰富的湿地资源，其湿地面积超过了30 000公顷，更有"八水绕长安"的美誉；在新中国成立后的草滩仍拥有6700

公顷左右的沼泽森林，灞河两岸更有大面积的芦苇荡。

秦岭现有林地247.5万公顷，森林覆盖率达到48.5％，占秦岭森林总面积的54％。林地蓄积量1.52亿立方米。秦岭林区森林每公顷年涵养的水量800～1000立方米，年涵养的水资源总量相当于一座库容30多亿立方米的大型水库。

（四）天然森林和生物多样性的保育功能

秦岭是我国重要的森林保护区，其保育了现今较为完整的天然森林植被景观。历史上秦岭地区是茫茫林海，森林资源极其丰富，但由于人类文明的不断发展，历朝历代的封建王朝在此建都时都砍伐了大量的森林资源；同时，由于我国古代建筑多以木质为主，秦岭的森林资源受到了严重的破坏，使得目前只有在人烟稀少、海拔较高的高山地区，才能看到保存较为完整的原始森林。

秦岭高耸的地势以及山地高度差异性，使得秦岭的森林植被呈现完美的垂直分布特性，植被成分呈现较为明显的垂直地带性；同时，由于其特殊的地理位置和复杂的生态环境系统，成为我国东南西北生物交汇的过渡地带，拥有奇特而丰富的生物资源，是中国乃至东亚地区最具代表性和典型性的亚热带—暖温带生物多样性保护地区。

第二节 秦岭水安全问题

　　秦岭地区的水安全问题是指人类在秦岭地区生产生活中，与治水、用水有关的危害问题，尤其是秦岭地区发生的水灾。秦岭水灾主要是指秦岭南北坡的洪涝灾害，即洪灾和涝灾。洪灾主要是指受暴雨或长时间降水影响而发生的水道急流、山洪暴发、河水泛滥等情况，其危害主要是会造成农田损毁、水利设施损坏、房屋受损等；涝灾是指受长时间降水或过于集中的反浆水造成的积水灾害，其主要危害是造成河道淤积、水利设施压力过大、房屋浸泡等。本节主要通过对秦岭南北坡水灾历史数据的统计，分析渭河、汉江流域的水灾基本情况和特征。

一、秦岭水灾概述

（一）秦岭水灾基本情况

1.秦岭南北坡水灾历史数据统计

由于秦岭地质地貌的演变以及植被的演替，多年来的持续性降水和突发性降水使得秦岭流域的河道淤积程度不断加深；且由于人类长久的砍伐对植被资源的破坏，秦岭南北坡的水土保持受到巨大的挑战。从历史地理的角度来看，秦岭南北坡水灾主要发生在唐宋和明清时期，根据史料记载，秦岭南北坡水灾有记载的发生次数如表6-1所示：

表6-1 历代秦岭南北坡水灾次数统计

地区 \ 朝代	秦代	汉代	魏晋	唐代	宋代	元代	明代	清代
北坡	1	9	6	33	9	8	14	64
南坡	0	3	4	5	29	3	29	64
共计	1	12	10	38	38	11	43	128

注：表中数据来源：陕西地方志

由上表数据可以看出，随着人类对秦岭地区开发的不断加深，秦岭水灾自秦代开始逐步增多，这一方面是由于史料记载的完整性，另一方面也体现出人类对秦岭森林资源的过度开发，势必会对秦岭水安全带来严重的安全隐患。根据上表统计的资料记载可以发现，目前秦岭南北坡的水灾，较为严重的是南坡，这主要是由于秦岭南坡的降水量较北坡多，突发性降水和持续性降水也较多，同时河道淤积和防洪堤有多段年久失修，使得秦岭南坡的人类居住点和城市面临严重的水灾侵害。

2.秦岭北坡渭河流域水灾现状

渭河由于受黄河多年来泥沙沉积的影响，其干流河床较浅，吃水量较小，一旦有大范围或高强度降水，渭河干流水位会立即增长，对渭河的河道护堤造成严重的危害。在渭河下游地区，由于泥沙冲积造成的河道顶托，在南山支流出口端经常受黄河、渭河洪水倒灌淤塞，经常会发生如洪水漫道、管涌、决口等危及人类生命财产的水灾。根据洪灾发生的时间特征分析，洪灾最早出现在5月上旬，最迟一般会出现在10月中下旬，最长历时6个月，一般主要集中在汛期的7~8月份。除历史数据记载外，新中国成立后，1954年到2007年共出现洪灾48次，年平均1次左右，其中有8次是全流域性质的洪涝灾害。其中以1998年8月的渭河下游大洪水最为严重，该次洪水使得渭河、洛河的河道堤防大面积损毁，大片农田被淹，水利建筑设施毁于一旦，出现了大量的人员伤亡，直接经济损失更高达30亿元人民币。

渭河流域的洪灾及其产生的机理主要是大范围降雨或者高强度暴雨所造成的，主要包括上游暴雨洪灾、连阴雨形成的持续洪灾，本区域突发性暴雨以及上游与本地暴雨叠加形成的洪灾。

3.秦岭南坡汉江流域水灾现状

汉江是长江最重要的支流，也是我国南水北调中线工程的枢纽与水源地，其水源保护与水资源特征的变化，直接影响到我国京津地区的用水安全。汉江地处秦岭南坡的北亚热带湿润边缘区，气候变暖会导致该地区的降水量逐步增多，水灾会随着地区降水量的增加逐步增多，也会为汉江流域的水利工程带来巨大的压力。

从表6-1的统计数据可以发现，古代秦岭南坡汉江流域的水灾主要发生在清代，这主要是由于人类活动在清代达到顶峰，大面积的砍伐森林和农田开垦，导致秦岭地区水源涵养能力日益下滑，使得清代成为秦岭南坡汉江流域水灾的高发时期。自新中国成立以后，由于国家重视水利工程建设和森林植被的保护，汉江流域的水灾发生频率有所降低，但也呈现出新的特点，即轻度灾害发生次数减少，一旦出现水灾，即为中度或重度灾害。近30年来，汉江流域受水灾影响的农田达17.3万公顷/次，受灾人口高达460万人/次，造成的直接经济损失高达75亿元人民币。

（二）秦岭南北坡水灾特征

从秦岭水灾历史发展的角度来看，秦岭南北坡因为气候和地质地貌特征的不同，其水灾具有很多的相似性和各自特点，尤其是由于气候原因产生的降水，成为秦岭南北坡水灾的主要诱因，其水灾特征主要表现在以下几个方面：

1.水灾以久雨型和暴雨型为主要分类特征

北坡渭河和南坡汉江水灾主要可以分为久雨型和暴雨型。久雨型主要是指长时间降水造成诸如农作物受损、交通中断或者建筑物破坏等的水灾。久雨型水灾一般持续时间较长，波及范围较广，灾害程度根据降雨的时间略有不同，但基本上属于较为严重的灾害类型。暴雨型水灾主要是指在短时间内降雨突增而引发的水灾。这种水灾一般是由于降水量巨大、突发性强，往往会造成山洪、泥石流等危害较高的自然灾害，对农田、房屋和桥梁等人类用地和建筑物都会造成巨大破坏和经济损失，大型山洪和泥石流甚至会造成大量人员伤亡。

2.水灾发生时间相对集中在秦岭南北坡的雨季

秦岭南北坡的水灾具有时间相对集中的特点。据相关历史资料记载，北坡渭河的水灾主要集中在唐宋和明清时期。从年际角度来看，水灾多发生于夏秋季节，即7~9月份最多，这主要是由于秦岭地区7~9月为雨季，其降水主要集中在这几个月份。而南坡汉江的水灾同样集中在唐宋和明清时期，但是其集中月份主要是在5~10月，这是由于南坡受热带低气压影响，其降雨持续时间比北坡略长。

3.秦岭南北坡水灾主要集中在渭河和汉江流域

北坡渭河的水灾具有明显的空间分布特征，水灾主要集中在关中渭河流域的中下游地区，该地区的渭河干流和支流沿岸是水灾的高发区，这主要是由于渭河流域的中下游地区水土流失，水源蓄积能力较弱，导致了该流域一旦出现大范围降水或突发性降水，容易形成大面积地表径流，引发水灾。

南坡汉江的水灾主要集中在汉江的干流和支流沿岸，该地区水灾高发，主要是由于夏秋季秦岭南坡的降雨量升高，同时河道淤积对森林有一定程度的破坏，导致了该时间段水灾较容易形成。

4.秦岭南北坡水灾形成主要受自然和人为双重因素的影响

（1）自然原因

秦岭南北坡水灾的发生，主要是由于秦岭地区森林植被破坏较为严重，且存在河渠淤积以及水土流失等问题，这些都使该区域的蓄水能力较小，高强度降雨和持续性降雨都会成为该区域水灾的诱因。

（2）人为原因

人类对秦岭地区的开发已经持续了上千年，森林砍伐、农田开垦、河流改道等都会对秦岭的水源涵养能力和水土保持能力造成一定的影响。在进入工业化时代后，人类对秦岭的森林资源和水资源的需求更加急迫，这就导致了人类活动对秦岭自然环境的影响日益增多，生态系统面临更大的压力。同时，随着全球气候变暖的影响，秦岭地区在雨季会受到副热带高压的影响，其降雨量会有所升高，这些都为秦岭地区的水灾形成提供了条件，因此秦岭地区的水灾治理面临着巨大的挑战。

秦岭南北坡水灾形成的人类影响具体表现在以下几个方面：

① 山区修建公路

由于经济发展的需要，秦岭作为横断陕西南北地区的山脉，从某种程度上阻碍了秦岭南北坡陕西人民的南北联系，因此大量的山区公路是连接秦岭南北坡重要的纽带。由于设计和施工的原因，公路建设会在一定程度上破坏山体结构，降低森林植被覆盖率，降低山区水土保持率，从而引发如山体滑坡、泥石流等自然灾害，严重威胁了秦岭地区人类的生存安全。

② 过度开采石材

随着人类城市化进程的加快，城市建设需要使用大量的石材与加工材料，秦岭作为中国重要的石材生产基地，其内部石材挖掘场星罗棋布。据不完全统计，秦岭内部的石材生产场超过500家，石材的挖掘，会严重破坏山体，同时会破坏山体表面的植被，一旦有突发性暴雨或长时间降雨，水灾会较为容易产生，形成如山体滑坡、泥石流等严重的自然灾害。

③ 与河争地

秦岭南北坡的浅山区，是陕西城市化建设的重要区域，受地形影响，压缩水道是山地型城市建设的普遍现象之一，很多居民集聚区或商业住宅区为了营造景观，在缺乏规划监管的情况下，私自对泄洪河道进行改道，或沿河修建商业住宅楼，这会给秦岭南北坡居民的生存带来严重的安全隐患。

二、秦岭水灾治理形势

秦岭水灾目前主要表现为洪水灾害，因此秦岭水灾的治理主要是针对秦岭南北坡各河流域的洪水进行治理，随着自然地貌的改变和人类活动的影响，秦岭南北坡的水灾主要发生在渭河和汉江流域，因此重点对这两个流域的防洪治理情况进行介绍。

（一）渭河防洪治理形势

1.渭河防洪工程概述

自新中国成立以后，1954年渭河洪水暴发，拉开了陕西省治理渭河的序幕，尤其是政府开始重视对渭河两岸修筑不同标准等级的堤防工程。从1997年开始，渭河治理工程建设实现了突破性进展，渭河中游治理、洛河下游治理、三门峡库区返迁移民的防洪保安工程，都为渭河中下游的堤防建设做出了贡献；陆续新建的大批河道工程，大大提高了渭河防洪工程抗御洪水的能力。但是在2003年渭河发生了罕见的致灾性洪水，防洪工程受到了严重的破坏，对渭河下游地区的社会经济和人民财产带来了严重的危害。随后的灾后重建工作，陕西省投资近4亿元人民币，全力推进灾后重建工作，成功抵御了2005年发生的特大洪水，确保了渭河流域人民的生命和财产安全。

目前经过近60年的防洪工程建设，渭河陕西段共建成干流堤防长度约590千米，控导坝垛4477座，临渭以下南山支流堤防124千米；在抵御洪水标准方面，渭河西安段按照300年一遇的洪水设置防洪标准，而宝鸡、咸阳按照100年一遇防洪标准，其他地区按照20年、5年等不同标准均设置了防洪堤坝。目前这些防洪堤坝已经开始发挥作用，自1960年以来渭河下游的防洪工程经济效益高达468亿元人民币。

2. 渭河防洪工程存在的问题及压力

（1）防洪工程整体性差，防洪问题突出

渭河防洪工程由于投资方投资力度的不统一，使得沿河防洪工程的建设标准存在差异，使得渭河防洪工程存在短板，为今后的防洪工作带来安全隐患。自从黄河三门峡水库修建后，陕西境内的渭河就始终处于上游洪水不断侵袭、下游黄河洪水倒灌顶托、中间河床淤积抬高的不利境况，洪涝频发，灾害严重。据不完全统计，三门峡水库建库后，渭河下游干支流有18个年份出现决口，决口达74处之多。

（2）工程维修、养护经费投入不足，抗洪能力无法得到保障

陕西省工程建设一直以来有重建设、轻管理的弊端，这就从某种意义上制约了渭河防洪工程的持续性建设与后期维护。渭河防洪工程建设时和建设后，较少考虑维护的相关费用，缺乏预算制度，使得渭河防洪建设后续乏力；同时由于渭河沿线每年治理渭河的财政资金有限，对于点多、线长、面广的防洪工程建设来说，政府的资金投入杯水车薪，且资金的投入极不稳定，2008年和2009年陕西省财政落实的财政支出仅占渭河防洪治理预算费用的25％左右，这使得在后续的渭河防洪建设工程中，资

金不到位，养护措施无法跟上，防洪的能力有所降低。

（3）河道管理条块分割，不利于渭河综合治理

由于渭河流经陕西省多个市县，这就导致了渭河在防洪工程建设过程中，受沿渭河各级政府资金投入、政策扶持、重视程度以及养护水平的影响，河道管理的条块化分割使得渭河流域的防洪水平参差不齐。在经济发达、政府较为重视的市县，渭河防洪工程建设较为完备；但是在经济欠发达或政府不是很重视的情况下，就容易出现防洪漏洞，一旦发生特大洪水，洪水的灾情会随着时间的推移向别的市县扩散，间接影响了整个渭河流域防洪工程建设水平。

（二）汉江防洪工程发展形势

1.汉江防洪工程概述

在陕西境内的汉江主要是指汉江上游地区。汉江上游汉中平川段自勉县武侯镇至洋县小峡口，全长119.5千米，27条重要支流汇入峡口，治理长度143.6千米。该河段干流基本处于平稳状态，但岔流较多、地势低洼、河流密布，河岸坍塌现象严重，干流的淘沙现象严重，这些影响了干流的水流速度，且由于历史上汉江流域水灾较为严重，使得目前的汉江沿岸堤防较为单薄，许多地区由于地区建设和管理水平的不同，堤身断面较小，设防能力较差，加之人为侵占河道行洪断面，也进一步加深了汉江水灾治理的难度。

经过多年努力，目前汉江上游新加固干支流堤防及护岸371.4千米，其中干流堤防202.7千米，干流护岸25.15千米，支流汇入口河段堤防143.6千米，新修干流护滩149千米，新修加固护基坝444座，建设交通桥梁9座，改建穿堤建筑物16座。实施病险水库除险加固142座，综合治理褒河等重要支流3条，实施中、小河流治理23条，治理山洪沟11条。

2.汉江上游防洪工程存在的问题

（1）汉江上游防洪能力低下，急需加强建设

自新中国成立以来，汉江发生大、小洪水45次，直接经济损失65亿元人民币。全流域平均4年发生较大洪水一次，局部小范围洪水几乎年年发生，沿江人民生命、财产安全受到严重威胁。因此，根据目前的防洪堤建设水平，汉江上游的防洪治理首先要解决防洪能力低下的问题，按照汉江综合整治

的标准，汉中市城区防洪标准设定为100年一遇；勉县、城固县、洋县等县城为50年一遇；工业园区及重要集镇为30年一遇；平川段干流堤防为20年一遇。

（2）防洪管理的重视程度和综合水平有待提高

由于汉江发源自秦岭南坡，同时汉江的洪水多发生在中下游地区，丹江口水库的修建也在一定程度上缓解了汉江洪水的发生频率，所以秦岭南坡的汉江上游流域各级地区政府由于面临的水灾威胁较小，所以对汉江的防洪重视程度相比较渭河要弱，在防洪管理的水平上，也受到地区经济发展的限制，使得汉江上游流域的防洪建设要缓于渭河的防洪治理工作。所以目前汉江防洪治理要加强对防洪工程的重视程度，同时提高相应的管理水平。

（3）汉江上游防洪资金投入力度有待加强

汉江发源于秦岭南坡，主要流域除陕西省汉中市外，大部分流入湖北省境内，汉江的中下游地区是洪水的高发地区，但洪水的形成多发生于上游。为确保汉江中下游地区的人民财产安全，汉江上游流域的防洪资金投入比例明显较弱，防洪能力的低下主要是由于资金的投入力度不够，在未来的防洪建设过程中，资金的投资力度急待加强。

三、秦岭水土流失概述

（一）水土流失成因及其危害

1.秦岭水土流失的成因

（1）持续性降雨与突发性暴雨是秦岭土壤侵蚀的驱动力

由于秦岭地区进入夏秋季后，持续性降雨和突发性暴雨增多。在许多森林破坏严重或山体破坏严重的地区，持续性降雨对地表土粒形成的溅蚀和突发性暴雨在地表形成的地表径流，都能够对秦岭的地表物质进行侵蚀搬运，形成土壤侵蚀，尤其是秦岭在进入雨季以后，突发性暴雨对地表土层具有强烈的击溅侵蚀。同时大面积的地表径流会影响地表水的下渗，很容易形成超渗产流或蓄满产流，起到加速水土流失的作用。

（2）中高海拔地区风力对水土流失的影响

秦岭中高山区以及北坡的浅山区，由于受季风影响，具有产生风力侵蚀的动力条件。根据相关研究表明，在中高山区，3级以上的风力（风速超过5米/秒），小于0.1毫米粒径的细微颗粒就会被迁移至空中，产生颗粒物悬移运动，也会造成一定的水土流失。若风力超过5级，大风形成的风沙极容易形成沙尘暴，这也是秦岭中高海拔地区水土流失的重要驱动力之一。

（3）新构造上升运动对土壤的侵蚀影响

秦岭山脉是在变质岩和花岗岩为主的褶皱断块掀升作用下形成的中高山地。秦岭山脉的上升速率约为20毫米/年，山脉的上升作用会使得山区产生相对差异升降运动，山体相对抬高会使得基准面相对降低，高差增大，促进了沟谷下切的侵蚀作用。虽然在短时期内新构造上升运动无法对秦岭山区的土壤产生侵蚀作用，但是通过长期观测可以发现：随着沟谷的不断加深、加长，地表沟网和高差逐步增大，地表破碎度升高，这无疑会使得秦岭山地在重力侵蚀的作用下，地表表面积增大，产生大量的黏土类物质和风化物质，这些黏土类物质和风化物质被侵蚀后多产生细粒泥沙、悬移物质、粗沙、推移物质等，这些都会使得秦岭地区的水土流失程度加剧。

（4）植被破坏对水土流失的影响

植被的枝叶可以有效地降低过境风速，减少降雨对地表的击溅作用，同时植被根系强有力的蓄水功能，可以减少地表水下渗对地下水的压力，发达的根系还能起到固结土壤的作用，这都说明森林植被是目前山地生态系统减少水土流失的重要组成部分。

秦岭山区多为人工林或次生林，其林区的植被覆盖度在70%左右。在秦岭林区范围内，很少出现水土流失现象；但是林区以外，秦岭地区还存在大量的河谷平原、盆地、峪口，其中大部分地区的森林覆盖率能够满足水土保持的需要。还有部分地区由于人类开发和山体重力侵蚀，地表黏土类物质和风化物质较多，水土流失现象较为严重。

（5）人类不合理经济活动对土壤侵蚀的影响

秦岭地区是目前水土流失现象比较严重的区域，主要集中在浅山区或人类活动较为密集的中海拔地区，这些地区由于历史上过度的森林砍伐和农业开发，使得植被破坏严重，林区的范围不断缩小，荒山秃岭不断增多；同时对秦岭地区缺乏有效的水土保持措施，使得自新中国成立以来，秦岭地区的水土流失现象不断加剧。虽然国家已经开始通过水源保护、河道治理、退耕还林等措施保护山地土壤，但水土流失现象仍未消失，人类活动仍然是引发秦岭山区水土流失的主要驱动力之一。

综上所述，秦岭水土流失的主要驱动力是雨季降水以及人类活动的影响，风力、重力侵蚀从长远上看也会对秦岭的水土流失带来一定的影响，因此有必要针对其水土流失的危害进行分析，从而制定相应的保护策略。

2.水土流失的危害

（1）蚕食土地资源，降低土地生产力

水土流失的最主要危害是对农田的破坏。在土地严重流失区，沟头前进、沟岸扩张使土地资源遭到严重破坏。其在蚕食土地资源的基础上，不但造成了土壤资源的缺失，还会带走大量的土壤营养物质，如氮、磷、钾等物质会在水土流失过程中随水体发生迁移，从而严重降低该地区的土地生产力。

（2）洪水灾害频发

水土流失会导致水灾频繁发生，直接损毁水利水保工程。泥沙伴随着洪水会对秦岭地区的水利设施造成严重的危害，严重的会产生坡石坍塌、连（进）坝路冲毁、坝身裂缝、坝裆后溃、坝头墩蛰、土胎外露、备防石倒塌淤埋等险情。

（3）淤积河道、渠库，影响水利水保工程效益

暴雨引发洪水，伴随着水土流失所造成的大量泥沙，使得大量泥沙顺流而下；在河道下游地带和河床、渠道、水库等水利设施中形成淤积，直接影响了水利工程的正常效益。如截至2012年底，渭河流域泥沙共淤积库容4.55亿立方米，其中死库容淤积1.6亿立方米，兴利库容淤积2.75亿立方米，滞洪库容淤积0.2亿立方米。

（4）泥沙淤积，抬高河床

水土流失所带来的泥沙会淤积在河流的下游和各水利工程附近，随着河道泥沙含量的增多，在水流平稳的时候，大量泥沙会逐步沉积在河床，从而抬高河床基准面；这使得沿河修建水利工程时，需要不断地加高河堤以确保防洪标准；同时也为防洪河道治理提出了更加艰巨的河道清理任务。

（二）秦岭南北坡水土流失概述

1.秦岭北坡渭河流域水土流失概述

渭河流域既是中华民族农耕文化的发源地，也是陕西政治、经济、文化的中心。自新中国成立以来，水土保持工作一直持续开展，并取得了一定的成绩；尤其是渭河南岸的水土保持工作，由于该地植被保持较好，水土流失属于轻度流失区。秦岭北坡渭河南岸的水土流失类型主要为土石山轻度流失，该区域主要分布在秦岭边沿地区，该区域人口稀少，人口密度一般在100人/平方千米以下，雨量充沛，植被相对较好，中高山部分侵蚀轻微。低山部分人类活动影响较大，植被破坏严重，水土流失有加重趋势。土壤年侵蚀模数在500吨/平方千米·年以下，局部地区达到3000吨/平方千米·年。目前秦岭北坡的水土流失虽然在治理过程中取得了一定的成效，但是据不完全统计，秦岭北坡由于受到经济发展的影响，在山区内部有数百处采石场在进行作业，这严重影响了秦岭北坡的水源涵养，对渭河南岸未来的水土保持工作带来巨大的压力。

2.秦岭南坡汉江流域水土流失概述

陕西省秦岭以南属长江流域，总面积7.23万平方千米，占陕西省面积的35.2%；其中汉江流域、丹江流域在陕西省面积达6.27万平方千米。丹江口水库总入库水量中有70%来自陕西境内，而丹江口水库是我国南水北调中线工程的重要水源地，因此保持该流域的水土，对我国南水北调中线工程以及京津地区用水安全具有积极的意义。

（1）秦岭南坡水土流失特征

秦岭南坡汉江流域的地质构造较为复杂，岩性繁多，河流发育完备，但在浅山区风化较为严重，浅层滑坡和泥石流广泛分布；同时由于历史原因，该地区的植被覆盖率一直不高，约为49%左右，因此该流域的水土流失情况较为严重，其水土流失特征主要包括以下几个方面：

① 面积大、分布广

根据陕西省水土保持公报的相关数据显示：汉江流域水土流失面积3.28万平方千米。按照《土壤侵蚀类型区划分和强度分级标准》划分，流域内轻度流失面积13 323平方千米，占流失面积的38.9%；中度流失面积10 687平方千米，占流失面积的31.2%；强度流失面积6508平方千米，占流失面积19%；极强度流失面积2514平方千米，占流失面积的7.3%；剧烈流失面积1221平方千米，占流失面积的3.6%。

② 侵蚀强度大

汉江流域年土壤侵蚀量在1.2亿吨,平均侵蚀模数3528吨/平方千米·年,局部地区最高达到8000吨/平方千米·年,有些地区的严重程度已经超过了黄土高原的沟壑区,这使得陕西省每年向长江注入1.2亿吨泥沙。

③ 水土流失类型复杂

水力侵蚀是汉江流域的主要侵蚀方式,其中以面蚀为主要特征。沟蚀一般发生在河流阶地、冲洪积扇、深厚的残坡积层以及岩性软弱易风化的页岩、片麻岩、花岗岩出露区,该区域许多地区土壤流失殆尽,已经出现石板裸露现象。

④ 促使山地灾害频发,危害严重

汉江流域由于复杂的地质环境,该流域褶皱构造、断裂构造发育以及岩石破碎化现象严重。在流域内容易形成崩塌,同时由于风力作用,导致该流域的岩质较为松软,抗侵蚀能力差;每年汛期的持续性降水和突发性暴雨,使得该流域的山地灾害频发,洪水、涝灾、泥石流以及山体滑坡时有发生,成为我国山地地质灾害的高发区之一。

综上所述,由于目前汉江流域的水土流失特点和危害较为明显,政府需要协同各方力量进行必要的水土流失治理,才能有效地遏制水土流失,确保南水北调中线工程的水源安全。

（2）汉江流域治理工作概述

自从南水北调中线工程开展以来,陕西省政府对于汉江流域的水土保持工作给予了高度的重视,积极实施长效工程治理与退耕还林、植树造林等项目相结合的治理方式,同时,积极引导群众开展水土保持工作。据相关资料统计,2007年底,汉江流域的水土流失已经得到初步缓解,治理面积达到9520平方千米;其中,建设基本农田12.1万公顷,发展水保林29.37万公顷,种草1.86万公顷;实施封禁治理面积14.19万公顷,完成蓄水塘坝、谷坊等小型水利、水保工程15万座,累计治理程度达到27.2%。

在治理的过程中，陕西省还组织编制了《国家南水北调中线工程丹江口水库上游陕西省水土保持规划》，该规划以实现生态安全、水质安全为目标，以预防保护水源、控制点面源污染以及实施林草种植退耕还林的内容为主题，制定了一系列的水土保持、环境保护和水资源开发利用的措施，确保汉江流域的人民财产安全和社会发展。

目前汉江流域的水土流失面积为3.28万平方千米，陕西省目前依据《国家南水北调中线工程丹江口水库上游陕西省水土保持规划》的设计内容，将汉中、安康和商洛共计28个区县1144条河流进行小流域综合治理。在2010年已经完成了汉中、安康和商洛市中337条小流域治理、10条小流域示范治理、水保监测和中心苗圃建设，累计投资近20亿元人民币。

3.秦岭南北坡水土流失治理存在的问题

（1）水土流失治理进程较为缓慢

根据相关资料显示，经过多年来的努力，虽然渭河流域的治理工作开展顺利，但是治理的程度较低，进展较为缓慢。目前秦岭渭河流域的水土流失治理主要集中于南岸，但是南岸的水土保持工作由于植被基础较好，因此工作强度不大；但年治理进度仍不足1%。秦岭南坡的汉江、丹江水土流失治理面积还不到1万平方千米，还有2.28万平方千米的区域急需治理。与秦岭北坡的渭河治理相类似，南坡的治理步伐也较为缓慢，这就需要引起政府的高度重视和国家的大力扶持，在加大资金投入力度的同时，加快开发治理的进程。

（2）资金投入较为不足

水土流失治理是我国环境治理的一项长期工作，工期长、回报率低，投入的资金也较为庞大；以目前的水土保持工程资金投入力度来看，政府、企业以及群众三方共同投资已经成为目前水土流失治理的主要资金来源；虽然国家实施的西部大开发战略为我国西部地区的生态环境保护带来了巨大的发展契机，但是资金使用的重点仅能满足个别重灾区。

对于渭河流域的投资力度并没有明显的改善。据统计，自1980年渭河水土综合治理工作开始以来，国家共在水土保持治理工作方面投资不到1亿元人民币，平均每年的水土流失治理费用不到300万元人民币，各区县的水土保持工作在投资资金无法保证的情况下，一直无法有效地开展。

汉江、丹江水土保持工作的资金仅能依靠长江委"长治工程"每年不到2000万元人民币的治理费用，受到资金的限制，汉江流域的水土保持工作仅能按照国家较低标准进行工程实施和治理；同时，国家给陕西省汉江流域每年划定的治理面积不到200平方千米，完全不能满足目前该流域水土保持治理的需要。

（3）水土保持的科技含量较低，影响到水土流失灾害的监测与治理

由于受到投资经费的影响，目前秦岭渭河流域的水土保持工作管理手段都处于初级阶段。研究的手段和仪器也相对较弱，这直接影响了水土保持的科技含量。同时，由于缺乏及时有效的监测手段，如通过卫星遥感和大数据库的云计算处理，目前渭河水土流失的监测工作仍采用监测断面人工采样等传统方法，很难对整个流域的水土流失情况进行宏观的把握，这也在一定程度上影响渭河水土流失的宏观治理。

（4）人类活动及自然灾害对生态环境破坏严重

一边是治理的投资力度小，而另外一边则是人类活动对自然生态环境破坏造成新的水土流失。据统计，汉江流域现有矿山企业近900家，年生产矿石超过1000万吨，总产值约10亿元人民币。矿山开发导致山体破坏、植被减少，每年在汉江流域的雨季（每年5～10月份）大范围密集的降水使得汉江流域自19世纪以来每5年一次、20世纪50年代每2年一次、近10年来每年一次的频率出现重大洪涝灾害，水土流失情况更加严重。而秦岭北坡的渭河南岸，山区采石场星罗棋布，无情地在秦岭的身躯上撕开了巨大的"伤口"。

图6-1 秦岭采石场无情地撕开了秦岭的"面纱"

第三节 秦岭水安全综合治理与区域发展

　　秦岭地区的区域发展离不开其庞大水系的支持，秦岭水系的治理问题自古以来都是关中地区人们关注的重要话题。随着秦岭南北麓人类活动的日益增多，传统的治水方式已经不能满足目前人类发展的需要，人与水的关系是未来秦岭北麓区域发展的核心内容，因此正确对待秦岭的水安全问题，处理秦岭人与水的关系，以可持续发展以及绿色化的发展理念，为秦岭未来的区域发展营造优质的生态环境。

一、人水和谐——秦岭治水观念的转变

人水和谐主要是建立在人与水、人与人之间的和谐共处上。我国拥有悠久的治水历史，从大禹治水开始，华夏民族就形成了与水抗争、与天斗争的传统理念。虽然这些治水的方式在当时具有划时代的意义，但是随着社会的进步以及人类生产力的提高，传统的治水方式已经不能满足现代人对于水资源的需要。当代的水安全问题也不能只使用传统方式治理。因此我国从科学发展观和和谐社会的角度，认识到人和水和谐相处的重要性，同时对治水的思路也进行重大的调整，不再单纯依靠传统治水手段，而是利用现代化的水利设施以及治水理念，对水资源进行可持续的开发。

相比较传统的治水方式而言，现代治水方式开始从一般的"堵"向"疏"的方向发展。加宽河道、清理淤泥、保持水土、修建大型水坝，都是一种以"疏"为核心理念的治水方式。同时，还从制度上对水资源的使用进行统一的管理，注重水资源时空的分配，优化资源配置；在全社会提倡节约用水，优化水资源的使用效率，建立以市场为导向的水生态补偿机制，并通过市场调控建立全新的水利工程投融资体系；正确处理局部与全局、眼前与未来的利益关系，认真考虑水源保护区与水源高度使用区的水平衡与经济平衡关系；统筹协调河流不同流域的水资源使用率以及水安全问题，贯彻河流全流域水资源丰沛、水质纯净、水安全问题全局治理的科学治水思路。由于秦岭渭河、汉江流域饱受水土流失的侵害，河道中泥沙含量较高，导致河床逐步抬升，河道淤积现象严重，这就使得秦岭地区的防洪堤坝高度逐步升高，甚至出现"地上河"的危险情况。一边是加高河堤，一边是河床抬升，这样的恶性循环一旦受到特大暴雨袭击，防洪堤坝出现漏洞，就会造成秦岭各地区极大的洪涝灾害，直接威胁秦岭周边区域人民的生命财产安全。自新中国成立以来，我国开始注重对秦岭地区水土流失的治理，加大现代化水利工程的建设，每年对河道进行一定程度的清淤；同时，加固防洪堤坝。在提倡节约用水的理念时，合理分配水资源，统筹秦岭南北坡供水方式，为秦岭树立"人水和谐"的治水理念。

二、秦岭水安全——区域发展的生命线

秦岭水安全问题，不仅关系到秦岭南北坡居民的生命和财产安全，更关系到全陕西省社会发展和水资源的可持续利用。秦岭水源地的保护，不仅仅是对秦岭水资源的保护，更关系到全陕西省乃至京津唐地区、华北地区的用水安全；因此，秦岭的水安全是中国中东部地区区域发展的"生命线"。

秦岭水源地保护的关键是秦岭的山地资源保护问题。秦岭山地是我国重要的森林分布区之一。森林对秦岭土壤保持和水源涵养具有极其重要的作用，能影响整个秦岭地区的水安全。秦岭山地河流众多，其多年平均径流量22.6亿立方米，占陕西省地表径流总量的53%。南坡的汉江水系面积占到秦岭山地总面积的61%，同时汉江水系内的丹江口水库也是我国南水北调中线工程的起点和重要的水源保护地；秦岭北坡的渭河流域占秦岭山地面积的24%，是关中城市群的主要水源地，对秦岭北坡的城市建设、社会发展、人类生存都起到决定性的作用。因此，秦岭的水源地保护问题是秦岭水安全的核心内容，也是全陕西省乃至全国其他供水地区的"生命线"。

渭河为陕西关中地区的社会发展提供了巨大的水资源；而丹江口水库作为秦岭南坡汉江流域的重要组成部分，肩负着水资源保护和我国南水北调中线工程的核心任务，同时，丹江口水库的安全也直接关系到汉江中下游的湖北省汉江流域城市的水资源开发和水安全问题。秦岭地区为我国水资源保护和南水北调工程做出了巨大的贡献，因此，秦岭南北坡的水安全是陕西关中和陕南地区区域发展的基础，同时也是我国水资源空间调控的主要生命线。

（一）秦岭南北坡流域水安全是关中及陕南地区社会发展的基础

关中地区又称渭河平原，是指陕西省中部南倚秦岭，北界至北山，西界至宝鸡凤阁岭，东界至潼关港口的区域，总面积共计5.55万平方千米，占陕西省总面积的26.9%。关中地区是陕西省经济、文化和政治中心，同时，集中了陕西省37%的耕地和75%的灌溉面积，人口数量占全省总人口的62.7%，经济总量占陕西省的65.3%。

虽然关中地区人口众多、经济发达，但是关中水资源量仅占陕西省水资源总量的20.87%，属于半干旱地区；人均水资源仅为396.87立方米，低于国际公认的缺水线（470立方米/人），属严重缺水地区。渭河作为关中地区最主要的水源地，其资源地位无与伦比，直接关系到关中地区的资源使用和经济发展。从水资源的角度来看，关中城市群中西安、咸阳、宝鸡、渭南的水资源基本依赖秦岭北麓渭河流域的水资源。

渭河贯穿西安市150千米，年径流量25亿立方米。咸阳市境内水资源主要来源于渭河干流，此外还有泾河。宝鸡市境内渭河横贯206.1千米，多年平均径流量为35.51亿立方米；同时，还有部分嘉陵江上游河段。渭南市除黄河、洛河外，渭河也是其主要水源地。由此看来，秦岭地区渭河流域是关中地区的主要水源地，其水安全问题也直接关系到整个关中地区的水资源开发和经济发展。

陕南地区由于地处秦岭南坡，其水资源主要来源于汉江流域，汉江的水资源供给占到陕南地区水资源利用的75%以上；同时，汉江上游的水安全问题直接影响到陕南地区的生态安全和水资源综合治理。由此看来，秦岭地区的水安全直接关系到关中和陕南地区的自然、社会、经济的发展。

（二）秦岭水源地保护是中国南水北调中线工程的中枢

南水北调工程自2003年开始实施，该工程是解决我国水资源空间分布不均的重要供水工程，可实现我国北方广大地区经济的可持续发展。而在秦岭地区的南水北调中线工程，自丹江口水库陶岔渠首闸引水，经河南、河北自流输水到严重缺水的京津华北地区，目的是为解决干渠沿线北京、天津等20座大城市、100多个县市的用水问题，同时兼顾沿线生态环境和农业用水[①]。中线工程设计初为130亿立方米，占汉江流域径流量的22%。

丹江口水库建立在丹江入汉江的汉江干流上，年入库水量为398.2亿立方米。秦岭地区汉江、丹江干流的年出境水量分别为248亿立方米和16.36亿立方米，两者出境水量占到了丹江口水库入库水量的66%，这说明秦岭南坡的汉江、丹江是我国南水北调中线工程的主要水源地。

三、秦岭南北坡水系治理重点工程概述

（一）渭河全线整治

1.渭河全线整治工程概述

自2011年起，陕西省开始正式启动黄河重要支流——渭河的全线整治工作，该工程通过加宽堤防、水量调度、疏浚河道、绿化治污、整治河滩等措施，以"安澜惠民、健康和谐、环境改善、持续发展"为理念，最终实现渭河"洪流疏导畅通、堤防稳固、河水清澈、岸线绿化、景观优化"的目标。渭河全线整治工程从防洪、河道整治、经济发展三个方面提出了具体的发展目标，主要包括：

防洪建设目标：构建防洪堤与防洪道路相结合的防洪体系，实现"常遇洪水不成灾、设防洪水保安全、超标洪水有对策"的发展目标。

河道整治目标：打造渭河特色观光带，清理河道淤泥、整治河滩、建设渭河景观带和滨河绿化带，并努力恢复滨河生态湿地，修建滨河公园。

① 胡仪元，杨涛.南水北调中线工程汉江水源地生态保护及其对策调研[J].调研世界，2010（11）：26-28.

图6-2 渭河河道、堤岸治理工程（图片来源自陕西水利厅专题治渭网）

经济发展目标：以渭河为生命线，建设以休闲观光、滨河度假和低碳环保的新型经济产业带，沿渭河两岸建造城市滨河休闲的渭河城镇带。

2.渭河全线整治范围及布局

（1）渭河河道整治范围

西面从宝鸡峡渠首引水枢纽到东面渭河潼关黄河入口，河道横向范围延伸到各支流入渭河口河道1.5千米处。

（2）渭河河道整治布局

一河：建设生态优美、环境灵动、河道通畅的渭河，保证河道全年清水流淌，能防低于较高等级的洪水；

两堤：渭河两岸建设以防洪为主要功能的堤坝，同时兼顾交通功能，打造坚固、耐用的防洪工程设施；

三区：利用不同区域的河滩，打造三种不同功能区，满足农村生态环境保护、小城镇绿色景观营造、大城市休闲活动的不同需求；

四园：大力发展低碳高科技产业，将宝鸡、杨凌、西咸新区、渭南作为发展的核心，重点投资高科技产业，形成以高新基础产业为核心，辐射力强的新型产业园区。

3.渭河全线整治标准

（1）堤防防洪标准

按照渭河整治的要求，城市防洪段防洪标准为100年一遇，其中：西安城市段为300年一遇；渭河中游地区农业防洪段为30年一遇；下游农业防洪段为50年一遇；其他低于335米高程的河口汇流段为5年一遇的标准。

（2）河道整治标准

要求河道主槽控导工程标准为3000～4000立方米/秒平滩流量，河道清障和河滩整理工作保证河道水面及滩面高程不变。

（3）水污染治理标准

渭河水质各段线要完全满足《陕西省水功能区划》的要求。

4.渭河全线整治的主要任务

（1）防洪工程

防洪工程中渭河全线整治主要有三项任务：一是加宽堤防；二是整治河道；三是设立蓄滞洪区。

加宽堤防方面：将现有堤防到堤顶的宽度下限加宽至不小于20米，河堤道路以四车道行车为标准，城市段堤防结合城市功能规划加宽至大于20米，农村段堤防边坡采用不小于1:3的缓坡。

整治河道方面：在河道拐弯、水流顶冲堤防段修建主槽控导工程或堤防护基坝，控制渭河流路。

设立蓄滞洪区方面：在武功至兴平、临渭至大荔设立两个蓄滞洪区，当发生超标准洪水时用于保护咸阳、西安、渭南城市区及二华夹槽区安全。

（2）滩区清障整理工程

滩区清障整理工程是保障渭河水质清澈、河道通畅、两岸环境优美的重要工程，主要包括以下几个方面：

碍洪桥梁改建：扩孔、改建咸阳陇海铁路碍洪桥组。

滩区清障整理：清除河道内违章设施，整理滩面；栽植适生草皮绿化滩面，保持河道整洁卫生。

制止违章采砂：划定采砂范围，随开采随平整；成品砂运出河道外堆放，彻底清除河道砂堆和采砂置留障碍物。

河滩地退耕：河道内滩地实行统一综合利用。城市段河道滩地结合水面或河滨公园建设全部停止耕种，农村段河道滩地结合生态、湿地建设逐步退耕还河。

（3）统一调度水量

实行流域大中型水库旱季需水量统一调度，严格控制渭河取水口流量，保证渭河最小流量华县站不小于12立方米/秒，保持渭河水资源的有效利用。

（4）生态景观工程

生态景观工程是渭河全线整治中城市、乡镇服务功能的基础，也是最能反映渭河全线整治效果的工程，因此生态景观工程需要对沿岸植被、水体进行综合治理。同时，修建以休闲活动为主要功能的滨河湿地公园，工程主要包括堤岸绿化、水面景观和滨河公园。

堤岸绿化：在堤防临水侧20米护堤地种植低矮景观树木，在堤顶两肩栽植行道林，在堤防两侧边坡种植草皮，在堤防背水侧50米护堤地内栽种经济林和绿化林带。城市段可适当增大堤防背水侧绿化林带宽度。

水面景观：在城市河段建设水面景观，在小城镇河段建设绿色生态景观。

滨河公园：重点在城市和小城镇段河道滩地修建适宜大众健身运动、休闲娱乐、文化旅游为主题的滨河公园。

（5）水污染防治工程

渭河全线整治工程除了在清淤、河道清障、生态工程方面努力外，水污染治理是治理河道水质的根本。因此，水污染治理在确保对已有监测断面及时、准确地进行水质监测外，更需要通过监测数据及时、有效地限制各行政辖区入河污染源的排放。同时，对已有的污水处理厂进行设备改造，提高工业、农业以及城镇生活用水的污水净化效率。

（6）经济产业工程

沿渭河两岸，在风景优美、河道整治效果良好的区域建设高新技术产业园区，大力发展滨河旅游业、生态观光农业、绿色果品生产加工、花卉种植等绿色低碳产业。同时，严格根据各行政区域的城市功能定位，在沿河打造适宜市民休闲居住的滨河湿地公园和高端商务服务区。

5.渭河全线整治效果

在2014年初，渭河陕西段全线整治工作已经进入中期施工阶段，其中宝鸡、咸阳、杨凌、西安以及渭南段的滨河景观优化效果良好。经过治理完成的渭河西安段已经建成渭河水利风景公园，成为西安市"南山北水"城市格局中水文化的重要支撑。宝鸡建成了以岐山十里芦苇荡为核心的渭河北岸水安全绿色景观长廊。同时，陕西省政府以及陕西省治渭办启动的宝鸡渭河左岸70千米滩区生态景观带和兴平十里荷香景观带等一系列滩面退耕植绿区和水景观工程，都开始向市民免费开放。

截至2014年4月，渭河全线新建加宽堤防主体全部建成，支流口交通桥54座已开工建设28座，完成15座；堤顶路面硬化绿化630千米，现已完成230千米；完成渭河滩区整治绿化及亲水景观面积1458公顷。渭南南山支流治理，已完成西潼公路至入渭口段103千米堤防退建加固工程；南山支流华阴罗敷河、柳叶河蓄滞洪区已建成并在汛期发挥作用；石堤河、罗纹河和遇仙河入渭口防倒灌工程已完工投用①。

（二）汉江综合整治工程

1. 汉江综合整治简介

2011年渭河全线整治工程开启了陕西省河道综合整治的新篇章。2012年长江第一支流汉江的综合

① 陕西省渭河综合治理办公室相关数据.

整治工作正式启动，其遵循的"安澜惠民、生态宜居、持续发展"的理念，为秦岭南坡的陕南地区防洪保安、水资源配置和生态环境修复提供了发展契机；同时，以"保障防洪安全，合理配置水资源、维系优良生态"为行动准则，实现"堤固洪畅、水清岸绿、滩平航通、人水和谐"的最终目标。汉江综合整治规划从2011年到2015年，共计5年时间，总投资188亿元，其中防洪工程投资132.7亿元人民币，水土保持工程投资36.7亿元人民币，水源地保护工程投资18.6亿元人民币。

2. 汉江综合整治范围及总体布局

（1）汉江综合整治范围

汉江综合治理主要包括汉江干流及勉县武侯祠到白河出陕口，长约470千米；37条重要支流入汇口河段，长约100千米。

（2）汉江综合整治的目标和布局

按照综合整治目标和区域经济社会发展要求，本次汉江综合整治规划的总体布局为一江两岸、三个基地、十个生态宜居城市，重点体现四大主题[①]。

一江：建设正本清源、行洪通畅、生态健康、航运无阻的秀美汉江，打造独具特色的中国式莱茵河。

两岸：凭借秦巴之势，依托一江碧水，充分利用便捷、通畅的江堤，建设两岸独具秦巴山水特色的五星级旅游休闲度假区。

三个基地：建设丰沛、安全、优良的水源基地、绿色环保水电能源基地以及循环经济发展的产业示范基地。

十个生态宜居城市：建设汉中、安康、勉县、南郑、城固、洋县、石泉、旬阳、紫阳和白河等十个生态宜居城市。

在规划功能和内容建设上，重点体现"安澜、生态、发展、宜居"四大主题。

安澜主题：确保防洪安全是流域经济社会可持续发展的首要条件。

---

① 陕西省水利厅.陕西省汉江综合整治规划[R].2011年12月.

生态主题：维系汉江优良生态，关系全国重要区域和我省关键地带经济社会可持续发展大局。

发展主题：以水电开发、绿色农产品种植、特色旅游为主，促进陕南循环经济发展。

宜居主题：通过防洪工程建设和生态治理修复，建设宜居城镇，惠及民生。

3.汉江综合整治发展目标

汉江综合整治以人水和谐为最终发展目标，其建设过程中又需要实现以下三大分项目标：

一是防洪保安体系建设。主要包括工程措施和非工程措施两大部分。工程措施的主要内容：新建加固干流堤防249千米，干流护岸73千米，支流汇入口河段堤防193千米，新修加固护基坝445座，建设交通桥梁16座，新建、改建穿堤建筑物124座。实施病险水库除险加固193座，综合治理褒河等重要支流5条，实施中小河流治理40条、项目90个，治理山洪沟24条。非工程措施主要内容：以防汛预警和水文测报设施建设为主，提高防汛信息化水平。实施山洪灾害防治县级非工程措施建设20个县（区），改造水文站18处，新建水位站38处，改造水位站1处，新建配套雨量站635处。

二是水保生态和水资源保护体系建设。实施水保小流域综合治理257条，治理水土流失面积5925平方千米，控制水土流失和面源污染。实行污染物总量控制，新增水质监测断面54处；划定黄金峡、三河口水库饮用水源保护区，建设污水处理厂64座，治理工业污染源100处，培育循环经济型和生态工业型示范企业，从源头上控制污染。在汉江主要支流汇入口和干流有条件的河滩地区，设置生态湿地18处；建设汉江特有鱼类增殖保护站9处，鱼类种质资源保护区1处。

三是沿江水景观建设。建设蓄水水面景观、滨河生态公园、河口湿地、堤岸景观等水安全景观区，与沿江七级电站库区共同构成汉江干流475千米和支流河口9千米的水景观长廊、200千米城市河段滨江生态公园、1600公顷生态湿地，重现汉江碧波荡漾的美丽风光，彰显"玉带绕秦巴，仙水汉江源"的主题，呈现一幅"两山翠绿，碧水中流"的汉江河道美景。为确保汉江综合整治规划的实施效果，省级相关部门和市、县政府应做好节水治污型社会建设、汉江水能资源开发、航道整治、沿江产业开发等项目的规划和实施等工作[1]。

---

① 陕西省水利厅. 陕西省汉江综合整治规划[R]. 2011年12月.

（三）丹江口水库水源保护工程

1.丹江口水源保护的重要性

丹江口水库是我国南水北调中线工程的重要水源保护地，其水源主要来自于秦岭地区的汉江、丹江上游地区，其水资源的输送能力和输送质量，直接关系到我国京津地区和华北地区的用水安全和社会经济发展，因此丹江口水源的保护工作显得尤为重要。

目前，我国水生态补偿机制不健全，水源地保护区域由于缺乏充足的生态补偿资金，使得这些区域的国民经济受到了极大的制约，一方面影响了汉江流域的社会发展，另一方面由于缺乏资金导致这些区域在流域环境整治和保护工作方面受到了极大的限制。基于上述事实，随着汉江流域国民经济的发展，秦岭南坡的陕西汉中、安康、商洛等城市伴随着西康、西渝铁路和西汉、西康高速公路的开通，汉江流域已经不能作为单纯的水源地保护区而存在。城市化进程逐步加快，工业、农业和商业化活动会对该流域的生态环境造成较大的影响；城市三废排放随之增多，直接威胁到丹江口水库的水源质量，为我国南水北调中线工程的水质保障工作带来巨大压力，因此丹江口水源地的保护显得更加重要。

2.丹江口水库保护措施

为确保丹江口水库水源质量，保证南水北调中线工程水质输送条件，根据国家对水源地的相关保护政策，丹江口水库的水质要求保持在国家II类水标准，因此丹江口水库的保护措施需要更加具有针对性，其保护措施主要包括：

（1）加强环境监测力度，提高流域环境监测水平

由于水源地保护区经济发展水平较低，导致汉江流域的水源保护工作经费一直无法得到保障。陕西省境内的汉江流域水质监测站点不足10个，网点监测设置的不足，导致监测覆盖面无法满足对汉江流域水质的实时监测；同时，也无法控制流域内工业、生活污水的排放。现有的监测数据也无法实现对全流域水质的实时反映，一旦出现突发性环境事件，较容易造成对环境事件的及时应对与处理。

根据陕西省水利保护相关部门的资料，针对上述资金投入不足、监测点设置较少的现状，相关主管部门已经开始采取措施：

① 设立新的监测点

在汉江、丹江干流及褒河、子午河、牧马河、湑水河、月河、岚河、旬河、坝河等主要支流设立水质监测点，扩大水质监测范围；将数据及时有效地提供给各水利决策部门，以更加及时、有效的手段监测汉江流域的水质。

②加强排污监管

通过各新设立监测点的数据以及不定期流域随机水质监测，加强对流域内各工厂和企事业单位的污水排放监管；最大限度限制污水的直接排放，确保流域内水质符合丹江口水库水质II类水标准。

③加强对农业面源污染的监控

通过增设大中型灌区取、退水口的水质监测点，加强农业灌溉后灌区退水对汉江流域干流河道的水体污染，避免水体的富营养化。加强对各灌区取、退水口的水质控制，尽可能降低农业灌区水体富营养化对干流河道的面源污染。

（2）建立以自动监测、定点监测、随机监测相结合的全方位水质监控系统

为了防止水环境突发事件，陕西省水利部门通过卫星遥感影像以及监测点、监测断面水质的定期自动监测系统，实时监控汉江流域的水体质量；同时为确保自动监测的准确性，流域内各监测单位还组织对水体进行定点和随机监测，构建全方位的水质监控系统，加强对汉中、安康和商洛三个城市的水源地用水和排水水质监测。根据供水现状，在为汉中市供水的石门水库、为安康市供水的安康水库、为商洛市供水的二龙山水库设立自动监测系统，实施水质自动监测。

（3）建立突发事件预测与预警系统

随着秦岭南坡经济的不断发展，汉江流域的水环境监测已经不能满足对水环境的保护需要，监测只能确保水资源的日常状态，一旦出现突发性环境污染事件或持续性水质污染事件，汉江流域的各级水利监管部门就会以监测数据为事实依据，通过构建科学的水质预测模型对水质的未来走向进行预测，同时通过建立预警系统，及时应对各类突发环境事件。

（四）小流域治理典型案例：西安市长安区小流域综合治理

秦岭南北坡河流众多，黄河、长江的一级支流和各级支流形成了错综复杂的水网。目前除本书上述的渭河、汉江和丹江口水库的治理外，更多的是通过各河道流域内的小流域治理，以较低的成本和

较短的时间实现河道的综合治理，以最终实现秦岭南北坡大流域的环境治理和保护目标。在众多的小流域治理案例中，由于篇幅所限，本书仅以西安市长安区的小流域综合治理为典型案例，说明秦岭南北坡小流域治理的思路、方式和效果。

西安市长安区地处关中平原腹地，南依秦岭，北邻西安，总面积1583平方千米，山区面积755.3平方千米，占总面积的47.7%。长安区台塬自东向西有炮里塬、八里塬、少陵塬、神禾塬，塬面积为241平方千米，占总面积的15.2%。长安区内水系有四江七溪，较大流域数十处，小流域众多，有浐河、潏河、滈河、沣河等河川地区及西部平原，面积为538.8平方千米，占总面积的34.1%；南部沿山冲积洪积扇地带面积47.9平方千米，占总面积的3.0%。山外地区土壤肥沃，植被资源丰富，生态环境优越；流域资源丰富，气候温和，四季冷暖干湿分明；冬季干冷，夏季炎热，年平均气温13.3℃。降水量由北向南随地势升高而增大，西北部最少，全区多年平均降水量为825毫米。

西安市长安区为完成西安市"南山北水"以及"八水润西安"的既定目标，对区域内有条件的小流域展开综合治理，实施以经济效益为中心，以供求关系为指导，坚持因地制宜和因害设防的发展思路，优化流域内水资源配置，积极规划流域内各功能区划；将农业生产、高新技术产业发展有机结合，大力发展以旅游业为代表的现代服务业；同时在功能区定位的基础上，合理安排农、林、牧的空间布局，建立有效的水土保持体系；制定高效、节能、经济适用的水土保持措施，积极防护区域内可能发生的水土流失、泥石流和山体滑坡等自然灾害，确保区域内人民财产安全和生存安全，为旅游业、高新技术产业等行业提供环境优美、水环境安全的山地生态环境。目前区域内治理面积已达到40%，重点治理区达到70%以上。

1.秦岭小流域治理的前景

秦岭小流域治理主要是通过对秦岭地区各水系河道按照行政区划进行空间划分，采取统一的治理措施。通过协调当地林业、农业、工业和自然环境的关系，尤其是和水环境的关系，以实现小范围流域环境的有效整治。同时由于行政管理统一，在制定治理措施和维护措施时，容易形成统一的规划，因此其发展前景较为广阔。

（1）改善农村生活水平

小流域治理的核心地区，大部分都是经济欠发达、水土流失严重、土地生产力低下的贫困地区，其内生活的农村居民生活水平较低，也就导致了其环境保护意识相对淡薄，因此通过有效地保护和高效集约地利用该地区水资源，调整农业产业结构；通过农田建设和坡面水系工程建设，提高土壤水土保持能力，提高小流域治理核心区的农村生产效率，促进贫困山区农民的脱贫致富。

（2）提高地区农业生产水平和效率

小流域治理区域由于水土流失严重，土壤肥力日益下滑，土地生产力相对较低，农业生产效率和效益相对平原地区较低，因此通过山区小流域治理投资，可以加强其农业基础设施建设，修建一批高效节能的小型水利设施；同时，为适应秦岭小流域地势复杂的环境，可以通过农业转型、退耕还林、开发第三产业等形式，提高当地的农业生产效率和生产水平。

（3）为发展生态农业奠定物质基础

由于秦岭地区地理环境相对复杂，很多区域无法实施大规模的环境治理工程。小流域的环境治理通过更加具有针对性的水利工程修建和管理措施制定，可以更加有效地缓解小流域水土流失以及其他环境问题，同时通过对山区生态农业的开发，实行退耕还林、封山禁牧等生态保护措施，可以有效缓解农耕与山地水土保持之间的关系，也为今后的生态农业以及经济的可持续发展奠定物质基础。

2.秦岭北坡西安市长安区小流域治理效果

（1）发挥区域优势，提高农村生活水平

西安市长安区的小流域治理工作，将山区的经济发展作为首要目标，同时兼顾生态环境的修复工作，充分发挥区域优势与特色产业相结合，围绕水果蔬菜生产、畜牧业加工等产业，经过几年的努力，建成了一批名特优商品基地。例如崔家河和蛟峪山小流域综合治理项目，以因地制宜为规划原则，针对该区域内的农副产品加工，提升农业生产效率，加强水利工程建设，改造优化果林约100公顷，治理土地约33公顷，加固山塘水库4座，扩建库容28万立方米，修筑防洪堤坝1.7千米，修建机耕路6千米。通过对山地生态系统的综合治理，在发展山区经济的同时，提高山区的御灾能力，大力发展农业基础设施建设，使得农民的收入大大提高，将农副产品加工作为山区地方经济发展的支柱和新的增长点。

（2）扩大农业生产规模，提高农业生产效率

小流域治理主要是将坡地改造为梯田，在水土流失比较严重的区域，为了农业生产的稳定和效率，长安区采取了很多具有针对性的措施。例如：白道峪小流域治理项目，通过平整0.5平方千米土地、修筑0.46平方千米梯田、衬砌排灌渠道4.8千米、新建机耕路4.2千米、维修机耕路3.8千米，长

安区新增耕地0.1平方千米，保护农田2平方千米；通过农村基础设施建设，吸引了大量的企业投资，建立良种基地0.9平方千米，其中有6个行政村的1500余户农户直接获益。

（3）提高流域内抗灾能力，实现农业综合发展

小流域治理主要是通过农业水利的基础设施建设，层层设防，发展农村经济的同时，构筑坚固的防洪堤坝和畅通的河道；通过小流域河道内上游的河道清淤，减轻小流域内下游防洪压力。例如：在小峪河流域，自2008年开展综合治理后，构建有效的水土流失综合治理体系，经过2年的努力，防汛工作已经有了突破性进展，有效地保护了区域内的农田，实现了河流沿岸全年无灾害。

（4）提升区域用水质量，保护区域生态环境

在小流域治理中，对供水区的水质进行治理；兴修水利，加固防洪堤坝；建设引水堰坝，配建相应的渠道和机耕路；植树造林，提高森林覆盖率；同时，修建大量便于市民行走的便民道路。在上王村、丰峪口等地以旅游业为发展契机，将乡村旅游作为主打产业，配套农家乐基础设施，完善区域基础设施建设；拦蓄水土、涵养水源，对生活污水进行集中处理；将农业灌溉、生活污水排放、工业废水排放所带来的污染，尽可能控制到最小，减少面源污染带来的危害；减少农业化肥的使用量，实现区域的生态环境保护。

3.西安市长安区小流域现状及存在问题

（1）应对突发灾害的能力较弱

由于长安区小流域内地形复杂，山丘地带群山重叠，丘陵地貌起伏。虽然主要江河干流防洪标准可达50年一遇，但大部分乡村整体防洪能力不足10年一遇；同时，由于小流域多数分布在经济相对落后的丘陵山区，自然环境恶劣、御灾能力较低，致使小流域内大雨大灾、小雨小灾、无雨旱灾，灾害时有发生。

（2）水资源利用率不高

长安区河流水资源主要来源于降水。由于山地垂直地带性的差异明显，水资源的分布时空上较为不均，年际变化幅度较大。流域内的一些小水利工程设施，在防洪抗灾的同时，缺乏对水资源的蓄截，水资源的开发利用率较低，在雨季经常造成水资源的流失；而在旱季导致水资源匮乏，人畜饮水困难，同时影响到农作物的灌溉。

（3）治理措施缺乏一定的前瞻性

长安区小流域治理由于受到现实经济发展的影响，人类活动与生态环境保护之间存在一定的矛盾；目前的治理措施虽然对现有的水域治理有一定的成效，但是在流域内的治理方式上，主要是以乡（镇）为最基本的单位。在治理过程中，缺乏对各乡镇的统一筹划，随着近几年长安区经济的发展，山区建设项目不断增多，如环山路建设、子午水厂建设、矿产资源开发、旅游景区开发，这些人类活动都会对山地的水土流失和生态环境带来一定的影响；因此现有的治理措施应与当前和未来经济发展相结合，构建具有前瞻性的治理方式。

（4）投资受经济发展制约，力度不高

由于小流域的治理工作是一项长期的整治工作，需要社会、企业、集体和个人各方共同努力；同时需要大量的财力、物力和人力投入。虽然长安区现有的经济结构主要为第三产业，但是在一些山区由于基础条件差、经济欠发达、建设较为滞后；同时地方财政由于受到资金所限，对小流域的支持只能从政策层面给予一定的扶持，大部分资金主要来源于企业，因此许多乡镇很难承担高投资额的治理项目，在一些水土流失的重灾区或严重地区，治理项目很难化解自然灾害对环境的破坏，抗灾能力也受到一定程度的限制。

四、秦岭水安全综合修复相关对策与建议

（一）人水和谐下的秦岭生态系统修复

1.建立秦岭山地生态保护区和国家公园

由于秦岭丰富的生物资源和水源涵养功能，其生态服务范围高达20万平方千米，涉及5000多万人口和近3000亿元的GDP。通过生态保护区的建设，可以规范保护范围，深化管理措施，将生态保护工作落到实处；同时以建立秦岭国家公园为最高目标，通过对生物资源和水源地的保护，以动植物的栖息地生态恢复为主要目标，突出对生物多样性的保护和森林植被的人工修复，为我国的生物物种保育和水资源保护做出应有的贡献。

2."水发展—水安全—水保护"的人水和谐生态保护体系

由于秦岭南北坡水文生态资源不同，生态保护的体系构建需要兼顾北坡水系周边的城市发展，

而南坡要统筹水源地保护与经济发展的关系，因此构建人水和谐的生态保护体系显得尤为重要。秦岭北坡城市发展以水资源的利用、水资源的开发和水资源的保护为主题，兼顾"水环境—社会环境—城市环境"的"水发展"；而秦岭山区以水土保持和水灾治理为生态保护目标，实现秦岭南北坡的"水安全"；秦岭南坡由于南水北调中线工程的水源地保护目标，在经济发展的同时确保水资源的清洁输送，以"水保护"为发展目标，最终形成了"水发展—水安全—水保护"三位一体的人水和谐的生态保护体系。

3.生态保护指导下的生态移民政策

近代人类对秦岭山区的开发，导致秦岭海拔1500米以下的区域农业开垦活动较为发达，主要从事种植、菌类栽培、采种药和养殖等生产生活；超过1500米的山区居民基本依靠山区自然资源生存，其日常生活受山区资源的制约较大，人均收入明显低于浅山区从事农业活动的居民；目前由于大秦岭保护战略的实施，超过海拔2600米的山区被列为禁止人类进入的自然保护区，因此本来在该区域居住的居民全部要进行强制性的撤离。对高海拔地区，即超过海拔1500米居住的居民，在保护秦岭山地核心资源的前提下，实施整体生态移民，这既符合秦岭生态保护的宗旨，又可以提高生态移民的生活水平，在合理规划移民村的同时，可以最大限度地减轻山区人类活动对秦岭珍稀动植物的压力。

4.水源涵养林建设

秦岭水生态保护，主要是通过对植被的保护进行，通过提高山地植被的生物多样性和生物量，实现对水土的保持。由于历史原因，秦岭地区的农业生产和城镇建设砍伐了大量的树木，导致了秦岭北坡森林下线不断上升，林缘逐步后退。在每年的雨季来临时，持续性降雨和暴雨引发了秦岭南北坡河流水位急剧上升，山洪频发；同时由于森林植被的缺失，森林的水源涵养功能下降，在每年旱季河道水位下降引起的旱灾也时有发生，因此秦岭的生态功能修复，以森林植被保护为主要目标的水源涵养地建设显得十分重要。

（二）立足秦岭着眼全国的水源地保护

1.基于生态补偿的秦岭水源地保护与区域发展

秦岭地区的水源地保护工作关系到秦岭南北坡居民的用水安全，以及国家南水北调中线工程的水资源输送工作。实施水源保护工程，对源头水保护区进行植被恢复，加大植树造林种草力度和水源涵养建设；对饮用水源区进行保护区划界，搬迁污染企业、截污和绿化工作，增加枯水期河道基流量，提高河流纳污能力是水源地保护的主要任务。

根据陕西省政府批准的《陕西省水功能区划》，秦岭地区的水功能区共59个。其中渭河流域7个，伊洛河3个，嘉陵江流域7个，汉江、丹江流域21个，其主要涵盖了秦岭地区的山区、城镇以及乡村，其主要名称如表6-2所示：

表6-2 秦岭地区水功能区

主要河流	水源地保护区
渭河	宝鸡源头水保护区、太白源头水保护区、周至源头水保护区、户县源头水保护区、西安源头水保护区、长安源头水保护区、蓝田源头水保护区
伊洛河	洛南源头水保护区、洛南开发利用区、洛南缓冲区
嘉陵江	凤县源头水保护区、凤县保留区、甘陕缓冲区、略阳保留区、陕川缓冲区、略阳源头水保护区、宁强水保护区
汉江	勉县保留区、留坝县自然保护区、汉中开发利用区、汉中保留区、城固县自然保护区、城固开发利用区、洋县保留区、佛坪宁陕自然保护区、石泉西乡保留区、安康开发利用区、安康源头水保护区、汉阴源头水保护区、汉阴开发利用区、旬镇柞源头水保护区
丹江	商州源头水保护区、商州保留区、商州开发利用区、丹凤开发利用区、丹凤商南保留区、陕豫缓冲区、商南源头水保护区

除了对秦岭水源地保护区的植被以及相关水体进行保护的同时，更应该从体制机制上探索对水源地保护的新思路和新方法，为此本书对秦岭水源地保护工作建议构建以生态补偿为核心的水源地保护机制，其主要目的包括下列两点。

（1）基于生态补偿的区域发展基本框架

通过分析、评价秦岭水源地和保护区对区域经济的影响范围和强度，建立水源地保护区生态补偿的测算模型。同时根据区域经济发展基础确定生态补偿的模式和标准，提出水源地保护的生态补偿对策、建议，形成以区域发展为依托，以生态补偿为手段，以水源地保护为目标的区域发展基本框架。

（2）以生态补偿为指导的区域经济发展目标

秦岭水源地保护往往要牺牲一部分区域经济发展，因此以生态补偿为指导的区域发展，要通过对水源地生态效益和资源效益的核算，以当地经济体量为基础，制定合理的生态补偿措施，并通过经济补偿实现水源地生态的保护。

2.秦岭水土流失治理的相关建议

近年来，由于过于注重城市经济开发，忽视生态保护；对土地、森林、矿产、旅游等资源的无序开发，导致森林植被严重破坏；环境污染日趋严重，使秦岭地区面临植被减少、水土流失、水源匮乏的生态危机。因此加强陕境秦岭水土流失治理，实施山川秀美工程，保护生物资源，改善生态环境已迫在眉睫。

（1）渭河综合防治的相关对策建议

① 转变观念，保持渭河南岸水保工作的警惕性

渭河流域是陕西、甘肃两省政治、经济、文化的中心地域。流域内集中了陕境秦岭61％的人口、56％的耕地、72％的灌溉面积和81％的工业总产值，在陕西社会、经济发展中具有重要的战略地位和作用。虽然渭河南岸的水土流失情况较轻，但是"渭河平原无水土流失"等一系列轻视水土保持工作的观念要尽快转变，为防止渭河北岸水土流失的扩散提高警惕性。

② 强化预防监督，依法防止人为水土流失，保护治理成果

为了治理渭河流域的人为水土流失，必须认真贯彻"预防为主"的水土保持工作方针；进一步建立健全水土保持政策、法规体系，强化预防监督措施；坚持依法行政，最大限度地遏制人为的新的水土流失，使现有的植被和水土流失治理成果得到应有的保护；同时，要积极开展水土流失情况动态监测工作，要建立完整的水土保持监测与管理信息系统，对流域及不同类型区域的水土流失现状和治理情况进行多时段动态监测，加大水土流失预防力度，最大限度地减轻灾害损失，保护广大人民群众的生命财产安全。

③ 不断推进科技创新，努力提高水土流失治理水平

在渭河流域水土流失防治中，要坚持科技创新，不断提高水土保持的科技水平。一要充分发挥有关大专院校、科研院所科技人员的作用，针对渭河流域水土流失特点和危害以及水保生态建设项目实施过程中的重大难题，组织科研攻关，为科学配置治理措施，加快水土流失治理步伐提供理论依据。二要应用高科技手段和现代信息技术，开展水土流失动态实时监测，把握全流域水土保持生态建设与保护效果，及时发现工程布局和措施实施中的问题。三要采取灵活多样的形式，面向各级专业技术人员和农民群众，加强先进技术、新材料、新工艺的应用培训，提高技术人员和管理人员的业务素质。

（2）汉江流域综合治理的相关对策建议

保护和恢复秦岭山地生态环境，不仅是维护该区世界级自然遗产和丰富的生物多样性的需要，也是治理水土流失、保护长江水源地、为中下游地区创建安全发展环境的需要；同时也对保障南水北调工程有充足优质水源具有十分重要的作用。目前，《丹江口库区及上游水污染防治和水土保持规划》已经开始实施。为促使《丹江口库区及上游水污染防治和水土保持规划》内水土保持项目的顺利实施，特提出如下建议：

① 尽快启动实施陕西省汉江流域水土保持项目

陕西省是丹江口水库水源区的主体省份，又是丹江库区产沙的重点区域。目前国家南水北调工程中线主体段已开工建设，按照国务院《丹江口库区及上游水污染防治和水土保持规划》批复中提出的"近期项目纳入南水北调中线一期工程总体方案，与南水北调主体工程同步实施"的要求，抓好项目前期工作，进一步扩大投资规模，提高国家补助标准，促进汉江、丹江水保治理项目尽快实施，实现水土保持工程与主体工程"三同时"，切实保护生态环境，确保供水水源优质安全。

② 切实加大对陕西省汉江流域水土流失防治力度

陕西省处于丹江库区上游，境内山大、沟深、坡陡，水土流失严重，是丹江库区泥沙主要来源地。为加快陕西省汉江流域水土流失防治步伐，保障生态安全，确保"一江清水供北京"，陕西省肩负着义不容辞的重任。同时，陕西省汉江流域属经济不发达地区，有国家级贫困县21个，省级贫困县6个。为此，建议国家将陕西省汉江、丹江流域的5市31县（区）全部列为水保生态治理的重点区域，予以重点投资，并提高投资标准，力争在5～10年内，使急需治理的2.74万平方千米水土流失面积全部得到治理，每年可减少入库泥沙6000万吨以上。

③建立南水北调水源区建设基金

按照《丹江口库区及上游水污染防治和水土保持规划》批复精神，采取国家投入和受水区筹集相结合的方式，建立南水北调水源区建设基金，用于扶持水源区的水土保持、水资源保护和发展绿色经济。

④尽快建立汉江流域生态补偿机制

一是对有重大贡献的水源区按调水量和水质状况给予补偿，保护和支持该地区保护水源的自觉性和积极性；二是由国家列出专项资金，扶持汉江流域产业结构调整，加强工业点源和农业面源的污染治理，加强对汉江流域的水源保护区建设和地质灾害防治。

（三）秦岭水安全的综合治理

1.强化水资源管理、合理开发利用水资源

加强水资源统一管理，优化水资源配置，大力节约、保护水资源。水资源管理是在水资源与水环境的开发、治理、保护、利用过程中，所进行的统筹规划、政策指导、组织实施、协调控制、监督检查等一系列规范活动的总称。由于水是以流域为单元，以河道、湖泊等为载体而存在的，各流域的气候、地理、水文特征等各不相同，一条较大河流一般要流经几个省（区）。因此，《中华人民共和国水法》规定了水资源管理实行流域管理和区域管理相结合的管理模式。国家和地方在各管辖范围依据水的供求现状、国民经济和社会发展规划、流域规划、区域规划，按照水资源供需协调、综合平衡、保护生态、厉行节约、合理开源的原则制定的地方水中长期供求规划，再依据水中长期供求规划制定调蓄径流和分配水量，用水实行水资源的总量控制和定额管理相结合的制度，用水资源优化配置作为破解水资源短缺这一难题的重要手段。

具体而言，保护水资源，维护河流自然健康生命和内在价值。一要合理开发利用水资源。合理开发利用，充分考虑开发的外部性，也就是开发利用带来的负面影响，特别是流域生态的影响。建立不同区域、不同河流、河流不同区间生态用水指标体系。用水顺序应首先满足城乡居民生活用水，并兼顾农业、工业、生态环境用水。二要防治水资源污染。加强水功能区划和排污口调查等基础工作。在此基础上，计算不同水功能区的水环境承载能力，确定排污总量控制指标；明晰排污权，建立排污权交易市场，把排污的外部性转化为内部性。与此同时，要抓紧建立、健全水质监测预警和应急反应机制，提高对突发污染事件的快速处理能力。三要节约用水，建设节水型社会。国家实行取水许可和水资源有偿使用制度，用水实行计量收费和超定额累进加价制度，在工业用水、农业用水、生活用水等

方面对节水都作出了规定。节约用水不仅是缓解缺水地区水资源供求矛盾的主要手段，也是丰水地区需要解决的重大问题。人们常常以为，只有资源稀缺时才可能节约资源，资源不紧缺就不会有节约的动力。在丰水地区采用以定额管理为手段的节水措施，通过水价等制度性安排，引导社会公众形成节水的习惯。

2.水利工程建设与科学行政管理并重

水利工程是水资源得到合理利用和保护的基础。新中国成立以来，国家修建了大量水利工程，用以分别调节水资源的时程分布、地域分布，取得了巨大的效益和丰富的经验。但开发利用水资源时，只开发利用，不重视合理利用、节约保护；只重视工程建设，不重视后续管理。水利工程建设也是对水资源开发利用的一个过程，这就要注意开发利用的合理程度，注重在改造自然过程中适应自然，改造自然与适应自然并重。恩格斯指出："人类可以通过改变自然来使自然界为自己的目的服务，来支配自然界，但我们每走一步都要记住，人类统治自然界决不是站在自然之外的，我们对自然界的全部统治力量就在于能够认识和正确地运用自然规律。"然而，过去我们在长期的治水活动中，过分强调"人类可以通过改变自然界为自己服务"，对大自然过度索取，过多强调与大自然作斗争，不能适应自然，不懂得约束人类自身的活动。

此外，更重要的一方面就是水利工程建设与科学行政管理并重，应将工程建设和管理有机结合。首先，科学规划各方面的水利建设工程。统筹考虑、科学有序地开发水利建设，使各种水利工程功能相互配套、互为补充，力求水利效益最大化，确保满足经济、社会可持续发展的需要。其次，运用法律、行政、经济和科技等手段，科学管理。推进依法治水，完善水法律体系，严格执法。认真执行《水法》《防洪法》《水土保持法》等法律，严肃查处水事违法案件。加强科学技术研究，揭示与尊重水的自然规律。水资源管理中有许多科学技术问题，如水资源承载能力、水环境承载能力、水资源的可利用量、水的自净能力、生态用水量等的计算。目前，国际上已有不少研究成果，但定性的多、定量的少，在我国是否适用，也都是不确定的。因此，必须加强水资源与水环境的科学研究，充分揭示其自然规律，以便人类遵循这些规律，与其和谐相处。

3.防洪减灾与洪水资源化管理和利用

在保障防洪安全方面，要向人与洪水和谐共处转变，从控制洪水向洪水管理转变。控制洪水，是指采用工程措施改变自然条件，调控洪水以达到防洪、减灾的目的。洪水管理，是指人们理性协调人与洪水的关系，承担适度风险，规范洪水调控行为，合理利用洪水资源以满足经济、社会可持续发展需要的一系列活动的总称。一方面，要进一步加强以堤防为基础，与支流水库、蓄滞洪区、河道整治相配套的防洪工程体系建设，及时把防洪工程建设的重点转移到上游建库、分蓄洪区建设和河道治理上来，使洪水有蓄有泄，蓄泄兼筹，行其道，居其所，得其安。要加强洪水的风险管理，注重控制、约束人类的行为。采取综合治理措施包括促进洪泛区土地合理有效利用、风险分担政策和应急体系建设等，减轻洪水影响，保障社会的可持续发展。另一方面，给洪水以出路，最大限度地利用洪水资源，以实现资源的效率。过去我们的治水观念是单纯"抗水"，而缺乏"管"水和"用"水，让大量宝贵的雨洪水白白流入大海，接下来又形成干旱和缺水，给我们造成许多损失和遗憾。洪水不一定就是猛兽，关键是如何把它造成的损失降到最低点，也就是说，如何把生活与防洪、减灾、除害与兴利有效地结合起来。洪水是重要的水资源，既要把它造成的损失减少到最低限度，又不要让它白白地流入大海浪费掉了，而要留住一部分为人类造福。要实现"给洪水出路，让洪水为我所用"的治水思路应从以下两个方面进行重大调整和转变，努力将水害变为"水利"。

（1）因地制宜、堵疏结合的治水策略

近年来的洪水给了我们一个重要启示，就是如果人类妨碍了水的出路，水也就不给人出路。要本着因地制宜、注重实效的原则，深入分析当地洪水特性并进行科学疏导，根据已有工程基础和防护对象的重要性，合理确定防洪标准，制定有效的防洪措施。在堤防建设中，不能一味地强调提高防洪标准，要考虑防洪效益等因素；在工程措施上，不能单纯加高、加厚，而要根据实际情况，因地制宜采取防渗、防冲、防风浪等措施。

（2）从单纯治理洪水到利用洪水资源的观念转变

建设人与自然相和谐的防洪工程体系，必须在防洪工程规划、设计、施工、管理的各个环节，注重维系良好的生态系统和环境景观。比如在水库管理上，要改变水库静态汛限水位调度办法，实行水库汛限水位动态控制，提高综合利用效益。优化汛限水位调度方案，实现洪水资源化。

实现由控制洪水向洪水管理转变，还要着力处理好防汛与抗旱的辩证关系。水之所以成灾，是由于在短时间内一定区域内高强度集中降雨造成的。为有效地利用宝贵的水资源，防止水灾，就要让多余的水能够及时排得出去，必要的水蓄得住。在洪水面前，一方面，如果防汛基础设施不健全，防汛工作不得力，它就会造成洪灾；另一方面，如果我们只考虑防汛的需要，只求把洪水风险降到最低限度，虽然有利于防止洪灾，却不利于干旱少雨时水资源利用。因此，必须正确处理防汛与抗旱的辩证关系，既要防止洪灾风险，又要防止旱灾风险，在防汛与抗旱之间寻求平衡点。

第四节 秦岭人水和谐与生态文明建设

　　秦岭生态文明建设从水资源开发的角度来说，主要是要加强人水和谐的治理理念。目前在我国生态化建设大方针指导下，秦岭的发展必然以和谐发展观和生态化建设为主要目标。秦岭拥有丰富的水资源，从地理学和环境学的角度来看，如何处理好秦岭人与水的关系是未来秦岭环境保护与开发的重要内容，随着大秦岭保护条例等相关政策的出台，秦岭生态环境保护必然会得到飞速发展，但是对于水环境而言，除了减少废水排放，保护水源地之外，更多的是要树立"人水和谐"的发展理念，为我国南水北调中线工程以及其他国家重要发展战略奠定理论基础。

一、人水和谐的发展理念

（一）人水和谐的重要性

水作为生命之源，是大自然的重要组成因素。人水关系是人与自然关系的核心内容，人水和谐是人与自然和谐相处的一个侧面。人水和谐的本质就是人与自然的和谐。人水和谐、人与自然和谐是和谐社会的一个重要组成部分，二者追求的终极目标都是社会的和谐和社会的可持续发展。

人水和谐相处极其重要。一方面，水资源在经济社会发展中占据极为重要的地位。水是生命之源，万物之本，它具有一般资源无法比拟的四大优势，具有可持续利用的本质。水循环系统只要不遭到严重的阻碍与破坏，水就会年复一年地再生，不会随时间而减少，且重复使用率较高。江河、湖泊、水库等是天然的运输通道，且成本低、运输能力大。据20世纪五六十年代统计，当时长江的运输能力相当于40条京广线的运输能力。水资源功能全面，用途广泛，经济与社会的各行各业都不可或缺，是不可替代的资源，是基础性的自然资源和战略性的经济资源。水资源的可持续利用，是经济和社会可持续发展极为重要的保证。国家早已认识到水的问题对新时期经济、社会发展具有基础性、全局性和战略性的重大意义，只有把水治好了，国家才能长治久安；因此，将水同粮食、石油一起作为国家最重要的战略资源加以发展。另一方面，我国水资源稀缺、分布不均衡等问题严重。我国是一个水资源稀缺的国家，淡水总量为28 100亿立方米，人均2200立方米，只占世界平均值的31%；到2030年人口达到16亿时，人均只有1700立方米，达到世界公认的警戒线。长期以来，我国经济社会发展一直受到缺水困扰，水资源成为国民经济发展的"瓶颈"，缺水地区迅速由点到面，几乎成为全国性问题，并且越来越突出。目前有11个省、自治区、直辖市的人均水量低于警戒线的标准，其中有9个地区低于人均500立方米的严重缺水线，如海河流域人均约350立方米，到2030年将下降到300立方米，只能维持人口的生存。加之我国水资源分布不协调、不均匀，南方多，北方少，东部多，西部少，水资源时空分布同人口、耕地分布极不协调。长江流域及其以南的珠江流域、浙闽台诸河、西南诸河等流域，国土面积、耕地和人口分别占全国的36.5%、36%和54.4%；但水资源总量却占全国的81%，人均水量为全国平均水平的1.6倍，亩均占有量是全国平均值的2.3倍；辽河、海河、滦河、黄河、淮河流域，面积为全国的18.7%（相当于南方的一半），水资源总量却只为南方地区的10%；北方耕地面积占全国的45.2%，人口占全国的38.4%，水资源的总量更少。水资源的这种不均衡分布，严重地制约了国民经济的健康发展，使调水、引水成为经济和政治的热门话题。

（二）人水和谐的发展阶段与目标

纵观人类历史，人水关系的实践大致经历了水侵人、人避水、人争水、人亲水四个阶段。

第一阶段，原始社会水侵人阶段。生产力极其低下，人类逐水而居，对洪水毫无认识，充满了恐惧，面对洪水束手无策，任由其肆虐人类。例如，远古的洪荒时代，"汤汤洪水方割，荡荡怀山襄陵，浩浩滔天。"

第二阶段，人避水阶段。人类对洪水的规律开始有了初步认识，知道如何用水之利而避水之害，修建了许多水利工程。《管子·乘马》中说："凡立国都，非於大山之下，必於广川之上，高毋近旱，而水用足；下毋近水，而沟防省。"

第三阶段，人争水阶段。大致从魏晋南北朝开始，随着第一次民族大融合，北方人口大量南迁，导致南方人口增多，人水相争。宋明以后，这种趋势愈演愈烈。长江流域的围垦和筑堤大多从这个时候开始。例如，荆江大堤就始建于东晋永和元年（345），到北宋中期已经基本形成。人水相争直到新中国成立以后40余年间仍在继续，伴随着中国工业化进程和人口的急剧增加，这种对立关系非但没有减缓，反而更加紧张。

第四阶段，人亲水阶段。1998年几次大洪水后，人水相争的危害性日益明显，人水关系得到了国家的高度重视。伴随着水资源情况、经济社会发展形势的变化以及科学技术的进步，我国转变传统治水理念，开始实践以人水和谐相处为核心的现代水利、资源水利、可持续发展水利。

人们再次认识到以工程措施治理水的同时，要合理开发、利用、保护、节约水资源，必须大力采用法律、经济和行政、科技等综合措施来规范人与水的关系，实现人与水的和谐相处。人与水和谐相处主要目标是实现水资源可持续利用。所谓水资源可持续利用，就是人类对水资源的开发利用不单满足当代经济和社会发展对水的需求，同时不能损害满足未来经济和社会发展对水需求的能力。

在水资源可持续利用中，坚持节流与开源并举，节流优先，治污为本，总体上不损害河流的自然功能，使水资源得到合理开发、优化配置、高效利用和有效保护，逐步建立节水防污型社会，保证河流的永续利用，带动与促进人与自然和谐相处，使人们在优美的环境中工作和生活。

二、水生态文明建设

（一）生态文明概念的提出

2005年3月12日，在中央人口、资源、环境工作座谈会上，国家领导人胡锦涛曾指出"要加强生态保护和建设工作"。

2007年10月15日，党的十七大把"建设生态文明"列为全面建设小康社会目标之一，作为一项战略任务，首次把"生态文明"概念写入党代会的报告中。报告中明确指出："建设生态文明，基本形成节约能源资源和保护生态环境的产业结构、增长方式、消费模式。""生态文明观念在全社会牢固树立。"

2009年9月18日，党的十七届四中全会把"生态文明建设"提升到与经济建设、政治建设、文化建设、社会建设并列的战略高度。报告还指出"全面推进社会主义经济建设、政治建设、文化建设、社会建设以及生态文明建设，全面推进党的建设新的伟大工程"。

2010年10月18日，党的十七届五中全会提出把"提高生态文明水平"作为"十二五"时期的重要战略任务。报告指出"社会主义经济建设、政治建设、文化建设、社会建设以及生态文明建设和党的建设取得重大进展"。

2011年3月的《国民经济和社会发展"十二五"规划纲要》指出，面对日趋强化的资源环境约束，必须增强危机意识，树立绿色、低碳发展理念，提高生态文明水平。2012年11月8日，十八大报告提出"建设生态文明是关系人民福祉、关乎民族未来的长远大计"。

生态文明建设从此作为中国可持续发展的重要理论创新和探索，开始被社会各界广泛认同，也被广泛应用到自然、社会、经济的各个领域中。

（二）水生态文明建设[①]

在国家生态文明建设的大方针指导下，国家水利部明确了水生态文明建设的基本内容，主要体现在严格水资源管理制度、优化水资源配置、强调节约用水管理、严格水资源保护措施、加快推进水生态系统保护与修复、加强水利建设中的生态保护、提高保障和支撑能力以及对水资源保护的宣传教育等方面。

水生态文明建设是水利部贯彻落实十八大提出的生态文明理念的一项重要举措。在面对新时期水利发展与生态文明建设的要求时，需要在以下几个方面进行全新的探索：

---

① 左其亭. 水生态文明建设几个关键问题探讨[J].中国水利，2013（4）：1-3.

1.水生态文明的体系建设

主要是对生态文明建设的关键影响因素及评价指标体系，人水关系的和谐论调控研究，水与可持续发展关系研究，水资源与经济社会协调发展理论及量化研究方法、管理模型、方案制定，水资源保护理论方法，河湖健康理论方法等方面进行有益的探索。

2.水生态文明的技术创新

在水生态文明建设过程中，不仅要有先进的理念和发展思想，同时也要有解决新时期水安全问题，提高水资源保护的关键技术。比如，农业节水新技术、工业节水新工艺、非常规水利用技术、污水处理新技术、水资源优化调控技术、水生态系统保护与修复技术等。

3.开展水生态文明的理论探索

水生态文明建设初期离不开对生态文明建设、水生态文明建设等一系列问题的理论探索，因此基于新的理念急需要开展一些有关的软科学研究。比如，水生态补偿机制，水价制定与水市场运行方式，水资源管理责任和考核制度，最严格水资源管理制度技术标准体系、行政管理体系和法律法规体系，经济社会发展与水资源水环境承载能力和谐发展理论等等。因此，针对这样一个系统工程，需要加强多方面的研究，使基础研究、应用技术、软科学研究和谐发展，共同支撑水生态文明建设。

三、人水和谐的秦岭水生态文明建设

人水和谐的发展理念需要正确的方法进行贯彻落实，国家在探索科学发展观的同时，提倡和谐社会建设，其中的人水和谐理念需要另一重要理念的支撑，即水生态文明建设。因为水生态文明建设主要包括严格水资源管理制度、优化水资源配置、强调节约用水管理、严格水资源保护措施、加快推进水生态系统保护与修复、加强水利建设中的生态保护、提高保障和支撑能力以及对水资源保护的宣传教育等多个方面，这些水生态文明的建设措施与管理手段，都是贯彻落实人水和谐发展理念的重要保障，具体到秦岭地区的人水和谐问题，就需要从以上多个方面进行发展。

目前上到国家层面，下到陕西各级政府以及当地居民，都已经对秦岭的水安全问题开始重视，同时在流域治理、河道整治、退耕还林以及水土保持等方面开展了长足的工作。秦岭北麓的渭河南岸，虽然水土流失情况不算特别严重，但河道整治工作以及河道的绿化工作开展得有声有色，也从形象上提升了秦岭北麓渭河南岸人水和谐的概念；而秦岭南麓的陕南地区，由于汉江流域水土流失和水灾情况较为严重，因此在河道治理和防洪减灾方面，也体现了人水和谐的重要理念。在治理观念上，也逐步将以前拦河修堤开始向因地制宜、疏堵结合的治水理念方向转变；同时在加强河道两岸的绿化工作时，也为当地居民提供了良好的日常休息场所，将人水和谐、水生态文明的理念有力地推向全社会。

在未来的秦岭水生态文明建设中，秦岭的水治理与水保护工作也应将人水和谐作为发展的核心理念，将水安全问题摆在第一位。在保障秦岭水安全的同时，推动秦岭地区水资源的合理保护；在科学规划的指导下，合理开发秦岭水资源；同时应以小流域治理、河道整治为核心工程，通过建设一批、推广一批的发展理念，将小流域治理工程与河道整治工程作为政府为当地居民谋福利的第一要务，加强以水资源保护开发为核心的人水和谐发展理念。

四、秦岭水安全与区域发展展望

秦岭水文地质特征是我国中部地区水文特征的重要代表，秦岭水资源直接关系到我国南水北调中线工程和京津唐地区的水资源供给，秦岭水安全问题也关系到秦岭地区乃至全国人民的用水安全；而秦岭作为我国南北地理分界线，其水文生态的重要性，直接影响到我国中部地区生态环境的稳定。因此，保护秦岭生态环境，尤其是秦岭的水生态环境，是目前我国中部地区生态环境保护的重要任务。

秦岭山脉大部分地区主要坐落在陕西省境内，因此秦岭陕西段的生态环境保护是整个秦岭山脉保护的重点。陕西省在秦岭山脉的生态环境保护工作中，做出了巨大的贡献和牺牲。为了保护秦岭山脉的生态环境与生态资源，秦岭南北坡的人类活动随着环境保护意识和环境保护政策的不断加强，人类活动逐渐减少。为了保护秦岭的水资源，支援我国南水北调中线工程，秦岭山区南北麓人民的生活环境以及经济发展受到了严重制约；虽然我国建立和不断完善生态补偿机制，但是秦岭山区的人民生活水平仍然受到了极大的制约。

未来随着秦岭地区水生态保护工作的不断完善，水资源开发利用日趋合理，秦岭地区的水安全问题将会得到有效的解决。在治理洪水、防止水土流失、植树造林以及生态移民等水生态治理工作方面，陕西人民正沿着正确的方向不断前进。未来陕西秦岭地区会在生态环境保护和生态建设方面取得更大的成绩，既为陕西秦岭地区的发展带来健康、绿色、环保、可持续的发展理念，又为我国其他地区的生态环境保护工作和区域可持续发展提供先进的经验和成功的案例。未来的秦岭水资源会得到更好的保护，秦岭"水库"也会成为我国乃至世界重要的水源保护地和可持续发展的典范。

参考书目：

1.陕西省地理国(省)情监测工作领导小组办公室.陕西基本地理省情(2012)[M].陕西省地理信息测绘局网站,2013.

2.地方志文献编撰办公室.陕西省志第三卷:地理志[M].西安：陕西人民出版社,2000.

3.刘胤汉.秦岭水文地理[M].西安：陕西人民出版社,1983.

4.陕西省地质矿产局.陕西省区域地质志[M].北京：地质出版社，1989.

5.西安市地方志编纂委员会.陕西地方志丛书西安市志第一卷：总类[M].西安：西安出版社,1996 .

6.张国伟,孟庆任等.秦岭造山带的造山过程及其动力学特征[J].中国科学：D辑，1996(3):193-200.

7.李三忠,张国伟等.秦岭造山带勉略缝合带构造变形与造山过程[J].地质学报,2002(4).

8.任升莲.秦岭伏牛山构造带的变质变形分析[M].合肥：合肥工业大学出版社,2013.

9.王乃昂.晚新生代中国季风气候的形成和发展[J].干旱区地理,1990（04）.

10.秦江锋,赖绍聪.秦岭造山带晚三叠世花岗岩成因与深部动力学[M].北京：科学出版社,2011.

11.庞洪喜,何元庆,张忠林等.季风降水中 $\delta 18O$ 与季风水汽来源[J].科学通报,2005,50(20):2263-2266.

12.方建刚,侯建忠等.秦岭地区秋季降水的气候特征分析方建刚[J].气象科学.2008,28(4):415-420.

13.齐瑛,傅抱璞.秦岭山脉对冷空气屏障的理论研究[J].气象科学，1995,53(2):186-193.

14.刘引鸽,葛永刚,周旗.秦岭以南地区降水量变化及其灾害效应研究[J].干旱区地理.2008,31(1):50-55.

15.郑生民,井涌.秦岭山地水文生态功能的战略地位[J].中国水利，2006（15）:56-58.

16.高甲荣.秦岭林区锐齿栎林水文效应的研究[J].北京林业大学学报，1998,20(6)：31-35.

17.马秋华,何元庆.太白山第四纪冰碛物特征与冰期[J].冰川冻土，1988,10(1):66-75.

18.柳鉴容,宋献方,袁国富等.西北地区大气降水的 $\delta 18O$ 特征及水汽来源[J].地理科学，2008,6(1):12-22.

19.王宝鉴,黄玉霞,陶健红等.西北地区大气水汽的区域分布特征及其变化[J].冰川冻土，2006,28(1):15-31.

20.卫玮.夏季东亚西风急流与陕西降水的关系[J].陕西气象，2011,(6):4-8.

21.田党生.秦岭终南山:最美世界地质公园[M].西安：陕西科学技术出版社,2011.

22.高从宜,齐长民.神秀终南:秦岭北麓72峪撷胜[M].西安：西北大学出版社,2010.

23.王若冰.大文化旅游系列:走进大秦岭——中华民族父亲山探行[M].广州：花城出版社,2007.

24.郭贤才,陈金凤.探秘华山地质[J].地质勘查导报,2005(7).

25.秦岭最美是商洛.陕西旅游出版社[M].2011

26.张国伟.秦岭造山带与大陆动力学[M].北京：科学出版社,2011.

27.陕西省地图集编撰委员会.陕西省地图集[M].西安:西安地图出版社.

28.刘胤汉.秦岭水文地理[M].西安:陕西人民出版社,1983.

29.刘兴昌.秦岭水文特征及其对泥石流影响的初步分析[J].西北大学学报：自然科学版,1997,27(5):438-442.

30.黄河水系.陕西省志·水利志[M].西安:陕西人民出版社,2006.

31.渭河流域概况[EB/OL].中国水利网.

32.高善明.渭河下游河流地貌[M].北京:科学出版社,1983：1-230.

33.张艳玲.陕西省渭河流域水文特性分析[J].西北水资源与水工程,2002,13(2):62-64.

34.水系.宝鸡市志[M].西安:三秦出版社,1998年12月.

35.南洛河水系.陕西省志·地理志[M].西安:陕西人民出版社,2000年6月.

36.地表水.洛南县志[M].北京:作家出版社,1999年12月.

37.马志有.伊洛河水系水文特性浅析[J].水文,1998(2):57-58.

38.陈升辉，郭慕夷.中华民族的发祥地之一洛河[J].江河湖泊,39-41.

39.关于"河洛文化——中华民族之根文化"说[EB/OL].河南文化产业网.

40.汉江基本信息来源[EB/OL].长江水利网.

41.汉江水系.汉中地区志[M].西安:陕西人民出版社.

42.汉江与清江[EB/OL].中央电视台"再说长江".

43.王学琪.汉江上游地区水文概况[J].水文,1988（6）:46-49.

44.梁中效.试论汉水流域的历史文化特征[J].汉中师范学院学报,2003,74(2):1-7.

45.嘉陵江水系.陕西省志·地理志[M].西安:陕西人民出版社,2000年6月.

46.河流.凤县志[M].西安:陕西人民出版社,1994年10月.

47.地表水.略阳县志[M].西安:陕西人民出版社,1992年12月.

48.地表水.宁强县志[M].西安:陕西师范大学出版社,1995年2月.

49.井涌.秦岭生态保护区水文水资源特征[J].长江职工大学学报,2003,6:9-11.

50.田宏伟.秦岭北麓降雨与渭河洪水的关系[J].陕西气象,2006(3):11-14.

51.王健.伊洛河上游水文特性浅析[J].陕西水利,2008(5):73-74.

52.张楷.汉江上游暴雨洪水特性研究[J].灾害学,2006,21(3):98-102.

53.李桃英,殷峻暹,张丽丽等.汉江上游径流演变趋势及影响因素分析[J].人民长江,2011,42(9):19-22.

54.陕西省水利厅.陕西省水资源开发利用规划[M].2003.

55.葛凤英等.陕西气象[M].陕西气象台,1979年邮印稿

56.陕西省水文水资源勘测局.陕西省秦岭生态区水资源开发利用规划(征求意见稿)[R].2013.

57.张亚平.陕西水问题研究[M].西安:陕西科学技术出版社.2008：18-20.

58.刘胤汉.秦岭水文地理[M].西安：陕西人民出版社,1981：138-140.

59.张春玲,周晓强.陕西汉丹江流域水资源质量近年变化分析与保护对策研究[J].陕西水利,2011（5）：21-22.

60.肖玲,王书转等.秦岭北麓主要河流的水质现状调查与评价[J].干旱区资源与环境,2008,22（1）：76-77.

61.王力坚.陕西省地下水资源分析与评价[D].西安：西安理工大学,2003.

62.陕西省地方志编撰委员会.陕西省志:水利志[M].西安：陕西人民出版社,1999.

63.关于支持西安统筹水资源管理建设秦岭水源保护区的建议；大陆桥视野；2013（03）.

64.邓铭江,王世江等.新疆水资源及可持续利用[M].北京：中国水利水电出版社.2005：144-146.

65.朱思红.秦始皇陵园范围新探索[J].考古与文物,2006(03).

66.长安县水利志编撰委员会.长安县水利志[M].西安：陕西师范大学出版总社.1996.

67.陕西省水文水资源勘测局.陕西省水资源及其开发利用调查评价[R].2004.

68.朱思红.秦水资源利用之研究[D].郑州：郑州大学，2006.

69.高锋科.秦岭：中华大地的温泉之乡[N].中国旅游报.2010-5-7（10）.

70.[汉]司马迁.史记[M].北京：中华书局.1959.

71.[东汉]班固.汉书[M].北京:中华书局,1962.

72.[南宋]范晔.后汉书[M].北京:中华书局,1973.

73.[宋]欧阳修,宋祁等.新唐书[M].北京:中华书局,1975.

74.[元]脱脱.宋史[M].北京:中华书局,1977.

75.[宋]宋敏求纂,[元]李好文绘图,[清]毕沅校.长安志.清光绪十七年(1891)刻本.

76.[清]顾祖禹.读史方舆纪要[M].北京:中华书局,2005.

77.[清]刘於义修,沈青崖纂.陕西通志[M].清雍正十三年(1735)刻本.

78.[清]严如煜修纂.汉南续修郡志[M].清嘉庆二十三年(1818)刻本.

79.[清]清毛凤枝纂,李之勤校注.南山谷口考校注[M],西安：三秦出版社,2006.

80.李建超.增订唐两京城考[M].西安：三秦出版社,1996.

81.何清谷.三辅黄图校释[M].北京：中华书局,2005.

82.李令福.关中水利开发与环境[M].北京：人民出版社.2004.

83.潘明娟,耿占军.长安历史文化概论[M],西安：陕西人民出版社,2011.

84.严耕望:唐代交通图考[M].北京：商务印书馆,1985.

85.陕西省地方志编纂委员会.陕西省志：航运志[M].西安：陕西人民出版社,1996.

86.陕西省地方志编纂委员会.陕西省志：文物志[M].西安：三秦出版社,1995.

87.陕西省地方志编纂委员会.陕西省志：民俗志[M].西安：三秦出版社,2000.

88.陕西省地方志编纂委员会.陕西省志：地理志[M].西安：陕西人民出版社,2000.

89.陕西省地方志编纂委员会.陕西省志：水利志[M].西安：陕西人民出版社,1999.

90.西安市地方志编纂委员会.西安市志[M].西安：西安出版社,1996.

91.宝鸡市地方志编纂委员会.宝鸡市志[M].西安：三秦出版社,1998.

92.安康市地方志编纂委员会.安康地区志[M].西安：陕西人民出版社,2004.

93.商州市地方志编纂委员会.商州市志[M].北京：中华书局,1998.

94.汉中市地方志编纂委员会.汉中地区志[M].西安：三秦出版社,2005.

95.汉中市地方志编纂委员会.汉中市志[M].北京：中共中央党校出版社,1994.

96.陕西省地方志编纂委员会.陕西省志·炎帝陵志[M].西安：三秦出版社,2009.

97.陕西省临潼县地方志编纂委员会.临潼县志[M].上海：上海人民出版,1991.

98.户县志编纂委员会编.户县志[M].西安：西安地图出版社,1987.

99.蓝田县地方志编纂委员会.蓝田縣志[M].西安：陕西人民出版社,1994.

100.周至县志编纂委员会.周至县志[M].西安：三秦出版社,1993.

101.长安县地方志编纂委员会.长安县志[M].西安：陕西人民教育出版社,1999.

102.眉县地方志编纂委员会.眉县志[M].西安：陕西人民出版社,2000.

103.凤县志编纂委员会.凤县志[M].西安：陕西人民出版社,1994.

104.洋县地方志编纂委员会.洋县志[M].西安：三秦出版社,1996.

105.佛坪县地方志编纂委员会.佛坪县志[M].西安：三秦出版社,1993.

106.宁陕县地方志编纂委员会.宁陕县志[M].西安：陕西人民出版社,1992.

107.镇安县志编纂委员会.镇安县志[M].西安：陕西人民教育出版社,1995.

108.旬阳县地方志编纂委员会.旬阳县志[M].北京：中国和平出版社,1996.

109.柞水县志编纂委员会.柞水县志[M].西安：陕西人民出版社,1998.

110.史念海主编.西安历史地图集[M].西安：西安地图出版社,1996.

111.张天恩.陕西省宝鸡市福临堡遗址1985年发掘工作简报[J].考古,1987(8)：689-704.

112.陕西省水利厅.陕西省"十一五"水利发展专项规划.

113.永君雨天.陕西水利五十年风雨不平路[J].陕西水利,1999（5）:12-17.

114.陕西省水利厅.陕西省水利发展"十二五"规划.

115.陕西省人民政府官网《陕西省水利现代化规划纲要》解读.

116.陕西省水文水资源勘测局.陕西省水文志[M].水利水电出版社，2007.

117.陕西省地方志编撰委员会.陕西省水利志[M].陕西人民出版社,1999.

118.王社教.西安的水荒及其解决[J]."地域文化与城市发展"国际学术研讨会论文集:855-862.

119.周炜.引汉济渭调水工程在陕西经济社会发展中的地位和作用浅析[J].陕西水利,2011(3):19-22.

120.李琦,宋进喜,宋令勇等.渭河下游河道泥沙淤积及其对河床比降的影响[J].干旱区资源与环境，2010,24(9):110-113.

121.雷文青,唐先海.渭河下游泥沙淤积及其影响[J].水利水电技术,2000.(9).

122.陕西省西安市地面沉降、地裂缝现象得到有效遏制[N].陕西日报,2014-5-20.

123.焦菊英,马祥华,王飞等.渭河流域侵蚀产沙强度的区域分异特征[J].水土保持研究， 2004 (04).

124.陕西省重点水利工程.陕西省水利厅.

125.陕西水利风景区景区风采.陕西省水利厅.

126.张骅主编.治水兴陕五十年[M].陕西人民出版社,1999.

127.余汉章编著.陕西水文[M].陕西科学技术出版社,1987.

128.常崇信主编.宝鸡市"十二五"水利发展重大课题研究[M].陕西人民出版社,2011.

129.蒋建军主编.陕西省渭河流域管理局编渭河论坛:渭河水文化论文集[M].陕西科学技术出版社,2008.

130.陕西省水文水资源勘测局编.陕西省2003年暴雨洪水调查分析报告.2003.

131.陕西省水利厅编.2000—2012陕西省水利统计年鉴[M].三秦出版社.

132.陕西省水利厅编.2012陕西水利发展统计公报[M].三秦出版社,2013 .

133.杨耕读编著题名.陕西水利发展若干问题研究[M].陕西科学技术出版社,2008.

134.王景武主编,《石头河水库志》编纂委员会编.石头河水库志[M].中国水利水电出版社,2005.

135.李令福.关中水利开发与环境[M].人民出版社,2004.

136.彭谦.陕西水利的实践与思考[M].当代中国出版社,2001.

137.《渭南市水利志》编纂委员会.渭南市水利志[M].三秦出版社,2002.

138.西安市水利志编纂委员会.西安市水利志[M].陕西人民出版社,1999.

139.宝鸡市水利志编撰委员会. 宝鸡市水利志[M].陕西人民出版社,2012.

140.汉中地区水利志编纂委员会.汉中地区水利志[M].陕西人民出版社,1994.

141.商洛地区水电水保局水利志编写组.商洛地区水利志[M].1993.

142.谢伟主编.大秦岭——中国国家中央公园[M].陕西旅游出版社,2012.

143.陕西省地图集编撰委员会,陕西省地图集[M].西安地图出版社.

144.咸阳市地质环境监测站.咸阳地下"漏斗"正在消失中[N].三秦都市报,2012-03-19.

145.吴崇信,郭华.陕西古代水利建设及其历史启示[J].陕西水利,1992(1).

146.王建杰,席思贤.实现关中地区可持续发展的重要保障——省内南水北调工程[J].全球水伙伴（中国陕西）协会成立大会暨水论坛.

147.梁林江.渭河下游泥沙淤积原因及减淤措施[J].地下水,2005(6).

148.张根广,林劲松,王新宏.遏制潼关高程抬升及渭河下游淤积发展之对策[J].西北农林科技大学学报：自然科学版，2004(10).

149.张中旺.南水北调中线工程与受水区经济社会可持续发展[J].湖北文理学院学报,2008(6).

150.张胜利,崔云鹏.南水北调工程秦岭水源区保护与监测[J].人民长江，2007,38(8):40-42.

151.白峰青,贺屹,黄兴国.渭河水功能恢复与水源地保护[J].水利规划与设计，2004(4):48-50.

152.井涌.近50年陕西省水资源变化情势及对策[J].水资源管理，2008(7):44-46.

153.陕西省水文水资源勘测局等.陕西省水资源调查评价[R].2007.

154.陕西省水利电力勘测设计研究院等.陕西省水资源开发利用情况调查评价[R].2007.

155.王德耀,张满社.陕西渭河流域水环境存在的主要问题及解决对策[J].生态经济，2004(9):42-45.

156.刘燕,李佩成.渭河流域陕西段的生态安全分析[J].安全与环境学报，2006,6(5):64-68.

157.左其亭.水生态文明建设几个关键问题探讨[J].中国水利，2013(4):1-3.

158.胡仪元,杨涛.南水北调中线工程汉江水源地生态保护及其对策调研[J].调研世界,2010(11):26-28.